Gestalten deutscher Dichtung

Eine Literaturgeschichte

von Dr. Rolf Denecke

Mit einem Anhang:

Gestalten westeuropäischer Dichtung

Hirschgraben-Verlag · Frankfurt am Main

ISBN 3-454-[33512]-4

ISBN 3-454-33512-4 11 10 9 8 7 / 1983 82 81 80 79

Einbandentwurf: Nierhaus + Estenfelder, Frankfurt am Main.
(Bilder des Einbands: Der Schenke von Limburg, ein Minnesänger. – Titelkupfer aus *Der abenteuerliche Simplizissimus* von Hans Jacob Christoph von Grimmelshausen. – Seite aus dem Gedichtband *Umbra Vitae* von Georg Heym. – Szene aus dem Schauspiel *Der Hauptmann von Köpenick* von Carl Zuckmayer.)
Satz · Druck · Bindearbeit: Fränkische Gesellschaftsdruckerei Würzburg.

Vorbemerkung

Die folgende Darstellung versucht, durch eine exemplarische Auswahl eine erste Einführung in die Geschichte der deutschen Dichtung zu geben. Es kann dem Unterricht heute nicht mehr darum gehen, die Literaturgeschichte in ihren Einzelheiten auszubreiten, zumal die Forschung das Wissen über sie unübersehbar ausgeweitet hat. Das vorliegende Buch, das sich vornehmlich an den jugendlichen Leser wendet, stellt daher die Dichterpersönlichkeit und das dichterische Werk in den Mittelpunkt und läßt an ihnen die Eigentümlichkeiten der Epochen aufscheinen. Der Leser soll erfahren, daß Dichtung zwar durch ihre Themen, Probleme und ihre Sprache an die Zeit, in der sie entstand, gebunden ist, daß sie jedoch in ihrer Form und ihrer Aussage nicht veralten kann, vielmehr – wenn auch oft verschlüsselt – aktuell bleibt.

Besonderes Gewicht wird auf das Schrifttum unseres Jahrhunderts gelegt, denn hier sind die Dinge, die uns angehen, auch für den jungen Menschen am deutlichsten faßbar. Doch schließen die früheren Gestalten dicht an die der Gegenwart an, da diese nicht ohne jene zu verstehen sind.

Das Sachregister am Schluß ist als knappes literarisches Wörterbuch gestaltet und erlaubt, Definition und literarisches Beispiel aufeinander zu beziehen und die literarischen Begriffe zu klären.

Die Bebilderung bringt neben Dichterporträts eine Reihe von Szenenfotos, um zu zeigen, wie Dichtung auf der Bühne verlebendigt wird; sie weist ferner an verschiedenen Beispielen auf die Beziehungen hin, die zwischen Literatur und bildender Kunst bestehen.

Möge dieses Buch in einer Zeit, in der das Wort zugunsten des Bildes ständig an Geltung verliert, zu seinem Teil dazu beitragen, daß der bisher unerschöpfliche Quell deutscher Dichtung in seinem zeitlosen Bedeutungs- und Bildungsgehalt erkannt werde und im geistigen Kraftfeld unserer Kultur fortdaure.

Die vorliegende Neubearbeitung strebt eine bessere Orientierung des Lesers an, indem jetzt statt der bloßen Aufzählung der in einem Kapitel vorkommenden Dichter in den Überschriften die Themen der Kapitel genannt werden. Die Darstellung der modernen Literatur wurde neu gegliedert und im Bereich der Gegenwartsliteratur beträchtlich erweitert. Dabei blieb jedoch die bewährte Komposition des Buches aus Dichterporträts erhalten. Diese auf die dichterische Einzelpersönlichkeit gerichtete Darstellungsweise entspricht dem Leseinteresse der Schüler, an die sich das Buch wendet, und macht es leichter möglich, die Verbindung zur eigenen Lektüre herzustellen.

Inhaltsverzeichnis

Der Kult des Schönen und der Seele

Dichtung als Ausbruch aus überkommenen Formen

Roman und Drama als Spiegel politischer und gesellschaftlicher Veränderungen

Literatur in finsterer Zeit: 1933–1945

Naturlyrik als Zuflucht

Kurzgeschichte, Hörspiel und Lyrik nach 1945

Bildquellen

Historisches Bildarchiv Handke, Bad Berneck 9, 33, 46, 71 – Staatsbibliothek Bremen, aus Ms. b. 21 (Echternacher Perikopenbuch für Heinrich III. von etwa 1040) 12 – Österreichische Nationalbibliothek, Wien. Foto Alpenland, Wien 14 – Universitätsbibliothek Heidelberg. Foto: Schulze, Heidelberg 15 – Wilhelm Castelli, Lübeck 29 – Ullstein, Berlin 31, 104, 141 – Stiftung Preußischer Kulturbesitz Geheimes Staatsarchiv, Berlin-Dahlem 38 – Archiv für Kunst und Geschichte, Berlin 43, 73 – Nationale Forschungs- und Gedenkstätten der klass. dtsch. Lit. in Weimar 57 – Thüringische Landesbibliothek, Weimar. Foto: Nat. Forsch. u. Gedenkst. d. klass. dtsch. Lit. in Weimar 59 – Schiller Nationalmuseum, Marbach 63, 88 – Günter Englert, Frankfurt am Main 65, 86, 143, 188, 190 – Prof. Dr. Günther Grundmann, Hamburg 67 – Landesdenkmalsamt Westfalen-Lippe, Münster 91 – Oberösterr. Landesmuseum Linz/Donau, Handz. Nr. 1665, 92 – Süddeutscher Verlag, München 106 – Suhrkamp Verlag, Frankfurt am Main 107 – Aus: Soergel/Hohoff, Dichtung und Dichter der Zeit. August Bagel Verlag, Düsseldorf 1964, S. 589, 109 – Verlag Helmut Küpper, München 113 – S. Fischer Verlag, Frankfurt am Main 115, 133, 135 – Loulou Albert-Lasard, Paris 117 – Insel Verlag, Frankfurt am Main. Mit Genehmigung von Roman Norbert Ketterer, Campione d'Italia 122 – Otto Müller Verlag, Salzburg 124 – Heinrich Fischer, München 126 – Ingeborg Britting, München 153 – Rosemarie Clausen, Hamburg 162 – Kurt Bethke, Kelkheim/Taunus 163 – dpa (Wieseler – Foto) 177 – Hermann Luchterhand Verlag, Neuwied. Mit Genehmigung von Günter Grass 180 – Foto: Hermann Luchterhand Verlag, Neuwied 183 – Ilse Buhs, Berlin 191, 194 – Aus: Alfred Kubin, Abenteuer einer Zeichenfeder, R. Piper & Co. Verlag, München 197 – BBC Radio Times, London 202 – Agence de Presse Bernand, Paris 211 – Willi Klar, Frankfurt am Main 218

Das Heldenlied der Völkerwanderung

Bild eines germanischen Reiters aus der Zeit der Völkerwanderung (4.–6. Jh.), gefunden in Hornhausen

Hildebrandslied

Irgendwo treffen sich in den wirren Zeiten der Völkerwanderung Hildebrand, der Vater, und Hadubrand, der Sohn; jeder an der Spitze eines Heerbannes, beritten, zum Zweikampf gerüstet – so berichtet uns eines der wenigen erhaltenen Zeugnisse germanischer Dichtkunst, das *Hildebrandslied.* Keiner kennt den anderen, denn der Ältere hat seit dreißig Jahren als treuer Gefolgsmann Dietrichs von Bern an dessen Kriegszügen teilgenommen. Früh hat er seine junge Frau mit dem kleinen Sohn zu Hause zurücklassen müssen, nie hat er sie wiedergesehen. Und für den Jüngeren besteht kein Zweifel, daß der Vater tot ist, höchstwahrscheinlich gefallen im Kampfe. Ehrfürchtig und stolz zugleich erklärt Hadubrand auf die Frage nach seinem Vater, daß es Hildebrand, Dietrichs kühnster und liebster Mitstreiter, gewesen sei. Da erkennt der Alte den Sohn und bietet ihm kostbare goldene Armreifen zum Geschenk. Aber Hadubrand argwöhnt, der andere wolle ihn in eine Falle locken, dem Zweikampf mit der Waffe ausweichen, und er schimpft ihn einen betrügerischen alten Hunnen. Nun bleibt dem Vater nach dem damals gültigen Gesetz der Standesehre keine andere Wahl:

welagu nû, waltant got (quad Hiltibrant),   wêwurt skihit.
ih wallôta sumaro enti wintro   sehstic ur lante,
dâr man mih eo scerita   in folc sceotantero:
sô man mir at burc ênîgeru   banun ni gifasta,
nû scal mih suâsat chind   suertu hauwan,
bretôn mit sînu billiu,   eddo ih imo ti banin werdan.

Wahrlich nun, waltender Gott, (sprach Hildebrand)   Wehgeschick geschieht.
Ich wallte der Sommer und Winter   sechzig außer Landes,
wo immer man mich scharte   ins Volk der Krieger,
bei keiner Burg doch   starb ich des Todes,
nun soll mich der eigene Sohn   mit dem Schwerte schlagen,
niederstrecken mit der Klinge,   oder aber ich erschlage ihn selbst.

Hildebrand fordert den Sohn, der den Vater noch immer nicht erkennt, zum Zweikampf heraus. Zunächst bleiben sie zu Pferde, schleudern Eschenspeere. Dann sitzen sie ab, schlagen mit den Schwertern aufeinander ein, bis die hölzernen Schilde zersplittern.

Der Schluß der Dichtung ist nicht erhalten, doch zweifellos wird Hadubrand in diesem Kampf den Tod finden. (Erst eine sehr viel spätere Fassung des *Hildebrandsliedes* endet versöhnlich: Vater und Sohn erkennen einander.)

Das *Hildebrandslied* ist das einzige erhaltene germanische Heldenepos aus dem deutschen Sprachgebiet, und nur ein paar glückliche Zufälle haben es uns, freilich als Bruchstück, bewahrt: Zwei Mönche schrieben das Lied, das wohl im 7. Jahrhundert in Bayern entstanden war, um 820 ab, um sich im Schreiben zu üben. Zwei ihrer Pergamentblätter wurden später zum Einbinden eines Buches benutzt und blieben so durch die Jahrhunderte erhalten, bis sie wieder entdeckt wurden.

Wer war der Dichter? Wir kennen seinen Namen nicht und wissen nichts über sein Leben. Vermutlich war er Sänger und Krieger im Gefolge seines Königs und trug außer dem Schwerte die Harfe; auch Volker im *Nibelungenlied* führte Waffe und Saiteninstrument – eine Geige – mit sich.

Derartige kriegerische Hofdichter und Hofsänger, die Skopen, traten an germanischen Fürstenhöfen auf und standen in hohem Ansehen. Sie trugen die selbstgeschaffenen Heldenlieder von 80 bis 200 Langzeilen vor, und zwar ursprünglich zur Harfe, später ohne instrumentale Begleitung. Sie wußten ihren Text auswendig und überließen die Wortwahl nicht dem Augenblick wie die späteren fahrenden Spielleute, die weniger geachtet waren.

Diese Dichter konnten nicht schreiben. Alle Dichtungen der vorchristlichen Germanen – außer den Heldenliedern noch Chorlieder zu Ehren der Götter, Preislieder, Spruch- und Zauberverse – wurden von Mund zu Mund überliefert. Deshalb blieb uns sehr wenig davon erhalten. Zwar kannten die Germanen eine Runenschrift, doch ist es sehr fraglich, ob damit jemals Dichtungen aufgeschrieben worden sind.

Das Heldenlied ist die dichterische Fassung einer sagenhaften Begebenheit. Im Mittelpunkt steht zumeist ein großer Heerkönig der Völkerwanderungszeit: Theoderich (als Dietrich von Bern), dessen mächtiger Gegner Odoakar oder Attila. Sagengestalten wie Siegfried, Beowulf und Wieland treten dazu. Die ungeheuren Wanderbewegungen der Stämme und Völker an der Wende vom Altertum zum Mittelalter sowie andere umstürzende Ereignisse, die die Geschichte erschütterten, lösten die Heldendichtung aus: Was in der Ferne geschah, war damals nicht mit Sicherheit auszumachen, die Kunde davon war ungewiß und wurde gern ausgeschmückt. Geschichte wandelte sich in Sage; diese wiederum wurde zum Heldenlied „verdichtet".

Das Heldenlied ist im Stabreimvers abgefaßt. Er gliedert sich in zwei Kurzverse mit je zwei Haupthebungen. Statt durch den Endreim, wie ihn spätantike Verse kennen und wie er uns im Gedicht ein Jahrtausend lang – vom 9. bis 19. Jahrhundert – fast selbstverständlich erscheint, wird er durch den Stabreim gebunden: die Wörter bzw. Silben, welche die Hauptbetonung tragen, beginnen größtenteils mit demselben Laut, meist demselben Konsonanten, da Vokale im Anlaut selten sind; man sagt, sie „staben" miteinander. Die Zahl der Senkungen zwischen den Hebungen ist beliebig:

gárutun se iro gúdhamun, gúrtun sih iro suért ana
bereiteten ihre Brünnen, banden sich ihre Schwerter um

Beim lauten Lesen ist deutlich der Vorrang des Rhythmischen zu spüren. Die Dichter der spätantiken und romanischen Sprachen dagegen ließen sich von dem Prinzip regelmäßig wechselnder langer und kurzer Silben leiten.

Der Stabreim prägt sich dem Gedächtnis besonders leicht ein. Das war für den Vortrag und die mündliche Überlieferung der Heldenlieder von großer Bedeutung. Die stabenden Silben, die beim Sprechen stark hervorgehoben wurden, trugen den Sinn und rissen durch die innere Spannung, die sie schufen, die übrigen Teile des Verses kraftvoll mit.

Den spannungsreichen Stabreimversen entspricht das dramatische Geschehen. Hildebrand und Hadubrand sind als Vater und Sohn eng miteinander verwandt. Aber jeder von ihnen ist auch nach dem Gesetz des Kriegerstandes verpflichtet, seinem Herrn die Gefolgschaftstreue zu bewahren und seine Ehre unverletzt zu erhalten. Darum muß Hildebrand den Sohn wie jeden anderen Beleidiger behandeln und die Herausforderung annehmen. In ihrem tragischen Zusammenstoß zeichnet sich der dunkle Schicksalsglaube der Germanen ab: blind trifft den einzelnen das vom Schicksal („wurt") Verhängte. Doch wer ehrenvoll stirbt, so ist die Auffassung der Germanen, den werden die Nachkommen in rühmendem Andenken behalten, und dies gilt mehr als der Tod.

Geistliche Literatur im Dienst der Mission

Die Germanen und die christliche Mission

Bei den weiten Zügen während der Völkerwanderung kamen die Germanen zum erstenmal mit den Römern, bald auch mit der neuen Botschaft des Christentums in Berührung. Westgoten, die bis an das Schwarze Meer vorgestoßen waren, nahmen den christlichen Glauben an. Ihr Bischof WULFILA schuf für sie im 4. Jahrhundert eine Schrift aus Runen und griechischen Buchstaben und übersetzte die Bibel. Der fränkische König Chlodwig trat um 500 zum Christentum über und nach ihm allmählich auch das ganze Frankenreich. Die Größe dieses Reiches erforderte bald an Stelle der lockeren germanischen Gefolgschaftsbindung zwischen Herrn und Mann eine straffe monarchische Staatsordnung. Dazu waren die Fertigkeiten des Lesens und Schreibens, welche die christlichen Missionare mitbrachten, dem fränkischen König hochwillkommen. Die neuen Klöster, die vor allem von irischen und angelsächsischen Mönchen gegründet wurden, entfalteten sich zu fruchtbaren kulturellen Mittelpunkten.

Die Sprache der Mönche war freilich das Lateinische. Auf lateinisch sind die Bibel und die antiken Werke geschrieben. Die Volkssprache, das „Deutsche" genannt[1], galt daneben als zweitrangig, und die in ihr abgefaßten alten Dichtungen wurden als heidnisch nicht der Aufzeichnung für wert erachtet. Sie lebten mündlich im Volke weiter, wenn sie nicht ganz vergessen wurden. Die Gebildeten benutzten auch für weltliche Dichtungen auf lange Zeit das Lateinische. Erst mit dem Aufblühen der ritterlich-höfischen Kultur im 12. Jahrhundert (s. S. 15f.) tritt ein Wandel ein. Als Gelehrtensprache hat sich das Latein in manchen Wissenschaften bis heute erhalten.

[1] „deutsch" bezeichnete ursprünglich die Sprache des Volkes im Gegensatz zum Latein der Kirche und der Staatsverwaltung. Das Wort entstand aus ahd. diutisc (von diot/diet = Volk).

Zwei Schreiber an ihren Pulten, rechts ein Mönch, links ein Laie, Buchmalerei aus dem Kloster Echternach

Die Missionierung der heidnischen Völker geschah zwar naturgemäß zunächst mündlich durch Unterricht und Predigt. Bald jedoch erwies es sich als notwendig, den Fähigsten das Lesen beizubringen, damit sie die Heilige Schrift selbst zu lesen verständen. Dafür mußten nun die Bücher auch ins Deutsche übersetzt werden. Das stieß jedoch auf manche Schwierigkeiten. Oft fehlten für die neuen geistigen oder religiösen Begriffe die entsprechenden deutschen Ausdrücke. Die ersten Werke waren darum nichts weiter als Erklärungen und Umschreibungen einzelner lateinischer Wörter, Wörterbücher sozusagen, die als ,,Glossen" bezeichnet wurden. Und die ersten Übersetzungen bestanden darin, zwischen die Zeilen des lateinischen Textes Wort für Wort die deutschen Bedeutungen zu notieren, ohne daß die Andersartigkeit des deutschen Satzbaues berücksichtigt wurde. Man nannte dies ,,Interlinearversionen".

Fast unlösbar aber erschien die Aufgabe, Geist und Seele der Missionierten dem christlichen Glauben zu öffnen. Denn die streitbaren germanischen Völker hatten, wie wir im *Hildebrandslied* sahen, eine Weltanschauung, die von der Religion der Nächstenliebe und Duldsamkeit grundverschieden war.

Der Heliand

Ein unbekannter sächsischer Geistlicher aus dem Kloster Fulda unternahm um 830 im Auftrag des fränkischen Königs Ludwig des Frommen den fast aussichtslosen Versuch, diese einander so fremden Welten zu vereinen. In ihrer eigenen Sprache, nicht mehr im Lateinischen der Mönche, schrieb er für seine niedersächsischen Landsleute die Lebensgeschichte des Heliand – so heißt die Dichtung –, also des Heilands, nieder. Damit Christus den damaligen Menschen nahegebracht und verständlich werde, schilderte ihn der Dichter als machtvollen Herrscher nach Art der germanischen Heerkönige.

Christus entstammt der Davidsburg, wie überhaupt alle biblischen Orte als ,,Burgen" bezeichnet werden. In einer hölzernen Halle mit dem Hochsitz des Hausherrn findet die Hochzeit zu Kanaan statt. Pilatus ist Herzog und Herrenbote der Römerburg und Johannes Gottes Amtmann. Die Jünger treten als treue, tapfere Gefolgsmänner auf. Breit ausgemalt wird der Schwertstreich, mit dem Petrus dem Malchus ein Ohr abschlägt:

Thô gibolgan ward
snel swerd-thegan   Sîmon Pêtrus,
wêl imu innan hugi,   that he ni mahta ênig word sprekan;
so harm ward imu an is herton,   that man is hêrron thâr
bindan welda: thô he gibolgan gêng,
swido thrîst-môd thegan   for is thiodan standan,
hard for is hêrron.   Ni was imu is hugi twîfli,
blôdi an is breostun,   ak he is bil atôh,
swerd bi sîdu,   stôp imu tegegnes
an thena furiston fîund   folmô kraftu,
that tho Malchus ward   mâkeas eggiun
an thena swîdaron half   swerdu gimâlôd,
thiu hlust ward imu far-hawan,   he ward an that hôbid wund,
that im heru-drôrag   hleor endi ôra
beni-wundun brast,   blôd aftar sprang,
wêll fan wundun.   Thô was an is wangun skard
the furisto therô fiundô;   thô stôd folk an rûm,
undrêdun im thes billes biti.   Thô sprak that barn godes
selbo te Sîmon Pêtruse,   hêt that he is swerd dedi.
skarp an skêdia.

,,Da ward erzürnt der kühne Schwertdegen Simon Petrus, es wallte ihm im Innern der Sinn, daß er kein Wort sprechen konnte; so harm ward ihm im Herzen, daß man seinen Herren da binden wollte: da ging er voll Wut, der starke, kühn-mutige Degen, sich vor seinen Herrscher zu stellen. Nicht war ihm zweifelhaft zu Sinn, ängstlich in seiner Brust, sondern er zog seinen Degen, sein Schwert von der Seite, rannte ihm entgegen, dem vordersten Feind, mit der Kraft der Faust, daß da Malchus ward mit der Schärfe des Schwertes an der rechten Seite mit dem Schwert gezeichnet, das Ohr ward ihm abgehauen, er ward am Haupte wund, daß ihm vom Schwerte blutig Wange und Ohr wund barst, Blut herabströmte, von der Wunde quoll. Da ward an seiner Wange schartig der Vorderste der Feinde; da stand das Volk weiter weg, und sie fürchteten sich vor des Schwertes Biß. Da sprach das Kind Gottes selber zu Simon Petrus, daß er sein scharfes Schwert in die Scheide stecken sollte."

Der Verrat des Judas jedoch ist für den Heliand-Dichter schwer zu begründen, und wie sollte er seinen Lesern erklären, warum Christus sich ohne Widerstand dem Kreuzestod überlieferte? Doch auch hier halten die Jünger als vorbildliche Gefolgsleute ihrem Herrn die Treue und beschließen, mit ihm alles zu dulden. Ganz eindeutig verkündet der Dichter, trotz aller Einkleidung, die neue Botschaft: daß nun die Liebe und nicht mehr, wie im *Hildebrandslied* etwa, die Ehre das höchste Gut des Menschen ist.

So begegnen sich in dieser eindrucksvollen althochdeutschen Dichtung die überlieferte germanische und die junge christliche Weltanschauung. Sie läßt erkennen, wie weit die germanischen Stämme noch davon entfernt waren, das Christentum innerlich zu erfassen.

Der Schöpfer des *Heliand* bleibt einer der größten Sprachmeister unter den Stabreimdichtern. Die 6000 Langverse seiner Dichtung stehen in ihrer Aussagekraft den frei vorgetragenen Versen der Heldenepen nicht nach.

Otfrieds Krist

Eine Generation später verfolgt der Mönch Otfried aus Weißenburg im Elsaß ein ähnliches Ziel. Er ist der erste deutsche Dichter, den wir mit Namen kennen. Auch er hat, wie der Heliand-Dichter, im Kloster Fulda gelebt. Später ist er in seine Heimat zurückgekehrt und hat dort um 870 die fünf Bücher seines *Krist* geschrieben. Die 15 000 Kurzverse sind nicht mehr, wie noch im *Heliand,* durch den Stabreim, sondern durch den Endreim gebunden. Otfried hat den Endreim aus der lateinischen Hymnendichtung der Kirche übernommen. Noch klingt der Reim oft recht unvollkommen; vielfach haben die reimenden Silben nur Klangähnlichkeit statt der erstrebten Klanggleichheit.

Die Anfangszeilen des Vaterunsers lauten bei Otfried:

Fáter unser gúato, bist drúhtin thu gimýato
in hímilon io hóher, uuíh si námo thiner.

Aus Otfrieds Darstellung des Lebens Jesu spricht ein tiefes, sehnsüchtiges Verlangen nach der Erhabenheit eines Reiches, das nicht von dieser Welt ist. Er schildert es mit antiken Stilmitteln in einer Schönheit und Vollendung, wie sie eher der alten lateinischen Dichtung als der christlichen Botschaft gemäß sind.

Otfried hat seinen *Krist* noch im Deutsch der damaligen Zeit, dem Althochdeutschen, geschrieben. Nach ihm bevorzugen jedoch die klösterlichen Dichter das Lateinische als die gehobene Sprache auch für Dichtungen mit weltlichen Stoffen. Erst als um die Jahrtausendwende eine mächtige Woge religiöser Besinnung die Menschen aller Schichten ergriff, kam das Deutsche als die jedem verständliche Sprache wieder zur Geltung. Geistliche Dichter riefen zur Buße auf, mahnten, sich vom Vergänglichen abzuwenden und alle Kraft zur Rettung der unsterblichen Seele einzusetzen:

Einzug Christi in Jerusalem,
Miniatur aus der Wiener Otfried-Handschrift

Ihr wähnt hier immer zu leben:
Einst müßt ihr Antwort geben.
Ihr müsset alle sterben,
Es kann nicht anders werden.
In einem Nu der Mensch vergeht,
Schnell wie die Brau zusammen sich dreht...
(Übers.)

– so dichtete ein Mönch aus dem Kloster Hirsau. Doch in der gleichen Zeit entstanden auch die ersten innigen geistlichen Lieder; sie ranken sich um die Gestalt der Gottesmutter Maria, an die sich die Menschen um Fürbitte wenden. Das *Melker Marienlied* ist eines der frühesten Beispiele:

Einst legte in die Erde
Aaron eine Gerte;
Die brachte Nüsse,
Mandeln voll Süße:
Die Süße hast du uns gebracht,
Mutter ohne Mannes Rat,
Sancta Maria. *(Übers.)*

Aus diesen frühen Regungen wird später die Dichtung der Mystik entstehen (s. S. 28ff.).

Ritterdichtung des hohen Mittelalters

Der Schenke von Limpurg, ein Minnesänger, Miniatur aus der Manessischen Liederhandschrift

Neue Ideale

Aus den Scharen der gepanzerten Reiter, die sich schon in den Kämpfen König Heinrichs I. und Ottos I. gegen die Ungarn bewährt hatten, bildete sich allmählich im Dienst der Könige, Herzöge und Bischöfe ein neuer Stand adliger Dienstmannen, die Ritter, heraus. Damit sie leben konnten, verlieh ihnen ihr Herr ein Stück Land als ,,Lehen"; dafür standen sie ihm jederzeit zum Dienst bei Hofe und im Kriege zur Verfügung. Ihre große Zeit erlebten die Ritter in den Kreuzzügen, da sie im Dienst des Glaubens, um ,,Gottes Huld" zu erwerben, Gut und Leben wagten. Im Heiligen Land trafen Ritter aus allen Ländern des Abendlandes zusammen, und die deutschen lernten Sitten, Anschauungen, Kunst und Dichtung der Nachbarvölker kennen. Auch brachten sie aus der hochentwickelten Kultur des Orients manches Unbekannte mit nach Hause.

Mit der politischen Bedeutung wuchs bei den Rittern der Wunsch nach gehobener Lebensführung und gepflegter Geselligkeit. Die Höfe wurden Mittelpunkte dieser neuen ritterlichen Kultur. Noch heute besagt unser Wort ,,höflich", daß sich damals an den Höfen ein verfeinertes Benehmen entfaltet hat. Das Leitbild des Ritters um 1200 war der mutige, ehrbare und treue Streiter für den Glauben, der tapfere Beschützer der Schwachen und Hilfsbedürftigen im Sinne der christlichen Nächstenliebe. Der vollkommene Edelmann strebte danach, Weltfreude und Frömmigkeit, irdisches Glück und das Heil der Seele in Einklang zu bringen.

Ihren Ausgang hatte die höfische Kultur von einigen Fürstenhöfen im südlichen Frankreich genommen. Sie breitete sich von dort schnell nach Nordfrankreich, England und Mitteleuropa aus, entfaltete sich jedoch in den einzelnen Gebieten durchaus selbständig. Auf deutschem Boden waren es Gestalten wie Kaiser Friedrich Barbarossa und Friedrich II., deren Vorrangstellung unter den abendländischen Fürsten zu glanzvoller Machtentfaltung führte – man denke nur an den prachtvollen Aufwand beim großen Ritterfest Barbarossas zu Mainz 1184. Diese Herrscher gaben auch den Künsten und der Dichtung mannigfache Impulse.

Die ritterlich-höfische Dichtung empfing ihre ersten Anregungen und Leitbilder aus der französischen Hofdichtung. Die deutschen Bearbeiter verinnerlichten die fremden Versromane und formten ihre Personen vielfach um zu Idealgestalten, die den jungen Adligen als Vorbild der eigenen Lebensführung dienen konnten. Damals gab es jedoch keine einheitliche deutsche Hochsprache, sondern jede Landschaft sprach ihren eigenen Dialekt. Die Mundarten wichen oft so weit voneinander ab, daß z. B. ein Niederdeutscher einen Alemannen kaum zu verstehen vermochte. Als Voraussetzung der neuen höfischen Dichtung schufen nun die Dichter eine allen verständliche mittelhochdeutsche Literatursprache.

Einer der ersten höfischen Epiker war HARTMANN VON AUE, um 1170 im Alemannischen geboren. In seinen Ritterromanen *Erec* und *Iwein* sollte der Ritter zum Maßhalten (mâze) erzogen und ihm die rechte Mitte zwischen Nichtstun („Verliegen") und zügelloser Abenteuerlust aufgezeigt werden. Ergreifend ist die Legende vom *Armen Heinrich*. Auch mit ihr wollte der Dichter vor gar zu unbedenklicher Hingabe an die Freuden der Welt warnen:

Der leichtlebige Ritter Heinrich ist schwer am Aussatz erkrankt. Nur ein reines Mädchen, das sein Herzblut für ihn hingibt, kann ihn retten. Er findet die zwölfjährige Tochter eines seiner Lehnsbauern dazu bereit und reist mit ihr zu einem berühmten italienischen Arzt. Unmittelbar vor dem für das Mädchen tödlichen Eingriff erkennt er reumütig, daß er des Opfers nicht würdig ist. Er verhindert die Operation und kehrt mit dem Mädchen heim. Da geschieht das Wunder: Heinrich wird gesund. Aus Dankbarkeit nimmt er die „guote maget" zur Frau.

Die in Persönlichkeit und Werk ausgeprägte zuchtvolle sittliche Haltung Hartmanns von Aue wurde für die Lebensauffassung des deutschen Ritters vorbildlich. Dank seiner gepflegten Sprache trug Hartmann wesentlich zur Hebung der zeitgenössischen Geisteskultur bei, denn seine gereimten Romane waren Buchdichtungen und wurden in Gesellschaft vorgelesen. Sie stellten erhebliche Anforderungen an die Zuhörer, entsprachen aber gerade deshalb den erhöhten Ansprüchen der Gebildeten jener Zeit.

Der Parzival

Seine höchste Vollendung fand das Kunstepos im *Parzival* WOLFRAMS VON ESCHENBACH (etwa 1170–1220), der Neudichtung eines französischen Versromans. Das Werk stellt einen Gipfel mittelalterlicher Dichtkunst überhaupt dar. Sein Schöpfer, ein in kärglichen Verhältnissen lebender fränkischer Ritter aus der Gegend von Ansbach, zählte zu den meistgelesenen Dichtern der Zeit. Auf der Wildenburg im Odenwald hat er an seinem *Parzival* geschrieben.

Der Roman setzt mit Parzivals Kindheit ein. Die Mutter Herzeloyde will Parzival vor der Ritterwelt bewahren, in der ihr Gatte früh den Tod gefunden hat, und erzieht ihn daher in der Abgeschiedenheit der Wälder. Das Schicksal will es jedoch, daß er in der Einsamkeit Ritter des Königs Artus trifft. Er verspürt Lust, wie sie zu leben. Die Mutter gibt scheinbar nach, hofft aber, er werde von selbst zurückkehren. Doch Parzival, der „reine Tor", kommt an den Hof des Königs Artus. Der Ritter Gurnemanz lehrt ihn höfisches Benehmen. Parzival gewinnt die Königstochter Kondwiramurs zur Frau. Auf der Suche nach seiner Mutter gelangt er auf die Gralsburg. Dort siecht König Amfortas langsam dahin. Nur die teilnehmende Frage nach seinem Leiden könnte ihn retten, aber Parzival stellt sie nicht, weil er sie seiner Rittererziehung gemäß als ungehörig empfindet. Doch auf der Gralsburg gilt das Gesetz der Liebe mehr als das der höfischen Erziehung, und er muß die Gralsburg verlassen. Er hat versagt. Verzweifelt, mit Gott zerfallen, klagt er:

Wê waz ist got?
waer' der gewaldec, sölhen spot
het er uns pêden niht gegeben,
kunde got mit kreften leben,
ich was im dienes undertân,
sît ich genâden mich versan.
nu wil ich im dienest widersagen:
hât er haz, den will ich tragen.

„Weh, was ist Gott? Hätte er Gewalt und könnte er mit Kräften leben, so hätte er uns beiden nicht solche Schande zugefügt! Ich war ihm untertan und habe ihm gedient, da ich auf seine Gnade hoffte. Nun will ich ihm den Dienst aufsagen! Haßt er mich, so will ich das auch auf mich nehmen."

Fünf Jahre irrt Parzival im Zweifel (zwîvel) umher, bevor ihm der Einsiedler Trevrizent den Glauben an die Güte Gottes wiedergibt. Nach allerlei Abenteuern wird er wieder in die Gralsrunde aufgenommen und schließlich Gralskönig.

Die 25 000 Verse der Dichtung haben fast immer vier Hebungen mit einsilbigen Senkungen dazwischen. Der Endreim wird streng und sauber gehandhabt. Die Sprache ist mit französischen Ausdrücken durchsetzt und erhält eine eigenwillige Prägung durch oft grüblerische oder vieldeutige Aussagen und eine dunkle Bildersprache. Schon deshalb ist der Gehalt des Werkes in seinen Tiefen nicht leicht zu ergründen. Zudem erschwert die Fülle der Gestalten und Abenteuer das Verständnis. Sie verbinden in der Dichtung die abendländische Welt mit dem Orient, mit dem Islam und Afrika. Lösen wir den Kern des Werkes heraus, so erkennen wir, daß es Wolfram letztlich um den Weg des Menschen zu Gott ging.

Schon als Kind stellt Parzival die entscheidende Frage:

der knappe sprach zer muoter sân:
ouwê muoter, waz ist got?

Frau Herzeloyde antwortet, Gottes Treue habe den Menschen, die ihn anriefen, stets geholfen. Damit gibt sich Parzival zunächst zufrieden. Dann aber schlägt die Einfalt des Knaben, wie wir sahen, in Zweifel um; erst auf der dritten Stufe seines religiösen Erlebens findet der Geläuterte durch Stetigkeit (staete) zur Wiedervereinigung mit Gott. Nun erhält er den Gral, in der mittelalterlichen Dichtung eine Abendmahlsschale besonderer Art, die Wunden heilt, Durst löscht und Hunger stillt. Sie bedeutet bei Wolfram mehr als ein wundertätiges Gefäß: sie ist ihm Sinnbild des Einklanges von unbefangener Freude am irdischen Dasein und christlicher Versenkung in Gott. Höchstes Ziel ritterlichen Strebens ist es zu verbinden, was Wolfram „des lîbes vrouide und der sêle rouwe" nennt.

Der Parzival ist die tiefgründigste dichterische Darstellung des Rittertums und seines Lebensgefühls. In ihm vereinigen sich in edler Mäßigung die besten Eigenschaften und Fähigkeiten der europäischen Völker zu einem Leitbild von starker Prägekraft: die Treue der germanisch-deutschen Stämme, der Formsinn seiner westlichen und das Schönheitsstreben seiner südlichen Nachbarn, die Phantasie der Kelten, die Glaubenstiefe der Spanier. Erst das allen gemeinsame Erlebnis der Kreuzzüge hatte die Voraussetzungen dafür geschaffen, daß ein genialer Dichter wie Wolfram diese verschiedenartigen Eigenschaften zum Typ des vorbildlichen europäischen Ritters zu verschmelzen vermochte.

Das Nibelungenlied

Gleichzeitig mit dem *Parzival* entstand um 1200 das *Nibelungenlied.* Von seinem Dichter wissen wir noch weniger als von Wolfram von Eschenbach: Er ist von bayrisch-österreichischer Herkunft, vielleicht ein Geistlicher. Die Dichtung selbst nennt ihn nirgends. Die zahlreich erhaltenen Handschriften beweisen, daß das *Nibelungenlied* viel gelesen wurde, und es hat diese Volkstümlichkeit bis heute bewahrt, ja es ist zum deutschen Nationalepos geworden.

Als Mönche und Priester die geistige Führung in Deutschland übernahmen, sank das Ansehen der Hofsänger, die nicht lesen und schreiben konnten, doch riß die mündliche Überlieferung der alten Heldenlieder (s. S. 9ff.) nicht ab. Mit Beginn der ritterlichen Epoche gewannen die germanischen Sagen neue Bedeutung. Sie waren genauso oder gar besser als fremde Stoffe geeignet, in die neue Form des Versromans umgegossen zu werden.

Um 1200 gestaltete ein Dichter aus der Siegfriedsage und dem Lied vom Untergang der Burgunder ein neues, einheitliches Werk, das *Nibelungenlied.* Seine erste Strophe erinnert noch an die alten Erzählungen, die ihm zugrunde liegen:

Uns ist in alten maeren wunders vil geseit
von helden lobebaeren, von grôzer arebeit,
von fröuden, hôchgezîten, von weinen und von klagen,
von küener recken strîten muget ir nu wunder hoeren sagen.

Siegfried, nach einem Bad im Blut des erschlagenen Lindwurms unverwundbar, durch den Nibelungenhort unermeßlich reich und als Besitzer der Tarnkappe in der Lage, unsichtbar zu erscheinen, besiegt die Walküre Brunhild, um die der Burgunderkönig Gunther wirbt, im sportlichen Wettkampf und gewinnt als Lohn für sich selbst Gunthers Schwester Kriemhild. Brunhild erfährt später, daß sie betrogen worden ist. Hagen rächt sie, indem er Siegfried auf der Jagd ermordet und ihm den Schatz der Nibelungen raubt. Um sich an Hagen zu rächen, heiratet Kriemhild den Hunnenkönig Etzel und lädt die Burgunder zu sich ein. Sie verlangt vergeblich Hagens Auslieferung. Erst als sie ihre Verwandten vernichtet hat, verfällt auch Hagen ihrer Rachsucht. Schließlich wird die Rasende von Hildebrand, dem Waffenmeister Dietrichs von Bern, erschlagen.

Der Darstellungskraft des Dichters ist es gelungen, aus zwei Sagenkreisen ein neues, in sich abgerundetes Epos zu schaffen. Es ist die Gestalt der Kriemhild, die als starkes Bindeglied die Nibelungen- und Burgundersage ebenso wie die zahlreich eingestreuten Abenteuer und die Fülle der klar gezeichneten Charaktere zusammenschließt. Diese Frau, die wir als scheues, heimlich liebendes Mädchen kennenlernen und als furienhaftes Weib sterben sehen, durchläuft als einzige eine hervorragend geschilderte seelische Entwicklung.

Dieser Umstand und einzelne Abschnitte des Werkes – die Schilderung des Lebens am Wormser Königshof, die erste Begegnung Siegfrieds und Kriemhilds, die Jagd im Odenwald, die aufkeimende Liebe zwischen Gunthers Bruder Giselher und Markgraf Rüdigers Tochter – deuten darauf hin, daß der Dichter den kargen Heldensagen, die er verarbeitete, sehr wohl Züge des höfischen Ritterromanes zu geben vermochte. Aufs Ganze gesehen überwiegt allerdings die düstere Dämonie der älteren germanischen Heldenepen. Unerbittlich wie im *Hildebrandslied* vollzieht sich unter nächsten Verwandten ein Schicksal von tragischer Größe, das keine Macht des Himmels und der Erde wenden kann. Ruhm, Treue und Ehre, die höchsten Werte der Germanen in der Wanderzeit, werden vom Nibelungendichter noch einmal an Gestalten von großartiger Einseitigkeit dargestellt; doch wird an ihnen nun deutlich, wie furchtbar sich die alten Tugenden in ihrer Übersteigerung auswirken können. Ruhmsucht und überspitztes Ehrgefühl der Ritter, Hagens starre, unheilbringende „Nibelungentreue", Kriemhilds in blinder Rachsucht sich verzehrende Gattenliebe führen in eine blutige, völkervernichtende Katastrophe.

Dem tiefernsten Gehalt des *Nibelungenliedes* hätte die flüssige vierhebige Verszeile der höfischen Buchromane nicht entsprochen. Heimischer Überlieferung folgend, verwandte der Dichter eine geeignetere Form, nämlich die ernst-schwere, aus vier Langzeilen bestehende „Nibelungenstrophe". Jede Langzeile gliedert sich durch einen Einschnitt in zwei Kurzzeilen, die mit Ausnahme der letzten vierhebigen drei Hebungen haben. Immer zwei aufeinanderfolgende Langzeilen reimen aufeinander. Die letzte (2379.) Strophe lautet:

Ine kan iu niht bescheiden, waz sider dâ geschach,
wan ritter unde vrouwen weinen man dâ sach,
dar zuo die edeln knehte, ir lieben friunde tôt.
hie hât daz maere ein ende. daz ist der Nibelunge nôt.

Meier Helmbrecht

Die Blütezeit des höfischen Versepos dauerte nur wenige Jahrzehnte. Bereits um 1250 wurde der Ritterroman parodiert[1] und zugleich die Entartung des Rittertums gegeißelt. Der oberdeutsche Dichter Wernher der Gartenaere gestaltete in seinem *Meier Helmbrecht* den Gegensatz zwischen dem rasch verfallenden Rittertum und dem gesunden, urwüchsigen Bauerntum. Seinem Werk liegt dabei zum ersten Male nicht ein literarisch bereits vorgeformter Stoff zugrunde, sondern er stellt nur das dar, was er, wie er selbst sagt, mit eigenen Augen gesehen hat. Er erfaßt damit Bereiche der bäuerlichen Lebenswirklichkeit, der die höfischen Dichter bisher keinen Raum gegeben hatten.

Der junge Helmbrecht, eitler, geckenhafter Sohn eines redlichen, wohlhabenden Bauern, möchte ein Ritter werden. Während der von düsteren Träumen heimgesuchte Vater den Sohn von seinem Vorhaben abzubringen sucht, putzt ihn die Mutter wie einen jungen Adligen heraus. Er gelangt auf die Burg eines Raubritters, der den kräftigen Burschen gern in seine verwegene Schar aufnimmt. Nach einem Jahr – er ist inzwischen der Schlimmste der Bande geworden – kehrt er besuchsweise in sein Elternhaus zurück. Er gebärdet sich als großer Herr, der mit allerhand fremdsprachigen Brocken um sich wirft. Erst als der Vater droht, ihn nicht zu bewirten, gibt er sich zu erkennen. Nach dem Essen möchte der ältere Helmbrecht wissen, ob es bei Hofe noch so zugehe wie früher. Doch der Sohn besteht darauf, daß erst der Vater aus seiner Kindheit berichtet. Das geschieht. Er entwirft ein unverfälschtes Bild vom ritterlichen Leben in seiner Blütezeit. Dann kommt der Junge zu Wort. Er schildert das Treiben der adligen Herren ganz anders: Trinkgelage sind an der Tagesordnung, Lug, Trug, Lästerei und Ehrlosigkeit sind an die Stelle der alten Zucht getreten. Höllensack, Reißwolf, Bauernschreck heißen nicht zufällig die neuen Herren. Es gelingt dem großsprecherischen Herumtreiber, seine Schwester auf seine Seite zu ziehen und mit einem Kumpanen zu verheiraten. Bei der üppigen Hochzeitsfeier hebt der Blutvogt das Räubernest aus. Nur Helmbrecht und seine Schwester entgehen der sofortigen Hinrichtung, doch werden sie übel mißhandelt. Geblendet und verstümmelt tritt der verkommene Sohn vor den Vater, aber der weist ihm die Tür. Schließlich bestätigen sich die dunklen Ahnungen des Alten: Bauern, die er früher beraubt hat, hängen den Burschen auf.

Wernhers lebendige Erzählkunst ist trotz ihrer Knappheit farbig und anschaulich. Er versteht es, die Personen durch ihre Reden scharf zu charakterisieren. Oft lockert Humor den Ablauf der

[1] parodieren = komisch oder spöttisch nachahmen.

Handlung auf. Hinter allem steht das zeitlos Menschliche: der ewige Gegensatz zwischen Vater und Sohn, das Generationsproblem; die Fragwürdigkeit des Versuches, das Leben durch Selbstbetrug statt durch Leistung zu meistern; der Vorrang des Seins gegenüber dem Schein.

Joseph Hofmiller († 1933) hat den *Meier Helmbrecht* meisterhaft nachgedichtet.

Minnesang

Neben die gepflegte Erzählung tritt in der ritterlich-höfischen Epoche gleichrangig die Lyrik, und zwar in einer Erneuerung ihrer Urform: als Wortkunstwerk in Verbindung mit einem Saiteninstrument. Der Lyriker des hohen Mittelalters fand zum Gedicht eine Melodie, er spielte sie auf der Geige oder Laute, er sang sie. Das darf nicht außer acht gelassen werden, wenn auch die Weisen fast ausnahmslos verlorengegangen sind und das Wort wahrscheinlich den Vorrang vor dem Ton gehabt hat.

Der hervorragendste Lyriker der Zeit und einer der genialsten überhaupt ist Walther von der Vogelweide. Er war ein Berufsdichter ohne festen Wohnsitz in Deutschland um die Wende des 12. zum 13. Jahrhundert. Damit ist so gut wie alles gesagt, was wir über sein äußeres Leben wissen. Die gesellschaftliche Stellung dieses großen Dichters war unbedeutend, sein Rittertum läßt sich urkundlich nicht nachweisen. Fest steht, daß er seine Verse für Nahrung, Kleidung und Geld vortrug. Das ist seinen Gedichten zu entnehmen, denn als echter Lyriker hat er sein Ich nicht verborgen.

Der Kampf ums Dasein zwang ihn, nacheinander dem Staufer Philipp, dann dessen Gegenkönig Otto IV. und schließlich wieder einem Staufer, Friedrich II., Loblieder zu singen. Und dennoch vermochte Walther, bessernd zu wirken. Er tat es, indem er die Kraft des Wortes einsetzte, und wir wissen, daß man auf ihn hörte. Er wandte sich an die Kaiser seiner Zeit und an den Papst, an einige Reichsfürsten oder an das Volk. So griff er in die Tagespolitik ein, nahm Stellung zu Fragen, die alle angingen. Der Form nach waren solche Gedichte „Sprüche", die Höherentwicklung einer überlieferten Aussageweise der Fahrenden, die darin ganz allgemein ihre bitteren Erfahrungen mit Welt und Menschen zum Ausdruck gebracht hatten.

Die Übertragung eines „Spruches", der wahrscheinlich anläßlich der Sonnenfinsternis vom 27. 11. 1201 entstanden ist, mag zeigen, wie sich Walther bemühte, die Menschen aufzurütteln:

Wacht auf! Es naht uns der Tag,
den mit Grund in Ängsten erwartet
ein jeder, ob Christ, Jude oder Heide.
Wir haben viel der Zeichen gesehen,
an denen wir sein Kommen deutlich erkennen,
wie uns die Schrift in ihrem Wahrheitsgehalt belehrt hat.
Die Sonne hat sich verfinstert,
Treulosigkeit ihren Samen ausgestreut
überall an den Wegen:
der Vater findet Treulosigkeit bei dem Sohn,
der Bruder belügt den Bruder,
und Betrug treibt der geistliche Stand,
der uns doch Weg und Steg zum Himmel sein sollte:
Gewalttätigkeit schießt auf – Recht vor Gericht welkt dahin.
Auf denn! Wir haben schon zu viel gesäumt!

In der lyrischen Dichtung im engeren Sinne folgte Walther zunächst dem Beispiel der älteren Minnelieder. Unter Minne haben wir die einmalige Verbindung von geistiger, sinnlicher und christlicher Liebe zu verstehen. Sie zielt auf die Läuterung des Menschen, der in der Liebe nicht Erfüllung suchen, sondern Zucht und Maß lernen sollte. Deshalb ging es nicht darum, die verehrte Frau zu gewinnen, sondern der „Herrin" ritterlich zu dienen.

Zu solchem Minnedienst gehörte das Minnelied. Es geht, wie die Kultur der Epoche überhaupt, auf südfranzösische Vorbilder zurück, erhält aber auf deutschem Boden durch Verschmelzung mit oberdeutscher Volksdichtung sein eigenes Gepräge. Formal zeigt es eine strenge strophische Gliederung, vielhebige Verse und oft höchst kunstvolle Reimbindungen, wie die zweite Strophe eines frühen Minneliedes Walthers zeigt:

Minne ist ein gemeinez wort,
und doch ungemeine mit den werken: dêst alsô.
Minne ist aller tugende ein hort:
âne minne wirdet niemer herze rehte frô.
Sît ich den gelouben hân,
frouwe Minne,
fröit ouch mir die sinne.
mich müet, sol mîn trôst zergân.

Als Wort ist Minne in aller Besitz,
als Leistung aber will sie keiner: das ist nicht anders.
Minne ist die Fülle aller guten Eigenschaften,
ohne Minne kann nie ein Herz wahrhaft froh werden.
Da dies mein Glaube ist,
Herrin Minne,
macht auch mich froh.
Es quält mich, wenn mein Vertrauen dahingeht.

Hatte sich Walther mit solchen Versen zunächst noch nach dem verbreiteten Schema gerichtet, so ist es bezeichnend für sein Streben nach Wahrhaftigkeit, daß er vom letztlich Unnatürlichen der „hohen Minne" wußte. Er gab die rasch erstarrten oder verspielten Formen der überlieferten Lyrik auf und bekannte sich in seinen ungezwungenen „Mädchenliedern" zur Liebe als einer natürlichen Bindung zwischen dem Ich und dem Du. Dabei war es für ihn ohne Belang – und er ist damit seiner Zeit weit voraus –, ob seine Zuneigung einer verheirateten adligen Dame oder einem schlichten Bauernmädchen galt.

Gerade die Lieder der „niederen Minne" boten dem Dichter willkommene Gelegenheit, die Schönheit der Natur zu schildern, wie sie sich seiner empfänglichen Seele in Menschen, Tieren und Pflanzen darbot. Hier ist er den größten Lyrikern ebenbürtig. Das gilt auch für seine jahreszeitlichen Gedichte. Unser folgendes Beispiel zeigt außerdem, mit welch virtuoser Meisterschaft er zu dichten vermochte. Die fünf Strophen des Gedichtes sind nacheinander ausschließlich auf die fünf Selbstlaute gereimt (a, e, i, o, u); die erste lautet:

Diu werlt was gelf, rôt unde blâ,
grüene in dem walde und anderswâ:
die kleinen vogele sungen dâ.
nû schrîet aber diu nebelkrâ.
pfligt si iht ander varwe? jâ:
sist worden bleich und übergrâ.
des rimpfet sich vil manic brâ.

Die Welt war einst strahlend: rot und blau,
im Walde grün und anderwärts.
Da sangen die Vögel.
Jetzt jedoch schreit wieder die Nebelkrähe.
Ist auch die Farbe der Welt anders geworden? Ja:
sie ist bleich und grau in grau.
Das macht uns manche Kummerfalte.

Im Alter schließlich wurden Walthers Verse zum Ausdruck besinnlicher Betrachtungen über sein geliebtes Deutschland, über den gar zu raschen Ablauf seines Lebens („Owê war sint verswunden / alliu mîniu jâr!"), über Kindererziehung, über Gott und die Welt. Was er darüber sagte, spricht uns heute noch unmittelbar an.

Die Lieder Walthers von der Vogelweide bilden mit dem *Parzival* und dem *Nibelungenlied* einen ersten Höhepunkt der deutschen Literatur.

Frühe bürgerliche Dichtung

Der Aufstieg des Bürgertums

Die Masse des Volkes hatte bisher keinen schöpferischen Anteil an der Dichtung. Die Sänger der germanischen Frühzeit gehörten der Herrenschicht an; die Geistlichen bildeten einen kleinen, abgeschlossenen Kreis; die Ritter schließlich überschritten nur ausnahmsweise die Grenzen ihres Standes; Geistliche und Ritter umfaßten wenig mehr als ein Zehntel der spätmittelalterlichen Bevölkerung.

Da trat seit dem 13. Jahrhundert zwischen dem Adel und den Bauern ein neuer Stand hervor: das Bürgertum der teils neu entstehenden, teils nun kräftig aufblühenden Städte. War „Bürger" zunächst derjenige, der im Schutz einer Burg siedelte – Handwerker, Kaufleute, Dienstmannen des Burgherrn –, so gewannen die Bürger bald das Bewußtsein ihres eigenen Wertes. Sie befreiten sich vielerorts aus der Vormundschaft des Burgherrn und ordneten ihre Angelegenheiten in bürgerlicher Selbständigkeit. Das selbstbewußte Bürgertum, durch Gewerbefleiß und Handel reich geworden, war es, das die großen Dome in den Städten baute. 1340 prägte Lübeck als erste deutsche Stadt Goldmünzen. Die Kreuzzüge waren vorbei, aber der durch sie ausgelöste Fernhandel von Land zu Land, von Erdteil zu Erdteil nahm einen raschen Aufschwung. Er erforderte Wagemut und Härte, weiträumiges, vorausschauendes Denken und offene Sinne für die Lebenswirklichkeit.

Dieses Bürgertum in einer sich ausweitenden Welt erkannte alsbald die Notwendigkeit einer Schulbildung. Wer Handel treiben wollte, der nicht mehr nur Tauschhandel war, mußte rechnen und schreiben können. Dom- und Klosterschulen reichten nicht mehr aus. Es entstanden Stadt- und Ratsschulen für die Kinder der Patrizier, Winkel- und Klippschulen für die der Handwerker und Kleinhändler. Besonders Begabte, die es sich leisten konnten, besuchten die neuen Universitäten. So verbreiterte sich die Grundlage des kulturellen Lebens, wobei Geistliche und Ritter zugunsten der Bürger mehr und mehr zurücktraten.

Diese Entwicklung wurde stark gefördert, als in dem auf die Schulgründungen folgenden 15. Jahrhundert die Buchdruckerkunst erfunden wurde. Das gedruckte Buch erweiterte und vertiefte die Volksbildung. Nicht zufällig war das erste von Gutenberg mit Einzellettern gedruckte Buch eine kleine lateinische Grammatik. Sehr viel schneller und leichter konnte nun jeder, der danach strebte, am geistigen Erbe der Völker teilhaben.

Gar nicht vom Druck und nur selten von einer Niederschrift abhängig war allerdings noch eine besondere Form deutscher Dichtung, die dem Volke in allen seinen Schichten gehörte: das Volkslied. Da es fast nur mündlich überliefert wurde, war es nicht nur in der Stadt, sondern auch in der bäuerlichen Welt des Dorfes lebendig. Man sang es im Frieden bei der Arbeit oder nach Feierabend und im Krieg auf dem Marsch oder im Lager.

Aber nicht die Gemeinschaft, sondern ein einzelner hat sie geschaffen, die schlichten Verse von Abschied, Liebe und Tod, die Trink- und Reiterlieder, die Weisen der Handwerker, die Schlacht- und Siegeslieder und schließlich – aus Protest gegen die lateinischen Gesänge – die deutschsprachigen geistlichen Lieder. Wir kennen die Namen der Dichter nicht, nicht ihre Herkunft und ihr Schicksal; wir wissen nicht, wann und wo ein Volkslied entstand und wer es vertonte. Über Generationen hin ist die ursprüngliche Fassung verändert, „zersungen" worden. Eine Anzahl dieser kleinen lyrischen Stücke, für die erst in sehr viel späterer Zeit Herder (s. S. 49f.) den Begriff Volkslied finden wird, sind anscheinend unvergänglich, Allgemeingut heute wie einst. Andere führen nur noch in alten Sammlungen ein Schattendasein.

Zahlreiche Volkslieder und Volksballaden gehen auf die deutschsprachige Dichtung der Frühzeit zurück, andere sind Neuschöpfungen. Die einen berichten von bedeutenden Ereignissen, von der großen Schlacht bei Pavia oder der Hinrichtung der unglücklichen Augsburger Baderstochter Agnes Bernauer; andere sind Ausdruck persönlicher Erlebnisse, wie Abschied von der Heimat oder der Geliebten und – seltener – glückliche Wiederkehr. Ein trauriger oder tragischer Ausgang überwiegt gegenüber dem versöhnlichen.

Die Sprache des Volksliedes ist schlicht, bildhaft, einprägsam, knapp, dem Inhalt gemäß und daher von großer Wirkung. Die zur Einstimmung oder zum Vergleich herangezogenen Bilder entstammen fast immer dem Naturgeschehen im Wandel der Jahreszeiten oder den alltäglichen Tätigkeiten der einzelnen Berufsgruppen (Handwerker, Jäger, Soldaten); sie sind allgemeinverständlich.

Der drei- oder vierhebige, am Ende gereimte Vers herrscht vor. In manchen Liedern wechselt die Zahl der Senkungen zwischen den vier Hebungen unregelmäßig (Knittel- oder Knüppelvers). Auch der Strophenbau ist uneinheitlich. Häufig findet sich belebende wörtliche Rede: ein Zwiegespräch zwischen Mutter und Tochter in der ergreifenden niederdeutschen Volksballade *Et wasen twei Kunnigeskinner,* ein Zwiegespräch zwischen zwei Liebenden in *Laß rauschen:*

Ich hort ein sichellin rauschen,
wol rauschen durch das korn;
ich hort eine feine magt klagen,
sie het ir lieb verlorn.

„La rauschen, lieb, la rauschen!
ich acht nit, wie es ge;
ich hab mir ein bulen erworben
in feiel und grünen kle!"

„Hast du ein bulen erworben
in feiel und grünen kle,
so ste ich hie alleine,
tut meinem herzen we."

Hier begegnet uns auch die fast wörtliche Wiederholung von Verszeilen. Der Schluß der zweiten Strophe wird, nur leicht abgewandelt, Anfang der dritten. Damit setzt das Volkslied Akzente, stellt es das Wesentliche heraus – hier den neuen Liebhaber –, und außerdem ist die Wiederkehr eines ganzen Satzes eine gute Gedächtnisstütze für den Vortrag.

Die Anfänge des Schauspiels

In den spätmittelalterlichen Jahrhunderten liegen auch die Anfänge des Schauspiels. Seine Wurzeln reichen bis zu den Kultbräuchen der Germanen zurück. Bei ihnen waren feierliche Aufzüge und Darstellungen mit den Festen zu Ehren der Götter verbunden. Als die Germanen Christen wurden, mußten diese heidnischen Bräuche den neuen Formen religiösen Lebens weichen. Doch hat sich manches davon in neuem Gewand und mit neuem Geist erhalten, einmal im derb-lustigen Fastnachtsspiel, daneben in den ernsten kultischen Spielen, die in das Kirchenjahr eingegliedert waren.

So gehen die im ganzen deutschen Sprachraum verbreiteten Fastnachtsspiele auf feierliche Handlungen bei Winterende zurück. Festliche Aufzüge, die den Wechsel der Jahreszeiten sinnbildlich darstellten, waren Ausdruck der Freude über den neuen Beginn des bäuerlichen Jahres und zugleich Bitte um den Segen der Gottheiten. Als mit der Verbreitung und Festigung des neuen Glaubens der religiöse Sinngehalt der heidnischen Zeit allmählich schwand, gewann die grobe Spaßhaftigkeit des einfachen Volkes die Oberhand. Die Spiele wurden immer wirklichkeitsnäher; die ursprünglich dargestellten Dämonen erhielten Charakterzüge kleinbürgerlicher Typen. Natürlich waren es Laien aus den Reihen der Handwerker und sonstigen Kleinbürger, die die Stücke spielten, und sie stellten auch den Großteil der Zuschauer.

Hans Sachs

Bis auf den heutigen Tag sind die Fastnachtsspiele von Hans Sachs wirksam geblieben; sie werden von Laiengruppen immer noch begeistert aufgeführt.

Hans Sachs (1494–1576) war ein Nürnberger Schuhmacher, ein Außenseiter der Literatur gleichsam. Sein Lebensweg, sein Schaffen haben stellvertretende Bedeutung: Der Aufstieg des fleißigen, begabten Handwerkers einer wohlhabenden Stadtrepublik zu einem Dichter, dem selbst Goethe noch seine Ehrerbietung erweisen wird, zeigt die gesunde Lebenskraft und das Bildungsstreben des Bürgertums.

Hans Sachs, Sohn eines Handwerkers, besuchte die Lateinschule, kam fünfzehnjährig zu einem Schuster in die Lehre und lernte gleichzeitig bei einem Leineweber die Kunst der Meistersinger. Darunter versteht man Handwerker, die in Vereinigungen („Schulen") Minnesang und Spruchdichtung der ritterlich-höfischen Blütezeit fortzuführen suchten. Nach fünf Wanderjahren kehrte Sachs in seine Heimatstadt zurück und übte dort seinen Beruf aus. Nach Feierabend schuf er mehr als 6000 Dichtungen, außer selbstvertonten Meisterliedern Schwänke (kurze humorige Erzählungen), Fabeln und über 200 dramatische Arbeiten, von denen 85 Fastnachtsspiele sind. Er war einer der ersten zu Nürnberg, die sich zu Martin Luthers Schriften bekannten. 1522 begrüßte er die Lehre des Reformators mit einem Gedicht auf die *Wittembergisch Nachtigall,* womit Luther gemeint ist.

Der weitaus größte Teil dieses umfangreichen Lebenswerkes ruht heute vergessen in den dikken Folianten, in die es der Dichter schrieb. Das wenige, was noch lebendig ist, zeugt von der einfachen, grundanständigen Gesinnung dieses Mannes. Mit seinen Dichtungen will er die Menschen bessern und belehren, ohne dabei warnend den Zeigefinger zu heben. Die Fabel vom Fuchs und dem Hahn zeigt zugleich auch die Kunst des Dichters, eine Handlung dramatisch spannend darzustellen:

Ein hungriger fuchs thet außgon
Vnd fand bei einem dorf ein hon
Auf einem zaun, den ret er on:

,,Ein gute stim dein vater het;
Drum kum ich her an dise stet,
Ob im dein stim auch gleichen thet."

Die hoffart trang
Den hon, der schwang
Sein flügel, hub laut an vnd sang
Mit pschlossnen augen, das es klang.

Der fuchs ergrif den han im sprung
Vnd sich mit im gen holze schwung,
Im liefen nach alt vnde jung,

Schrien: ,,Der fuchs tregt vnsern han."
Der han ret den fuchs also an:
,,Hör, wie die bauren schreien thon.

Sprich: Ich trag mein
Han hie alein
Vnd nicht der bauren gros vnd klein."
Den fuchs rit auch die hoffart sein,

Ließ aus dem maul den gfangnen han
Vnd wolt die bauren schreien an,
Der han im auf ein baum entran

Vnd schri: ,,Mein fuchs, vernim den sin!
Der bauren han ich wider bin,
Lauff nur dein stras vngessen hin."

Der fuchs der schlug
Sein maul genug,
Sprach: ,,Dein gschwecz mich vmb den han drug.
Wer schweigen kan, ist weiß vnd klug."

Hans Sachs

In dem Schwank *St. Peter mit der Geiß* scheitert der Apostel Petrus bei dem schwierigen Geschäft der Weltregierung, die ihm der Herr wunschgemäß für einen Tag in die Hände gelegt hat, an einer störrischen Ziege. Und wie anschaulich weiß der Nürnberger Handwerkerpoet vom Schlaraffenland zu erzählen! In den Fastnachtsspielen *Das Kälberbrüten* und *Der fahrende Schüler im Paradies* werden ein einfältiger Bauer und eine leichtgläubige Bäuerin zu Zielscheiben seines Spottes. Man spürt deutlich, wie überlegen sich der Stadtbürger dem Dorfbewohner gegenüber vorkam.

Hans Sachs überschritt die Grenzen seiner dichterischen Fähigkeiten, wenn er sich an großen Stoffen wie der klassischen Ödipus-Tragödie oder der Nibelungensage versuchte. Seine Stärke lag in der künstlerischen Bewältigung der kleinen Welt, in der er lebte. Das zuvor arg entartete Fastnachtsspiel hob er in Form und Gehalt so weit an, daß es einen festen Platz in der Geschichte unserer Literatur errang.

Neben dem derben Fastnachtsspiel sättigte sich die Schaulust des Volkes an den geistlichen Spielen. Ursprünglich dienten sie im Gottesdienst der Veranschaulichung bestimmter Begebenheiten der Heilsgeschichte, vor allem Weihnachten und Ostern. Geistliche stellten die Szenen in lateinischem Wechselgesang dar. Als die Spiele sich infolge der Hinzuziehung von Laien zu sehr auswuchsen, mußten sie vor die Kirche, schließlich auf den Marktplatz verlegt werden. Bald erstreckten sie sich über den Vormittag, über einen ganzen Tag, und in Frankfurt spielte man 1350 zwei und in Bozen 1514 gar sieben Tage lang. An die 200 Mitspieler traten schließlich auf.

In die lateinischen Spiele wurden immer häufiger deutschsprachige Teile eingefügt; endlich gab es auch Spiele allein in deutscher Sprache. Wie mächtig sie auf die Menschen wirkten, zeigt jener Landgraf Friedrich von Thüringen, den die Verdammnis der törichten Jungfrauen im *Eisenacher Zehnjungfrauenspiel* so erschütterte, daß ihn der Schlag rührte und er 1321 nach langer Krankheit starb. Dieses Spiel gehört zu den bedeutendsten der Zeit. Es setzt sich aus gesungenen lateinischen Hymnen und gesprochenen deutschen Reimversen zusammen:

Mysterienbühne aus dem Spätmittelalter

Im ersten Teil treten die törichten Jungfrauen mit ihrer gedankenlosen Weltlust auf, im zweiten Teil werden die klugen belohnt, während die törichten jammern. Maria bittet bei ihrem Sohne für sie:

Eya, libez kint myn,
nu bin ich doch dy muter dyn,
und gedenke an daz ungemach,
da ein swert dorch myne sele ging;
waz ich ie pyn dorch dich enphing,
des lone mir mit diesen armen
und laz dich obir si erbarmen!...

Doch Christus weist ihre Fürbitte ab:

Swiget, vrowe, muter myn!
Dy rede, dy mag nicht gesyn.
Dy wile si in der werlde warn
guter werc si verbarn (entbehrten).
Gereyte was in alle bosheyt,
des versage ich in myne barmhertzickeyt!

Für die Törichten gibt es nach der spätmittelalterlichen Auffassung keine Gnade mehr, weil sie ihr Leben müßig vertan haben.

Doch es mischten sich auch komische und ganz und gar weltliche Szenen in die ernste Handlung, wie etwa im Osterspiel der Wettlauf der Jünger zum Grab des Herrn. Auch das Auftreten des Teufels gab willkommene Gelegenheit zu derben Späßen.

In den Mittelpunkt der Spiele trat immer mehr die Mutter Maria als Retterin der Sünder. In Theophilus-Dichtungen aus dem 15. Jahrhundert wurde zum erstenmal das Bündnis eines Menschen mit dem Teufel dargestellt, und nur die Heilige Jungfrau vermag den Schuldigen aus den Klauen Satans zu befreien. Hier tauchte ein Thema auf, das später in den verschiedenen Fassungen des Fauststoffes (s. unten u. S. 59f.) wiederkehrt.

Bis in die Gegenwart hat sich ein Passionsspiel erhalten, das rund 1000 Erwachsene und 250 Kinder alle zehn Jahre in Oberammergau aufführen. 1970 gab es 102 Aufführungen vor insgesamt mehr als einer halben Million Besuchern aus 113 Ländern der Erde. Das Spiel geht auf ein Gelübde zurück, das die Dorfgemeinde 1633 in schwerer Pestzeit ablegte. Der früheste erhaltene Text knüpft an zwei Augsburger Passionsspiele aus dem 15. und 16. Jahrhundert an.

Das Volksbuch

Als breite Schichten des Stadtbürgertums lesen gelernt hatten und die Buchdruckerkunst erfunden war, meldete sich bald ein großes Bedürfnis nach spannender, unterhaltender Lektüre. Um es zu befriedigen, stellten geschäftstüchtige Drucker auf schlechtem Papier billige Schmöker her. Sie wurden auf Jahrmärkten und Messen verkauft und sind als „Volksbücher" in die Literaturgeschichte eingegangen. Die Hersteller der Hefte konnten nur mit Mühe die Menge von Stoff herbeischaffen, die die „Verbraucher" forderten. Die biederen Meister der Schwarzen Kunst befanden sich in einer ähnlichen Lage wie heute die Programmgestalter des Fernsehens, und nicht viel anders gingen sie ans Werk: sie ließen alte Texte den Anforderungen der neuen technischen Errungenschaft entsprechend umarbeiten.

Die Jünger Gutenbergs fanden eine Fülle überlieferter Märchen, Heldenepen und anderen volkstümlichen Erzählgutes. Das alles galt es so umzuformen, daß das Neue dem beschränkten Umfang der Volksbücher und den zumeist nicht minder beschränkten Verstandeskräften der Käufer entsprach. Oft mußte der geistige Gehalt der für notwendig gehaltenen Spannung weichen. Wenn das in deutscher Sprache Vorliegende nicht ausreichte, ging man an die Übersetzung fremdländischer Stoffe. Da gab es die traurige Geschichte von Genoveva und die lustige von Til Eulenspiegel, die abenteuerlich blutige vom Hürnenen Siegfried und die sanftere von der schönen neapolitanischen Königstochter Magelone, die schalkhafte von den Schildbürgern, die abschreckende *Historia von D. Johann Fausten, dem weitbeschreiten Zauberer und Schwarzkünstler* und manche andere. Viele von ihnen wurden später von bedeutenden Dichtern aufgegriffen und neu gestaltet. Das berühmteste Beispiel dafür ist Goethes *Faust* (s. S. 59f.). Das folgende 6. Kapitel des Volksbuches, das den Vertrag des gelehrten Mannes mit dem Teufel enthält, läßt die Eigenart des Volksbuches erkennen:

D. Faustus läst jhm das Blut herauß in einen Tiegel, setzt es auff warme Kolen, vnd schreibt, wie hernach folgen wirdt.

Ich Johannes Faustus D. bekenne mit meiner eygen Handt offentlich, zu einer Bestettigung, vnnd in Krafft diß Brieffs, Nach dem ich mir fürgenommen, die Elementa zu speculieren[1], vnd aber auß den Gaaben, so mir von oben herab bescheret, vnd gnedig mitgetheilt worden, solche Geschickligkeit in meinem Kopff nicht befinde, vnnd solches von den Menschen nicht erlernen

[1] Die Elemente der Natur zu durchforschen.

mag, So hab ich gegenwertigem gesandtem Geist, der sich Mephistophiles nennet, ein Diener deß Hellischen Printzen in Orient, mich vntergeben, auch denselbigen, mich solches zuberichten vnd zu lehren, mir erwehlet, der sich auch gegen mir versprochen, in allem vnderthenig vnnd gehorsam zuseyn. Dagegen aber ich mich hinwider gegen jhme verspriche vnd verlobe, daß so 24. Jahr, von Dato diß Brieffs an, herumb vnd fürvber gelauffen, er mit mir nach seiner Art vnd weiß, seines Gefallens, zuschalten, walten, regieren, führen, gut macht haben solle, mit allem, es sey Leib, Seel, Fleisch, Blut vnd gut, vnd das in sein Ewigkeit. Hierauff absage ich allen denen, so da leben, allem Himmlischen Heer, vnd allen Menschen, vnd das muß seyn. Zu festem Vrkundt vnnd mehrer Bekräfftigung, hab ich disen Receß eigner Hand geschrieben, vnderschrieben, vnd mit meinem hiefür getrucktem eygen Blut, meines Sinns, Kopffs, Gedancken vnnd Willen, verknüpfft, versiegelt vnd bezeuget.

Subscriptio[2],

Johann Faustus, der Erfahrne der Elementen, vnd der Geistlichen Doctor

Das Volkslied, das frühe, vom Volke gedichtete und gespielte Drama sowie das Volksbuch sind Zeugnisse einer beginnenden literarischen Breitenwirkung. Die Zahl der schöpferischen Kräfte nahm zu, die Aufgeschlossenheit der Menschen für die Dichtung aller Gattungen wuchs. Doch war mit Ausnahme weniger Dichter aus den Kreisen des Rittertums und der Geistlichkeit allein das aufstrebende Stadtbürgertum Träger der Entwicklung, obwohl es nur einen kleinen Teil der Gesamtbevölkerung bildete. Drei Viertel, nämlich die Bauern, lebten auf dem Lande fernab aller Kultur dahin, ohne nennenswerte geistige Anregungen, unterdrückt und entrechtet. Das änderte sich erst mit dem Beginn der Reformation. Sie forderte erstmalig von jedem einzelnen eine geistige Entscheidung.

Literatur im Zeitalter religiöser Erschütterungen

Zeit des Umbruchs

Im Spätmittelalter büßte das Rittertum seine politische Rolle ein, und es trat auch die kulturelle Führung an das junge Stadtbürgertum ab. Einem schwach gewordenen Kaisertum stand eine Vielzahl einander befehdender Reichsfürsten gegenüber. Die einheitliche mittelhochdeutsche Dichtersprache (s. S. 16) war wieder verloren gegangen, und es erschienen mannigfache, landschaftlich stark voneinander abweichende Dialekte in der Literatur. Statt der in sich ruhenden romanischen Kirchen, die wie Gottesburgen in den Städten standen, baute das Bürgertum die scheinbar schwerelos in den Himmel strebenden gotischen Dome – und zugleich erwachte in ihm ein unbändiger Wille zur Bewältigung der Welt, der zu den großen Erfindungen und Entdeckungen führte, sich aber auch in wilder Sinnenlust auslebte.

Die Literatur bevorzugte jetzt nächstliegende Lebensfragen: wie das menschliche Leben recht zu führen sei, welchen Vorbildern es zu folgen, welche Klippen es zu meiden habe. Mißstände und Laster reizten die Phantasie der Dichter und wurden in scharfen Satiren gegeißelt. Am

[2] Unterschrift.

Totentanz in der Marienkirche zu Lübeck (1463), Ausschnitt: Bürgermeister, Thumherr, Edelmann

stärksten aber beherrschte das Erlebnis des Todes die Gemüter, der durch die verheerenden Seuchen gerade den Menschen dieser Jahrhunderte grausam vor Augen stand. Der Tod zwang sie zur Besinnung auf Schein und Sein des menschlichen Daseins, vor ihm sind alle Menschen gleich, und er schreckte sie auf in der Angst vor dem göttlichen Gericht und trieb sie, Trost in den Verheißungen des Glaubens zu suchen. Der Totentanz wurde zum Gegenstand der Malerei und erschien als Mahnung an den Wänden der Kirchen.

In diesen Zeiten nun fanden nicht nur die Gebildeten, sondern gerade auch die einfachen Leute, die Handwerker und Bauern den ersehnten inneren Frieden in einer tief persönlichen, schwärmerischen Frömmigkeit. Es drängte sie aus der Kirche ins stille Kämmerlein oder in die einsame Mönchszelle. Geistliche und Laien, darunter viele Frauen, wurden von der Bewegung der Mystik ergriffen: Sie wandten sich von der Welt der irdischen Dinge ab, ertöteten Wünsche und Begierden in sich, um ganz frei zu werden und durch innere Sammlung schon zu Lebzeiten die Gegenwart des unendlichen Gottes zu erfahren.

Neue Formen sprachlichen Ausdrucks in der Mystik

Trotz der Einsamkeit und Weltabkehrtheit, in der die Mystiker lebten, hatten sie das Bedürfnis, ihre Gedanken und Erfahrungen mit Gleichgesinnten auszutauschen. Oft führten sie miteinander einen regen Briefwechsel, und zwar zum erstenmal auch in deutscher Sprache. Von Meister Eckehart, einem unserer größten Sprachschöpfer, bis Friedrich von Spee (s. S. 35f.)

bemühten sie sich darum, das neu erschlossene seelische Leben mit den angemessenen Ausdrükken zu erfassen, um sie vertrauten Freunden oder den Zuhörern ihrer Predigten verständlich zu machen. Diesem Bestreben verdankt unsere Sprache, die des Alltags wie die der Wissenschaft, ganz neue Begriffe und Wendungen. Durch die sprachlichen Neubildungen der Mystiker gewann sie an Bildhaftigkeit, Ausdrucksstärke und Innerlichkeit, wie einige Beispiele zeigen sollen:

Die Gottheit ,,drückt sich dem Menschen ein", ,,leuchtet ihm ein", ,,fließt in ihn ein". Der Mensch soll sich von der Welt abwenden und ,,Einkehr tun", um ,,der Gottheit einförmig" oder ,,gleichförmig" zu werden. Unsere Wörter Eindruck, Einfluß, einleuchten, Einkehr, einförmig, gleichförmig haben also im Vorstellungskreis der Mystik ihren Ursprung. Selbst ein alltägliches Wort wie ,,bloß", das wir heute für ,,nur" setzen, hat seinen Bedeutungswandel schon in der Mystik durchgemacht. Die Gottsucher sehnten sich danach, den Schöpfer ,,bloß" (= ohne fremde Zutat, unverhüllt) zu sehen. Der Wunsch kehrt in ihren Schriften immer wieder, wird zur stehenden Redensart. So will man ,,die Wahrheit bloß erkennen oder sagen". In späterer Zeit schrieb man, indem man die Wortfolge änderte, ,,bloß die Wahrheit", was so viel bedeutet wie ,,nur die Wahrheit".

Meister Eckehart

Der bedeutendste deutsche Mystiker ist Meister Eckehart, ein klarer Denker und sprachgewaltiger Prediger. Um 1260 als Sproß eines thüringischen Adelsgeschlechts geboren, trat er in den Orden der Dominikaner ein und studierte in Köln und Paris. Dort und in Straßburg wirkte er dann auch als Lehrer an der Universität und von der Kanzel herab. Er fand viele aufmerksame und begeisterte Zuhörer, die seine Predigten mitschrieben und sie uns so bewahrten.

Seinen tiefinnerlichen Weg zur Gotteserkenntnis im Grund der eigenen Seele wollte er auch seinen Zuhörern mitteilen und suchte ihn darum mit der Sprache zu erfassen. Dabei wußte er, daß er das Unmögliche unternahm, wenn er das Geheimnis des göttlichen Lebens ausdrücken wollte. Wie schwierig das war, zeigt das folgende Stück aus einer seiner Predigten:

Von der Abgeschiedenheit

Hie solt du wizzen, daz rehtiu abegescheidenheit niht anders enist, wan daz der geist also unbewegelich stande (von stan = stehen) gegen allen zuovellen (Zufällen) liebes unde leides, eren, schande unde lasters, als ein breiter berc unbewegelich stet gegen eime kleinen winde. Disiu unbewegelichiu abegescheidenheit bringet den Menschen in die groeste gelicheit mit gote. Wan daz got ist got, daz hat er von siner unbewegelichen abegescheidenheit, unde von der abegescheidenheit hat er sine luterkeit unde sine einvaltikeit (Einfachheit) unde sine unwandelberkeit. Unde da von, sol der mensch gelich werden gote alse verre (soweit) ein creature gelicheit mit gote haben mac, daz muoz geschehen mit abegescheidenheit. (Aus Meister Eckehart *Deutsche Predigten und Traktate,* hrsg. v. J. Quint, München 1955)

Durch Meister Eckehart tritt erstmalig die Prosa (= freie Sprachform ohne Versmaß und Reim) gleichrangig neben die Poesie (= in Versen geschriebene Dichtung). Vor allem seine deutschen Predigten sind von starker dichterischer Aussagekraft.

Manche seiner Formulierungen wählte er so kühn, daß sie der Kirche nicht mehr mit der verkündeten Glaubenslehre übereinzustimmen schienen. Der Kölner Erzbischof klagte ihn deswegen im Jahre 1326 an, doch starb Eckehart 1327, noch ehe das Verfahren abgeschlossen werden konnte. Eine Reihe seiner Lehrsätze wurde in dem Prozeß verdammt.

Johannes von Tepl

Ein weiteres Beispiel hervorragender deutscher Prosa entstand hundert Jahre später. Johannes von Tepl schrieb es: er war Stadtschreiber im böhmischen Städtchen Saaz – diese Stellung entspricht etwa dem heutigen Stadtdirektor – und Direktor der Lateinschule. Um 1414 starb er als Notar in Prag.

Hier, in der Hauptstadt Böhmens, hatte sich unter der Regierung des hochgebildeten Karl IV. das erste Zentrum humanistischer Gelehrsamkeit (siehe im Sachregister unter „Humanismus") nördlich der Alpen gebildet. 1348 wurde in Prag die erste deutsche Universität gegründet, und Karl IV. sorgte dafür, daß das holprige Amtsdeutsch seiner Kanzlei geglättet und verfeinert wurde. Die verbesserte Kanzleisprache des kaiserlichen Hofes in Prag wurde weiteren Höfen, z. B. dem sächsischen, zum Vorbild.

Der Ackermann und der Tod, Holzschnitt aus *Der Ackermann aus Böhmen* von Johannes von Tepl (um 1400)

Johannes von Tepl hat in dieser Atmosphäre humanistischen Geistes und gepflegter Sprache sein erschütterndes Zwiegespräch des *Ackermanns von Böhmen* mit dem Tode verfaßt. Er hat es in der Form einer erdachten dramatischen Gerichtsverhandlung niedergeschrieben, wie sie dem juristisch gebildeten Dichter geläufig war:

Der einfache Bauer, dem die junge Frau gestorben ist, führt leidenschaftlich Klage gegen die vermeintliche Willkür des Todes. Beide, Ackermann und Tod, legen ihre Standpunkte und Ansichten überzeugend dar. Gleich die ersten Worte des um sein Weib Trauernden sind ein Aufschrei der gepeinigten Kreatur, wie er so sprachgewaltig in unserer Literatur seinesgleichen sucht: „Grimmiger Vertilger aller Länder, schädlicher Verfolger aller Welt, grausamer Mörder aller guten Menschen, Ihr, Tod, seid verflucht! Gott, Euer Schöpfer, hasse Euch, mehr und mehr wohne Unheil Euch bei, Unglück hause gewaltig bei Euch; völlig geschändet sollt Ihr immer sein! Angst, Not und Jammer sollen Euch nicht verlassen, wo Ihr auch wandert; Leid, Trübsal und Kummer begleiten Euch überall; leidvolle Anfechtung, Erwartung von Schande und entehrender Angriff mögen Euch an jedem Ort hart bezwingen! Himmel, Erde, Sonne, Mond, Sterne, Meer, Wogen, Berge, Felder, Täler, Auen, der Hölle Abgrund, überhaupt alles, was Leben und Wesen hat, sei Euch feindlich, ungünstig und fluche Euch ewiglich!..."

Die Ausdrucksweise des Todes ist gemäßigter, überlegen. Er gibt unumwunden zu, daß er viel Leid in die Welt bringt, doch „wähne nicht", droht er, „daß du unsere herrliche und gewaltige Macht je zu schwächen vermagst". Der Kläger möge sein Anliegen vorbringen. Das geschieht. Dann wechseln Rede und Widerrede miteinander ab. Eine Einigung auf mittlerer Linie, einen Vergleich können die Streitenden von sich aus nicht herbeiführen. Schließlich entscheidet als oberster Richter Gott selbst. Aus unbestimmter Höhe hört man seine Stimme. Sie gibt dem Bauern die Ehre, dem Tod den Sieg.

In diesem Zwiegespräch wehrt sich ein Mensch gegen die unbegreifliche Tatsache des Todes, wenn er sich dann auch gläubig in das von Gott gegebene, unvermeidbare Geschick fügt. Der *Ackermann* bleibt ein immer wieder lesenswertes Zeugnis menschlichen Daseins.

Jurist und Stadtschreiber war auch der Straßburger Sebastian Brant (1457–1521). Seine Werke waren von großer Wirkung auf die Zeitgenossen und die unmittelbar nachfolgenden Generationen. Der Dichter selbst stand in hohem Ansehen. Der Zerfall der überkommenen mittelalterlichen Ordnung auf kirchlichem und politischem Gebiet erfüllte ihn mit wachsender Sorge.

Sein 1494 gedrucktes und mit Holzschnitten bebildertes *Narrenschiff* erregte sofort nach seinem Erscheinen größtes Aufsehen; es wurde alsbald in fünf Fremdsprachen übersetzt und häufig nachgeahmt. Einer der berühmtesten Kanzelredner der Zeit hielt Predigten darüber. Der Hauptteil der lehrhaften Dichtung gliedert sich in 110 Abschnitte; darin werden ebenso viele Arten von Torheiten geschildert, die jeweils von einem Narren vorgeführt werden (Modesucht, Eßlust, Jagdeifer, Habsucht, Bildungsdünkel und viele andere). Wenn auch der Titel des Werkes und eine Vorrede andeuten, daß sich alle Narren auf einem nach Narragonien fahrenden Schiff befinden, so wird doch dieser Rahmen nicht eingehalten, und den einzelnen Abschnitten fehlt weitgehend der innere Zusammenhang. Es ist hier daher auch nicht möglich, den Inhalt der Verserzählung im einzelnen wiederzugeben.

Es geht Brant um die Festigung des durch Un- und Aberglauben erschütterten echten Glaubens. Dieser und die Weisheit sollen den Menschen leiten. Die Weisheit gründet sich wiederum auf Frömmigkeit und reine Tugend, ist also praktische Lebensklugheit. Aus ihr leitet der Dichter seine allgemeinen oder auf besondere Fälle sich beziehenden Lebensregeln her. Da heißt es:

Ein Narr ist, der viel Land durchfährt
und wenig Kunst, noch Tugend lernt,
der als eine Gans ist geflogen aus
und als Gicgack kommt wieder nach Haus.

Es ist nicht erstrebenswert, viele Länder zu bereisen, sondern der Mensch soll zunächst einmal sich selbst erkennen.

Teils ernst, teils heiter werden alle Stände und Lebensverhältnisse behandelt: Geizige, Wucherer, Modenarren, Baulustige, Handwerker, Bauern, Bettler, Spieler und andere. Gegen den Vorrang des Reichtums setzt er ein Lob der Armut:

Armut hat gegeben Fundament
und Anfang allem Regiment;
Armut hat erbaut alle Städt',
alle Kunst Armut erfunden hat.
Bei allen Völkern auf der Erd'
ist Armut lange Zeit gewesen wert:
Voraus die Griechen dadurch hand (haben)
viel Städt' bezwungen, Leut und Land.
Das Lob hat Armut in der Schrift:
Nichts war auf Erden je so groß,
daß es nicht zuerst aus Armut floß.
Das Römische Reich und sein hoher Nam'
anfänglich aus Armut herkam.

Narr heute wie gestern,
Holzschnitt aus *Das Narrenschiff* von Sebastian Brant

Brant gab ein getreues Abbild seiner Zeit. Da sie ihm verderbt erschien und er, wie ein spätes Gedicht erkennen läßt, der damals verbreiteten Ansicht war, die Welt werde in einer neuen Sündflut untergehen, sah er in mancher Hinsicht zu schwarz; so wenn er Bedenken gegen die Buchdruckerkunst und die neu errichteten Schulen vorbrachte. Dabei war auch er bereits ein Mann der neuen Zeit. Das geht daraus hervor, daß er seine Lehren nicht mehr allein auf kirchliche Satzungen gründete, sondern auf die menschliche Vernunft und auf das „moralische Gesetz in uns", wie Kant es später formulieren sollte.

Indem Brant den Widerspruch zwischen der Wirklichkeit, wie er sie sah, und den Idealen, die er anstrebte, zu seinem Gegenstand machte, wurde er zum Begründer der Satire in deutscher Sprache. Diese Dichtungsgattung sollte bald nach ihm, in den geistigen Auseinandersetzungen der Reformationszeit, das literarische Leben beherrschen.

Martin Luther

Die Reformation bestimmte in ihrem Heimatland Deutschland nicht nur die religiöse Entwicklung, sondern zugleich auch weitgehend die der neueren Literatur. An ihrem Anfang steht Martin Luther (1483–1546). Sein Wirken als Schriftsteller, Dichter und Übersetzer schuf wichtige Voraussetzungen für den Aufstieg unseres Schrifttums zur Weltgeltung in der Epoche der Klassik.

Menschlich am nächsten tritt uns der Reformator in seinen Liedern. Es sind zum Teil Übersetzungen von Psalmen und lateinischen Kirchenliedern, die Luther zum unvergänglichen Besitz des deutschen Volkes gemacht hat, zum Teil eigene Dichtungen. Sie haben Feiertage des kirchlichen Jahres, aber auch freudige und traurige Ereignisse des Alltags zum Gegenstand. Von zeitloser Gültigkeit sind kurze Spruchgedichte, in denen Luther jungen Menschen Ratschläge und Erfahrungen mitteilt:

Glaub nicht alles, was du hörst;
tu nicht alles, was du magst;
sag nicht alles, was du weißt;
brauch nicht alles, was du hast;
kauf nicht alles, was du siehst;
so bleibst du wohl zu jeder Frist.

Martin Luther, Kupferstich von Lucas Cranach (1520)

Liebenswürdig und schlicht sind Luthers nicht für die Öffentlichkeit bestimmten Briefe an Frau und Kinder, denen er die Freuden des Paradieses ausmalte, und Schreiben an Freunde und Fürsten.

Luthers einzigartige Leistung aber besteht in seiner 1534 abgeschlossenen Bibelübersetzung. Mit ihr hat er eine allen Deutschen verständliche Literatur- und Redesprache geschaffen, ein vollendetes Werkzeug zum schriftlichen und mündlichen Austausch von Gedanken und Vorstellungen für kommende Generationen geistig Tätiger bis in unsere Zeit.

Die Bibelübersetzung Luthers ging als erste deutsche auf den hebräischen und griechischen Urtext zurück. Das bedeutete einen Fortschritt gegenüber älteren Übertragungen in die hoch- und niederdeutsche Sprache, denen eine lateinische Bibelübersetzung des 4. Jahrhunderts zugrunde gelegen hatte. Mit sicherem Gefühl für den Sinngehalt der Heiligen Schrift war er an dem großen Werk tätig. Er erneuerte das älteste bekannte religiöse Denkmal der Menschheit und machte es breiten Schichten des deutschen Volkes zugänglich, denn auch die ersten von katholischer Seite vorgelegten deutschen Bibeltexte hatten Luthers Übersetzung zur Grundlage. Sie war lange Zeit das einzige Buch im deutschen Bürgerhause und oft das erste, das die großen Dichter und Philosophen der folgenden Jahrhunderte in ihrer Jugend zu lesen bekamen und nicht selten als sprachliches Vorbild ansahen.

Schon seit dem Ende des 15. Jahrhunderts bemühten sich Drucker, Kaufleute sowie Kanzleischreiber der Reichs-, Landes- und Stadtverwaltungen um eine einheitliche deutsche Sprache, doch fehlte ihnen die enge Verbindung zu breiten Schichten des Volkes. Luther dagegen wußte Massen begeisterter Anhänger hinter sich. Für sie schrieb er zahlreiche Streit-, Rechtfertigungs- und Bekenntnisschriften, die bei aller Bezogenheit auf das Tagesgeschehen eine beträchtliche literarische Bedeutung haben. Mit Vernunft und Herz trat er für das ein, was er durchsetzen wollte. Dabei flossen ihm, wie sein *Sendbrief vom Dolmetschen* beweist, die Sätze nicht „von selbst" in die Feder, sondern er rang, wie vor ihm die Mystiker, um Form und Inhalt; doch hatte er anderen voraus, daß er dank seiner Volkstümlichkeit immer wieder überprüfen konnte, ob sein Deutsch von allen verstanden wurde. Dieser Umstand trug auch entscheidend zum Erfolg seiner langjährigen Arbeit an der Bibelübersetzung bei. Luthers Sprache lehnte sich äußerlich an die Schreibweise der kursächsischen Kanzlei an, die wiederum vom Wortschatz der kaiserlichen Kanzlei in Prag beeinflußt worden war.

Diese von Luther geschaffene neuhochdeutsche Schriftsprache, wie wir sie heute nennen, setzte sich in der Folgezeit gegen den anfänglichen Widerstand des katholischen Lagers und gegen einzelne süddeutsche Schriftdialekte durch, ja, sie sollte sogar allmählich das Lateinische aus dem Gottesdienst und dem Schulunterricht verdrängen.

Barockdichtung – Diesseitsfreude und Jenseitssehnsucht

Das Jahrhundert des Dreißigjährigen Krieges

Wie die Reformation das 16. Jahrhundert beherrschte, so erschütterte der Dreißigjährige Krieg das 17. Jahrhundert. Eine Landschaft nach der anderen verfiel der Verwüstung, und mehr als die Hälfte der Einwohnerschaft Deutschlands fiel den Kriegsgreueln zum Opfer. Die todesdüstere Stimme der Verzweiflung am irdischen Wesen teilte sich den Menschen, gleich welcher Konfession und Partei, mit und ertönte auch in der Literatur.

Dennoch erhob sich in diesem Jahrhundert, das als Jahrhundert des Barocks bezeichnet wird, eine neue Blüte der Dichtkunst, vor allem in der Lyrik. Aus Italien, Spanien, Holland wirkten Vorbilder einer höchst verfeinerten Dichtkunst herüber. Sie wurden bei uns durch einen gelehrten Dichter, MARTIN OPITZ, aufgegriffen. In seinem Büchlein *Von der teutschen Poeterey* (1624) leitete er die deutschen Dichter an, in einfachem, klarem Deutsch zu schreiben, ihre Rede „zierlich" auszuschmücken und ebenmäßige Verse an Stelle des holprigen Knittelverses zu erfinden. Er selbst dichtete Muster dazu oder übersetzte sie aus fremden Literaturen.

Die Dichtung wurde jetzt vor allem Sache des gelehrten, weltgewandten Poeten, der seine Freude an der Erfindung beziehungsreicher Bilder (Allegorien), dem geistreichen Spiel mit Vorstellungen und Begriffen, der kunstvollen Fügung der Verse und Strophen hatte.

Das immer wiederkehrende Thema der Dichtung war die Irrfahrt des Menschen auf dem wilden, tückischen Meer des Lebens, über dem als einzige verläßliche Orientierung das göttliche Gestirn leuchtet. Die Erlebnisse des nicht endenden Krieges, der Umschwung des Glückes, der plötzlich über die Menschen hereinbrechende Untergang standen dahinter. Klaffender denn je empfand man den Zwiespalt zwischen dieser vom Zufall regierten Welt und dem jenseitigen Bereich himmlischer Seligkeit, aber auch zwischen irdischer Sinnenfreude und frommer Jenseitssehnsucht.

Dabei traten die realen Dinge immer stärker ins Gesichtsfeld. Was mit Dürers liebevoll genauer Zeichnung eines unscheinbaren Grasbüschels begonnen hatte, wurde jetzt fortgesetzt. Der Mensch ging daran, das unendliche Universum ebenso wie den winzigen Wassertropfen zu erforschen. Er glaubte dabei die Spuren des göttlichen Schöpfers zu erkennen und auf diesem Wege auch zu einer tieferen Gotteserkenntnis vorzudringen. Am großartigsten stellte sich dies in dem bedeutenden Werk des Astronomen Johannes Kepler (1571–1630) dar. In der Schönheit der Kreaturen zeigt sich ein Abglanz von der Schönheit ihres Schöpfers – so sprechen es viele Kirchenlieder, etwa die von Paul Gerhardt oder Friedrich von Spee, aus. Neben die Bibel trat die Natur als Offenbarung der unsichtbaren Gottheit.

Friedrich von Spee

Diese Naturfrömmigkeit findet sich bei Friedrich von Spee, einem der liebenswertesten Dichter des 17. Jahrhunderts. In der Nähe von Düsseldorf 1591 geboren, trat er als Neunzehnjähriger in den Jesuitenorden ein. Als Seelsorger in Bamberg hatte er Frauen, die in Hexenprozessen unschuldig zum Tode verurteilt worden waren, auf den Tod vorzubereiten. Weil er anders nicht helfen konnte, legte er in einer Schrift das Unwesen der Hexenverfolgungen bloß und erreichte, daß wenigstens in Würzburg und Braunschweig die Prozesse eingestellt wurden. Später wirkte der Pater im Bistum Hildesheim und zuletzt in Trier. Hier war er während der Kämpfe zwischen Kaiserlichen und Franzosen als Seelsorger und Arzt auf dem Schlachtfeld tätig. Von pestkranken Soldaten angesteckt, starb er 1635 „hoffnungsvoll und glücklich" in seinem Glauben.

Spees tapferes, liebendes Wirken entsprang derselben Gläubigkeit wie die Lieder seiner *Trutznachtigall.* Es kennzeichnet seine Bescheidenheit, daß diese Sammlung und seine anderen deutschsprachigen Werke erst nach seinem Tode gedruckt wurden. Seine Gedichte sind formstreng und volkstümlich zugleich. Wie sein Leben, so werden auch seine Lieder von der innigen

Liebe zu Gott und Christus beherrscht. Deshalb wirken sie selbst dort noch echt, wo sie ins Spielerische übergehen. Liebende Beobachtung der Natur und eine auf das Überirdische gerichtete Frömmigkeit lassen die erste und die letzte Strophe eines Gedichtes erkennen, das den barocken Titel *Liebgesang des Gespons*[1] *Jesu, im Anfang der Sommerzeit* trägt:

Der trübe Winter ist fürbei,
die Kranich wiederkehren;
nun reget sich der Vogel Schrei,
die Nester sich vermehren:
Laub mit Gemach
nun schleicht an Tag;
die Blümlein sich nun melden.
Wie Schlänglein krumb
gehn lächelnd umb
die Bächlein kühl in Wälden.

Wo man nur schaut, fast alle Welt
zun Freuden sich tut rüsten:
Zum Scherzen alles ist gestellt,
schwebt alles fast in Lüsten.
Nur ich allein,
ich leide Pein,
ohne End ich werd gequälet,
seit ich mit dir,
und du mit mir,
o Jesu, dich vermählet.

Paul Gerhardt

Der Pfarrer Paul Gerhardt wurde 1607 in Gräfenhainichen (Sachsen) geboren. Einige seiner Gesänge – so *Befiehl du deine Wege; Wach auf, mein Herz, und singe; Geh aus, mein Herz, und suche Freud* – sind so sehr Allgemeingut geworden, daß man sie mit Recht als geistliche Volkslieder bezeichnet. Balladenhafte Erzählungen heiliger Begebenheiten, Belehrung, andächtige Erbauung, Verklärung des häuslichen Glückes und immer wieder die Schau des Göttlichen wechseln darin ab.

In seinem *Abendlied* vereint sich reife lyrische Kunst mit einer tiefen, gelassenen Frömmigkeit:

Nun ruhen alle Wälder,
Vieh, Menschen, Städt und Felder,
Es schläft die ganze Welt;
Ihr aber, meine Sinnen,
Auf, auf, ihr sollt beginnen,
Was eurem Schöpfer wohlgefällt!...

Der Tag ist nun vergangen,
Die güldnen Sternlein prangen
Am blauen Himmelssaal;
Also werd ich auch stehen,
Wann mich wird heißen gehen
Mein Gott aus diesem Jammertal...

Die Bilder der diesseitigen Welt verweisen auf die jenseitige Wirklichkeit, die im Glauben gewiß ist. Im Jahrhundert des mörderischen Dreißigjährigen Krieges wurde das innige Gottvertrauen, das von Paul Gerhardts Liedern ausstrahlt, vielen unglücklichen Zeitgenossen zur Lebenshilfe. Auch er selbst hatte Gelegenheit, die Festigkeit seiner gläubigen Zuversicht zu erproben. Er verlor seine Berliner Pfarre, weil er es mit seinem Gewissen nicht vereinbaren konnte, eine Order des Kurfürsten zu befolgen, und bekam erst ein Jahr später eine neue Gemeinde in Lübben (Spreewald), wo er 1676 starb.

[1] Gespons = Braut, Gattin (heute nur noch scherzhaft gebraucht).

Angelus Silesius

Eine schöpferische Persönlichkeit von umfassender Geistigkeit war der vom Protestantismus zum Katholizismus übergetretene Schlesier Johannes Scheffler (1624–1677), der sich als Schriftsteller Angelus Silesius nannte. Er war zunächst Arzt und reiste viel. Später trat er in den Franziskanerorden ein. In der Sammlung *Der cherubinische Wandersmann* hat Silesius annähernd 1700 Sinnsprüche zumeist mystisch-religiösen Inhaltes hinterlassen, von denen eine Anzahl bis auf den heutigen Tag lebendig geblieben ist. Der Anfang eines Zweizeilers ist zum geflügelten Wort geworden:

Mensch, werde wesentlich; denn wann die Welt vergeht,
so fällt der Zufall weg, das Wesen, das besteht.

Bekannt ist auch:

Mensch, was du liebst, in das wirstu verwandelt werden.
Gott wirstu, liebstu Gott, und Erde, liebstu Erden.

In vielen Sprüchen offenbart sich des Dichters Freude am scharfsinnigen Paradoxon (= eine scheinbar widersprüchliche Aussage). Mit dieser Form versucht er, etwas von dem Geheimnis Gottes, das mit dem Verstand nicht zu begreifen ist, zu erfassen:

Gott hat sich nie bemüht, auch nie geruht, das merk,
Sein Wirken ist sein Ruh'n und seine Ruh sein Werk.

Der Form nach sind alle diese Zeilenpaare Alexandriner. Das sind sechshebige jambische Verse, die – zumeist in der Mitte – einen deutlichen Einschnitt (Zäsur) aufweisen. Sie haben ihren Namen nach französischen Dichtungen um Alexander den Großen. Das Versmaß übernahmen die Deutschen im 17. Jahrhundert von der französischen Tragödie. Für Angelus Silesius war der Alexandriner eine ideale Form, durch seine Zweiteiligkeit die beiden scheinbar widersprüchlichen Seiten seiner Sprüche aufzunehmen und dabei zu zeigen: wie der Vers dennoch eine Einheit ist, liegt auch in der Aussage *eine* Wahrheit.

Andreas Gryphius

Ein lange verkannter Dichter, dessen Lebenswerk wir erst nach den grauenhaften Geschehnissen des letzten Weltkrieges voll zu würdigen wissen, war der Schlesier Andreas Gryphius (eigentlich Greif, 1616–1664). Er zählte zwei Jahre, als der Dreißigjährige Krieg ausbrach, und der Friede, den er im letzten Drittel seines Lebens noch kennenlernte, war die Friedhofsstille über seinem verwüsteten Vaterland. Wie der Krieg sein Leben beherrschte, so bestimmte er auch sein dichterisches Schaffen.

Gryphius wurde als Sohn eines Pfarrers in Glogau geboren und schon als Fünfzehnjähriger aus der Heimat vertrieben. Aufgezwungene Wanderjahre führten ihn in verschiedene ostdeutsche Städte von Görlitz bis Danzig. 1638 bezog er die Universität Leyden, wo er auch Vorlesungen hielt. Nach Beendigung seiner Studien lernte er als gräflicher Hauslehrer und Reisebegleiter Frankreich und Italien kennen. Schließlich kehrte er nach Schlesien zurück. Als Syndikus (Rechtsbeistand) der Stände des Fürstentums Glogau starb er während einer Versammlung der

Landesältesten. In den letzten Jahrzehnten waren dem Dichter und Gelehrten zahlreiche Ehrungen zuteil geworden.

Als Lyriker schrieb Gryphius neben Oden und Kirchenliedern vor allem Sonette. Er beklagt darin leidenschaftlich die Hinfälligkeit alles Irdischen, wie er sie in den Wirren der Kriegsjahre überall erlebte. Mit wuchtigen Worten schildert er in gefühlsbetonten Bildern und Gleichnissen die Nöte der Zeit. Die Sprache wird bei ihm im Sinne des Barocks zur höchsten Ausdruckskraft gesteigert. Die meisten seiner Gedichte klingen aus in einer tiefempfundenen Sehnsucht nach der Vereinigung mit Gott.

Tränen des Vaterlandes, anno 1636

Wir sind doch nunmehr ganz, ja mehr denn ganz verheeret.
Der frechen Völker Schar, die rasende Posaun,
das vom Blut fette Schwert, die donnernde Kartaun
hat aller Schweiß und Fleiß und Vorrat aufgezehret.

Die Türme stehn in Glut, die Kirch ist umgekehret,
das Rathaus liegt im Graus, die Starken sind zerhaun,
die Jungfern sind geschändt, und wo wir hin nur schaun,
ist Feuer, Pest und Tod, der Herz und Geist durchfähret.

Hier durch die Schanz und Stadt rinnt allzeit frisches Blut.
Dreimal sind schon sechs Jahr, als unser Ströme Flut
von Leichen fast verstopft, sich langsam fortgedrungen.

Doch schweig ich noch von dem, was ärger als der Tod,
was grimmer denn die Pest und Glut und Hungersnot:
daß auch der Seelenschatz so vielen abgezwungen.

Andreas Gryphius, Kupferstich von Kilian

Der Dramatiker Gryphius schuf, in Anlehnung an antike und niederländische Vorbilder, die ersten Tragödien in deutscher Sprache. Sein Thema war die – von ihm selbst nachhaltig erlebte – grausam verwirrende Erschütterung der Welt. In ihr kann sich der Mensch nur durch Besonnenheit und den Willen zum Guten, durch Gerechtigkeit und Beständigkeit bewähren; die Tragik besteht darin, daß der wahrhaft Weise seine Gelassenheit mit dem Tode bezahlen muß. Formal gliederte der Dichter seine Trauerspiele in fünf Akte, auch ließ er Chöre auftreten und die handelnden Personen in Alexandrinern sprechen, die der Würde des Stoffes ebenso wie dem Geist der Zeit gemäß sind. Da es in Deutschland noch keine großen stehenden Bühnen gab, blieb es bei Aufführungen von Schultheatern; eine Breitenwirkung war den Stücken daher versagt.

Ein Drama leidenschaftlicher Liebe ist *Cardenio und Celinde* (1647), das auf eine Geschichte zurückgeht, die dem Dichter in Italien erzählt worden war.

Cardenio liebt Olympia, die ihm Lysander durch eine gemeine List entrissen hat. Cardenio will sie durch die Ermordung Lysanders zurückgewinnen. Aber auch Celinde liebt Cardenio und versucht, ihn durch Zaubermittel für sich einzunehmen. Als Cardenio dem Lysander auflauert, erscheint ihm ein Gespenst in Gestalt Olympias. Er folgt ihm, da er es für die Geliebte hält. Dadurch wird Lysander gerettet. Als Cardenio die Ersehnte umarmen will, wird sie zu einem Totengerippe. Cardenio flieht und gelangt auf den Friedhof, wo Celinde mit Zauberei beschäftigt ist. Auch sie ist durch die von ihr beschworenen Erscheinungen anderen Sinnes geworden. Beide gehen zu Lysander und Olympia, um sie von ihrer Reue zu verständigen.

Das von düsterer Stimmung getragene Stück, dessen Stoff später noch mehrfach von namhaften Dichtern neu gestaltet werden sollte, schildert die Leidenschaft der Sinne und das Grauen des Todes in grotesker Gegensätzlichkeit und ist damit beispielhaft für das Lebensgefühl des Jahrhunderts.

Das Lustspiel *Herr Peter Squentz* hat sich bis auf den heutigen Tag gehalten und wird oft auch von Laien gespielt. Ähnlich wie in Shakespeares *Sommernachtstraum* wird dargestellt, wie sich kunstbeflissene Handwerker um klassisches Theater mühen.

Wir erkennen heute in Gryphius den genialen Sprecher seiner in vieler Hinsicht der unsrigen ähnlichen Zeit; und er hat geholfen, der im 18. Jahrhundert steil zur Höhe aufsteigenden deutschen Dichtung den Weg zu bereiten.

Hans Jacob von Grimmelshausen

Auch Grimmelshausens Leben beherrschte der große Krieg, und er war auch der Hintergrund seines Hauptwerks *Der abenteuerliche Simplicissimus* (1669). Allerdings stimmen die Lebenswege des Dichters und seines Helden nicht überein, obwohl die erlebte Wirklichkeit nicht minder bunt und bewegt gewesen sein mag als die erdachte. „Ich wurde durchs Feuer wie Phoenix[1] geborn. Ich flog durch die Lüfte! Wurd doch nit verlorn, Ich wandert durchs Wasser, Ich reist über Land, In solchem Umschwärmen macht ich mir bekannt" – das ist der Lebenslauf, den Grimmelshausen sich selbst schrieb. Sein Geburtsjahr mag 1621, 1622 oder 1625 gewesen sein. Geboren wurde er in Gelnhausen (Hessen), aber schon früh riß das Zeitgeschehen den Jungen aus der Geborgenheit des Elternhauses. Er wurde Troßbube, später Soldat, Gutsverwalter und schließlich Bürgermeister in Renchen (Schwarzwald). Vor allem aber war er ein sehr belesener und ein viel gelesener Schriftsteller († 1676).

Im *Simplicissimus* schildert der Dichter den Lebensweg eines Bauernjungen, der wider Willen Soldat wird. In der Einfalt seines Herzens (Simplicius Simplicissimus = Steigerungsformen von lat. simplex = einfältig) gerät er in das wildbewegte Leben seiner Zeit. Vom unbekannten Soldaten steigt er auf zum berühmten „Jäger von Soest", lernt, sich den Sitten dieser Welt anzupassen und kommt zu Ruhm und Reichtum. Doch eine Krankheit stürzt ihn wieder ins Elend. Er wird Kumpan eines Raubmörders und entgeht knapp dem Galgen. Im unberechenbaren Auf und Ab des Lebens kommt er schließlich zu der Einsicht: „Dein Leben ist kein Leben gewesen, sondern ein Tod, deine Tage ein schwerer Schatten, deine Jahre ein schwerer Traum, deine Wollüste

[1] Vogel, der sich der Sage nach im hohen Alter selbst verbrannte und aus seiner Asche verjüngt wieder auferstand.

Simplicius beim Einsiedler,
Illustration aus der ersten Gesamtausgabe von 1683/84

schwere Sünden, deine Jugend eine Phantasie und deine Wohlfahrt ein Alchimistenschatz, der zum Schornstein hinausfährt und dich verläßt, ehe du dich dessen versiehest. Du bist durch viele Gefährlichkeiten dem Krieg nachgezogen und hast in demselbigen viel Glück und Unglück eingenommen, bist bald hoch, bald nieder, bald groß, bald klein, bald reich, bald arm, bald fröhlich, bald betrübt, bald beliebt, bald verhaßt, bald geehrt und bald verachtet gewesen. Aber nun, du o meine arme Seele, was hast du von dieser ganzen Reise zuwegen gebracht?“ Die Welt hat sich ihm als nichtig und wesenlos erwiesen. Simplicius wendet sich dem wahren Gut, dem Heil seiner Seele, zu und beschließt sein Leben als Einsiedler auf einer abgelegenen Insel.

Die verwirrend bunte Fülle der Erlebnisse in Krieg und Frieden, zu Wasser und zu Lande, in der Einsamkeit der Wälder und im Wirbel der großen Städte wird vom Dichter mit urwüchsiger Gestaltungskraft immer wieder auf die Titelgestalt des Romans bezogen, wodurch die Einheit des Werkes gewahrt bleibt. – Die innere Entwicklung des Titelhelden, der unbefangen aus der Einöde der Wälder in eine stürmische, an Versuchungen reiche Welt aufbricht, vielerlei Erfahrungen sammelt und schließlich die Botschaft von Gottes erbarmender Liebe empfängt, erinnert an den Werdegang Parzivals (s. S. 16f.). Während dessen Leben jedoch in der Vereinigung von Weltfreude und Gottesliebe mündet, wendet Simplicius sich nach den bitteren Erfahrungen seines Erdenweges von den irdischen Dingen ab und ganz dem Jenseitigen zu.

Grimmelshausen verband in seinem Hauptwerk die wirklichkeitsnahe Schilderung äußerer Begebenheiten des 17. Jahrhunderts mit der Darstellung der seelischen Entfaltung eines Menschen von der Kindheit bis zum Greisenalter. In der Geschichte unserer Literatur nimmt *Der abenteuerliche Simplicissimus* daher einen wesentlichen Platz ein.

Literatur der Vernunft und Empfindsamkeit

Das Jahrhundert der Aufklärung

Der Dreißigjährige Krieg hatte in den religiösen Zwistigkeiten, um derentwillen die Kämpfe ausgebrochen waren, keine Entscheidung gebracht. In einem Jahrhundert der Auseinandersetzungen um die christlichen Glaubenswahrheiten war eine Verständigung zwischen den Konfessionen nicht erreicht worden. Die Kirchen schienen dem menschlichen Bedürfnis nach einer eindeutigen Wahrheit nicht entsprechen zu können.

Einzelne Geister suchten nun unabhängig von den kirchlichen Glaubenslehren, wenn auch nicht immer im Gegensatz zu ihnen, nach einem zuverlässigeren und jedem Menschen einleuchtenden Grund des Wissens und Handelns, und sie glaubten ihn in der Gabe der menschlichen Vernunft zu besitzen. Nach Grundsätzen, die jedem Menschen ohne weiteres einsichtig sind, sollte das menschliche Wissen überprüft und das Tun und Lassen bestimmt werden. Die schwierigen philosophischen und religiösen Probleme wollte man lieber auf sich beruhen lassen, ja man stellte sie auf eine Ebene mit den dunklen Geheimlehren der Alchimisten und erklärte sie für überflüssige Hirngespinste. Statt dessen wandte man sich ganz den praktischen Fragen des menschlichen Zusammenlebens, der besseren Ordnung in Staat und Gesellschaft zu. Menschlichkeit, Duldsamkeit, Gelassenheit waren die neuen Tugenden. Natur und Geschichte glaubte man von einer göttlichen Harmonie durchwaltet und hielt das Übel in der Welt nur für den unvermeidlichen Schatten des Lichts. Wenn die Menschen nur lernten, sich in Freiheit ihres Verstandes zu bedienen, würden Unkenntnis, Aberglaube und Bosheit verschwinden, und ein Dasein in irdischer Glückseligkeit würde möglich werden. Bei den Naturvölkern und den einfachen bäuerlichen Menschen schien dieses Ideal bereits verwirklicht.

Das Zeitalter bezeichnete sich selbst als „Aufklärung“. Die leitenden Ideen kamen aus England und Frankreich, setzten sich seit 1700 allmählich auch in Deutschland auf allen Lebensgebieten durch und wirkten sich auch in der Dichtung aus.

Bezeichnenderweise war es ein Professor, Johann Christoph Gottsched (1700–1766), der für die in leeren Sprachprunk und groben Naturalismus verfallene Literatur wieder neue Grundsätze zu schaffen suchte: Im Geist der Aufklärung sollte die Dichtung Vorbilder eines tugendhaften Lebens geben und ihre Sprache sachlich genau, dabei jedoch von gehobener, gefälliger Ausdrucksweise sein. Auch Gottsched mußte zu fremden Beispielen greifen, um zu verdeutlichen, was er meinte. Er übersetzte französische Dramen und schrieb schließlich selbst Musterdramen. Um auch praktisch wirken zu können, verband er sich mit der Theatergruppe der Caroline Neuber (der „Neuberin“). Sie strebte das gepflegte literarische Drama an, das von allen Possen und Einfällen, wie sie die Schauspieler bislang in die Aufführungen zu mischen liebten, gereinigt war. Insbesondere verbannte sie die Gestalt des Hanswurst aus dem Lustspiel, dessen plumpe Späße in einer Zeit aufgeklärter Geistigkeit nicht mehr bestehen konnten. Durch Gottscheds Wirken wurde das neue literarische Drama, das dann in Lessing seine erste Vollendung fand, erst möglich.

Albrecht von Haller

Die genaue Beobachtung der Natur zeichnet die Gedichte des Schweizer Arztes und Naturforschers Albrecht von Haller (1708–1777) aus, der auch 17 Jahre an der Universität Göttingen lehrte. In seinem beschreibenden Gedicht *Die Alpen* geht es ihm ganz im Sinne der Aufklärung zunächst um den Nachweis, daß die einfachen, mit der Natur verbundenen Alpenbewohner ein Leben in schlichter Glückseligkeit führen und die Reinheit der Sitten bewahrt haben. („Seht ein verachtet Volk bei Müh und Armut lachen, / die mäßige Natur allein kann glücklich machen.")

Haller schildert auch die erhabene Natur des Gebirges derart, daß er geradezu als der Entdekker der Schönheit der Alpen angesehen werden kann; sie waren bis dahin von den Reisenden als öde, gefährliche Gegend möglichst gemieden worden. Der Dichter hatte alle Einzelheiten der Landschaft deutlich wahrgenommen und gab sie in klaren Worten wieder. In der Darstellung einer Morgenstimmung heißt es:

Dort senkt ein kahler Berg die glatten Wände nieder,
den ein verjährtes Eis dem Himmel gleich getürmt,
sein frostiger Kristall schickt alle Strahlen wieder,
den die gestiegne Hitz' im Krebs umsonst bestürmt.
Nicht fern von diesem streckt, voll futterreicher Weide,
ein fruchtbares Gebirg den breiten Rücken her;
sein sanfter Abhang glänzt von reifendem Getreide,
und seine Hügel sind von hundert Herden schwer...

Friedrich Gottlieb Klopstock

Als genialischer junger Dichter trat Friedrich Gottlieb Klopstock in die deutsche Literatur. Er wurde 1724 als Sohn eines Domänenpächters in Quedlinburg geboren. Schon als Schüler der Fürstenschule zu Schulpforta (bei Naumburg) faßte er den Plan, der Dichter der Deutschen zu werden, und er hatte das Glück, daß die Zeit für ihn reif war. Die Lyrik hatte sich im leichten, tändelnden Spiel der Rokokopoeten verloren, die nach dem Vorbild des griechischen Dichters Anakreon Freundschaft, Liebe und Weinseligkeit besangen (daher auch als „Anakreontiker" bezeichnet werden), jedoch oft ohne eigenes Erleben schrieben. Daneben gab es noch die belehrenden oder erbaulichen Fabeln und Verse aus dem Geist der Aufklärung, die allenfalls zu unterhalten, aber kaum zu begeistern vermochten.

Der Keim zu Klopstocks neuer Dichtkunst wurde in seinem pietistischen Elternhaus gelegt. Aus dem Geist der religiösen Erneuerungsbewegung des Pietismus (siehe S. 43) bildete sich seine jugendliche Begeisterung für Christus, den er zum Helden einer großangelegten epischen Dichtung erkor. In ihr sollte das Leiden und die Auferstehung Jesu dargestellt werden. Als der vierundzwanzigjährige Leipziger Theologiestudent 1748 die ersten drei Gesänge seines *Messias* veröffentlichte, wurden sie landauf, landab jubelnd als Offenbarung eines neuen Dichtergeistes aufgenommen, und jedermann wartete sehnlich auf die Fortsetzung des „Heldengedichts". – Christus weilt als der göttlich-milde Heilsbringer zwischen Engeln und Menschen:

Gabriel ging in der Nacht und suchte mit sehnlichen Blicken
Seinen Messias. Er fand ihn in einem niedrigen Tale,
Das sich zwischen den Gipfeln des himmlischen Ölbergs hinabließ.
Hier war der göttliche Mittler, von tiefen Gedanken ermüdet,
Eingeschlafen. Natur, du mußtest zu seinem Haupte,
Also sagt er dir schlummernd, leichttragende Blumen erschaffen.
Gabriel sah den Mittler in süßem luftigen Schlafe,
Stand voll Verwunderung still, und sah unverwandt nach der Schönheit,
Die die vereinbarte Gottheit der menschlichen Bildung erteilte.
Ruhige Liebe, die Züge des göttlichen Lächelns voll Gnade,
Huld und Milde, noch Tränen der zärtlichen treuen Erbarmung,
Zeigten den Geist des göttlichen Mittlers in seinem Gesichte;
Doch war sein Abdruck daselbst in Zügen des Schlafes verdunkelt.

(Aus dem ersten Gesang)

Gottscheds kühle, verstandesmäßige Auffassung von der Dichtung wurde durch Klopstocks großes Gedicht über Nacht widerlegt und umgestoßen. Es war wie eine Ausfahrt zu neuen dichterischen Kontinenten.

Den Boden für diese ganz aus dem Gefühl und dem begeisterten Miterleben heraus gestaltete Dichtung hatte der protestantische Pietismus bereitet. An die Mystik anknüpfend, richtete sich der Pietismus etwa seit 1670 gegen eine erstarrte Religiosität. Im kleinen Kreis suchte man Erbauung durch Bibellesung, Lied und Aussprache. In sich selbst will die Seele ihren Weg zu Gott finden. Das innere Erleben gibt ihr die Zuversicht, das Gefühl ist der Wegweiser.

So erfaßte eine Welle der Empfindsamkeit die Menschen und durchdrang das Leben. Scheinbar unbedeutende Anlässe konnten Frauen und Männer zu Tränen rühren. Die zartesten Regungen des Innern wurden wichtig und in Briefen den Freunden mitgeteilt. Das Bürgertum der Zeit, das unter dem Absolutismus der Fürsten leben mußte und sich politisch nicht entfalten konnte, wandte sich dem Innenbereich, der Seele und der Kultivierung der Gefühle zu. Es entstand eine Strömung gegen die verstandeshelle Aufklärung, die praktische Ziele verfolgte und die gesellschaftlichen und staatlichen Verhältnisse ändern wollte. In der Gefühlsseligkeit des *Messias,* in der Kühnheit seiner Wortwahl, dem ungewöhnlichen Rhythmus der Hexameter, die Klopstock hier zum erstenmal in der deutschen Dichtung anwandte, und in seiner musikalischen Sprache fanden die Zeitgenossen ausgedrückt, was in ihnen selbst schon schlummerte.

Friedrich Gottlieb Klopstock, Gemälde von Jens Juel

Dabei war der junge Klopstock kein stiller, weltabgekehrter Schwärmer; er ritt, lief Schlittschuh und schwamm – zu seiner Zeit etwas sehr Ungewöhnliches – und war der Natur mit allen

Sinnen zugetan. Das änderte sich auch im Alter nicht. Auf den weiteren Stationen seines Lebens nahmen ihm hochherzige Gönner weitgehend die Sorge um das tägliche Brot ab, so daß er sich ganz seinen Dichtungen widmen konnte. Ruhm und Ansehen blieben ihm treu. Als er 1803 starb, begleiteten Tausende seinen Sarg zum Grabe.

Klopstock hat 25 Jahre an der Vollendung des *Messias* gearbeitet; doch bis heute lebendig gebliebens sind nur seine Oden (feierliche Gesänge), denn Klopstock war mehr Lyriker als Epiker. Er feierte in seinen Liedern alles, was ihm wert war, die Natur, die Freundschaft, die Liebe, das Vaterland, die Unsterblichkeit, Gott. Dem Züricher See widmete er eine große Ode, und er besang den Eislauf. Immer jedoch war er mit seinem ganzen Erleben und Empfinden beteiligt, und so gelangen ihm als erstem wunderbar schwebende Gedichte, die zum besten gehören, was in der deutschen Dichtung geschrieben wurde:

Die frühen Gräber

Willkommen, o silberner Mond,
schöner, stiller Gefährt' der Nacht!
Du entfliehst? Eile nicht, bleib, Gedankenfreund!
Sehet, er bleibt, das Gewölk wallte nur hin.

Des Maies Erwachen ist nur
schöner noch, wie die Sommernacht,
wenn ihm Tau, hell wie Licht, aus der Locke träuft,
und zu dem Hügel herauf rötlich er kömmt.

Ihr Edleren, ach, es bewächst
eure Male schon ernstes Moos!
O, wie war glücklich ich, als ich noch mit euch
sahe sich röten den Tag, schimmern die Nacht.

Hier sind die einzelnen Zeilen freie Rhythmen, wie sie später bei Goethe, Schiller und Hölderlin sowie in der modernen Lyrik vorkommen. Klopstock behielt nur noch die strophische Gliederung bei. Oft verwandte er auch freizügig antike Versmaße, wie er in seinem *Messias* auch den Hexameter eingeführt hatte, da er sich nach seiner Ansicht besonders für die deutsche Sprache eignete.

Klopstocks Dichtergestalt begeisterte eine ganze Generation junger Lyriker und regte sie an. In einem Eichenwäldchen bei Göttingen schlossen sechs Dichter-Freunde im September 1772 bei Vollmondschein einen Freundschaftsbund, den „Göttinger Hain". Zur Feier von Klopstocks Geburtstag stellten sie im folgenden Jahr einen rosenbekränzten Stuhl mit in die Runde zum Zeichen, daß der verehrte Meister geistig anwesend sei.

Gotthold Ephraim Lessing

Klopstock und der um fünf Jahre jüngere Lessing studierten und dichteten gleichzeitig in Leipzig, ohne einander kennenzulernen. Das geschah erst sehr viel später in Hamburg, doch kam es auch dort nicht zu einer wirklichen Freundschaft. Beide waren grundverschieden und dennoch – oder besser: gerade deshalb typische Vertreter ihrer Zeit, deren bestimmende Züge Empfindsamkeit und Verstandesschärfe zugleich waren. Gegen Klopstocks Gefühlstiefe stand Lessings klare Geistigkeit.

Klopstocks Wesen ist leicht überschaubar, in Lessing dagegen verbanden sich scheinbar unvereinbare Gegensätze: Ungeduld und Hartnäckigkeit, Seßhaftigkeit und Reiselust, Journalismus und Tiefgründigkeit, Theaterbegeisterung und philosophische Gedankenschärfe, um nur einige zu nennen. Herder bezeichnete ihn als einen Mann „der warmen Kälte, der leidenschaftslosen Leidenschaft". Das Suchen nach der Wahrheit bedeutete ihm mehr als ihr Besitz.

Lessing wurde 1729 in Kamenz, einer sächsischen Kleinstadt, als Sohn eines auch literarisch tätigen Pfarrers geboren. Er besuchte die Fürstenschule in Meißen und studierte in Leipzig zuerst Theologie, dann kurze Zeit Medizin. Hier veröffentlichte er achtzehnjährig erste Gedichte. Ein Jahr später erlebte er die erfolgreiche Uraufführung seines Lustspiels *Der junge Gelehrte* durch die berühmte Schauspieltruppe der Caroline Neuber (vgl. S. 41).

Der Versuchung, sich schon jetzt ganz dem Theater zu verschreiben, entzog sich Lessing durch den plötzlichen Aufbruch nach Berlin, der damals noch recht kläglichen Hauptstadt des Preußenkönigs Friedrich. Dort wurde er Journalist bei der angesehenen Vossischen Zeitung. Die freie Mitarbeit brachte wenig Geld. Voltaire, der ungekrönte König der französischen Aufklärung, lebte damals am Hofe des gekrönten Philosophen. Lessing hatte das Glück, ihn kennenzulernen, geriet jedoch in jugendlicher Unbedachtheit in Streit mit ihm, wodurch er sich auch noch die Abneigung des Königs zuzog. Allein das kümmerte ihn wenig. Er hatte viel zu tun und schrieb an den verschiedensten Arbeiten gleichzeitig. In dem einaktigen Lustspiel *Die Juden* klingt erstmalig die erhabene Menschlichkeit seines *Nathan* an. Die unvollendet gebliebene Tragödie *Samuel Henzi,* die sich mutig zu dem hingerichteten Schweizer Freigeist gleichen Namens bekannte, ist das früheste bürgerliche Trauerspiel der deutschen Literatur. Bis dahin entsprach es der allgemeinen Auffassung, daß nur Angehörige der höheren Stände Gestalten einer Tragödie sein konnten, während die Konflikte der Bürger im Lustspiel abgehandelt wurden. Lessing dachte anders. „Die Namen von Fürsten und Helden", schrieb er, „können einem Stück Pomp und Majestät geben; aber zur Rührung tragen sie nichts bei. Das Unglück derjenigen, deren Umstände den unsrigen am nächsten kommen, muß natürlicherweise am tiefsten in unsere Seele dringen; und wenn wir mit Königen Mitleiden haben, so haben wir es mit ihnen als mit Menschen und nicht als mit Königen."

Die Wirren des Siebenjährigen Krieges veranlaßten Lessing, eine geplante Auslandsreise vorzeitig abzubrechen. Er kehrte zunächst nach Berlin zurück, verließ die Stadt aber 1760, um Sekretär des Generals von Tauentzien, des Gouverneurs der eroberten Stadt Breslau, zu werden. Der Dichter nahm an der Belagerung von Schweidnitz teil; doch als der Krieg zu Ende war, konnte er nicht länger in preußischen Diensten bleiben. Er teilte das Schicksal des Majors von Tellheim aus dem Drama *Minna von Barnhelm:* er wurde entlassen.

Vier Jahre nach dem Kriege erschien *Minna von Barnhelm,* die erste deutsche Komödie – dabei wäre sie um Haaresbreite eine Tragödie geworden, und zwar die des ausgedienten kriegsversehrten Offiziers! Nur der liebenswerten fraulichen List der Minna von Barnhelm ist es zu danken, daß sich zuletzt alles zum Guten wendet und Tellheim die Fesseln seiner Standesehre abwirft, um Minna zu seiner Frau zu machen. Neben der klug durchdachten Führung der Handlung gehört die wohlgelungene Charakterzeichnung zu den anerkannten Vorzügen des Stückes, das übrigens für viele Zeitgenossen ein Ärgernis war, weil sie die Kritik des Dichters an den Verhältnissen in Preußen sehr wohl spürten.

Einige Jahre nach dem Kriege finden wir Lessing in Hamburg. Dort hatten wohlhabende Kaufleute Ackermanns Schauspielhaus am Gänsemarkt übernommen. Sie beauftragten Lessing, die Bühne zur führenden Deutschlands, zum Nationaltheater zu machen. Lessing scheiterte an

Gotthold Ephraim Lessing,
vermutlich 1767 gemalt von Georg Oswald May

dieser Aufgabe, weil dem Unternehmen die einheitliche geschäftliche Leitung fehlte. Er schrieb indessen hervorragende Besprechungen von Bühnenwerken und deren Aufführungen. Sie erschienen gesammelt als *Hamburgische Dramaturgie* und brachten ihrem Verfasser den Ruf des ersten großen, viel bewunderten und viel gefürchteten Kritikers der deutschen Literatur ein. Auch gegen Gottsched (s. S. 41) zog er in seinen Kritiken zu Felde und empfahl als Vorbilder statt der französischen Dramen die Shakespeares.

Als das Nationaltheater aufgelöst werden mußte, folgte Lessing einem Ruf als Bibliothekar nach Wolfenbüttel. Die Tätigkeit in der weltberühmten Bibliothek sagte ihm zu, doch bedrückten ihn die Einsamkeit der verlassenen Residenz und Geldsorgen, die von Schulden und der schlechten, unregelmäßigen Bezahlung herrührten. Sie verzögerten auch die längst geplante Eheschließung mit Eva König, der Witwe eines Hamburger Freundes. Als beide endlich geheiratet hatten, dauerte die glückliche Gemeinsamkeit nur fünfzehn Monate. Eva Lessing starb nach der Geburt des ersten Kindes, das ihr in den Tod vorausgegangen war.

Noch vor diesem Schicksalsschlag hatte der Dichter die Tragödie *Emilia Galotti* geschrieben. Das Stück spielt in Italien, geißelt jedoch eindeutig die Zustände an den kleinen deutschen Fürstenhöfen, an denen der Untertan schutzlos dem Zugriff der oft moralisch verkommenen Monarchen ausgeliefert war.

Lessings letztes und zugleich wohl bedeutendstes Werk verdankt seine Entstehung dem Umstand, daß dem Dichter von der braunschweigischen Regierung die Fortsetzung einer Polemik (literarische Auseinandersetzung) mit dem Hamburger Hauptpastor Goeze untersagt wurde. Da wechselte Lessing die Waffen. Er übertrug seine Gedanken auf die Bühne, indem er sie den Personen eines dramatischen ,,Lehrgedichtes" in den Mund legte. Menschlichkeit und Duldsamkeit sind die Ideale, denen *Nathan der Weise* (1779) zum Durchbruch verhelfen will: Denn bevor wir Christen, Juden oder Mohammedaner wurden, waren wir Menschen:

Dem Sultan Saladin, der Nathan, den Juden, mit der Frage nach der wahren Religion in die Enge treiben will, antwortet dieser, indem er die Parabel (Gleichnis) von den drei Ringen erzählt, deren älteste Fassung aus der Zeit der Kreuzzüge stammt:

Vor grauen Jahren lebt' ein Mann im Osten,
Der einen Ring von unschätzbarem Wert
Aus lieber Hand besaß. Der Stein war ein
Opal, der hundert schöne Farben spielte,
Und hatte die geheime Kraft, vor Gott
Und Menschen angenehm zu machen, wer
In dieser Zuversicht ihn trug. Was Wunder,
Daß ihn der Mann im Osten darum nie

Vom Finger ließ und die Verfügung traf,
Auf ewig ihn bei seinem Hause zu
Erhalten? Nämlich so. Er ließ den Ring
Von seinen Söhnen dem Geliebtesten;
Und setzte fest, daß dieser wiederum
Den Ring von seinen Söhnen dem vermache,
Der ihm der Liebste sei; und stets der Liebste,
Ohn' Ansehn der Geburt, in Kraft allein
Des Rings, das Haupt, der Fürst des Hauses werde. –
Versteh' mich, Sultan.

Saladin:
Ich versteh' dich. Weiter!

Nathan:
So kam nun dieser Ring von Sohn zu Sohn
Auf einen Vater endlich von drei Söhnen,
Die alle drei ihm gleich gehorsam waren,
Die alle drei er folglich gleich zu lieben
Sich nicht entbrechen konnte. Nur von Zeit
Zu Zeit schien ihm bald der, bald dieser, bald
Der dritte – so wie jeder sich mit ihm
Allein befand, und sein ergießend Herz
Die anderen zwei nicht teilten – würdiger
Des Ringes, den er denn auch einem jeden
Die fromme Schwachheit hatte zu versprechen.
Das ging nun so, so lang' es ging. – Allein
Es kam zum Sterben, und der gute Vater
Kommt in Verlegenheit. Es schmerzt ihn, zwei
Von seinen Söhnen, die sich auf sein Wort
Verlassen, so zu kränken. – Was zu tun? –
Er sendet in geheim zu einem Künstler,
Bei dem er, nach dem Muster seines Ringes,
Zwei andere bestellt, und weder Kosten,
Noch Mühe sparen heißt, sie jenem gleich,
Vollkommen gleich zu machen. Das gelingt
Dem Künstler. Da er ihm die Ringe bringt,
Kann selbst der Vater seinen Musterring
Nicht unterscheiden. Froh und freudig ruft
Er seine Söhn, jeden insbesondre!
Gibt jedem insbesondre seinen Segen –
Und seinen Ring – und stirbt. – Du hörst doch, Sultan?

Saladin (der sich betroffen von ihm gewandt):
Ich hör', ich höre! – Komm mit deinem Märchen
Nur bald zu Ende. – Wird's?

Nathan:
Ich bin zu Ende.
Denn, was noch folgt, versteht sich ja von selbst. –
Kaum war der Vater tot, so kommt ein jeder
Mit seinem Ring, und jeder will der Fürst
Des Hauses sein. Man untersucht, man zankt,
Man klagt. Umsonst; der rechte Ring war nicht
Erweislich; –
(nach einer Pause, in welcher er des Sultans Antwort erwartet)
Fast so unerweislich, als
Uns jetzt – der rechte Glaube.

Saladin: Wie? das soll
Die Antwort sein auf meine Frage?...

Nathan: Soll
Mich bloß entschuldigen, wenn ich die Ringe
Mir nicht getraut' zu unterscheiden, die
Der Vater in der Absicht machen ließ,
Damit sie nicht zu unterscheiden wären.

Lessing hat im *Nathan* den Sinn der alten Erzählung vertieft: Die drei Ringe bedeuten die drei großen Religionen – Christentum, Judentum und Islam, die alle drei mit dem Anspruch der Wahrheit auftreten. Die Menschen vermögen nicht zu erkennen, welche wirklich im Besitz der Wahrheit sei – außer in der Bewährung der Liebe, Sanftmut, Verträglichkeit und Hilfsbereitschaft. Wer so lebt und handelt, besitzt die wahre Religion.

Nathan der Weise wurde 1779 abgeschlossen, aber erst vier Jahre später zum ersten Male aufgeführt. Inzwischen war der Dichter 1781 bei Freunden in Braunschweig gestorben.

Zwischen Aufklärung und Klassik

Sturm und Drang

Noch zu Lebzeiten Lessings hatte die Aufklärung in Deutschland ihren Höhepunkt überschritten. Schon in den sechziger Jahren des 18. Jahrhunderts, vor allem aber im folgenden Jahrzehnt trat eine neue Generation auf den Plan. Sie berief sich auf den französisch-schweizerischen Kulturphilosophen JEAN JACQUES ROUSSEAU (1712–1778), der die Fortschrittsgläubigkeit der Aufklärung verworfen und die Rückkehr zu einem naturhaften Urzustand der Menschheit gefordert hatte.

Die jungen Männer brachen mit der überkommenen Mode des Rokoko, die für den Herrn u. a. den bestickten Schoßrock, Schnallenschuhe, gepuderte Perücke und Zierdegen vorgeschrieben hatte, und erschienen als Naturburschen mit entblößter Brust und wallendem Haar. Dieser Aufmachung entsprach die innere Haltung: man verherrlichte die schöpferische Urkraft, das Genie, so daß die Epoche zunächst den Namen ,,Geniebewegung" erhielt – später sollte sich die Bezeichnung ,,Sturm und Drang" (nach dem gleichnamigen Drama von FRIEDRICH MAXIMILIAN KLINGER [1752–1831]) durchsetzen. Leidenschaften traten an die Stelle der bisher verbindlichen Moral, schöpferischer Einfallsreichtum ersetzte das Maß, uneingeschränkte Freiheit die Bindungen aller Art.

Aus solcher Einstellung protestierte diese Jugend auch gegen die bestehende Gesellschaftsordnung; sie forderte die Beseitigung der Standesunterschiede und der daraus sich ergebenden Mißstände auf politischem und erzieherischem Gebiet. Doch war die Zahl tatkräftiger Streiter für die neuen Ideen zu klein, es handelte sich fast ausschließlich um Künstler, Dichter vor allem, die den Durchbruch zu einer neuen Lebensform zu erzwingen suchten.

Ihr erster Wortführer war in Deutschland JOHANN GEORG HAMANN (1730–1788) aus Königsberg. Der Pietismus hatte ihn – wie Klopstock – geprägt. In Wort und Schrift trat Hamann dafür ein, daß die Menschen im Leben wie in der Dichtung nicht mehr nur Verstandeskräfte gebrauchten, sondern alle ihre Fähigkeiten einsetzten: die der Sinne, der Seele und des Geistes. Der schöpferische Mensch, besonders der Dichter, soll sich nicht an ausgeklügelte Regeln halten, sondern nur seinem Genius folgen und das, was ihn bewegt, ungehemmt zum Ausdruck bringen. Dabei wird die Sprache vom bloßen Verständigungsmittel zur Offenbarung, zum Gleichnis des Gedankens, zum Sinnbild der Seele, zum Geschenk Gottes; mit ihrer Hilfe kann auch der Mensch Schöpfer einer Welt, der Phantasie nämlich, werden. Mit solchen Überlegungen und Erkenntnissen war einer neuen, nicht mehr erlernbaren, aber allen Völkern unmittelbar verständlichen Dichtung der Weg gewiesen.

Johann Gottfried Herder

Ein anderer Ostpreuße dachte Hamanns oft unklare Gedanken folgerichtig weiter: Johann Gottfried Herder. Als Sohn eines armen Volksschullehrers wurde er 1744 in Mohrungen südwestlich von Königsberg geboren. Der Ortspfarrer lieh ihm seine Bücher, und so erwarb sich der Knabe in nächtlicher Lektüre eine umfassende literarische Bildung. Vom Medizinstudium wechselte er bald zur Theologie. Dann wurde er Lehrer in Riga, doch ein literarischer Streit trieb ihn aus der provinziellen Enge. Er entschloß sich 1769, zur See nach Frankreich zu reisen. Über Paris und Amsterdam kam er nach Hamburg und lernte dort Lessing kennen. In Straßburg traf er 1770 mit dem jungen Goethe (s. S. 53 ff.) zusammen. In Bückeburg wurde er als Hofprediger ansässig. Wenige Jahre später berief man ihn dank Goethes Vermittlung als Generalsuperintendent nach Weimar. Dort lebte er in dem bedeutenden literarischen Kreis, der sich um den Großherzog Karl August und Goethe gesammelt hatte, bis zu seinem Tode 1803.

Herder weitete den Blick aus auf die Fülle der Gestalten, die die Menschheitsgeschichte hervorgebracht hat, und wies darauf hin, daß jedes Volk, aber auch jedes geschichtliche Werk – und dazu gehören auch die Dichtungen – etwas Besonderes, Unvergleichliches und Unwiederholbares ist, bestimmt durch die eigentümlichen Umstände, die es umgeben, und durch den Volkscharakter. Die Völker und ihre Werke zeigen in der Geschichte die Spuren des Schöpfergottes ebenso wie die Natur in ihren vielfältigen Erscheinungen. Die Seele eines Volkes offenbart sich in seinen Schöpfungen, vor allem in der Dichtung. Denn die Poesie, so hatte schon Hamann gelehrt, „ist die Muttersprache des menschlichen Geschlechts". In der Frühzeit der Völker durchtönt sie noch alle Lebensbereiche, den Alltag wie die religiösen Feste.

Herder bevorzugt daher die „Naturpoesie" gegenüber der Kunstpoesie. Zu jener zählt z. B. das Volkslied, das er überhaupt erst wieder entdeckt und als solches benennt. Zur Naturpoesie rechnet er jedoch auch die aus reiner Empfindung hervorgehenden Lieder Klopstocks und des jungen Goethe, und er nimmt sie daher in seine große Sammlung *Stimmen der Völker in Liedern* auf. Diese Sammlung macht zum erstenmal auch Lieder der slawischen Völker, in Herders eigener Übersetzung, bekannt. „Naturpoesie" sind überhaupt die großen Dichtungen aller Völker und Zeiten: z. B. die Bücher des Alten Testamentes wie die Epen Homers oder die Dramen Shakespeares.

In der Bibel fand Herder auch die Sprache, die er der nüchternen Ausdrucksweise seiner Zeit als Vorbild gegenüberstellen konnte: sie war bildhaft, ausdruckskräftig, voll tiefen Sinnes und von einer langen Geschichte geprägt. Der junge Goethe hat sich davon beeindrucken lassen.

Mit einer großen Überschau über die Geschichte der Menschheit, in der sein Lebenswerk gipfelte (der Titel heißt *Ideen zur Philosophie der Geschichte der Menschheit),* lieferte Herder der deutschen Klassik die geschichtsphilosophischen Grundgedanken. Denn er zeigte darin nicht nur die Vielfalt der Gestalten, die die Geschichte füllen, sondern auch den Weg zur Reife einer alle verbindenden Menschlichkeit, zur reinen Humanität, wie sie Goethe dann in seinem Drama *Iphigenie* darstellen wird.

Gottfried August Bürger

Herder hatte mit dem Volkslied auch die Ballade der Vergessenheit entrissen. Was er über diese volkstümliche Dichtung geschrieben hatte, regte den Göttinger Professor Gottfried August Bürger (1747–1794) an, sich selbst in der Balladendichtung zu versuchen. Als Vorbild diente ihm dabei eine berühmte englische Balladensammlung. Und es gelang ihm auf Anhieb ein geniales Werk: Seine *Lenore* erzählt meisterhaft in rhythmisch mitreißenden Versen die Mär vom gefallenen Soldaten, der sein Liebchen zu sich ins Grab holt.

Lenore fuhr ums Morgenrot
empor aus schweren Träumen:
„Bist untreu, Wilhelm, oder tot?
Wie lange willst du säumen?“ –
Er war mit König Friedrichs Macht
Gezogen in die Prager Schlacht
Und hatte nicht geschrieben,
Ob er gesund geblieben.

So beginnt die Ballade, an bestimmte historische Ereignisse anknüpfend, in breiter erzählerischer Darstellung. Doch eine echte Ballade ist mehr als eine Erzählung in Versen. In der Nacht kehrt der verschollene Geliebte heimlich zurück, um die Braut heimzuholen. Das spannungsgeladene Zwiegespräch des Paares hat alle Vorzüge der knappen dramatischen Form:

„Sag an, wo ist dein Kämmerlein?
Wo? Wie dein Hochzeitsbettchen?“
„Weit, weit von hier! Still, kühl und klein!
Sechs Bretter und zwei Brettchen!“
„Hat's Raum für mich?“ – „Für dich und mich!
Komm, schürze, spring und schwinge dich!
Die Hochzeitsgäste hoffen;
die Kammer steht uns offen!“

Die Lautmalerei bei der Schilderung des nächtlichen Rittes und die kunstvolle Wiederholung der eindrucksvollen Verse 5–8 der folgenden Strophe durch die ganze Ballade verraten den begabten Lyriker:

Schön Liebchen schürzte, sprang und schwang
sich auf das Roß behende;
wohl um den trauten Reiter schlang
sie ihre Lilienhände;

und hurre, hurre, hopp, hopp, hopp!
ging's fort in sausendem Galopp,
daß Roß und Reiter schnoben
und Kies und Funken stoben.

Doch der rasende nächtliche Ritt endet im Totenreich. Denn der Geliebte ist längst in der Schlacht gefallen und holt sein Liebchen zur unheimlichen Hochzeitsfeier im Grabe. So läßt die Ballade das Hintergründige des menschlichen Daseins durchdringen:

Sieh da, sieh da! Am Hochgericht
Tanzt' um des Rades Spindel,
Halb sichtbarlich, bei Mondenlicht
Ein luftiges Gesindel.
„Sassa! Gesindel, hier! Komm hier
Gesindel, komm und folge mir!
Tanz' uns den Hochzeitsreigen,
Wann wir zu Bette steigen!"

Das Grab tut sich vor den beiden auf. Der Reiter zerfällt zum Gerippe, und Lenore bricht das Herz.

So vereinigen sich in der Ballade die drei Dichtungsgattungen Epik, Dramatik und Lyrik. Das Geschehen setzt in der Wirklichkeit an, verläuft dann aber ins Unwirkliche, Geheimnisvolle. Es bleibt in der echten Ballade immer ein rätselhafter Rest, der mit Verstand und Sinnen nicht völlig faßbar ist.

Bürgers reine Lyrik ist heute sehr zu Unrecht fast vergessen. Allgemein bekannt sind dagegen die *Wunderbaren Reisen zu Wasser und zu Lande, Feldzüge und lustigen Abenteuer des Freiherrn von Münchhausen,* die Bürger aus dem Englischen zurückübersetzte – ein nach England geflohener deutscher Schriftsteller hatte dort die Geschichten des Lügenbarons erstmalig veröffentlicht.

Bürgers Leben, das durch die gleichzeitige Liebe zu zwei Schwestern tragisch überschattet war, endete früh in völliger Zerrüttung. Er starb 1794 im Alter von 47 Jahren, nachdem eine vernichtende Kritik Schillers an seinen Gedichten den letzten Rest seines Lebenswillens zerstört hatte.

Matthias Claudius

Was Herder leidenschaftlich von der Dichtung forderte, ohne es selbst jemals verwirklichen zu können, das gelang dem um vier Jahre älteren Matthias Claudius (1740–1815). Gewiß, er war seinem Wesen nach nicht der Mann, der aufrührerisch bestehende Gesetze der Kunst durchbrach, aber „er besaß das Genie des Natürlichen" (Fechter). Wie Klopstock, Lessing und Herder hatte er Theologie studiert, wie Lessing war er als Schriftleiter, und zwar des *Wandsbecker Boten,* eines bescheidenen Landblättchens, journalistisch tätig, doch um wieviel enger ist der geistige Raum, den sein Schaffen einnimmt!

Und trotzdem ist es ihm als einzigem seiner Generation gelungen, eine Anzahl unvergänglicher Gedichte zu schaffen. Viele seiner Verse sind wie Volkslieder natürlich, ja ergreifend. Sie handeln von Lebensfreude *(Bekränzt mit Laub den lieben vollen Becher),* von Liebe *(Ich war erst sechzehn Sommer alt)* und vom Tod *(Ach, es ist so dunkel in des Todes Kammer),* von der Welt als Schöpfung Gottes *(Der Mond ist aufgegangen,* ein Gedicht, das Herder in seine Volksliedersammlung aufnahm). Er trifft wie wenige den Ton der Kinder *(Lied, hinterm Ofen zu singen).* Zuweilen gelangt er zu einer überraschend kraftvollen dichterischen Aussage; so wenn er in seinem *Kriegslied* ähnlich wie Gryphius den Krieg mit all seinem Grauen schildert und ihn davor schaudert, daß ein Mensch die Verantwortung dafür zu tragen hat.

's ist Krieg! 's ist Krieg! O Gottes Engel wehre,
Und rede du darein!
's ist leider Krieg – und ich begehre
Nicht schuld daran zu sein!

Neben Werken der Lyrik stehen Predigten, Abhandlungen und Sprüche. Am bekanntesten ist das *Vermächtnis an meinen Sohn Johannes.* Die darin aufgezeichneten Lebensregeln offenbaren den sicheren Standort abseits vom zeitgenössischen Literaturbetrieb, inmitten einer „heilen Welt".

Johann Peter Hebel

„Meine erste Absicht ist die, auf meine Landsleute zu wirken, ihre moralischen Gefühle anzuregen und ihren Sinn für die schöne Natur um sie her teils zu nähren und zu veredeln, teils auch zu wecken", heißt es in einem Brief Hebels. Seine volkserzieherischen Bemühungen, aber auch seine einfachen Verse und seine humorvollen Erzählungen ähneln den Bestrebungen des *Wandsbecker Boten* so weitgehend, daß man den Dichter den badischen Claudius genannt hat.

Johann Peter Hebel stammt aus Basel, wo er 1760 als Sohn eines armen Webers geboren wurde. Wohltäter ermöglichten ihm das Studium der Theologie; er wurde Lehrer, Professor und schließlich Prälat (Vorsteher) der badischen Landeskirche. In diesen verantwortungsvollen Berufen fand er noch Zeit zu reger literarischer Tätigkeit, bis er 1826 starb.

In der Mundart seiner Vaterstadt veröffentlichte Hebel 1803 *Alemannische Gedichte,* wie auch Claudius gelegentlich unter Herders Einfluß im heimatlichen Dialekt geschrieben hatte. Hebel brachte es auf diesem lange vernachlässigten Gebiet zur Meisterschaft. Fast alle Mundartdichter des 19. Jahrhunderts lernten von ihm. Das Gedicht *Der Abendstern* klingt an Claudius' *Abendlied* an, wie die elfte Strophe zeigt:

Schlof wohl, du schöner Obestern!
's isch wohr, mer hen di alli gern.
Er luegt in d' Welt so lieb und guet,
und bschaut en eis mit schwerem Muet,
und isch me müed, und het e Schmerz,
mit stillem Frieden füllt er's Herz.

Allein Hebel war mehr als „Heimatdichter" von der Art jener, deren gefühlsseliges Schaffen allein um ihren engsten Lebensbereich kreist. Das zeigt sich in Geschichten, die er für den von ihm herausgegebenen *Rheinischen Hausfreund,* einen Volkskalender, schrieb. Die bekannte Sammlung *Schatzkästlein des rheinischen Hausfreundes,* 1811 erschienen, ist eine Auswahl dieser Erzählungen. Kleine Prosastücke wie *Kannitverstan* und *Unverhofftes Wiedersehen, Das Mittagessen im Hof* und *Der geheilte Patient* mit ihren wirklichkeitsnah gezeichneten Charakteren der Handwerksgesellen, Gastwirte und Kaufleute schildern Geschehnisse, die sich so überall und jederzeit zutragen mögen, und jedermann kann daraus, wenn er will, eine Lebenslehre herleiten.

Deutsche Klassik

Johann Wolfgang Goethe

Es hat sich ein Brief erhalten, in dem ein sechzehnjähriger Jugendlicher im Februar 1822 einem Freunde in bewegten Worten seinen Eindruck von Goethe schilderte. Der begeisterte Verehrer des damals zweiundsiebzigjährigen Dichters war zwei Monate lang immer wieder vor dem Hause am Weimarer Frauenplan vorbeigegangen, um den Geheimrat zu sehen, allein vergeblich. Endlich erhielt er von einem Nachbarn Goethes die Erlaubnis, von dessen Garten aus den großen Mann zu beobachten. „Ich ging voll Freude nach Hause, konnte aber diese Nacht kein Auge zutun", heißt es in dem Brief. Und dann ist es endlich so weit: „ Das Herz pochte mir gewaltig, als ich ihn sah. Ich glaubte, Faust und Margaretchen in einer Person zu erblicken, so sanft und so prächtig zugleich, wie er aussieht!" Ohne von Goethe gesehen zu werden, prägte sich der junge Briefschreiber Gestalt und Gesichtszüge des Dichters genau ein. „Teuerster Freund", schrieb er, „Sie können versichert sein, in Goethes ganzem Wesen zeigt sich seine Größe. Er ist noch so rüstig wie ein Mann von vierzig Jahren: Sein majestätischer Gang, die gerade und aufrechtstehende Stirn, die herrliche Form seines Kopfes, das feurige Auge, die gebogene Nase, alles das ruft: Faust, Margarete, Götz, Iphigenie, Tasso, und was weiß ich, was alles noch sonst mehr? Nie habe ich in diesem vorgerückten Alter einen so rüstig schönen Mann gesehen."

Goethes Leben und Werk bis zur Übersiedlung nach Weimar

Johann Wolfgang Goethe wurde am 28. August 1749 in Frankfurt am Main geboren. Sein Vater, Doktor der Rechte, war ein vielseitig gebildeter, strenger Mann, der als „Kaiserlicher Rat" keine nennenswerten beruflichen Pflichten hatte und seinen persönlichen Neigungen leben konnte. Das stets liebevolle, heitere Gemüt der klugen und phantasiebegabten Mutter war ein guter Ausgleich zur ernsten, zielstrebigen Art des Vaters.

Der Vater unterrichtete den Sohn zunächst selbst. Mit sechzehn Jahren zog der junge Goethe als Student der Rechtswissenschaft nach Leipzig. Doch statt des trockenen Studiums lockte ihn das gesellige Leben der Weltstadt, die „Klein-Paris" genannt wurde. Er verliebte sich in die Tochter eines Wirtes und schrieb ganz im Stil des Rokoko empfindsam-galante Gedichte und ein Schäferspiel *Die Laune des Verliebten.* Aber das lockere Leben bekam ihm schlecht, und er kehrte schwer erkrankt ins Elternhaus zurück.

Während der Genesung machte ihn eine Freundin der Mutter, Susanne von Klettenberg, mit dem fromm-schwärmerischen Geist des Pietismus vertraut. Es war eine Zeit der Besinnung. Der Vater drängte jedoch darauf, das Studium fortzusetzen. So zog Goethe 1770 nach Straßburg. Hier fand er eine ganz andere Welt als in Leipzig. Die herrliche Landschaft des Elsaß, das alte Straßburg mit dem gotischen Münster beeindruckten ihn. Er geriet in einen Kreis junger Dichter und Studenten, und als er Herder kennenlernte, brach in ihm der Drang zur genialischen Freiheit des Dichtertums durch. Herder öffnete ihm die Augen für die großen Vorbilder Homer, Shakespeare, die Volkslieder, und er selbst begann, solch alte Lieder für Herders Sammlung zusammenzutragen, und fügte sein eigenes *Heideröslein* hinzu. Bei einem Ausflug lernte er im nahen Sesenheim die jüngste Tochter des Pfarrers, Friederike Brion, kennen, und eine heiße Liebe riß ihn hin. Ihr widmete er seine schönsten Gedichte: *Wie herrlich leuchtet mir die Natur, Sah ein Knab ein Röslein stehn, Kleine Blumen, kleine Blätter* und manches andere. Ganz gegenwärtig in seinem stürmischen Erleben ist der junge Goethe, wenn er den Aufbruch zur Geliebten schildert:

Es schlug mein Herz, geschwind zu Pferde!
Es war getan fast eh gedacht;
Der Abend wiegte schon die Erde,
Und an den Bergen hing die Nacht.

Schon stand im Nebelkleid die Eiche,
Ein aufgetürmter Riese, da,
Wo Finsternis aus dem Gesträuche
Mit hundert schwarzen Augen sah.

Willkommen und Abschied (1. Strophe)

Im August 1771 bestand Goethe sein Examen. Zerrissenen Herzens verließ er Friederike. Der Dichterberuf lockte ihn, und er wagte nicht, sich jetzt schon an einen Menschen und einen festen Beruf zu binden. In Frankfurt zog er sich in seine Dichterklause zurück: die Pläne zum *Götz* und zum *Faust* fesselten ihn. Währenddessen besorgte der Vater für ihn die Anwaltsgeschäfte. Einen Kreis Gleichgesinnter fand er in Darmstadt, darunter Johann Heinrich Merck, der ihm zum strengen, immer aber hilfreichen Kritiker und Freund wurde. Goethe verlieh seinem Mephisto im *Faust* Züge dieses klug-bissigen Freundes. Oft wanderte er zu Fuß nach Darmstadt; als er einmal in ein Unwetter geriet, entstanden die wilden, freien Rhythmen von *Wanderers Sturmlied.*

Weitere Hymnen von jugendlich mitreißendem Schwung schlossen sich an. *Mahomets Gesang* schildert im Bild des Stromes den Lebenslauf des genialen, bedeutenden Menschen, der durch die bunte Welt in die Arme des Schöpfers führt; auf seinem Rücken trägt er seine Brüder mit. Eine andere versetzt in die Empörerhaltung des Titanen *Prometheus* aus der griechischen Sage, der den Göttern das Feuer raubt, um es den sterblichen Menschen zu bringen.

Auch das Drama reizte den jungen Dichter, weil er darin das Handeln großer Persönlichkeiten darstellen konnte. Die eben genannten Hymnen entstammen Dramen über Mahomet und Prometheus, die dann unvollendet blieben. Herder hatte ihm Shakespeare, den großen englischen Dramatiker (1564–1616), nahegebracht. In seinem Geist schrieb Goethe die dramatischen Szenen um die Gestalt des Ritters *Götz von Berlichingen mit der eisernen Hand,* dessen Lebensgeschichte er gelesen hatte.

Aus dem Raubritter der Chronik machte Goethe das Ideal des treudeutschen Mannes, des wackeren Kerls, wie ihn die Geniebewegung liebte. Als Vertreter eines unverdorbenen, freiheitsliebenden Rittertums scheitert Götz während der Bauernkriege am Ränkespiel seiner Gegner, vor allem Weislingens, der den Höflingsgeist der neuen Zeit verkörpert.

Das Drama wurde in der nach Herders Kritik gestrafften zweiten Fassung ein großer Erfolg und Vorbild für die jungen Dramatiker der Sturm-und Drang-Bewegung. Deutschland hatte endlich sein nationales Drama.

Ein weiteres Drama, der *Egmont,* an dem Goethe damals arbeitete, wurde erst viel später, 1787 in Rom, abgeschlossen. Sein Thema ist mit dem des *Götz* verwandt.

Egmont, Führer im niederländischen Freiheitskampf gegen Spanien, erscheint als strahlender Held und Liebling des Volkes. Doch ist seine natürlich vertrauende Menschlichkeit der doppelzüngigen Staatskunst der Spanier nicht gewachsen, und er geht dem Gegner in die Schlinge. Vor seinem Hinrichtungstod erscheint ihm jedoch die Freiheitsgöttin zum Zeichen, daß über das geschichtliche Unglück hinweg seine Sache als die gerechtere siegen wird.

Einige Monate des Jahres 1772 verbrachte Goethe am Reichskammergericht in Wetzlar. Dort lernte er Charlotte Buff, die Verlobte eines Freundes, kennen. Goethe spürte, daß die Liebe, die in ihm aufkeimte, nur Unglück bringen würde, und kehrte nach Frankfurt zurück. Von dem aufwühlenden Erlebnis schrieb er sich in dem Briefroman *Die Leiden des jungen Werthers* frei:

Auch Werther verliebt sich in die Verlobte seines Freundes. Das Buch schildert die ganze Stufenleiter der Stimmungen von der anfänglichen Heiterkeit bis zur wilden Verzweiflung. Werthers Gemütszustand spiegelt sich in der Naturschilderung – Natur und menschliche Seele zeigen sich tief verwandt wie noch nie in der deutschen Dichtung:

„Eine wunderbare Heiterkeit hat meine ganze Seele eingenommen, gleich den süßen Frühlingsmorgen, die ich mit ganzem Herzen genieße", heißt es zu Beginn. Kurz vor seinem Freitod schreibt Werther an Lotte: „Zum letzten Male denn, zum letzten Male schlage ich diese Augen auf. Sie sollen, ach! die Sonne nicht mehr sehen; ein trüber, neblichter Tag hält sie bedeckt. So traure denn, Natur! Dein Sohn, dein Freund, dein Geliebter naht sich seinem Ende." Werther vermag sich nicht aus seiner Leidenschaft zu befreien und tötet sich selbst.

Das Buch hatte, als es 1774 erschien, eine ungeheure Wirkung. Man kleidete sich wie Lotte und Werther, fühlte und litt wie er. Goethe hatte den empfindsamen Geschmack der Zeit genau getroffen. Noch Napoleon wird den *Werther* bei seinem Feldzug nach Ägypten als Lektüre mit sich führen.

Jahre der Reife in Weimar

In diese Zeit fiel die Verlobung mit der Frankfurter Bankierstochter Lili Schönemann. Doch Goethe fühlte sich durch die gesellschaftlichen Verpflichtungen, die mit dieser neuen Beziehung verbunden waren, in seinem dichterischen Schaffen beengt. Nach einer fluchtartig unternommenen Reise in die Schweiz löste er schließlich die Verlobung wieder auf. Sehr willkommen war ihm die Einladung des achtzehnjährigen Herzogs Karl August von Sachsen-Weimar. Rasch ergab sich zwischen den beiden in vieler Hinsicht gleichgesinnten jungen Menschen das beste Einvernehmen, das, von einigen Störungen abgesehen, für ein Leben andauern sollte. Anfangs ließ Goethe sich willig in das ausgelassene, genialische Treiben des jungen Herzogs hineinziehen. Doch bald erkannte er seine erzieherische Verpflichtung gegenüber dem Jüngeren. Er selbst übernahm allmählich mannigfache Aufgaben im Dienst des Weimarer Staatswesens. Er wurde Legationsrat und Mitglied des Ministeriums auf dem Gebiet des Bergbaus, der Forst- und Domänenverwaltung, des Wegebaus, des Heer- und des Kulturwesens. 1782 wurde Goethe geadelt, 1790 zum Minister ernannt.

Zwar hatte Wieland, einer der sprachgewandtesten Dichter der Zeit, den Dr. Goethe aus Frankfurt herzlich begrüßt, als er nach Weimar zog, doch die alteingesessenen verdienten Hofbeamten des Herzogs murrten gegen die Bevorzugung des Jüngeren. Der Herzog stellte sich zwar schützend vor ihn, Goethe selbst mag es dennoch nicht immer leichtgefallen sein, sich in die Gesellschaft des kleinen Weimarer Hofes zu finden. Viele Jahre später hat Goethe den ganz aus seinem Inneren heraus lebenden und schaffenden Dichter, der unvermeidlich mit der Welt des Hofes, mit ihren Förmlichkeiten und Verpflichtungen zusammenstößt, in dem Drama *Tasso* dargestellt. Während jedoch Tasso in dieser ihm fremden Umgebung zugrunde gehen muß, gelingt es Goethe, sich zu wandeln, ja zum Diener des Staates zu werden und doch sein Dichtertum zu bewahren.

Mit Fleiß und Ausdauer verschaffte Goethe sich die wissenschaftlichen Grundlagen für seine verantwortungsvollen Ämter. Besondere Aufmerksamkeit wandte er dem Studium der Natur zu, der Tier-, Pflanzen- und Gesteinskunde. Seine *Farbenlehre* verwickelte ihn in einen hartnäckigen Streit mit anderen Wissenschaftlern über die Art und Weise, wie die Erscheinungen der Natur zu erforschen seien. Stolz war er darauf, daß ihm eine anatomische Entdeckung, nämlich des Zwischenkieferknochens beim Menschen, gelang. Um den Bergbau kennenzulernen, unternahm er Studienreisen und bestieg bei dieser Gelegenheit auch den Brocken, den höchsten Berg des Harzes, als erster im Winter. Es entstand das Gedicht *Harzreise im Winter.* Ein ganz anderes Gesicht zeigt die Natur in den Balladen dieser Zeit, im *Fischer* und im *Erlkönig* scheint das Geheimnisvolle, Unheimliche der Natur auf.

Einen läuternden Einfluß hatte die freundschaftliche Liebe Goethes zu Charlotte von Stein. Obwohl keine Hoffnung auf eine engere Verbindung mit der sieben Jahre Älteren bestand, da sie Gattin des herzoglichen Stallmeisters war, hielt der geistige Austausch im Gespräch und Briefwechsel doch über viele Jahre an.

Ein Zeugnis dieser Freundschaft ist Goethes Drama *Iphigenie,* dessen Stoff einem antiken Drama entstammt. Es entstand in diesen frühen Weimarer Jahren, zunächst in Prosa, und wurde auf der Italienreise (s. u.) in Verse umgeformt.

Wie Goethe selbst durch das lautere Wesen Charlottes aus den Wirrungen des Sturm und Drangs geführt wurde, so wird im Drama der mit Wahnsinn geschlagene Muttermörder Orest durch die „reine Menschlichkeit" Iphigeniens gerettet. Ihrer Wahrhaftigkeit und ihrem Vertrauen auf die in jedem Menschen wirksame Stimme des Gewissens gelingt es sogar, den barbarischen König Thoas umzuwandeln: statt Orest und seinen Begleiter als Fremdlinge dem Landesbrauch gemäß zu töten, läßt er sie mit Iphigenie heimwärts ziehen.

Goethe selbst spielte bei der Erstaufführung in Weimar den Orest, und er soll ihn mit empfindungsvollem Leben erfüllt haben. Die *Iphigenie* ist Goethes erstes klassisches Drama. Mit ihm hat er den Sturm und Drang und den Shakespeare-Stil des *Götz* überwunden und eine neue Epoche eingeleitet. In einigen großen Hymnen hat Goethe die neu errungene Einsicht zur Sprache gebracht. *Grenzen der Menschheit* überschrieb er bezeichnenderweise eine davon. Nicht mehr der selbstherrliche Prometheus der jugendlichen Hymne spricht hier:

Wenn der uralte
Heilige Vater
Mit gelassener Hand
Aus rollenden Wolken
Segnende Blitze
Über die Erde sät,
Küß' ich den letzten
Saum seines Kleides,
Kindliche Schauer
Treu in der Brust.
(1. Strophe)

Unser Menschenleben ist den großen, ewigen Gesetzen der Schöpfung unterworfen. Der Mensch jedoch ist groß, weil er Gut und Böse unterscheiden und das Gute wählen kann.

Mit den Jahren wuchs in Goethe das Unbehagen darüber, daß die vielen täglichen Pflichten ihn fast völlig von seinem künstlerischen Schaffen abzogen. So entschloß er sich im Herbst 1786 unvermittelt zu einer Italienreise, um sich einen lange gehegten Wunsch zu erfüllen. „Früh drei Uhr stahl ich mich aus Karlsbad, weil man mich sonst nicht fortgelassen hätte." Über Venedig eilte er nach Rom, wo er die meiste Zeit blieb, ging dann nach Neapel und Sizilien und kehrte – wieder über Rom – erst Mitte des Jahres 1788 nach Weimar zurück. Die Begegnung mit der hellen südlichen Landschaft und den heiter-natürlichen Menschen wirkte befreiend auf ihn. Er vertiefte sich in die Pflanzenwelt, studierte aufmerksam die klassischen Bildwerke. Und beide Bereiche, Natur und Kunst, öffneten ihm plötzlich den Blick für die Grundgestalten, denen jedes Einzelgebilde seine Form verdankt, für die in jeder Erscheinung waltende Gesetzmäßigkeit. In solcher Einsicht konnten die klassischen Werke, die *Iphigenie* und der *Egmont,* vollendet werden und die Pläne zum *Tasso* und zum *Faust* heranreifen.

Johann Wolfgang von Goethe,
Gemälde von Karl Stieler (1828)

Der Heimgekehrte erschien den alten Freunden fremd und verändert. Der „Geheimrat", dem der Herzog nun weniger Pflichten auferlegte, begann zu vereinsamen. Auch Frau von Stein wendete sich von ihm ab, als er Christiane Vulpius, ein natürliches, schlichtes Mädchen, liebgewann und in sein Haus nahm. Christiane vermochte sicherlich dem Höhenflug Goethescher Gedanken nicht immer zu folgen, doch war sie dem Dichter eine gute, mutige Lebensgefährtin. Sie versah, ohne ihn zu stören, sein Haus und wurde Mutter seines Sohnes August. Als 1806 nach der Schlacht bei Jena und Auerstedt französische Truppen in Weimar eindrangen, rettete sie Goethe das Leben und bewahrte das Haus vor der Plünderung. Dankbar heiratete er sie wenige Tage später.

Im Jahre 1794 brachte die Freundschaft mit Schiller endlich die Lösung aus der geistigen Einsamkeit und „einen neuen Frühling". Dem reiferen Goethe war zunächst das aufrührerisch-jugendliche Wesen in Schillers Dichtung *(Die Räuber, Fiesco* – s. u.) zuwider gewesen. Da ergab sich nach einer Sitzung der Naturforschenden Gesellschaft in Jena ein erstes Gespräch zwischen ihnen; ein Brief Schillers über ihre verschiedene Art zu dichten gewann ihm Goethes Zutrauen (s. S. 61). Eine Zeit gemeinsamen Arbeitens und wechselseitiger Befruchtung begann.

In gemeinsamem literarischem Feldzug, den sie mit Hunderten von Distichen (eine Versform), *Xenien* (Gastgeschenke) genannt, führten, wollten sie die mittelmäßigen Literaten und das schläfrige Publikum aufscheuchen. Dann nahmen sie sich der Ballade an – 1797 wurde das Balladenjahr. Sie erörterten die Besonderheiten der Balladenform (vgl. S. 50f.) und schufen, miteinander wetteifernd, eine Reihe bedeutender Beispiele: Goethe *Die Braut von Korinth, Der Gott und die Bajadere,* den *Schatzgräber* und den *Zauberlehrling,* Schiller den *Taucher,* den *Handschuh,* den *Ring des Polykrates,* die *Kraniche des Ibykus* und andere. Auf Schillers Drängen setzte Goethe den *Faust* fort, schloß den Roman *Wilhelm Meisters Lehrjahre* ab (1795), schuf die Verserzählung von *Hermann und Dorothea* (1796) und brachte das Epos *Reineke Fuchs* in Hexameter (1794).

Viel von seinem persönlichen inneren Entwicklungsgang verwob Goethe in seinen großen Roman *Wilhelm Meister.*

In einer ersten unvollständigen Fassung, *Wilhelm Meisters theatralische Sendung*, widmet der Held sich ganz dem Leben auf der Bühne und seiner Ausbildung als Schauspieler. Das Theater bedeutet ihm die Welt. In der zweiten Fassung hat die Schauspielertruppe, der Wilhelm sich anschließt, unverkennbar geringeren Einfluß auf den jungen Mann. Das Theater ist ihm jetzt nur noch eine vorzügliche Gelegenheit, seine Persönlichkeit auszubilden, und er verläßt es wieder. Denn ,,mich selbst, ganz wie ich da bin, auszubilden, das war dunkel von Jugend auf mein Wunsch und meine Absicht", so bezeichnet Wilhelm sein Ziel, das sich in verantwortungsbewußter Tätigkeit für die Gesellschaft erfüllt.

Erst drei Jahre vor seinem Tod wird Goethe die Fortsetzung des Romans unter dem Titel *Wilhelm Meisters Wanderjahre* abschließen. Dies Alterswerk des Dichters ist aus vielen Teilen zusammengefügt, die der weitere Lebensweg Wilhelms nur lose verbindet. Pädagogische und kulturphilosophische Gedanken nehmen einen weiten Raum ein. Mit prophetischem Blick sah Goethe das Zeitalter der Industrie und Technik mit seinen anwachsenden Menschenmassen und dem zunehmenden Verkehr voraus. Als Gegenkraft gegen die heraufziehenden Gefahren der Maschinenzeit rühmte er den Handwerksgeist, der sich auf das eine gelernte Handwerk beschränkt. Der Mensch muß seine Persönlichkeit bewahren: ,,Denken und Tun, Tun und Denken, das ist die Summe aller Weisheit."

Die umwälzenden Ereignisse der Französischen Revolution fand Goethe erschreckend; dagegen wurde er von den Freiheitskriegen innerlich kaum berührt. Er stand auf seiten der Mächte, die eine Ordnung zu garantieren vermochten, in welcher sich das Leben des einzelnen entfalten konnte. Die Verserzählung *Hermann und Dorothea* (1796), in klassischen Hexametern geschrieben, spiegelt sein Verhältnis zu den geschichtlichen Vorgängen der Französischen Revolution.

Ein Flüchtlingszug aus den Revolutionskriegen zieht durch eine von der Not der Zeit unberührte deutsche Kleinstadt. Hermann, der Sohn ehrbarer und wohlhabender Eltern, trifft unter den Flüchtlingen Dorothea und wählt die Landfremde und Mittellose trotz aller Bedenken zur Gattin. So wird in diesem Fall die gestörte Ordnung wieder hergestellt.

In die Zeit der bewaffneten Auseinandersetzung zwischen dem Volksheer der Französischen Revolution und den Truppen der verbündeten deutschen Fürsten fällt auch Goethes Arbeit an den *Unterhaltungen deutscher Ausgewanderten* (1795). Eine adlige Familie, die vom linken Rheinufer auf das rechte geflohen ist und dort auf einem Gute eine leidlich sichere Bleibe gefunden hat, gerät bei politischen Gesprächen in heftigen Streit. Um die erregten Gemüter zu beruhigen, erzählt ein alter Geistlicher einige Geschichten und zuletzt ein Märchen.

Goethe hat die Rahmenhandlung nicht zu Ende geführt und selbst das Ganze als ,,fragmentarischen Versuch" bezeichnet; indessen hat der Dichter mit den *Unterhaltungen* die Form der Novelle in die deutsche Literatur eingeführt und selbst später mit seiner *Novelle* ein Musterbeispiel dieser epischen Gattung geliefert. Wie er die einzelnen Erzählungen der *Unterhaltungen* verschiedenen Quellen entlehnte, so geht auch die Form auf ältere Vorbilder zurück. Menschen, die der Zufall oder das Schicksal vorübergehend zusammengeführt hat, erzählen sich zum Zeitvertreib Geschichten, bis jeder wieder seiner Wege geht. So geschieht es in *Tausend und eine Nacht*, im *Dekamerone* des Italieners Boccaccio und in verschiedenen anderen Sammlungen. Jede einzelne Erzählung gestaltet eine ,,unerhörte Begebenheit" (Goethe) auf einen Höhepunkt hin. – Die Realisten des 19. Jahrhunderts führten die Novelle zur Vollendung. Im 20. Jahrhundert wird sie weitgehend durch die Kurzgeschichte verdrängt.

Der alte Goethe

Goethe diktiert in seinem Arbeitszimmer,
Gemälde von J. Schmeller (1831)

Schillers früher Tod (1805) erschütterte Goethe, der selbst gerade eine gefährliche Krankheit überstanden hatte, aufs tiefste. Weitere Schatten warf der Tod der Mutter (1808), Christianes (1816), des Herzogs (1828) und des einzigen Sohnes August (1830) auf sein Alter. Auch innerlich wandelte er sich. Er weitete den Blick aus auf die Dichtung des Orients, die 1812 in einer Übersetzung erschlossen worden war, und ließ sich davon zu der geistvollen Gedichtsammlung des *Westöstlichen Divan* (1818) anregen. Dem Geheimnisvoll-Rätselhaften der Beziehungen zwischen zwei Menschen, ihrem Füreinanderbestimmtsein spürte er in dem zweiten bedeutenden Roman, den *Wahlverwandtschaften* (1809), nach. Ihn selbst berührte noch einmal schmerzhaft-beseligend die Liebe, als er im Hause des Frankfurter Bankiers von Willemer dessen Gattin Marianne kennenlernte. Als Hafis besingt er die Unerreichbare im *Westöstlichen Divan,* von ihr selbst stammen einige der schönsten Gedichte in dieser Sammlung. Und noch der Alternde will die siebzehnjährige Ulrike von Levetzow, der er in Karlsbad begegnet war, heimführen. Dem Schmerz der Entsagung verdanken wir die Gedichte der *Trilogie der Leidenschaften.*

Über ein halbes Jahrhundert arbeitete Goethe an den beiden Teilen seiner *Faust*-Dichtung. Sie wurde sein bedeutendstes Werk, das seitdem zum geistigen Besitz der Gebildeten aller Kulturnationen geworden ist.

Ein sehr alter Stoff, Theophilus-Dichtungen (s. S. 27) und das Volksbuch von Dr. Faust (s. S. 27), erhielt nach Überarbeitung zweier früherer Fassungen, des *Urfaust* und des *Fragmentes,* erst nach Schillers Tod seine endgültige zeitlose Gestalt: der Tragödie 1. Teil erschien 1808, der 2. Teil 1832 als Band I von Goethes nachgelassenen Werken.

Die Dichtung versinnbildlicht den Weg des nach der Erfüllung seines Lebens strebenden Menschen. Dem Meister der Wissenschaften Faust geht es um die Erkenntnis der letzten Dinge. Doch weder die Wissenschaft noch die Magie (Zauberei) vermögen ihm Antwort auf seine Fragen zu geben. Dem Verzweifelten bietet Mephisto einen Pakt an, doch fordert er dafür Fausts Seele. Des bisherigen Lebens überdrüssig, stimmt Faust zu. Er sucht die Gelegenheit zu leidenschaftlichem Genuß, aber auch zu rastloser Tätigkeit. Gelingt es Mephisto, ihn darin zu sättigen, dann wird Faust alles andere gleichgültig sein.

Werd ich zum Augenblicke sagen:
verweile doch! du bist so schön! –
dann magst du mich in Fesseln schlagen,
dann will ich gern zugrunde gehn!

Mephisto bietet seinem Gefährten nun alle Freuden der Welt, zuletzt die der Liebe. Aber an Gretchen, die sich ihm ganz hingibt, wird er schuldig. Während sie als Mörderin ihres Kindes im Kerker stirbt, bleibt er in furchtbarer Gewissensnot zurück.

Im 2. *Teil* führt Fausts Weg aus kleinbürgerlicher Enge in den Glanz des kaiserlichen Hofes. Doch auch die Macht, die er sich durch die Erfindung des Papiergeldes zu schaffen weiß, befriedigt ihn nicht. Selbst Helena, die in ihrer makellosen Schönheit die Welt der Antike verkörpert, bringt ihm das ersehnte Glück nicht. Er zieht auf Mephistos Betreiben in den Krieg; zur Belohnung belehnt ihn der Kaiser mit einem Stück Land. In ungestümem Tatendrang beginnt er, seinen Besitz zu erschließen. Dabei wird er neuerlich schuldig, indem er zwei alte Leute um ihr kleines Eigentum und ihr Leben bringt. Da erscheint ihm die Sorge. Er will ihre Macht nicht anerkennen. Sie läßt den greisen Faust erblinden, doch er ruft zur neuen Tat auf: er will Siedlungsraum für Millionen schaffen. Als er die Spaten klappern hört, wähnt er das Werk vollendet. Er nimmt das Glück des erfüllten Augenblicks voraus und möchte ihn festhalten. Doch in Wirklichkeit wird kein Land urbar gemacht. Mit den Spaten, die Faust klappern hört, graben Lemuren (nächtliche Geister) auf Mephistos Geheiß dem Ruhelosen das Grab. Faust stirbt, aber seine Seele verfällt nicht dem Bösen. Als unermüdlich Strebender ist er doch der Erlösung würdig:

Wer immer strebend sich bemüht,
Den können wir erlösen.

Ein „Chorus mysticus" spricht die Schlußverse:

Alles Vergängliche
Ist nur ein Gleichnis;
Das Unzulängliche,
Hier wird's Ereignis;

Das Unbeschreibliche,
Hier ist's getan:
Das Ewig-Weibliche
Zieht uns hinan.

Damit klingt in den letzten Worten der Goetheschen Dichtung die alte Theophilus-Legende noch einmal an, in der Faust von Maria aus den Banden des Teufels befreit wird.

1831 konnte Goethe das Riesenwerk abschließen. Der 2. Teil fand erst, nachdem man ihn aus größerem zeitlichen Abstand betrachten konnte, die seiner Bedeutung gemäße Aufnahme. In den letzten Jahren seines Lebens rundete Goethe auch die Bücher *Dichtung und Wahrheit* ab, in denen er selbst sein Leben bis zur Übersiedelung nach Weimar darstellte, und schrieb den Bericht über seine *Italienische Reise.* Noch während er mit der Durchsicht der Gesamtausgabe seiner Werke beschäftigt war, nahmen seine Kräfte merklich ab. Auf einem Spaziergang im Frühjahr 1832 erkältete er sich. Er starb am 22. März.

Die Einheit von Dichten und Leben

„Wie es auch sei, das Leben, es ist gut", hatte der Dichter noch vier Jahre vor seinem Tode geschrieben. In der Tat, sein Leben, das er bewußt gestaltet hatte, war ein Meisterwerk für sich.

Schon als junger Mensch verfügte Goethe über eine ungewöhnliche Erlebnisfähigkeit. „Wenn dein Wolfgang nach Maintz reißet, bringt Er mehr Kentnüße mit als andere, die von Paris und London zurück kommen", schrieb das Fräulein von Klettenberg einmal an Goethes Mutter. Der alte Goethe sagte über sein eigentümlich „gegenständliches" Denken, über seine „gegenständliche" Dichtung: „Mir drückten sich gewisse große Motive, Legenden, uraltgeschichtlich Überliefertes so tief in den Sinn, daß ich sie vierzig bis fünfzig Jahre lebendig und wirksam im Innern erhielt; mir schien der schönste Besitz, solche werte Bilder oft in der Einbildungskraft erneut zu sehen, da sie sich dann zwar immer umgestalteten, doch ohne sich zu verändern, einer reineren Form, einer entschiednern Darstellung entgegen reiften."

So durchlebte Goethe die Höhen und die Abgründe menschlichen Daseins. Mehrmals war er in Gefahr, von der Wucht der seelischen Erlebnisse zerbrochen zu werden. Indem er das Erfahrene jedoch ins Wort bannte und dabei verwandelte, rettete er sich. Schon aus der Leipziger Zeit stammt die Bemerkung: „Und so begann diejenige Richtung, von der ich mein ganzes Leben über nicht abweichen konnte, nämlich dasjenige, was mich erfreute und quälte oder sonst beschäftigte, in ein Bild, ein Gedicht zu verwandeln und darüber mit mir selbst abzuschließen, um sowohl meine Begriffe von den äußeren Dingen zu berichtigen, als mich im Innern deshalb zu beruhigen. Die Gabe hierzu war wohl niemand nötiger als mir, den seine Natur immerfort aus einem Extreme in das andere warf."

Hier liegt das Geheimnis seiner Größe, von hier aus wird sein beispielhaftes Menschentum verständlich, das sich zuletzt immer wieder im Einklang mit der Welt befand. „Wenn die gesunde Natur des Menschen als ein Ganzes wirkt", schrieb der 1805, „wenn er sich in der Welt als in einem großen, schönen, würdigen und werten Ganzen fühlt, wenn das harmonische Behagen ihm ein reines, freies Entzücken gewährt – dann würde das Weltall, wenn es sich selbst empfinden könnte, als an sein Ziel gelangt aufjauchzen und den Gipfel des eigenen Werdens und Wesens bewundern. Denn wozu dient alle der Aufwand von Sonnen und Planeten und Monden, von Sternen und Milchstraßen, von Kometen und Nebelflecken, von gewordenen und werdenden Welten, wenn sich nicht zuletzt ein glücklicher Mensch unbewußt seines Daseins erfreut?"

Einer solchen Weltschau entsprach Goethes Religiosität. Er erlebte Gott als schöpferische Kraft in allen Erscheinungen des Daseins und war überzeugt, daß vom Untergang hoher Seelenkräfte in der Natur niemals und unter keinen Umständen die Rede sein könne, wie er mit Bezug auf Wieland (1733–1813) an dessen Begräbnistage einmal erklärte.

Friedrich Schiller

Schiller und Goethe

„Erwarten Sie bei mir keinen großen materialen Reichtum von Ideen; dies ist es, was ich bei Ihnen finden werde", schrieb Schiller am 31. August 1794 an Goethe, als aus der seit langem bestehenden flüchtigen Bekanntschaft endlich eine tiefe Freundschaft zu erwachsen begann, und er fuhr fort: „Mein Bedürfnis und Streben ist, aus Wenigem Viel zu machen... Sie bestreben sich, Ihre große Ideenwelt zu simplifizieren (vereinfachen), ich suche Varietät (Abwandlung) für meine kleinen Besitzungen... Gewöhnlich übereilte mich der Poet, wo ich philosophieren sollte, und der philosophische Geist, wo ich dichten wollte."

Schiller hat hier einen der wesentlichen Unterschiede zwischen sich und Goethe richtig erkannt und mit der Bescheidenheit des um zehn Jahre Jüngeren, der um Goethes Freundschaft warb, ausgedrückt.

Schillers Leben

In den Wirren des Siebenjährigen Krieges, am 10. November 1759, wurde Friedrich Schiller in Marbach am Neckar geboren. Sein Vater war Truppenarzt in der Armee des Herzogs Karl Eugen von Württemberg, der gegen Preußen kämpfte.

Während der Vater im Felde stand, verlebte der begabte Sohn seine Kindheit unter der Obhut der Mutter in verschiedenen schwäbischen Städtchen. Seine Berufswünsche stimmten mit denen der Eltern, besonders des ehrgeizigen Vaters, überein: der Junge wollte und sollte Pfarrer werden. Da griff der Herzog, des Vaters Dienstherr, mit der unerbittlichen Härte des absoluten Herrschers ein. Karl Eugen hatte eine Heimschule gegründet, die er „militärische Pflanzschule" nannte. Hier erzog er mit soldatischer Härte junge Menschen zu Offizieren und Beamten. „Mißmutigen Herzens, mit zerrissenem Gemüte" trat Schiller als Dreizehnjähriger in die Karlsschule ein. Acht Jahre lang mußte er dort gegen seinen Willen ausharren und die ihm aufgezwungene Uniform tragen. Acht Jahre lang war er der persönlichen Freiheit beraubt. Acht Jahre lang mußte er sich dem geistlosen Drill seiner Vorgesetzten fügen und die Schikanen der Unteroffiziere ertragen, denen er vom ersten Tage an geistig überlegen war. Um fünf Uhr morgens begann der Dienst, um neun Uhr abends wurde in den großen öden Schlafsälen das Licht gelöscht. Keine Minute des Tages und der Nacht durften die Schüler unbeaufsichtigt verbringen. Sie konnten nur sehr selten Besuch empfangen und erhielten nie Urlaub, nicht einmal beim Tode der Eltern.

Eines Tages besichtigte Goethe die Schule. Bei einer Schülervorstellung zu Ehren des Weimarer Gastes spielte Schiller die Hauptrolle, und zwar, wie der Herzog urteilte, „abscheulich, kreischend, brüllend". Die Kameraden urteilten nicht viel anders. Goethe fiel der zwanzigjährige junge Mann nicht weiter auf.

Wahrscheinlich hätte Schiller mehr Eindruck mit einer Lesung seines Dramas *Die Räuber* gemacht, das damals fast vollendet war. Aber der junge Dichter, der sein Stück heimlich zu Papier gebracht hatte, durfte es vorerst nicht wagen, damit hervorzutreten. Das geschah erst, als er nach Abschluß seines Medizinstudiums die Karlsschule verlassen hatte und Regimentsarzt in Stuttgart geworden war. Er ließ das ganz aus dem Geiste der Geniebewegung (s. S. 48) recht formlos, mit einem Übermaß an Gefühl niedergeschriebene Drama drucken. Freiherr von Dalberg, der Leiter des damals weitbekannten Mannheimer Nationaltheaters, führte *Die Räuber* 1782 in Anwesenheit des jungen Dichters auf. Schiller erlebte einen unerwartet großen Erfolg: „Das Theater glich einem Irrenhause, rollende Augen, geballte Fäuste, heisere Aufschreie im Zuschauerraum! Fremde Menschen fielen einander schluchzend in die Arme, Frauen wankten, einer Ohnmacht nahe, zur Türe. Es war eine allgemeine Auflösung wie im Chaos, aus dessen Nebeln eine neue Schöpfung hervorbricht."

Schiller war mit einem Schlage ein berühmter Dichter geworden. Aber Karl Eugen, immer noch sein höchster Vorgesetzter, war keineswegs stolz auf seinen ehemaligen Zögling. Im Gegenteil, er verbot ihm das Dichten. Schiller floh daraufhin nach Mannheim. Aber seine Hoffnung, dort als Theaterdichter mit gesichertem Einkommen wirken zu können, erfüllte sich nicht. Sein zweites Drama, der *Fiesco,* wurde nicht einmal aufgeführt. Gekränkt und mittellos lebte Schiller in der Umgebung von Mannheim, bis er bei der Mutter eines Freundes in Bauerbach bei Meiningen ein Unterkommen fand. Hier schrieb er die *Luise Millerin,* das dritte und letzte Stück im Stil der Geniezeit. Es wurde unter dem Titel *Kabale und Liebe* in Mannheim uraufgeführt. Schiller kehrte dorthin zurück, jedoch verlief der zweite längere Aufenthalt nicht ersprießlicher als der erste.

Wieder brachte eine Einladung die Rettung aus höchster Not. Christian Gottfried Körner, der Vater des als Dichter der Freiheitskriege bekannt gewordenen Theodor Körner, nahm Schiller auf. Er verlebte in Leipzig-Gohlis, wo er sein von Beethoven am Schluß der 9. Symphonie vertontes *Lied an die Freude* schuf, und in Dresden-Loschwitz die sorglosesten Jahre seines Lebens. Hier schrieb er auch den *Don Carlos,* der in Hamburg zum ersten Male aufgeführt wurde. Auf Körners Betreiben befaßte er sich mit dem Studium der Geschichte.

1787 reiste der Dichter zum ersten Male nach Weimar, um sich dort eine Existenz zu schaffen. Er traf dort weder den Herzog noch Goethe, der sich in Italien aufhielt, aber er lernte die Schwestern von Lengefeld kennen. Zunächst liebte er beide, doch 1790 entschied er sich für Charlotte, die seine Frau wurde. Nicht zuletzt durch diese Liebe war aus der Reise in die kleine Residenz ein Daueraufenthalt geworden. Schiller erhielt 1789 durch Goethes Vermittlung eine anfangs unbesoldete Professur für Geschichte an der Universität Jena, doch blieb das Verhältnis der beiden Dichter vorerst kühl.

Seit 1791 mehrten sich die Nachrichten und Selbstzeugnisse von Schillers schwerer Krankheit. Mitten in der Arbeit überfielen ihn Brustkrämpfe und Hustenanfälle. Sie warfen den ohnehin Überarbeiteten auf das Krankenlager und ließen ihn neuerlich in schwere wirtschaftliche Not geraten. Wieder kam Hilfe im rechten Augenblick: der Erbprinz von Schleswig-Holstein-Augustenburg und der dänische Minister Graf Schimmelmann gewährten dem Dichter ohne jede Bedingung drei Jahre lang eine Ehrengabe von tausend Talern.

Die 1794 sich rasch entfaltende Freundschaft mit Goethe gab Schiller ungeheuren Auftrieb. In Gesprächen und Briefen tauschten sie ihre Gedanken zu den Formen und dem Gehalt der Dichtung aus. Gemeinsam versuchten sie sich in der Ballade, kritisierten gegenseitig ihre Entwürfe und schlugen Verbesserungen vor. So entstanden im Jahr 1797 Schillers schönste Balladen: *Der Taucher, Der Handschuh, Der Ring des Polykrates, Die Kraniche des Ibykus, Die Bürgschaft.* Sie sind von dramatischer Spannung. Ihre Handlung spiegelt eine leitende Idee wider, wie es auch in Schillers Dramen der Fall ist.

1799 verlegte der Dichter seinen Wohnsitz wieder nach Weimar. Drei Jahre später wurde er auf Vorschlag des Herzogs Karl August vom Kaiser geadelt. Andere hohe Ehrungen folgten, zuletzt 1804 bei einem Besuch Berlins. Bald darauf begann sein altes Leiden aufs neue. Es verschlimmerte sich rasch. Schiller starb am 5. Mai 1805.

Eine letzte Zeichnung von F. Jagemann – den Dichter auf dem Totenbett darstellend – läßt besser als die uns vertrauten Schiller Bildnisse einige ausgeprägte Charaktereigenschaften erkennen. Da ruht – die edle Stirn unter dem schütteren Haar verrät es – ein geborener Denker vom „rastlosen geistigen Fortschreiten" aus; kein weltfremder Grübler allerdings, sondern eine Persönlichkeit, die ihre Aufgabe darin sah, Lehrer und Prediger der Menschheit zu sein, hohe sittliche Forderungen zu stellen, und zwar nicht nur an andere, sondern vor allem an sich selbst. Es ist bekannt, und das Antlitz des Toten bezeugt es, wie heldenhaft Schiller bis

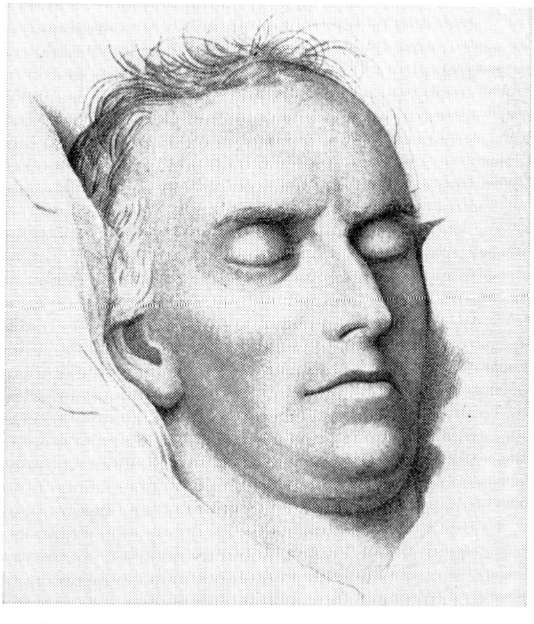

Schiller auf dem Totenbett,
Zeichnung von Jagemann (1805)

zuletzt gegen seine schwere Krankheit gekämpft hat. Dabei hat der Geist immer wieder den hinfälligen Körper überwunden, um für die große Leistung der letzten Jahre frei zu werden.

Zeitgenossen berichten, daß sich Schillers vorwärtsdrängende Kraft nicht nur in den Gesichtszügen, sondern auch im Gang, im Gespräch ausdrückte. Gleichzeitig bewunderte man an Schiller seltsamerweise Ruhe und Milde. „Niemand kann weniger zerstreut, mit mehr Liebe bei einem Gegenstande bis zur Erschöpfung verweilen ... Darin lag seine unendliche, sich immer gleiche Liebenswürdigkeit."

Damit treffen wir auf den tiefen Zwiespalt, der Schillers Charakter beherrschte, die „Zwitterart", wie er selbst diese ihm wohl bewußte Eigenart nannte. Begriff und Anschauung, Regel und Empfindung, Idee und Wirklichkeit standen bei ihm in ständiger Spannung und bestimmten den Dichter zum Dramatiker. Den Menschen ließ dieser Widerstreit zeitlebens nach Selbstüberwindung und nach einem Dasein in Freiheit von den dunklen Mächten in der eigenen Brust streben.

Im letzten Verse des Gedichtes *An die Freude* hat Schiller die Werte aufgezählt, die ihm erstrebenswert erschienen:

Festen Mut in schweren Leiden,
Hilfe, wo die Unschuld weint,
Ewigkeit geschwornen Eiden,
Wahrheit gegen Freund und Feind,
Männerstolz vor Königsthronen –
Brüder, gält' es Gut und Blut –
Dem Verdienste seine Kronen,
Untergang der Lügenbrut.

Die Dramen

Auf der Karlsschule hatte Schiller am eigenen Leibe erfahren, was es bedeutet, der Freiheit, eines der höchsten Güter des Menschen, beraubt zu sein. Dieses Grunderlebnis trieb ihn, sich in einer Reihe von Bühnenwerken für das Naturrecht der Freiheit einzusetzen. Später, unter dem Eindruck der Philosophie Kants, wurde ihm die innere Freiheit wichtiger als die äußere. Der große Königsberger Philosoph verlangte vom Menschen die Überwindung seiner triebhaften Neigungen kraft des ihm stets gegenwärtigen Pflichtgefühls, des moralischen Gesetzes in uns, wie Kant es nannte. In Schillers im engeren Sinne klassischen Dramen gewinnt derjenige die innere Freiheit, dem es gelingt, Pflicht und Neigung miteinander zu vereinbaren, d. h. eine sittliche Forderung gern und aus freien Stücken zu erfüllen.

Gleich das erste Stück, die mit genialem Schwung niedergeschriebenen *Räuber* (1782), stellen ebenso wie die beiden folgenden mit jugendlicher Leidenschaft einen Angriff gegen Mißwirtschaft, Lasterhaftigkeit und Willkür dar.

Die zunächst nicht für die Bühne bestimmte Dichtung weist zwei Hauptrollen auf, die der Brüder Franz und Karl Moor. Der vom Schicksal benachteiligte Franz versucht, den glücklicheren Karl und auch den Vater auszuschalten, um so bald wie möglich selbst in den Besitz der angestammten Güter zu gelangen. Der durch das Ränkespiel von Franz um sein Erbteil und die Achtung des Vaters gebrachte Karl wird aus wildem Protest gegen die bestehende Gesellschaftsordnung Räuber. Im Dienst einer höheren Gerechtigkeit glaubt er, das Racheschwert schwingen zu dürfen, aber er verstrickt sich nur immer tiefer ins Verbrechen. Aus der Einsicht, einen falschen Weg gewählt zu haben, stellt er sich der irdischen Gerechtigkeit, nachdem der böse Bruder sich mit eigener Hand gerichtet hat.

Obwohl das Stück im Ausdruck oft übersteigert ist, läßt es Schillers klaren Blick für den „Bau der sittlichen Weltordnung" erkennen und erweist frühzeitig des Dichters überragende dramatische Begabung.

Szene aus den *Räubern* – Aufführung der Städtischen Bühnen Frankfurt/M.

In der *Verschwörung des Fiesco zu Genua* (1783) stellte Schiller an einem geschichtlichen Stoff erstmalig das Ringen um politische Freiheit dar.

Der Tyrann Gianettino Doria fällt, aber auch sein Gegenspieler Fiesco muß sterben, da nicht Freiheitsliebe, sondern Ehrgeiz und Machtstreben die unlauteren Triebkräfte seines Handelns sind. Nun ist die republikanische Ordnung des Stadtstaates von neuem gewährleistet.

Noch ausdrücklicher als mit den vorangehenden Stücken zielt Schiller mit dem dritten Jugendwerk *Kabale und Liebe* (1784) auf die politischen Verhältnisse, wie sie ihm vom Hof seines Herzogs Karl Eugen her bekannt waren. Viele Einzelheiten des Stückes deuten darauf hin.

Der junge Ferdinand von Walter kämpft um die persönliche Freiheit, das Mädchen, das er liebt, heimzuführen, obwohl sie niederen Standes ist und der Vater andere Pläne mit ihm hat. Ferdinand scheitert an den hinterhältigen Intrigen seiner Umgebung. Doch die Forderung, dem Ruf des Herzens folgen zu dürfen, ist erhoben.

Mit der Arbeit an dem Drama *Don Carlos, Infant von Spanien* begann Schiller 1782. Er schrieb die ursprüngliche Prosafassung in fünffüßige Jamben um und legte erst im Todesjahr letzte Hand an das Werk.

Philipp II. von Spanien verkörpert die Willkür des Herrschers, der Kronprinz Don Carlos und vor allem sein Freund, der Marquis von Posa, sind seine Gegenspieler. Posa lehnt es in einer Aussprache mit dem König offen ab, bloßer Fürstendiener zu werden, und appelliert an den Monarchen, seinen Untertanen „Gedankenfreiheit" zu geben. Diese dem Dichter besonders am Herzen liegende Forderung hat das Stück, das ein großangelegtes Familiendrama ist, berühmt gemacht.

Langjährige geschichtliche Studien, die sich in einer Darstellung des Dreißigjährigen Krieges niederschlugen, gingen der *Wallenstein*-Trilogie (1797–1800) voraus, in deren Art – nach Goethes Urteil – „zum zweitenmal nichts Ähnliches vorhanden ist".

In einem Vorspiel, *Wallensteins Lager,* breitet Schiller die bunte Soldatenwelt des Großen Krieges aus, die allein durch die mächtige Figur des kaiserlichen Feldherrn zusammengehalten wird. Im 2. Teil, den *Piccolomini,* entscheiden sich Wallensteins Offiziere für die unbedingte Treue zu ihrem Feldherrn. Dieser steht auf dem Sprung, den Kaiser zu verraten und in Verhandlungen mit den Schweden Politik auf eigene Faust zu betreiben. Doch er schwankt noch, sucht die Entscheidung aus den Sternen zu lesen – und fällt im 3. Teil, *Wallensteins Tod,* selbst den Verrätern unter seinen Offizieren zum Opfer.

Auch in den beiden folgenden Dramen gestaltete Schiller geschichtliche Stoffe mit dichterischer Freiheit. An das Schicksal der unglückseligen schottischen Königin *Maria Stuart* knüpft das gleichnamige Drama (1801) an.

Im Machtkampf der Königinnen unterliegt Maria zwar äußerlich ihrer Gegenspielerin Elisabeth von England, und sie büßt mit ihrem Tode, daß sie an einer Verschwörung gegen Elisabeth mitschuldig ist. Doch sterbend gelangt sie zu innerer Freiheit und läßt Elisabeth einsam und geschlagen zurück.

Auf einen Ruf der Gottesmutter hin bricht das einfache Bauernmädchen Johanna in dem Drama *Die Jungfrau von Orleans* (1801) auf, ihr von englischen Heeren bedrohtes Vaterland Frankreich zu retten.

Durchdrungen von der Kraft ihres reinen Herzens, stellt sie sich an die Spitze des französischen Heeres und erringt Sieg über Sieg – bis sie schwach wird in der Liebe zu dem Feind, dem englischen Feldherrn Lionel. Alle fallen nun von ihr ab, der eigene Vater verklagt sie als Hexe. In der Gefangenschaft aber überwindet sie diese Prüfung und findet zu ihrer Aufgabe zurück. Sie kehrt als Retterin wieder und fällt im siegreichen Kampf.

Als Schillers letztes vollendetes Schauspiel *Wilhelm Tell,* sein volkstümlichstes Werk, 1804 erschien, schickte sich Napoleons Heer an, die deutsche Grenze zu überschreiten. Viele Zeitgenossen verstanden das Stück daher als Aufforderung, dem Beispiel der Eidgenossen zu folgen und den Freiheitskampf aufzunehmen. Erstaunlich gut hat sich der Dichter in die Schweizer Hochgebirgslandschaft hineinversetzt, obwohl er sie selbst nie gesehen hat.

Gegen die drückender werdende Herrschaft Habsburgs wächst eine Verschwörung im Lande. Bürger, Bauern und Adel finden sich zusammen. Höhepunkt des Stückes ist der Rüdlischwur:

Wir wollen sein ein einzig Volk von Brüdern,
in keiner Not uns trennen und Gefahr.
Wir wollen frei sein, wie die Väter waren,
eher den Tod als in der Knechtschaft leben.
Wir wollen trauen auf den höchsten Gott
und uns nicht fürchten vor der Macht der Menschen.

In Tell verkörpert sich das naturnahe, ruhig seiner Arbeit nachgehende Volk, das sich erst empört, wenn es beleidigt und unterdrückt wird. Der Landvogt zwingt Tell, einen Apfel vom Kopf seines Sohnes zu schießen. Der gute Schütze trifft, aber er wird an dem Vogt diese barbarische Willkür rächen und ihn selbst mit einem Schuß niederstrecken. Damit gibt Tell zugleich das Zeichen zum Aufstand.

Mit diesem Bekenntnis zum sittlichen Ideal der menschlichen Freiheit, das der bereits vom Tode gezeichnete Dichter mit feierlicher Leidenschaft formulierte, schließt sich der Ring seines Schaffens. Schillers Bühnenwerke wurden zahlreichen dramatischen Dichtern nachfolgender Generationen zu Vorbildern; aber auch solchen, die ihn ablehnten, blieb eine Auseinandersetzung mit seinem Stil nicht erspart. Darüber hinaus wurde eine Anzahl Schillerscher Dramengestalten zu Leitbildern, die weitgehend die innere Haltung der Menschen im 19. und beginnenden 20. Jahrhundert bestimmt haben.

Romantische Dichtung – Traumwelt der Phantasie

Vom Wesen der Romantik

Am 26. Mai 1831 besuchte der dänische Märchendichter Hans Christian Andersen den Brokken, den höchsten Berg des Harzes. Im Gasthaus ging es laut und lustig zu, so daß der Weitgereiste keinen Schlaf fand und um die Mitternachtsstunde auf den Aussichtsturm stieg. „Wer einmal im Traum über die Erde hin geflogen ist", heißt es in seinem Tagebuch *Reiseschatten*, „und Länder und Städte und Wälder tief unter sich gesehen hat, der kann sich eine entfernte Idee von dieser unbegreiflichen Herrlichkeit machen. Pechschwarz lagen die mit Fichten bewachsenen Berge unter mir, weiße Wolken, vom Mond beschienen, fuhren wie Geister an den Bergen vorüber! Da gab es keine Grenzen; das Auge verlor sich in einer Unendlichkeit ... Es war eine Traumwelt der Phantasie, die hier lebendig vor mir lag. Tief unten in den schwarzen Wäldern hatte zur Zeit des Faustrechts mancher Ritter mit seinen Leuten dem Kaufmann aufgelauert, der seine kostbaren Waren von Stadt zu Stadt brachte; da drüben, wo auf dem steilen Felsen jetzt keine Spur mehr davon zu sehen war, erhob sich eine Burg, hoch und stark, mit Mauern und Türmen ... Die Wolken formten sich in wunderbare Gestalten. Dort, dachte ich, dort in diesem Umkreise wächst die Zauberblume, die ‚Glücksblume' der Harzbewohner, die manches kindliche Herz noch in frommer Einfalt sucht. Nur einer hat sie gefunden, aber er kannte sie nicht, bis er sie wieder verloren hatte; ich suchte sie nicht hier, ich wußte, daß sie in meinem Herzen wuchs, die Engel hatten das Samenkorn hineingelegt, als ich noch in der Wiege schlummerte; sie blühte empor, sie verbreitete ihren magischen Duft – die Phantasie, diese herrliche Blume des Lebens, entfaltete sich immer mehr in meinem Herzen, und ich hörte und sah eine größere Natur um mich her."

Caspar David Friedrich, Riesengebirgslandschaft

Dieser kurze Abschnitt aus Andersens Tagebuch sowie die Tatsache der Reise selbst läßt nahezu alle bedeutsamen Wesenszüge der Romanik erkennen: Wanderfreude und Sehnsucht nach fernen Ländern haben den jungen Dichter nach Süden aufbrechen lassen. Auf der Höhe eines beherrschenden Berges verliert er sich in der Unendlichkeit des Ausblickes. Die Grenzenlosigkeit des Raumes, die er ausdrücklich hervorhebt, verbindet sich mit der Grenzenlosigkeit der Zeit. Mühelos versetzt sich Andersen zurück in vergangene Jahrhunderte. Die Kraft seiner Phantasie belebt die düstere Landschaft mit Rittern und stattet die Berge des Harzes mit Burgen aus, die es dort, wo er sie vermutete, nie gegeben hat. Er tut es, weil die schwärmerische Liebe der Romantiker zum Mittelalter ohne dieses Zubehör nicht auskam. So verschmelzen Wirklichkeit und Phantasie. Der Traum wird als tatsächliches Geschehen, das tatsächliche Geschehen als Traum empfunden. Die Nacht mit der Verschwommenheit der Umrisse und der Allgegenwart von Geistern hat den Vorrang gegenüber dem hellen Tage. Die ,,Glücksblume der Harzbewohner" ist nichts anderes als die blaue Blume, das Sinnbild der romantischen Dichtung. Wer sie wie Andersen in sich weiß, der fühlt sich einbezogen in eine größere, in eine beseelte Natur und die geheimnisvollen Vorgänge ihres Keimens, Wachsens, Blühens und Vergehens.

Friedrich Hölderlin

Das neue Verhältnis der Epoche zur Natur findet sich auch schon bei Friedrich Hölderlin. In der Natur offenbart sich uns das Göttliche, doch nur wenigen ist noch eine solche Offenbarung beschieden, denn die Menschen haben sich längst vom sicheren Grund des Daseins entfernt. Einsam und beziehungslos leben sie dahin. In schmerzlicher Sehnsucht wendet der Dichter den Blick rückwärts. Im klassischen Griechentum waren sich seiner Ansicht nach Gottheit, Natur und Mensch noch in ursprünglicher Weise nahe. Und in der eigenen Kindheit wußte der Dichter sich mit der Gottheit verbunden.

Da ich ein Knabe war,
rettet' ein Gott mich oft
vom Geschrei und der Rute der Menschen,
da spielt' ich sicher und gut
mit den Blumen des Hains,
und die Lüftchen des Himmels
spielten mit mir.

Und wie du das Herz
der Pflanzen erfreust,
wenn sie entgegen dir
die zarten Arme strecken,
so hast du mein Herz erfreut,
Vater Helios! und wie Endymion
war ich dein Liebling,
heilige Luna!

O all ihr treuen
freundlichen Götter!
Daß ihr wüßtet,
wie euch meine Seele geliebt!

Zwar damals rief ich noch nicht
euch mit Namen, auch ihr
nanntet mich nie, wie die Menschen sich nennen,
als kennten sie sich.

Doch kannt' ich euch besser,
als ich je die Menschen gekannt,
ich verstand die Stille des Äthers,
der Menschen Worte verstand ich nie.

Mich erzog der Wohllaut
des säuselnden Hains,
und lieben lernt' ich
unter den Blumen.
Im Arme der Götter wuchs ich groß.

Aus dem Gedicht spricht eine tiefe, innige Verbundenheit mit der Natur, zugleich aber auch das begnadete Dichtertum einer überaus scheuen, empfindsamen Seele, die vor den Menschen zurückschreckte. Hölderlin blieb zeitlebens ein Einzelgänger. Mit seinem vergeistigten Welterlebnis, das er wie kein anderer in gebundener oder ungebundener Rede von feierlicher Schönheit und beglückender Musikalität auszudrücken vermochte, scheiterte er äußerlich an der harten Lebenswirklichkeit.

Der Dichter war 1770 in Lauffen am Neckar geboren worden. Er wuchs in einer Klosterschule auf und studierte in Tübingen Theologie. Mit seinen Studiengenossen begrüßte der Neunzehnjährige begeistert den Ausbruch der Französischen Revolution vor allem deswegen, weil deren Sieg das Ansehen des Bürgertums hob. Als dann mit dem Auftreten der Jakobiner Blutvergießen und Terror einzogen, änderte Hölderlin seine Ansicht; allerdings erhoffte er für die fernere Zukunft von den Wirren des Umsturzes und der Revolutionskriege noch gute Wirkungen. Er sah in ihnen etwas wie reinigende Gewitter oder Vorboten einer besseren Zeit.

Aber der Dichter war kein Revolutionär, und er nahm wohl keinen tätigen Anteil an Geheimbündeleien, wie sie damals in Württemberg oder Jena vorkamen. Er zog sich, als das Kriegsleid nicht enden wollte, immer mehr zurück, um allein der Kunst zu leben. Mit ihrer Hilfe, so hoffte er, könne er die guten Anlagen des einzelnen Menschen wecken und fördern, was wiederum die gesellschaftlichen Verhältnisse der Menschheit allmählich und ohne Zwang verbessern werde.

Solche Gedanken verraten den Einfluß Schillers, dessen Briefe *Über die ästhetische Erziehung des Menschen* (1795) in die gleiche Richtung weisen. Schiller war es auch, der Hölderlin eine erste Hauslehrerstelle in Thüringen verschaffte, da dieser es nicht über sich brachte, Pfarrer zu werden. Der spätere Versuch des Dichters, in Jena als Dozent der Philosophie zu wirken, scheiterte. 1796 wurde er wieder Hauslehrer, und zwar bei dem Frankfurter Bankier Gontard. Dessen Frau Susette verkörperte ein Hölderlin seit langem innewohnendes Wunschbild, und er verehrte sie in schwärmerischer Liebe. Nach zwei Jahren mußte er das Haus Gontards unter unwürdigen Umständen wieder verlassen.

In dem Roman *Hyperion,* seiner einzigen Prosadichtung, hat Hölderlin Susette ein literarisches Denkmal gesetzt. Vor dem Hintergrund des antiken Griechenlands, wo Gott, Natur und Mensch einander nahe waren, findet der Aufstand neugriechischer Freischärler statt. Hyperion nimmt daran teil, um das versunkene Goldene Zeitalter der Menschheit zu erneuern, verzweifelt aber bald am charakterlichen Versagen seiner Kampfgefährten, die auch nicht entfernt seinen Vorstellungen vom klassischen hellenischen Heldentum entsprechen. Hier klingt Hölderlins Enttäuschung über den Verlauf der Französischen Revolution an. In seiner Niedergeschlagenheit verläßt der verwundete Hyperion die Geliebte. Er hat „ihn ausgeträumt, von Menschendingen den Traum", und kehrt zurück zu den Urgründen der vom Wirken der alten Götter harmonisch belebten Natur.

Hölderlins Lyrik löste sich vom schmerzlich Persönlichen; sie wandte sich dem Mythischen und Zeitlosen zu. Er empfand die Gottverlassenheit der eigenen Zeit und beschwor in seinen großen Hymnen (Gesänge) die leuchtende, heile Welt der Griechen und die göttlichen Gestalten, darunter auch Christus. In prophetischer Schau hoffte er auf eine Wende zum Besseren.

Der Dichter trat eine Hauslehrerstelle in der Schweiz, dann bei einer deutschen Familie in Bordeaux an, aber die Kluft zwischen seinen erhabenen Gedanken und den Forderungen des Alltags vertiefte sich immer mehr. Wegen der einsetzenden Erkrankung seines Geistes mußte er auch dieses Erzieheramt bald wieder aufgeben. Zu Fuß wanderte er in die Heimat zurück. Er fürchte, so schrieb er einem Freunde, ihm gehe es „wie dem alten Tantalus, dem mehr von Göttern ward, als er verdauen konnte". In Homburg entstanden späte Hymnen und Übertragungen klassischer griechischer Werke. Zugleich steigerte sich die Zerrüttung seines Geistes derart, daß er schließlich keinerlei berufliche Tätigkeiten mehr ausüben konnte. Nach einem erfolglosen Aufenthalt in einer Tübinger Klinik fiel Hölderlin in einen Zustand dauernder Umnachtung. Noch in diesen späten Jahren schrieb er erschütternd eindringliche Verse:

Weh mir, wo nehm ich, wenn
Es Winter ist, die Blumen und wo
Den Sonnenschein
Und Schatten der Erde?
Die Mauern stehn
Sprachlos und kalt, im Winde
Klirren die Fahnen.

Ein Schreinermeister in Tübingen nahm den Dichter in sein Turmhaus am Neckar und versorgte ihn rührend, bis der Tod den „deutschen Griechen" endlich von seinen Leiden erlöste (1843).

Novalis

Friedrich von Hardenberg, der sich als Dichter und vielseitiger Schriftsteller nach einem alten Zweig seines Geschlechtes Novalis nannte, wurde 1772 in Oberwiederstedt (Bez. Halle) geboren. Er war dreizehn Jahre alt, als die Familie nach Weißenfels zog. Hier begann er drei Jahre später mit ersten dichterischen Versuchen. 1790 nahm er sein juristisches Studium in Jena auf, wo Schiller zu seinen Lehrern zählte; er setzte es in Leipzig fort und schloß es in Wittenberg ab. Zweiundzwanzigjährig lernte er die um zehn Jahre jüngere Sophie von Kühn kennen; er verlobte sich mit ihr, doch entriß der Tod ihm die Braut schon drei Jahre später. Dieses schmerzvolle Erlebnis erschütterte Novalis derart, daß er sich lange Zeit nur noch als Fremdling auf dieser Erde empfand. Die Eltern erfüllten dem Sohn den lange gehegten Wunsch, Bergbau zu studieren – das Innere der Erde erforschen zu wollen, ist kennzeichnend für die Romantiker. Doch trug auch er den Keim des Todes bereits in sich. Zum Amtshauptmann vorgesehen, starb Novalis 1801 in seinem Vaterhause zu Weißenfels.

Novalis' Persönlichkeit und literarisches Lebenswerk wurden immer wieder anders beurteilt. Galt der früh Verstorbene lange Zeit als reinste Verkörperung des romantischen Lebensgefühls, ja, als „göttlicher Jüngling“ (Schleiermacher), so bezeichnete ihn Thomas Mann (1923) als einen Autor, bei dem „Romantik fast genau Modernität bedeutet“. In den fünfziger Jahren sah man ihn gar als Klassiker des Surrealismus, als einen der wichtigsten Vorläufer der modernen europäischen Lyrik. Hatten die Älteren ihn vorwiegend als den Dichter romantischer Hymnen, Märchen und unvollendeter Romane betrachtet, so galt die Aufmerksamkeit der Jüngeren besonders dem vielseitigen Autor einer großen Zahl wissenschaftlicher Aufzeichnungen. Bestätigen sie, was Novalis selbst einmal schrieb: „Der echte Dichter ist allwissend – er ist eine wirkliche Welt im kleinen“? Während die Literaturwissenschaft heute theoretische und poetische Werke als Einheit betrachtet, muß sich diese Darstellung auf die Dichtungen beschränken; schon deshalb, weil die zumeist Fragment (Bruchstück) gebliebenen philosophischen Schriften dem jungen Leser sehr schwer verständlich sind.

Fragment geblieben ist auch Novalis' *Heinrich von Ofterdingen* (1802), die wohl wesentlichste romantische Romandichtung unserer Literatur.

In einer zarten, lyrischen Sprache wird von dem Jüngling Heinrich berichtet, der den Namen eines sagenhaften Minnesängers trägt. Die auf den drei Ebenen des Wirklichen, Traumhaften und Märchenhaften verlaufende Handlung schildert vordergründig eine Reise Heinrichs mit seiner Mutter von Eisenach nach Augsburg, der Heimat der Mutter, wo ihnen ein festlicher Empfang bereitet wird; doch tritt das tatsächliche Geschehen immer wieder hinter phantastischen Begebenheiten zurück. Kreuzritter, Einsiedler, Magier, der Zauberer Klingsohr erscheinen. Gleich im ersten Kapitel ist von der seltsamen „blauen Blume der Romantik“ die Rede, einem Sinnbild, das bis heute stellvertretend für romantische Sehnsucht, romantische Lebensauffassung und Dichtung steht. Ein Fremder erzählt von dieser merkwürdigen Blume, schon Heinrichs Vater träumte davon als junger Mensch in Rom, und dem Sohn erscheint sie in einem Traum im Traume: „Er fand sich auf einem weichen Rasen am Rande einer Quelle, die in die Luft hinausquoll und sich darin zu verzehren schien. Dunkelblaue Felsen mit bunten Adern erhoben sich in einiger Entfernung; das Tageslicht, das ihn umgab, war heller und milder als das gewöhnliche; der Himmel war schwarzblau und völlig rein. Was ihn aber mit voller Macht anzog, war eine hohe, lichtblaue Blume, die zunächst an der Quelle stand und ihn mit ihren breiten, glänzenden Blättern berührte. Rund um sie her standen unzählige Blumen von allen Farben, und der köstlichste Geruch erfüllte die Luft. Er sah nichts als die blaue Blume und betrachtete sie lange mit unnennbarer Zärtlichkeit.“ Als sich das merkwürdige Gewächs endlich Heinrich zuneigt, weckt ihn die Mutter aus seinen Träumen, und er muß die blaue Blume suchen. Nicht der Roman selbst, sondern nur hinterlassene Notizen des Dichters lassen erkennen, daß er sie endlich finden wird.

Friedrich von Hardenberg, genannt Novalis,
Stich von Ed. Eichens

In dem zauberhaften Märchen *Hyazinth und Rosenblüt* besitzen wir die einzige in sich abgeschlossene Prosadichtung des Novalis, übrigens wiederum eingefügt in ein Romanfragment, nämlich *Die Lehrlinge von Sais:*

Über den Erzählungen eines fremden Magiers vergißt Hyazinth seine Braut Rosenblüt, ja, der Jüngling bricht auf, um nach den Angaben des ,,alten Hexenmeisters" die Göttin Isis zu suchen. Als er sie endlich findet und den letzten sie verhüllenden Schleier lüftet, sinkt Rosenblüt überglücklich in seine Arme, und die Liebenden bleiben nun für immer vereint.

Die schöpferische Kraft des Dunkels verherrlichen die *Hymnen an die Nacht;* sie liegen in einer Prosafassung und in freien Rhythmen vor:

Abwärts wend' ich mich zu der heiligen, unaussprechlichen, geheimnisvollen Nacht. Fernab liegt die Welt in eine tiefe Gruft versenkt: wüst und einsam ist ihre Stelle. In den Saiten der Brust weht tiefe Wehmut. In Tautropfen will ich hinuntersinken und mit der Asche mich vermischen.

Abwärts wend ich mich
zu der heiligen, unaussprechlichen
geheimnisvollen Nacht –
fernab liegt die Welt,
wie versenkt in eine Gruft,
wie wüst und einsam
ihre Stelle!
Tiefe Wehmut
weht in den Saiten der Brust.

Zeugnisse von der tiefen Gläubigkeit des Dichters sind geistliche Lieder *(Was wär ich ohne Dich gewesen, Wenn ich Ihn nur habe)*. Daneben finden sich nur wenige Gedichte froher Lebensbejahung *(Weinlied, Bergmannslied)*.

Heinrich von Kleist

Kleists Leben war eine Tragödie. Der Dichter sah sich in eine Welt versetzt, in der die überkommenen festen Ordnungen an Geltung und Wirkung verloren hatten, verbindliche neue Ordnungen aber nicht mehr an ihre Stelle traten. Er sprach daher von einer ,,gebrechlichen" Welt. Sein Dasein war ein einziges qualvolles Umgetriebensein. Er, dem ,,auf Erden nicht zu helfen war", wie er selbst schrieb, war ,,zufrieden und heiter" erst, als er den Entschluß zum Freitod gefaßt hatte.

Heinrich von Kleist, 1777 in Frankfurt an der Oder geboren, war der Familientradition gemäß Offizier geworden, doch nahm er seinen Abschied, um zu studieren. Im Begriff, sich einen bürgerlichen Beruf zu suchen, geriet er unter den Einfluß der Philosophie Kants, dessen Sittenlehre ihn aufs tiefste bewegte. ,,Aber in uns flammt eine Vorschrift", schrieb er der Braut, ,,und die muß göttlich sein, weil sie ewig und allgemein ist; sie heißt: erfülle deine Pflicht..." Die Erkenntnislehre des Königsberger Denkers mißverstand Kleist dahin, daß der Mensch die Wahrheit niemals erfassen könne. Sein wissenschaftliches Weltbild zerbrach, sein bis dahin klarer ,,Lebensplan" erschien ihm sinnlos. Geradezu fluchtartig reiste er nach Frankreich. Dort faßte er plötzlich den Entschluß, in der Schweiz Bauer zu werden. Seine Verlobung löste er auf. Tatsächlich ließ er sich vorübergehend auf einer Insel im Thuner See nieder. Dort kam in glücklicher Einsamkeit mit Urgewalt seine geniale Schöpferkraft zum Durchbruch. Der Dichter kehrte nach Deutschland zurück, reiste erneut nach Frankreich und trat dann für kurze Zeit in den Staatsdienst. Er erlebte den preußischen Zusammenbruch (1806), wurde wegen Spionageverdachtes bei Berlin verhaftet und ein halbes Jahr in Frankreich festgesetzt. Anschließend ging er nach Dresden.

Heftige öffentliche Auseinandersetzungen mit Goethe beeinträchtigten seinen Dichterruhm. Von der politischen Entwicklung enttäuscht, von zahlreichen Mißerfolgen seiner Werke erschüttert, von der Familie gedemütigt, ohne berufliche Möglichkeiten, körperlich durch Krankheit geschwächt, verarmt und vereinsamt, so kehrte er 1810 nach Berlin zurück. Das Leben erschien ihm sinnlos. Zusammen mit der unheilbar kranken Freundin Henriette Vogel erschoß er sich am 21. November 1811 am Wannsee bei Berlin.

Der Eigenart seines Wesens entsprechend war Kleist Dramatiker. Getrieben von hochgespanntem Ehrgeiz, wollte er in einem großartigen Schauspiel das Schicksal des Normannenherrschers *Robert Guiscard* gestalten und damit ,,Goethe den Lorbeer von der Stirn reißen". Doch er war mit seiner Leistung unzufrieden und vernichtete das Manuskript. So sind uns nur einige Bruchstücke des Dramas erhalten.

Mit dem *Zerbrochenen Krug* (1811) schuf Kleist eines der ganz wenigen unvergänglichen Lustspiele der deutschen Literatur.

Der Dorfrichter Adam hat, bei einem Liebesabenteuer überrascht, auf der Flucht einen kostbaren Krug zerbrochen. Die Mutter des Mädchens beschuldigt dessen Bräutigam. So muß der Dorfrichter gegen sich selbst zu Gericht sitzen, und er versucht mit erfindungsreicher Schläue, sich aus der Affäre zu ziehen, bis er am Ende doch sich selbst überführt.

Sein stärkstes Drama, *Penthesilea* (1808), schrieb Kleist in französischer Gefangenschaft.

Penthesilea, die Königin der Amazonen, ist in heißer Liebe zu Achill, dem Griechenhelden vor Troja, entbrannt. Im Kampf will sie den geliebten Feind gewinnen. Doch Achill ist nicht fähig, das Übermaß ihrer Liebe zu fassen, und so ist ihr keine Erfüllung beschieden. Rasend zerstört sie ihn und sich selbst.

Die liebliche Gegengestalt zur Amazonenkönigin ist das *Käthchen von Heilbronn* (1810). Handlung, Umwelt und Charaktere gehören ganz eindeutig der Romantik an. Wirklichkeit, Traum und Wunder durchdringen sich. Der vom Dichter gestaltete Ausschnitt aus dem deutschen Mittelalter trägt märchenhafte Züge. Dank ihrer durch nichts zu erschütternden, vorbehaltlosen Liebe zum Grafen Wetter vom Strahl ist Käthchen zum Typ der Frau geworden, die allein durch hingebende Liebe ihre weibliche Bestimmung erfüllt.

Im Schauspiel *Prinz Friedrich von Homburg* geht es nicht nur darum, ob ein zwar erfolgreicher, aber ungehorsamer Offizier zu bestrafen ist. Kleist wollte darüber hinaus zeigen, daß sich der oft nur nach den Eingebungen des Gefühls handelnde einzelne dem Gesetz der Gemeinschaft – hier des preußischen Staates – in freier Entscheidung zu unterwerfen vermag, sofern er, innerlich durch besondere Umstände geläutert, die Notwendigkeit einer für alle verbindlichen Satzung eingesehen hat. Indem der Prinz im Verlauf des Stückes seine Schuld erkennt und zur Sühne bereit ist, wächst der Kriegsheld zum Sieger über sich selbst und damit zum wirklichen Helden empor, der Nataliens Liebe würdig ist.

Heinrich von Kleist, zeitgenössische anoyme Zeichnung

Auch Kleists Novellen sind von dramatischer Spannung und Knappheit der Aussage. Dabei liegt der Schwerpunkt dieser Erzählungen auf dem inneren Geschehen. Das wird am deutlichsten in der Novelle *Michael Kohlhaas,* in der der Titelheld in einer Handlung von unerhörter Folgerichtigkeit das Opfer seines eigenen überspitzten Rechtsempfindens wird.

Ein Junker, bei dem Kohlhaas zwei Pferde eingestellt hat, verwendet diese widerrechtlich zu schwerster Arbeit, so daß sie abmagern und an Wert verlieren. Bestechliche Richter weisen die Klage des Geschädigten ab. Kohlhaas greift zur Selbsthilfe, wird, um sich gewaltsam sein Recht zu schaffen, zum Räuber und brennt die Burg des Junkers nieder. Er sühnt diese und weitere Untaten mit dem Tode, doch zuvor ist ihm sein Recht geworden: er hat seine Pferde in ordentlichem Zustande zurückerhalten.

Clemens Brentano

Clemens Brentano wurde 1778 als neuntes von zwanzig Kindern eines Frankfurter Kaufmanns und Geheimen Rates in Ehrenbreitstein geboren. Seine Mutter starb früh. Die Erziehung des Jungen war planlos. Er versagte in der kaufmännischen Lehre. Als auch der Vater 1797 starb, ging der Sohn nach Halle, später nach Jena, um zu studieren. Dort schloß er sich einem Kreis von Persönlichkeiten an, die sich um die Grundlagen einer neuen geistigen Bewegung bemühten; sie sollte später als Frühromantik bezeichnet werden. Man erörterte vorwiegend weltanschauliche und philosophische Fragen. Führende Köpfe waren die Brüder Friedrich und August Wilhelm Schlegel sowie dessen Frau Karoline. Gleichgesinnte, darunter der Dichter Ludwig Tieck aus Berlin, der frühverstorbene Friedrich von Hardenberg, genannt Novalis (s. S. 70ff.), sowie Dorothea Veit, Tochter des Philosophen Moses Mendelssohn, schlossen sich den Schlegels an. Zum ersten Male traten damit Frauen als gleichgestellte Partnerinnen der Männer im kulturellen Leben Deutschlands in Erscheinung. Die Emanzipation (Verselbständigung) der Frau begann. Brentano, der in Jena auch seine erste Frau kennenlernte, erhielt von den älteren Freunden entscheidende Anregungen für sein künftiges Schaffen.

Wenige Jahre später finden wir den Dichter in Heidelberg, wo sich um ihn, seine Schwester Bettina, deren Mann Achim von Arnim und Eichendorff die Hochromantik entfaltete. In diesem Kreise stand im Mittelpunkt der gemeinsamen Bestrebungen die Dichtung, die vom Erlebnis der Natur, des Volkstums und der deutschen Geschichte ausging. Gemeinsam mit Arnim trug Brentano Volkslieder zusammen. Die Goethe gewidmete Sammlung erschien 1806–1808 unter dem Namen *Des Knaben Wunderhorn.* Die nahezu unerschöpfliche Fülle alter Vers-, Strophen- und Klangformen regte die romantische Generation und darüber hinaus die Lyriker der Folgezeit mannigfach an. Eine neue Verskunst entstand.

Auch die Mehrzahl der Gedichte Brentanos klingt volksliedhaft schlicht und einfach, verrät jedoch bei genauerem Zusehen eine hohe dichterische Kunst. In den wohltönenden Versen bricht immer wieder das Abgründige seiner Natur durch.

> Was reif in diesen Zeilen steht,
> was lächelnd winkt und sinnend fleht,
> das soll kein Kind betrüben;
> die Einfalt hat es ausgesät,
> die Schwermut hat hindurchgeweht,
> die Sehnsucht hats getrieben.

Das sind die ersten Zeilen des Gedichtes *Eingang*. Hier spürt man unmittelbar – wie in Andersens Tagebuchaufzeichnungen vom Brokken – den Atem der Romantik. Das gilt ebenso für die folgenden Verse:

Hörst du, wie die Brunnen rauschen?
Hörst du, wie die Grille zirpt?
Stille, stille, laß uns lauschen!
Selig, wer in Träumen stirbt;
selig, wen die Wolken wiegen,
wenn der Mond ein Schlaflied singt.
Oh, wie selig kann er fliegen,
dem der Traum den Flügel schwingt,
daß an blauer Himmelsdecke
Sterne er wie Blumen pflückt:
Schlafe, träume, flieg, ich wecke
bald dich auf und bin beglückt!

Daß Brentano auch ein begnadeter Erzähler war, bestätigten Zeitgenossen, die seinem pakkenden Vortrag zuhörten. Nur einen kleinen Teil seiner Geschichten schrieb er nieder, viele blieben Bruchstücke. Seine Märchen wie das von *Gockel, Hinkel und Gackeleia* oder die Geschichte *Vom braven Kasperl und dem schönen Annerl* sind bis heute lebendig geblieben.

Des Knaben Wunderhorn, Titelblatt von Band III

Dank der Wohlhabenheit der Familie Brentano brauchte der Dichter keinen Brotberuf zu ergreifen, doch erkannte er frühzeitig die Fragwürdigkeit dieses Glücksfalls. Sein Leben verlief in romantischer Unruhe. „Wir hatten nichts genährt als die Phantasie, und sie hat uns teils wieder aufgefressen“, sagte er einmal von sich. Allein dem Umstand, daß er im letzten Drittel seines Lebens in den Glaubensgeheimnissen des Christentums Erfüllung fand, ist es zu danken, daß er nicht wie Kleist an seiner inneren Zerrissenheit scheiterte. Brentano starb 1842 fast vergessen in Aschaffenburg.

Joseph von Eichendorff

Die letzte makellose Verwirklichung romantischen Dichtertums in Deutschland ist der Freiherr Joseph von Eichendorff. Das väterliche Schloß Lubowitz in Schlesien, wo der Dichter 1788 geboren wurde, war das Paradies seiner Kindheit. Hier ging „in einem kühlen Grunde“ das Mühlenrad, hier rauschten die schlesischen Wälder, hier fühlte er sich geborgen in einer gesichert in sich ruhenden Umwelt. Während unbeschwert genossener Studentenjahre – in Heidelberg lernte er Brentano und Arnim kennen – erfolgte Preußens Zusammenbruch. Eichendorff setzte seine Wanderjahre trotzdem zunächst fort. Er reiste nach Paris, Berlin und Wien. In den Freiheitskriegen finden wir ihn als Lützowschen Jäger im Bataillon Turnvater Jahns. Dann wurde Eichendorff preußischer Beamter in Breslau, Berlin und Danzig. 1857 ist er gestorben. – Schwer hatte ihn der Verlust des elterlichen Schlosses Lubowitz getroffen, das nach dem Tode des Vaters verkauft werden mußte. Noch im Alter sind seine Gedanken immer wieder dort:

Wie wird nun alles so stille wieder!
So war mir's oft in der Kinderzeit,
die Bäche gehen rauschend nieder
durch die dämmernde Einsamkeit,
kaum noch hört man einen Hirten singen,
aus allen Dörfern, Schluchten, weit
die Abendglocken herüberklingen,
versunken nun mit Lust und Leid
die Täler, die noch einmal blitzen,
nur hinter dem stillen Walde weit
noch Abendröte an den Bergesspitzen,
wie Morgenrot der Ewigkeit.

Mit fünfzehn Vierzeilern, *An die Dichter* überschrieben, hat Eichendorff sein poetisches Selbstbildnis geschaffen. Treues Wollen, redliches Streben und Spürsinn für das Rechte sind neben der Einfalt des frommen Herzens Eigenschaften des von Gott begnadeten schöpferischen Menschen. So ausgestattet, kann er auch in Zeiten des Niedergangs nicht verarmen, denn „der Dichter ist das Herz der Welt". Er, „der schöne Liebling der Natur", soll, auf Erden in des Herrn Spuren wandelnd, die Menschen erlösen und befreien. Er bedient sich der Kraft des Wortes, „das kühn das Dunkelste benennt".

Eichendorffs Gedichte sind im schlichten Volksliedton, wie er in *Des Knaben Wunderhorn* angeschlagen ist, geschrieben. Aus dem innigen Erleben der Natur wächst ihm ein zuversichtlicher Gottesglaube zu. Seine oft vertonten Lieder sind jedem, der Wald und Flur in der bunten Mannigfaltigkeit ihrer Erscheinungen liebt und Freude daran hat, sie zu erwandern, ein seelischer Besitz. Man denke nur an *Wem Gott will rechte Gunst erweisen, Mich brennts an meinen Reiseschuhn, Nach Süden nun sich lenken,* die hier stellvertretend für viele andere stehen mögen.

Auch als Erzähler bleibt Eichendorff Lyriker. Seine mit zahlreichen Gedichten durchsetzte Prosa schildert in der Novelle *Aus dem Leben eines Taugenichts* den Typ des vom Fernweh getriebenen romantischen Wanderers, der Traum und Wirklichkeit kaum zu trennen vermag.

Niemand hat die Besonderheit von Eichendorffs Dichtkunst so treffend charakterisiert wie er selbst in dem vielzitierten Vierzeiler:

Schläft ein Lied in allen Dingen,
die da träumen fort und fort,
und die Welt hebt an zu singen,
triffst du nur das Zauberwort.

E. T. A. Hoffmann

„Er schrieb, um zu trinken, und trank, um zu schreiben", notierte Eichendorff über E. T. A. Hoffmann; er fällte damit ein hartes und zugleich ungerechtes Urteil über den Dichter, der seinem Geburtsjahr nach der älteren Romantik, seinem Werk nach indessen zu ihren Vollendern gehört.

Ernst Theodor Wilhelm Hoffmann, der seinen dritten Vornamen aus Begeisterung für Mozart in Amadeus abänderte, wurde 1776 in Königsberg geboren. Seine Mutter war schwer hysterisch, der Vater musikalisch; aus diesem Erbgut erklärte der Sohn die Vielfalt seiner Begabungen: er war Dichter, Musiker, Komponist, Regisseur und Zeichner. Als Brotstudium wählte er Jura. Wir finden ihn während der Ausbildung und erster beruflicher Tätigkeit in den östlichen Provinzen Preußens, in denen damals auch Warschau lag; dort erwachten seine literarischen Interessen. Nach dem Zusammenbruch Preußens wurde mit vielen anderen Beamten auch Hoffmann entlassen. Durch Vermittlung eines einflußreichen Bekannten erhielt er eine Musikdirektorstelle am neu errichteten Bamberger Theater, später in Dresden. Nach der Wiederherstellung Preußens konnte er als Gerichtsrat am Kammergericht der Landeshauptstadt erneut in den Staatsdienst übernommen werden (1814). Bereits 1822 erlöste ihn der Tod von einer langwierigen, heimtückischen Krankheit.

So schilderte eine Zeitgenossin den Dichter: ,,Mit zwei wunderkleinen zarten Händen und einer Gestalt von regelmäßigem Knochenbau, mit seinen zwei Funkelaugen, deren Augäpfel so unbeweglich waren, daß gewiß niemand erfahren hat, ob diese Augen groß oder klein, mit seinen feinen Lippen, die man niemals lächeln sah, glich Hoffmann einem Gespenstwesen, an welches die Natur nur das unentbehrlichste Quantum von Fleisch und Bein gewendet hat, um es unter die Körper reihen zu können. Glut und Beweglichkeit war alles, was man von ihm wahrnahm.“

E. T. A. Hoffmann war eine vielschichtige Persönlichkeit, ein zwiespältiger Charakter, in verschiedenen Sphären gleichzeitig beheimatet: In der wirklichen Welt war er im Dienst der gründliche, pflichtbewußte Beamte – die von ihm bearbeiteten Akten bezeugen es –, in der Freizeit der oft zügellos genießende, in rauschhaften Zuständen schaffende Künstler. Er hatte derart starke Nerven, daß er während schmerzhaftester Operationen Witze riß oder Novellen diktierte; doch dann wieder spürte er auf Spaziergängen am hellen Tage kosmische Strahlungen eines alten Hauses, an dem ihn sein Weg vorbeiführte. So durchdrangen einander denn auch in seinen Dichtungen zwei grundverschiedene Bereiche auf das innigste: zunächst die Wirklichkeit, von der aus der Dichter den Leser dann mit genialem Erzähltalent in eine andere, nämlich seine märchenhafte oder gespenstische Welt hinüberführt. Das gelang ihm so gut wie keinem anderen Romantiker vor oder nach ihm.

So wird in dem Märchen *Der goldene Topf* zunächst ganz realistisch geschildert, wie der arme Student Anselmus am Himmelfahrtstage durch Mißgeschick um sein bißchen Geld und damit um die langersehnten Genüsse kommt, die er sich vom Besuch eines beliebten Ausflugslokals versprochen hat. Während er auf seinem einsamen Heimweg tief bekümmert unter einem Holunderbaum sitzt und sich klar macht, wie oft im Leben er schon Pech gehabt hat, vollzieht sich – zunächst scheinbar ganz natürlich – der Einbruch des Märchenhaften in die Wirklichkeit: ,,Hier wurde der Student Anselmus in seinem Selbstgespräche durch ein sonderbares Rieseln und Rascheln unterbrochen, das sich dicht neben ihm im Grase erhob, bald aber in die Zweige und Blätter des Holunderbaumes hinaufglitt, der sich über seinem Haupte wölbte. Bald war es, als schüttle der Abendwind die Blätter, bald als kosten Vögelein in den Zweigen, die kleinen Fittiche im mutwilligen Hin- und Herflattern rührend. Da fing es an zu flüstern und zu lispeln, und es war, als ertönten die Blüten wie aufgehangene Kristallglöckchen. Anselmus horchte und horchte. Da wurde, er wußte selbst nicht wie, das Gelispel und Geflüster und Geklingel zu leisen, halbverwehten Worten.“ Und nun beginnen Blumen und Strauch, Sonnenstrahlen und Wind auf Anselmus einzureden, während die dunkelblauen Augen einer zierlichen Schlange ihn anblicken und in einen nie gekannten Zustand glückseliger Sehnsucht versetzen.

Auch von den historischen Erzählungen des Dichters sind nur wenige frei von übernatürlichen Beigaben. Das gilt für *Meister Martin der Küfer und seine Gesellen*, ein Werk, das in Nürnberg zur Meistersingerzeit spielt und Richard Wagner einzelne Gestalten seiner Oper *Die Meistersinger von Nürnberg* eingegeben haben mag.

Hoffmann erzählt, wie es dem großsprecherischen Küfermeister nicht gelingt, seine schöne Tochter Rosa dem tüchtigsten seiner drei Gesellen zur Frau zu geben, wie er sich fest vorgenommen hatte; denn keiner der drei jungen Leute will auf die Dauer das ehrbare Küferhandwerk treiben. – Zu den geschichtlichen Erzählungen gehört auch *Das Fräulein von Scuderi,* die düstere Mordgeschichte um den Goldschmied Cardillac, der alle Käufer seiner Schmuckstücke umbringt, um wieder in deren Besitz zu gelangen.

Von den Märchen gilt neben dem *Goldenen Topf* die Geschichte vom *Meister Floh* als die schönste. Kindlich heiter ist das Märchen *Nußknacker und Mäusekönig,* in dem ein Krieg zwischen Nußknackern und Mäusen geschildert wird. – In *Klein-Zaches, genannt Zinnober* verhilft eine Fee dem unansehnlichen Zaches zu Ehre und Ansehen. – Teile der Lebensgeschichte des Kapellmeisters Kreisler, eigene Gedanken des Dichters und Aufzeichnungen eines Katers vermischen sich in den *Lebensansichten des Katers Murr* zu einem phantastischen Ganzen.

Hoffmann wandte sich bewußt der Nachtseite der menschlichen Natur, der Psychologie des Traumes, Fragen der menschlichen Existenz und der Ich-Angst zu; die bei ihm mehrfach vorkommenden Doppelgänger nehmen das Problem der Bewußtseinsspaltung voraus, das der Expressionismus (s. S. 120ff.) und die von ihm ausgehenden Richtungen ein Jahrhundert später wieder aufgreifen sollten. So wurde die „unheimlichste Gestalt der Romantik" zu einem der größten Anreger der abendländischen Erzählkunst bis zum Surrealismus unserer Tage.

Die Brüder Grimm

Die Fähigkeit der Romantiker, sich mit viel Einfühlungsvermögen in längst vergangene Zeiten zurückzuversetzen, ließ sie zu den eigentlichen Vollendern Herders werden. Erstmalig wurde das Volkstum, insbesondere das deutsche, Gegenstand wissenschaftlicher Forschung und Lehre. Die Brüder Jacob (1785–1863) und Wilhelm Grimm (1786–1859) sammelten auf Anregung Brentanos und Achim von Arnims zunächst Volkspoesie im weitesten Sinn. Dabei erschlossen sie nicht nur schriftliche und mündliche Quellen, sondern sie veranstalteten auch mehrfach öffentliche Umfragen zur Volkskunde. Jacob Grimms Wiener Circularbrief (1815) gilt daher als „Geburtsurkunde" dieser Wissenschaft. Die Fülle des zusammengetragenen Materials brachte es mit sich, daß man sich bei der Auswertung und Veröffentlichung nur einem Teilgebiet zuwenden konnte. Für die Brüder Grimm waren es Märchen und Sagen. In Kassel und seiner weiteren Umgebung, im südlichen Niedersachsen und in Westfalen fanden sie zahlreiche zuverlässige Gewährsleute. Das Überlieferte erzählten sie in einer zeitlos schlichten Sprache nach und veröffentlichten es in den Bänden *Kinder- und Hausmärchen, Deutsche Sagen, Deutsche Mythologie* und *Deutsche Heldensagen.* „Es wird dem Menschen", so führten sie zu ihrem mühevollen Werk aus, „von heimatwegen ein guter Engel beigegeben, der ihn, wann er ins Leben auszieht, unter der vertraulichen Gestalt eines Mitwandernden begleitet; wer nicht ahnt, was ihm Gutes dadurch widerfährt, der mag es fühlen, wenn er die Grenzen des Vaterlandes überschreitet, wo ihn jener verläßt. Diese wohltätige Begleitung ist das unerschöpfliche Gut der Märchen, Sagen und Geschichte, welche nebeneinander stehen und uns nacheinander die Vorzeit als einen frischen und belebenden Geist nahe zu bringen streben."

Die aus diesem Geiste entstandenen Sammlungen der übrigens charakterlich grundverschiedenen Brüder Grimm sind zu einem nicht fortzudenkenden Bestandteil unserer Kultur geworden. Als letzte gemeinsame Arbeit begannen die beiden Forscher 1838 das *Deutsche Wörterbuch*, ein gewaltiges Werk, das erst 1961 vorläufig abgeschlossen wurde und eine umfassende Bestandsaufnahme der deutschen Sprache gibt. Auf Grund ihres Gesamtwerkes gelten die Brüder Grimm als die Begründer der Germanistik (Wissenschaft von der deutschen Sprache und Dichtung).

Heinrich Heine

Heinrich Heine war bis in unser Jahrhundert hinein einer der meistgelesenen Lyriker deutscher Sprache. Er steht bereits auf der Schwelle zu einer realistischen Epoche unserer Literatur. Die Romantiker hatten den Gegensatz zwischen Traum und Wirklichkeit aufgehoben. Heine stellte ihn wieder her. Seine Lieder und seine Prosa entstanden, als sich die dichterischen Möglichkeiten der Klassik und der Romantik nahezu gleichzeitig erschöpft hatten. Mit aller Deutlichkeit empfand er den Anbruch einer neuen, ganz anders gearteten Zeit, und er litt darunter – hierin noch ganz Romantiker. „... ich schreibe aus einem Abgrund von Misere" (Elend), notierte er einmal. „Die höchsten Blüten des deutschen Geistes sind die Philosophie und das Lied. Diese Blütezeit ist vorbei, es gehörte dazu die idyllische Ruhe; Deutschland ist jetzt fortgerissen in die Bewegung, der Gedanke ist nicht mehr uneigennützig, in seine abstrakte Welt stürzt die rohe Tatsache, der Dampfwagen der Eisenbahn gibt uns eine zittrige Gemütserschütterung, wobei kein Lied aufgehen kann, der Kohlendampf verscheucht die Sangesvögel, und der Gasbeleuchtungsgestank verdirbt die duftige Mondnacht."

Heine verstand es in seinem *Buch der Lieder* (1827) vollendet, im Stil der Romantik zu dichten, doch muß er aus innerer Wahrhaftigkeit am Ende die Welt, die er mit volksliedhafter Musikalität und der Bildkraft seiner Sprache selbst gerade geschaffen hatte, wieder verneinen. *Wahrhaftig* heißt darum ein Gedicht dieser Art:

Wenn der Frühling kommt mit dem Sonnenschein,
dann knospen und blühen die Blümlein auf;
wenn der Mond beginnt seinen Strahlenlauf,
dann schwimmen die Sternlein hinterdrein;
wenn der Sänger zwei süße Äuglein sieht,
dann quellen ihm Lieder aus tiefem Gemüt;
doch Lieder und Sterne und Blümelein
und Äuglein und Mondglanz und Sonnenschein,
wie sehr das Zeug auch gefällt,
so macht's noch lang' keine Welt.

Indem Heine mit den letzten vier Zeilen die süße Täuschung der ersten sechs scheinbar lässig, in Wirklichkeit aber schwermütig zerstört, dient er der Wahrheit. Sein dichterisches Mittel ist die „romantische Ironie", die die Illusion vernichtet und die streng sachliche Schau der Dinge wiederherstellt. „... mein Herz duftet schon so stark, daß es mir betäubend zu Kopf steigt und ich nicht mehr weiß, wo die Ironie aufhört und der Himmel anfängt...", heißt es am Ende der *Harzreise,* des ersten modernen Reisefeuilletons (Reiseplauderei) der Weltliteratur.

So betrachtet, war Heine ein Vorläufer der modernen Lyriker. Ihre seelische Zerrissenheit und Neigung zur Verneinung nahm er unter Schmerzen voraus.

Der Zwiespalt in seinem dichterischen und schriftstellerischen Werk stand in Beziehung zu seinem unsteten Leben. Der 1797 in Düsseldorf als Sohn eines jüdischen Kaufmannes geborene Dichter studierte in Bonn, Göttingen und Berlin, doch fand er in keinem bürgerlichen Beruf Befriedigung. Mit Deutschland verband ihn eine seltsame Haßliebe („Ich weiß, daß ich eine der deutschesten Bestien bin..."). Unter dem Eindruck der französischen Julirevolution verlegte er 1831 seinen Wohnsitz nach Paris, wo er als Berichterstatter einer deutschen Zeitung tätig war. Rasch fand der elegante Weltmann Anschluß an die maßgebenden literarischen Kreise der französischen Hauptstadt. Er besang die Schönheit seiner neuen Umgebung und förderte das gegenseitige Verstehen zwischen Deutschen und Franzosen. In Aufsätzen *Zur Geschichte der neueren schönen Literatur in Deutschland* erwies sich Heine als geistvoller Kritiker. Der versinkenden Goethezeit warf er vor, sie habe nur „den Schein des Lebens, die Kunst, nicht das Leben selbst" beachtet; nun gelte es „die höchsten Interessen des Lebens selbst", die Revolution trete in die Literatur. Mit der Forderung, das Schrifttum solle ein Werkzeug der Politik werden, und zahlreichen Veröffentlichungen in diesem Sinne wurde Heine einer der Wortführer einer literarischen Gruppe, die zwischen den Revolutionen (1830–1848) für die Demokratie und die Grundrechte der Menschen eintrat. Sie ist als „Junges Deutschland" in die Literaturgeschichte eingegangen.

Unmittelbar vor dem Ausbruch der Revolution von 1848 erhielt Heine Kenntnis von der Not der schlesischen Weber, die ihn – wie später Gerhart Hauptmann (s. S. 100ff.) – tief bewegte. In den düster drohenden Strophen *Die schlesischen Weber* ließ der Dichter die hungernden, frierenden Weber Gott, König und Vaterland verfluchen:

Im düstern Auge keine Träne,
Sie sitzen am Webstuhl und fletschen die Zähne:
Deutschland, wir weben dein Leichentuch,
Wir weben hinein den dreifachen Fluch –
Wir weben, wir weben! *(1. Strophe)*

In Heine verkörpert sich die fortgeschrittene Geistigkeit der europäischen Kultur. Er starb 1856 nach qualvollem Leiden einsam und verarmt in Paris.

Dichtung zwischen Idealismus und Realismus

Der geistige Standort

Eines nur ist Glück hienieden,
eins: des Innern stiller Frieden
und die schuldbefreite Brust!
Und die Größe ist gefährlich
und der Ruhm ein leeres Spiel;
was er gibt, sind nicht'ge Schatten,
was er nimmt, es ist so viel!

Diese Verse charakterisieren nicht nur die Weltanschauung Franz Grillparzers, in dessen dramatischem Märchen *Der Traum, ein Leben* sie sich finden, sondern sie kennzeichnen zugleich das Lebensgefühl seiner Zeitgenossen.

Der Geist der Epoche nach Goethes Tod wird mit dem Begriff Biedermeier nur unzureichend umrissen. Am Beispiel Napoleons hatte das Bürgertum die Fragwürdigkeit politischer Größe und das ,,leere Spiel" des Ruhms kennengelernt. Es mußte aber auch die bittere Erfahrung machen, daß die ihm von den Fürsten in der Not des Vaterlandes zugesagte Einbeziehung in die politische Verantwortung vorerst unerreichbar war. Die Volksvertretung der Frankfurter Paulskirche war 1849 unter unwürdigen Umständen aufgelöst worden. Dabei hatten diesem ersten deutschen Parlament hervorragende Persönlichkeiten angehört: der Dichter Ernst Moritz Arndt, der unermüdliche Verfechter der sozialen Rechte des Volkes; der ,,Turnvater" Ludwig Jahn, der Schöpfer des Begriffes ,,Deutsches Volkstum"; Jacob Grimm (s. S. 78f.) und der Dichter Ludwig Uhland als Vertreter des freiheitlich gesonnenen Bürgertums – um nur einige Namen zu nennen. Ihnen und einer großen Zahl weiterer bedeutender Repräsentanten des deutschen Geisteslebens waren als Abgeordneten der Nationalversammlung praktische Erfolge so gut wie versagt geblieben. Selbst die nach langen Beratungen beschlossenen Grundrechte des deutschen Volkes wurden alsbald von den Regierungen wieder aufgehoben. Noch einmal hatten die Fürsten gesiegt, die ihren Herrschaftsanspruch ,,von Gottes Gnaden" herleiteten und die ,,Untertanen" der Teilhabe am Staat für unfähig hielten. ,,Das Ideal der Freiheit ist auf lange Zeit vernichtet", schrieb Stifter.

Auch die ersehnte Wiederherstellung eines Reiches der Deutschen erfolgte nicht. Die enttäuschten Bürger wandten sich daher vom politischen Leben ab. Mutlosigkeit und Verzichtstimmung verbreiteten sich. Man zog sich mit Gleichgesinnten in die Abgeschiedenheit seiner vier Wände zurück, um sich unangefochten vom fragwürdigen Treiben der Welt mit Musischem zu befassen. Oder man freute sich an alltäglichen Erscheinungen der Natur: an einer Raupe, einer Sonnenblume, dem Rieseln eines Baches, und sah in all dem dasselbe ,,sanfte Gesetz" walten, dem auch die Menschen unterworfen sind.

Franz Grillparzer

Franz Grillparzer (1791–1872), nach Jahrhunderten der erste große Dichter aus dem Südosten des deutschen Kulturraumes, war ein charakteristischer Vertreter der Epoche. Der Vater, ein Wiener Advokat, war ein verschlossener Mann, die Mutter eine überempfindliche Frau, die ihrem Leben freiwillig ein Ende setzte. Der junge Grillparzer studierte Jura, wurde Hauslehrer und schließlich Beamter in verschiedenen Verwaltungen. In dieser Eigenschaft – nicht zuletzt als Hofarchivdirektor – hatte er Zeit und Gelegenheit, sich umfassend zu bilden. Die Hauptstadt an der Donau bedeutete ihm noch den Mittelpunkt der alten Habsburger Monarchie, in der einst die Sonne nicht unterging. Ihr Kulturerbe bezog die Niederlande, Belgien und Spanien ebenso ein wie Böhmen und den schlesisch-sächsischen Raum. Viele sichtbare Spuren, aber auch lebendige Überlieferung wiesen auf die große Vergangenheit. Grillparzer dachte als Untertan der Habsburger europäisch. Auslandsreisen beeindruckten ihn wenig. In zunehmender nervöser Reizbarkeit, oft skeptisch oder ablehnend, beobachtete er still die Erscheinungen der Umwelt. Er litt darunter, daß zwischen dem wirklichen Leben, das die Menschen führen, und den Idealen, wie sie die klassischen Dichtungen ausgesprochen hatten, eine kaum zu überbrückende Kluft besteht. In seinen Dichtungen ging er dieser Erfahrung immer wieder nach. Schon in jungen Jahren zeichnete er am Beispiel der griechischen Dichterin Sappho das Schicksal des einsamen Künstlertums, das auf das gewöhnliche menschliche Glück verzichten muß. ,,Und Leben ist ja doch des Lebens höchstes Ziel", heißt es dort. Das 1818 erschienene Drama *Sappho* wurde Grillparzers erster Erfolg auf der Bühne.

Seine ganze Sehnsucht nach blutvollem, bewegtem Leben hat Grillparzer in die Gestalt des Jägers Rustan gelegt, der im Mittelpunkt des dramatischen Märchens *Der Traum, ein Leben* (1834) steht. Rustan klagt:

Wie so schal dünkt mich dies Leben,
Wie so schal und jämmerlich!
Stets das Heute nur des Gestern
Und des Morgens flaches Bild;
Freude, die mich nicht erfreuet,
Leiden, das mich nicht betrübt,
Und der Tag, der stets erneuet,
Nichts doch als sich selber gibt...
Oh, es mag wohl herrlich sein,
so zu stehen in der Welt
Voll erhellter, lichter Hügel,
Voll umgrünter Lorbeerhaine,
Schaurig schön, aus deren Zweigen,
Wie Gesang von Wundervögeln,
Alte Heldenlieder tönen...
Sich hinabzustürzen dann
In das rege, wirre Leben,
An die volle Brust es drücken,
An sich und doch unter sich:
Wie ein Gott an leisen Fäden
Trotzende Gewalten lenken,
Rings zu sammeln alle Quellen,
Die vergessen, einsam murmeln,
Und in stolzer Einigung,
Bald beglückend, bald zerstörend,
Brausend durch die Fluren wälzen.
Neidenswertes Glück der Größe! ...

Von der Langeweile des täglichen ereignislosen Dahinlebens angeekelt, will Rustan die Heimat verlassen. In der Nacht vor der Ausfahrt aber nimmt er im Traum vorweg, wie die Verwirklichung seiner Sehnsucht aussehen wird: Von Zanga, seinem gewissenlosen Sklaven, von Tat zu Tat gedrängt, verstrickt er sich immer tiefer in Schuld, bis er selbst gejagt wird und, von Feinden umstellt, keinen Ausweg mehr sieht. Mit dem Schrei ,,Ich bin verloren!" fährt Rustan aus seinem Traum auf. Er erkennt, daß das wahre Glück im inneren Frieden und dem guten Gewissen besteht, wie es die eingangs zitierten Verse ausdrücken. Er entschließt sich, das bescheidene Dasein weiterzuführen und statt um eine Prinzessin um die hübsche Bauerntochter Mirza anzuhalten. Ein tief im seelischen Grund verborgenes Wissen hat ihn im Traum gewarnt. So rechtfertigt das Spiel die Entscheidung dieser Zeit gegen die romantischen Ideale für die schlichte bürgerliche Existenz.

König Ottokars Glück und Ende dagegen mündet – in dem gleichnamigen Trauerspiel aus der deutschen Kaisergeschichte (1825) – im Untergang.

Ottokar ist die Eroberernatur, die mit großartigem Auftreten Anspruch auf die Kaiserwürde erhebt. Ihm gegenüber steht der schlichte, dabei verantwortungsbewußte Graf Rudolf von Habsburg. Im Kampf um die Krone siegt Rudolf, und mit seinem Sieg setzt sich der Gedanke des Dienens und der Ordnung gegenüber den imperatorischen Wünschen des großen einzelnen – noch ist Napoleon allen in Erinnerung – durch.

So zeichnet Grillparzer das Ideal eines Monarchen, der der modernen Welt, in der alle aufeinander angewiesen sind und jeder seine Aufgabe für das Ganze erfüllen muß, entspricht. Metternichs Zensur erlaubte die Aufführung des Stückes erst zwei Jahre nach der Vollendung und machte dem Autor fortan das Leben schwer. Deshalb hat Grillparzer vielleicht auch das Drama *Ein Bruderzwist im Hause Habsburg,* das in gewissem Sinne das erste Königsdrama fortsetzt, zurückgehalten. Es wurde erst nach seinem Tode aufgeführt.

In spannender Handlung und witzigen Dialogen verläuft die Geschichte von dem schlauen Küchenjungen Leon in dem Lustspiel *Weh dem, der lügt* (1838).

Leon möchte den Neffen seines Herrn, des Bischofs Gregor, durch List aus der Gefangenschaft befreien. Doch geht dem frommen Bischof Wahrhaftigkeit über alles, und so muß Leon versprechen, bei dem Unternehmen niemals zu lügen. Das gelingt dem Buchstaben nach, doch geht es nicht ohne fein ausgeklügelte Wendungen ab. Zum guten Ende muß der sittenstrenge Bischof erkennen: „Das Unkraut, merk ich, rottet man nicht aus; / Glück auf, wächst nur der Weizen etwas drüber."

So spürte Grillparzer auch in diesem Spiel dem Zwiespalt zwischen sittlicher Forderung, hier nach Wahrhaftigkeit, und den Bedürfnissen und Notwendigkeiten des praktischen Lebens nach und zeigte, wie ein kluges Menschenkind sich hindurchfinden kann. Seine Zeitgenossen nahmen freilich das Stück nicht mit der Begeisterung auf, die der Dichter glaubte erwarten zu dürfen, und so verschloß er, trotz anderen bedeutenden Bühnenerfolgen, seine letzten großen Dramen im Schreibtisch.

Friedrich Hebbel

Im Spätherbst 1845 erschien bei Grillparzer in Wien ein um mehr als zwei Jahrzehnte jüngerer Dichter: Friedrich Hebbel. Ihm war schon früh bewußt geworden, daß er seinen geistigen Standort mitten in einer bedeutsamen Zeitwende hatte. In dem Gedicht *Unsere Zeit* heißt es: „Die Form der Welt bricht in sich selbst zusammen, / und dämmernd tritt die neue aus dem Nichts." Zwei Jahre nach diesen Versen hatte er geschrieben: „Das Leben erscheint aber in zwiefacher Gestalt, als Sein und als Werden, und die Kunst löst ihre Aufgabe am vollkommensten, wenn sie sich zwischen beiden gemessen in der Schwebe erhält." Dichtung als Ausdruck des Seienden, vollendet in sich Ruhenden – das war das Wesen der Klassik gewesen. Dichtung als Ausdruck des Werdenden, unendlich sich Entfaltenden, das war das Anliegen der Romantik. Indem Hebbel Abstand von beiden überkommenen Richtungen nahm, befand er sich eindeutiger noch als Grillparzer im Neuland des poetischen Realismus.

Hebbel hatte einen unsagbar mühsamen Weg unter äußersten Entbehrungen zurückgelegt, bevor er von dem kleinen Marktflecken Wesselburen in Dithmarschen, wo er 1813 geboren worden war, nach Wien gelangte. Als Sohn eines mißmutigen, in sich gekehrten Maurers und Tagelöhners und einer milden, gutmütigen, wenn auch jähzornigen Mutter verlebte Hebbel eine an Freuden und geistigen Anregungen arme Jugend. Mit der Zeit wurde die Not im Elternhaus so groß, daß der Vater den Kindern das Lachen verbot. Erste Enttäuschungen verbitterten dem begabten, aber früh verschlossenen Jungen das Leben. Er schrieb schon auf der Volksschule ein

Trauerspiel. Nur selten, in der verhaltenen Liebe zur Mutter und zu vertrauten Tieren oder in ersten Gedichten, zeigte sich die Zartheit seiner Seele, die sich im allgemeinen hinter verletzender Schroffheit und düsterer Härte verbarg.

Die äußeren Umstände änderten sich erst, als Hebbel zweiundzwanzigjährig nach Hamburg kam, doch blieb die Not seine getreueste Begleiterin. Elise Lensing, eine recht gebildete, aber arme und wie er aus trostlosen Verhältnissen stammende Schneiderin, hielt den Dichter mit ihrem mühsam verdienten Lohn gerade über Wasser. Sie unterstützte ihn auch im Rahmen ihrer bescheidenen Möglichkeiten noch, als er über Heidelberg nach München gereist war. Vergeblich versuchte er, als Schriftsteller und Berichterstatter sein Auskommen zu finden. Er verbrachte einmal 137 Tage hintereinander bei trockenem Brot, ohne warme Mahlzeit. Vom Hunger geschwächt, mangelhaft ausgerüstet und nur von seinem Hündchen begleitet, das er zumeist auf dem Arme trug, so wanderte er im schneereichen März des Jahres 1839 in zwanzig Tagen von München zurück in die Obhut Elise Lensings.

Die Aufführung des ersten Dramas *Judith* (1840) und die Veröffentlichung einer Gedichtsammlung brachten Hebbel zwar wenig Geld, aber ersten Dichterruhm. Der dänische König bewilligte ihm ein Reisestipendium für zwei Jahre. Hebbel brach nach Paris auf, traf dort mit Heine zusammen und vollendete die Tragödie *Maria Magdalene* (1844). Er reiste nach Italien weiter, geriet aber dort in neue Not, da er kaum Einnahmen aus seinen Werken hatte und statt der erhofften Verlängerung des Stipendiums nur Geld für die Rückfahrt nach Hamburg erhielt. Aus dieser Zeit stammt die anschauliche Schilderung seiner Erscheinung: „Sein Schädel fiel nicht durch Größe, wohl aber durch ungewöhnlich schöne Form auf. Die tiefblauen Augensterne waren von wunderbar schillerndem Glanze, der Blick wechselnd, aber überwiegend etwas träumerisch; die Nase fein, aber nicht hoch, die Nasenflügel im Gespräch fortwährend vibrierend. Die wohlgeformten, etwas aufgeworfenen Lippen verrieten Beredsamkeit und Geschmack. Die ganze mehr als mittelhohe, feinknochige, hagere Gestalt schien wie die Ufer eines Bergstroms fortwährend leise zu erzittern und ward oft beim Aufblitzen eines Gedankens oder dem Hervorquellen eines Gefühls von leichten Zuckungen durchflogen."

Hebbel wandte sich in seiner Bedrängnis zunächst nach Wien. Grillparzer und die Theaterdirektoren wußten zwar viele schöne Worte über seine Werke zu machen, halfen ihm aber sonst nicht. Da lernte er, einen Tag bevor er weiterreisen wollte, in der begabten und beliebten Burgtheater-Schauspielerin Christine Enghaus seine künftige Frau kennen. Wie er hatte sie sich aus ärmlichen Verhältnissen unter Entbehrungen emporgearbeitet. Beide heirateten sehr bald, und nun konnte sich Hebbel ungestört und ohne materielle Sorgen ganz seinem dichterischen Schaffen widmen.

Agnes Bernauer (1851) und *Die Nibelungen* (1862), eine Trilogie, waren neben anderen Bühnenwerken, Gedichten und Erzählungen der reiche Ertrag des letzten Lebensabschnittes. Der Dramatiker erlebte immer von neuem den einmaligen Glücksfall, daß seine Frau die weiblichen Hauptrollen seiner neu entstandenen Stücke spielte. Die schönsten Stunden indessen verbrachte er mit Frau und Tochter in Wien und Gmunden, wo er am Ufer des Traunsees ein Sommerhaus erworben hatte. „Götter, öffnet die Hände nicht mehr, ich würde erschrecken, / denn ihr gabt mir genug; hebt sie nur schirmend empor!" schrieb 1856 der früher so schwermütige, unzugängliche Grübler in heiterer Gelassenheit nieder. Der Dichter starb fünfzigjährig an den Folgen der Entbehrungen seiner langen Hungerjahre.

Die dunkle Sicht, die Hebbel vom Leben hatte gewinnen müssen, hat auch seine Dichtungen geprägt. Sie sind tragisch gestimmt. Der Mensch findet sich in das Weltgeschehen verflochten, ohne seinen Sinn durchschauen und sein Ziel erfassen zu können. Sein einziger Halt ist, sich selbst treu zu bleiben, auch wenn er darüber zugrunde gehen muß.

So hält die Augsburger Bürgerstochter *Agnes Bernauer* – in dem Trauerspiel dieses Titels (1855) – unverbrüchlich an ihrer Liebe und Ehe mit Albrecht, dem Sohn des Herzogs, fest, auch als sie dafür mit dem Leben bezahlen muß.

Von ihrer Schönheit hingerissen, hat Albrecht sie, der Sitte seines Standes entgegen, zur Frau genommen. Herzog Ernst jedoch, sein Vater, stellt sich dagegen: denn ein Kind aus dieser nicht ebenbürtigen Ehe kann niemals Thronfolger sein, und blutige Erbfolgekriege wären unabwendbar. Als kein anderer Rat mehr bleibt, unterschreibt der Herzog das Todesurteil.

Auf Agnes' erschrockene Frage: „Was hab' ich verbrochen?" erklärt ihr der Kanzler des Herzogs: „Die Ordnung der Welt gestört, Vater und Sohn entzweit, dem Volk seinen Fürsten entfremdet, einen Zustand herbeigeführt, in dem nicht mehr nach Schuld und Unschuld, nur noch nach Ursach' und Wirkung gefragt werden kann!" Ihre einzige Schuld ist ihre Schönheit. Aber ebenso unschuldig ist Albrecht, infolge seiner hohen Geburt mit dem Amt des Herrschers verwachsen, dem er sich nicht entziehen kann. Das Todesurteil wird vollstreckt, und Albrecht entfesselt einen Rachekrieg gegen den Vater. Dieser dankt zugunsten des Sohnes ab und vertraut darauf, daß er im Vollzug seines verantwortungsvollen Amtes die Notwendigkeit des Geschehenen einsehen werde.

Mit dem Stück *Maria Magdalene* (1844) richtete Hebbel einen Angriff gegen die enge kleinbürgerliche Moral der Zeit. Die „zerschmetternde Tragik" ergibt sich nicht wie in den früheren bürgerlichen Trauerspielen aus den miteinander unvereinbaren Wertordnungen verschiedener Stände, sondern aus der unmenschlichen Verhärtung der Lebensansichten des Bürgertums selbst.

Meister Anton, schroff, aber grundehrlich, ist völlig abhängig von dem, was die Leute über ihn reden und denken. Sein bürgerlicher Ruf geht ihm über alles – sogar über das Glück seiner Kinder. Klara, seine Tochter, ist von ihrem Verlobten verlassen worden, obwohl sie ein Kind von ihm erwartet. Sie weiß, daß der Vater diese Schande nicht verzeihen, ja sich daraufhin vielleicht etwas antun wird. So sucht sie, als keiner ihr in ihrer Verzweiflung beistehen will, selbst den Tod.

Über den Dramen sollte Hebbels Verskunst nicht vergessen werden. Eine große Zahl von Balladen, erzählenden und weltanschaulichen Gedichten steht neben zartester, reiner Lyrik.

Georg Büchner

Georg Büchner, im selben Jahr wie Hebbel geboren, gehört nur seinem Geburtsjahr nach an diese Stelle, denn er war ein genialer Vorläufer: In der Wahl der Stoffe und Stilmittel war er seiner Zeit um mindestens ein halbes Jahrhundert voraus. Naturalismus (s. S. 100 ff.) und Expressionismus (s. S. 120 ff.) sahen in dem Frühvollendeten einen der Ihrigen. Die folgenden Sätze, die er zweiundzwanzigjährig niederschrieb, sind bezeichnend für ihn:

„Der Dichter ist kein Lehrer der Moral ... Wenn man übrigens noch sagen wollte, der Dichter müsse die Welt nicht zeigen, wie sie ist, sondern wie sie sein solle, so antworte ich, daß ich es nicht besser machen will als der liebe Gott, der die Welt gewiß gemacht hat, wie sie sein soll. Was noch die sogenannten Idealdichter anbetrifft, so finde ich, daß sie fast nichts als Marionetten mit himmelblauen Nasen und affektiertem Pathos, aber nicht Menschen von Fleisch und Blut gegeben haben ... Mit einem Wort, ich halte viel auf Goethe oder Shakespeare, aber sehr wenig auf Schiller."

Woyzeck und der Doktor –
Aufführung der Städtischen Bühnen Frankfurt/M. (1961)

Georg Büchner wurde 1813 in Goddelau bei Darmstadt als Sohn eines Arztes geboren. Er studierte Naturwissenschaften und Philosophie. Während der revolutionären Wirren in Hessen schrieb er die politische Flugschrift *Der hessische Landbote* (1834) mit dem Leitgedanken ,,Friede den Hütten! Krieg den Palästen!" Er mußte daraufhin fliehen. Über Straßburg kam er nach Zürich. Dort begann er, an der Universität medizinische Vorlesungen zu halten. Er starb dreiundzwanzigjährig am Typhus.

In dem erst 1910 uraufgeführten Drama *Dantons Tod* (1835) verdichtete Büchner in 32 lokker aneinandergereihten Szenen von mitreißendem Schwung das Geschehen der Französischen Revolution. Er erreichte, was er sich selbst zum Ziel gesetzt hatte, als er schrieb: ,,Der dramatische Dichter ist ... nichts als ein Geschichtsschreiber, steht aber über letzterem dadurch, daß er uns die Geschichte zum zweitenmal erschafft und uns gleich unmittelbar ... in das Leben einer Zeit hinein versetzt, uns statt Charakteristiken Charaktere und statt Beschreibungen Gestalten gibt."

Ein erster dichterischer Aufschrei aus menschlicher Urangst ist das im Nachlaß gefundene Fragment *Woyzeck.* Hier gestaltete Büchner die Verlassenheit der gequälten menschlichen Kreatur.

Woyzeck, ein armer Soldat, hat nichts auf der Welt als die schöne Marie, die Geliebte und die Mutter seines Kindes. Um zusätzlich für sie Geld zu verdienen, hat er sich einem Arzt für ein medizinisches Experiment zur Verfügung gestellt; Büchner schildert in der Szene, wie der Arme dem Bessergestellten ausgeliefert ist und von ihm wie ein Versuchstier behandelt wird. Seit Monaten hat Woyzeck nur Erbsen essen dürfen, und nun wird er vom Doktor den Studenten vorgeführt:

,,*Doktor:* ... Sehen Sie: der Mensch, seit einem Vierteljahr ißt er nichts als Erbsen; bemerken Sie die Wirkung, fühlen Sie einmal: was ein ungleicher Puls! der und die Augen!

Woyzeck: Herr Doktor, es wird dunkel! *(Er setzt sich)*

Doktor: Courage, Woyzeck! Noch ein paar Tage, und dann ist's fertig. Fühlen Sie, meine Herren, fühlen Sie! *(sie betasten ihm Schläfe, Puls und Busen)* Apropos, Woyzeck, beweg den Herren doch einmal die Ohren! Ich hab es Ihnen schon zeigen wollen, zwei Muskeln sind bei ihm tätig. Allons, frisch!

Woyzeck: Ach, Herr Doktor!

Doktor: Bestie, soll ich dir die Ohren bewegen? Willst du's machen wie die Katze? So, meine Herren! Das sind so Übergänge zum Esel, häufig auch die Folge weiblicher Erziehung und die Muttersprache. Wieviel Haare hat dir die Mutter zum Andenken schon ausgerissen aus Zärtlichkeit? Sie sind dir ja ganz dünn geworden seit ein paar Tagen. Ja, die Erbsen, meine Herren!"

Als Marie sich von einem bärenstarken Tambourmajor verführen läßt, sieht sich Woyzeck um den Sinn seines Lebens betrogen. Er weiß sich nicht anders zu helfen, als Marie im Wald zu erstechen und sich selbst in einen Teich zu stürzen.

Mit dem so gut wie vollendeten *Woyzeck* – die übliche Bezeichnung Fragment trifft nicht recht zu – schuf Büchner lange vor Gerhart Hauptmann, doch schon ganz in dessen Sinne, die erste Tragödie eines Ärmsten der Armen, eines sozial Schwachen des Vierten Standes. „Man muß die Menschheit lieben, um in das eigentümliche Wesen jedes einzudringen“, schrieb er einmal, „es darf einem keiner zu gering, keiner zu häßlich sein, erst dann kann man sie verstehen.“

Büchners Weltanschauung bestimmte nicht nur den Gehalt, sondern auch die Form seiner Werke. Fußend auf der Überlieferung des Sturm und Drangs (s. S. 48f.), lockerte der Dichter den zusammenhängenden Handlungsablauf zugunsten einer Vielfalt weitgehend selbständiger Einzelszenen auf. Die Charaktere entwickeln sich nicht geradlinig, sondern sprunghaft. Die Grundstimmung wechselt im *Woyzeck* von Auftritt zu Auftritt.

Eduard Mörike

Als Eduard Mörike an einem Sommertage des Jahres 1834 mit der Kutsche in das schwäbische Dorf Cleversulzbach bei Heilbronn einfuhr, um dreißigjährig seine erste Pfarre zu übernehmen, vermochte er vor Erregung nur leise und zaghaft erste Worte der Begrüßung zu sprechen. Zwar war er nach acht Vikarsjahren glücklich darüber, endlich sein Berufsziel erreicht zu haben, doch scheute seine ängstliche, empfindsame und schwermütige Natur zugleich davor zurück, die volle Verantwortung für die 600 Seelen seiner Gemeinde zu tragen. Anfangs verlief alles recht gut. Im geräumigen Pfarrhaus wirtschafteten, da es keine Frau Pfarrerin gab, Mutter und Schwester. Der neue Seelsorger erwarb sich dank seiner Herzensgüte bald Freunde in dem kleinen Orte. Besonders die Kinder hingen an dem untersetzten Herrn mit der goldgeränderten Brille, der, wenn er gut aufgelegt war, stundenlang mit ihnen bastelte oder ihnen seine zahlreichen Tiere zeigte; dabei konnte es sogar recht lustig zugehen.

Leider hatte die Dorfidylle nicht lange Bestand. Mörike kränkelte – seine Gesundheit war nie die beste gewesen. Immer häufiger ließ er sich durch einen Vikar vertreten, und zwar auch dann, wenn sein Befinden ihm die Ausübung des Dienstes erlaubt hätte. Er lag dann womöglich irgendwo allein an einem Wiesenhang im hohen Grase, um „gleichsam mit angehaltenem Atem auf den Grund der eigenen Seele niederzuschauen und den geheimsten Puls eines ahnungsvollen geistigen Lebens zu fühlen“. Es ist die Stunde, da „eine dunkel-süße Flut unbestimmter ineinander fließender Gedanken“ ihn überkommt. „Die Seele fängt von selber zu tönen an, wie jene Harfen, auf denen der Wind spielt.“

Im Dorfe ahnte kaum jemand, daß der Pfarrer ein Dichter war. Man bemerkte nur mißbilligend, daß er sich mit der Zeit immer seltsamer aufführte. Stundenlang konnte er lesend oder sinnend im Geäst einer alten Buche sitzen, die hinter dem Hause stand. Manche hatten beobachtet, wie er um Mitternacht im Schlafrock im Garten umherwandelte. Kein Wunder, daß das hohe Konsistorium einen solchen Geistlichen 1843 pensionierte!

Über die jeweils drei Lebensjahrzehnte vor und nach der Cleversulzbacher Zeit ist schnell berichtet. Eduard Mörike war 1804 als viertes von sieben Kindern in Ludwigsburg als Sohn des dortigen Amtsarztes geboren worden. Nach dem frühen Tode des Vaters wurde er auf Wunsch eines Onkels Pfarrer, nachdem er das Seminar in Urach und die Universität Tübingen besucht hatte. Nach der Pensionierung lebte der Dichter in Bad Mergentheim, Schwäbisch Hall und Stuttgart. Immer häufiger und immer tiefer geriet er in die „nachtschaurige Kluft" der Einsamkeit. Weder der Literaturunterricht an einer Stuttgarter Mädchenschule noch eine späte Ehe vermochten die Grundstimmung seines Wesens auf die Dauer zu ändern. Mehrfach hoch geehrt, doch menschenscheuer denn je starb er 1875. Der Tod traf ihn nicht unvorbereitet, wie eines seiner tiefsten und erschütterndsten Gedichte erkennen läßt:

Eduard Mörikes Vikarstube in Owen (1830), von ihm selbst gezeichnet

Denk es, o Seele

Ein Tännlein grünet wo,
wer weiß, im Walde,
ein Rosenstrauch, wer sagt,
in welchem Garten?
Sie sind erlesen schon,
denk es, o Seele,
auf deinem Grab zu wurzeln
und zu wachsen.

Zwei schwarze Rößlein weiden
auf der Wiese;
sie kehren heim zur Stadt
in muntern Sprüngen.
Sie werden schrittweis gehn
mit deiner Leiche,
vielleicht, vielleicht noch, eh
an ihren Hufen
das Eisen los wird,
das ich blitzen sehe!

Ähnlich wie Eichendorff war Mörike ein Lyriker von besonderer Lauterkeit der Seele. Aber während der lebenstüchtigere Eichendorff das Instrument der Sprache zum Tönen brachte, war Mörike selbst Instrument, „die verkörperte Poesie", wie es ein Freund ausdrückte. „Der Genius jauchzt in mir", durfte der Begnadete von sich sagen, und in seinem einzigen Roman, dem *Maler Nolten* (1832), heißt es:

„... Mitternacht: mit einemmal bekomm' ich das Klingen im Ohr und – als drücke irgendein Zauber auf mein Gehirn – bin ich in den wunderlichsten Gedankenkreis versetzt. Ich bin wie gebannt, ruhig dem tollen Mühlwerk zuzusehen, das unter Klingen und Singen anfängt; ich fühle meinen Zustand klar, aber ich konnte den kleinen Wahnsinn nicht lösen, der sich leise, betäubend mehr und mehr um mein Haupt legte. Ich besann mich, ob ich wache oder schlafe; einige Augenblicke glaubte ich, hellsehend geworden zu sein – es war, als wenn meine Gedanken in dünnsten Spitzen ausliefen." Und schließlich die Frage: „Wer hat den bunten Schwarm von Bildern und Gedanken zur Pforte meines Herzens eingeladen?"

Mörike selbst hat darauf an anderer Stelle eine Antwort gegeben, mit der er überraschend eine der wesentlichsten Erkenntnisse der modernen Tiefenpsychologie[1] vorwegnahm: „Die Seele

[1] Wissenschaft von der menschlichen Seele, die sich bemüht, das bewußte Seelenleben durch Erforschung des Unbewußten aufzuhellen.

strahlt und wirkt von ihrer Nacht- und Traumseite aus in das wache Bewußtsein hinüber, indem sie innerhalb der dunklen Regionen die Anschauung von Dingen hat, die ihr sonst völlig unbekannt blieben.“

Von hier aus wird der dämonische, übersinnliche Zug deutbar, der einigen Balladen Mörikes eigentümlich ist *(Der Feuerreiter, Die Geister am Mummelsee, Der Schatten).* Auch die märchenhafte Geschichte vom *Stuttgarter Hutzelmännlein* (1853) mit der volkssagenhaften *Historie von der schönen Lau* konnte nur ein echter Dichter erzählen, der kraft seiner Begabung „ein schönes Werk von innen heraus zu bilden“ vermochte. Einfach und ungekünstelt, dabei aber von kaum noch auslotbaren Tiefen der menschlichen Seele herrührend ist auch Mörikes volksliedhafte Lyrik. Seine Verse behandeln den Wechsel der Tages- und Jahreszeiten, glückliche und unglückliche Liebe. Die Sprache ist ähnlich wie die Goethes sinnenhaft und ausdrucksstark. Man spürt hinter jedem Wort das bewegende Erlebnis. Zur ausgeprägten Bildhaftigkeit der Aussage tritt ihre Musikalität *(Er ist's, Septembermorgen, Um Mitternacht).*

Mörike beherrschte auch das antike Versmaß, das ihm, dem Schüler des berühmten Tübinger Stifts, als klassisches Bildungserbe geistiges Eigentum geworden war *(Gesang Weylas, Auf eine Lampe* mit den gedankenvollen Schlußzeilen: „Ein Kunstgebild der echten Art. Wer achtet sein? / Was aber schön ist, selig scheint es in ihm selbst.“).

Der Dichter hatte als Lyriker wie kaum ein anderer ein inniges Verhältnis zur Musik. Dabei spielte er selbst kein Instrument. Besonders eng fühlte er sich mit Mozart verbunden.

Die Novelle *Mozart auf der Reise nach Prag* (1856) schildert einen Tag, an dem Mozart und seine Frau Konstanze unterwegs überraschend bei einer gräflichen Familie an einer Verlobungsfeier teilnehmen. Am Abend eines heiter-gelösten Tages spielt der gefeierte Komponist aus seiner noch nicht aufgeführten Oper „Don Juan“ vor, wobei die Zuhörer den unheimlich düsteren Hintergrund der scheinbar immer heiteren Musik Mozarts spüren.

Gerade um diesen Gegensatz mag es dem Dichter gegangen sein, schrieb er doch nicht „der Poesie wegen, sondern dessentwegen, was sich von jeher so gern dahinter versteckt“.

Annette von Droste-Hülshoff

Ausgeprägter noch als Mörikes Verskunst steht die Lyrik der Westfalin Annette von Droste-Hülshoff zwischen den Epochen. In mancher Hinsicht blieb sie zeitlebens Romantikerin. Ihre ganze Liebe galt der heimatlichen Natur, den einsamen Moor- und Heidegebieten, den Viehweiden und kleinen Waldstücken mit ihrer Pflanzen- und Tierwelt. Schon als Sechzehnjährige war sie Wilhelm Grimm (s. S. 78 f.) bei der Sammlung von Volksmärchen behilflich. Die Sagen Westfalens und die Geschichte des Landes erregten ihre Phantasie von Kindheit an.

Und doch war die Droste derart Realistin, daß die Naturalisten (s. S. 100 ff.) viele verwandte Züge in ihrer Kunst entdeckten. Auch diese Seite ihres Wesens lag in ihrer Abstammung begründet. Sie hatte von ihren Vorfahren den klaren, auf das Erkennen des Wahren und Wesentlichen gerichteten Blick geerbt. Ihre Aussage war kräftig und herb. Wie Stifter (s. S. 92 f.) wandte sie ihre Aufmerksamkeit besonders den kleinen Dingen am Wege zu, dem flimmernden Kiesel und der Raupe, die sie nagen hörte. Aber es war kein „sanftes Gesetz“, das über ihren Gestalten waltete, sondern ein unerbittliches Schicksal. Von der Idylle zu grauenerregenden Abgründen ist es bei ihr oft nur ein Schritt.

Annette Freiin von Droste-Hülshoff wurde 1797 im Schloß Hülshoff bei Münster als zweites von vier Kindern geboren. Beide Elternteile entstammten alteingesessenen westfälischen Adelsgeschlechtern. Nach dem Tode des Vaters siedelten Mutter und Töchter von dem Wasserschloß nach dem Witwensitz Rüschhaus über. Fahrten zu Verwandten nach Münster und benachbarten Gütern sowie Reisen nach Bonn und anderen rheinischen Städten vermittelten entscheidende Bildungseindrücke. Einsame Jahre auf Rüschhaus folgten. Dort empfing die dreiunddreißigjährige Droste zum ersten Male den sechzehnjährigen Levin Schücking, den Sohn einer kurz zuvor verstorbenen Freundin. Die Dichterin fand Gefallen an dem aufgeschlossenen Gymnasiasten und bemühte sich, ihm die Mutter zu ersetzen. Mit den Jahren entwickelte sich aus dem mütterlichen Verhältnis eine auf gemeinsamen geistigen Interessen sich gründende Liebe. Ihres Lungenleidens wegen lebte Annette immer häufiger auf der schöngelegenen Meersburg am Bodensee, einem Besitz ihres Schwagers. Auch Schücking verbrachte einen Winter dort als Archivar. Er übte einen großen Einfluß auf das Schaffen der Dichterin aus. Später trennten sich beide. Zwei Jahre später, 1848, starb die bedeutende Lyrikerin auf der Meersburg.

Annette von Droste-Hülshoff war von kleiner, zarter Gestalt. Sie sah fast immer leidend aus. Auf Fremde wirkte sie in der Jugend frühreif und nicht immer angenehm, wie wir von Wilhelm Grimm wissen. Der Kopf mit der auffallend breiten Stirn war vorgebeugt. Die vortretenden hellblauen Augen waren sehr kurzsichtig. Damit erklärte ein Zeitgenosse ihre besonders scharfe Beobachtung ,,im Kleinen, worin sie stärker war als im Sehen des Großen und Fernen".

,,... sie besitzt ein Herz voll Wohlwollen und Güte und ist doch schlau und klug wie eine Schlange, die innersten Gedanken einem aus dem Herzen lesend", schrieb Schücking über ihren Charakter. Sie liebte die Einsamkeit und streifte gern allein in aller Herrgottsfrühe umher. ,,Aber wenn sie wiederkam", erzählte eine alte Dienerin, ,,wie sah das gnädige Fräulein nicht selten aus! Die Schuhe beschmutzt, die Strümpfe naß, die Kleider bis an die Knie vom Tau oder Regen feucht, die Haare halb aufgelöst. Einmal hatten ihr die Dornhecken die Kleider zerrissen, und Hände und Gesicht waren blutig ..." Ihre musikalische Begabung stand der dichterischen kaum nach. Sie komponierte alte deutsche Minnelieder und eigene Volkslieder. Sie war eine hervorragende Erzählerin und bevorzugte Geschichten, die die Grenze zum Mystischen, Wunderbaren oft überschritten. Zweifellos hatte sie die in Westfalen nicht seltene Gabe des ,,Zweiten Gesichtes". *Vorgesichte,* eine ihrer schönsten, unheimlichsten Balladen, handelt von einem solchen ,,Seher der Nacht".

Phantastische und realistische Züge zugleich weist die Novelle *Die Judenbuche* (1842) auf. Sie geht auf eine wahre Begebenheit zurück, die ein Onkel der Dichterin unter dem Titel *Geschichte eines Algerier-Sklaven* veröffentlicht hatte.

Dort wird erzählt, ein Knecht habe mit einem Juden Streit wegen einer geringen Schuld bekommen und diesen, ohne es zu wollen, totgeschlagen. Der Täter sei ins Ausland entkommen und schließlich in die Sklaverei geraten. Er habe nach 24 Jahren die Freiheit wiedererlangt und sei in sein Dorf zurückgekehrt, körperlich und seelisch ein gebrochener Mann. Sein Gerichtsherr habe das Verbrechen als gesühnt angesehen, doch habe sich der Mörder am Orte seiner Untat erhängt. – Die Droste verlegte das hier wiedergegebene Geschehen in das letzte Drittel der Erzählung. Den doppelten Raum füllt die Vorgeschichte. Da wird geschildert, wie Friedrich Mergel auf Grund schlechter Erbanlagen – sein Vater ist Trinker – und ungünstiger Umwelteinflüsse schließlich schuldig wird.

Die Judenbuche ist das einzige ganz ausgeführte Prosawerk der Droste. Landschaftsschilderung und Dialoge sind knapp und treffend. Klar ist die Wiedergabe des Sachverhalts. Um so furchtbarer treten die Nachtseiten der menschlichen Natur hervor.

Die Dichterin hatte früh mit umfangreichen Verserzählungen begonnen. Auch einige Balladen haben noch die breite epische Form, so die humorvolle Ballade *Fegefeuer des Westfälischen Adels* und, nicht minder heiter, *Des alten Pfarrers Woche.* Demgegenüber drängt sich die Handlung in der *Vergeltung* dramatisch gesteigert auf engstem Raum zusammen. Die ganze Sprachgewalt der Droste zeigt sich in der Ballade *Der Knabe im Moor,* ein Beispiel hervorragend gelungener Lautmalerei. In die heimatliche Landschaft führt auch der weniger bekannte *Heidemann* und das düstere *Hirtenfeuer,* in dem Verse stehen, die man der Mitte unseres Jahrhunderts zuordnen möchte:

Unke kauert im Sumpf,
Igel im Grase duckt,
in dem modernden Stumpf
schlafend die Kröte zuckt,
und am sandigen Hange
rollt sich fester die Schlange.

Annette von Droste-Hülshoff,
Miniatur von Jenny v. Droste-Hülshoff

Die Übergänge zwischen Ballade und Lyrik, zwischen spannender Verserzählung und liebevoller Kleinmalerei ohne jede Handlung sind fließend. Reine Naturstimmung geben *Am Weiher, Es verrieselt, es verrauscht* und *Die Lerche.* Immer wieder überrascht die Genauigkeit, mit der das mit allen Sinnen Wahrgenommene in Wort und Rhythmus umgesetzt wurde.

Von tiefer Frömmigkeit, aber auch von einem heftigen Ringen ihrer zeitweilig von Zweifeln gepeinigten Seele um den Frieden mit sich und Gott künden die während aller Schaffensjahre entstandenen Gedichte der Sammlung *Das geistliche Jahr* (1851). Dort stehen unter *Am fünften Sonntag in den Fasten* die ahnungsvollen, vom Glauben an den Fortbestand ihres Lebenswerkes zeugenden und doch so bescheidenen Verse:

Meine Lieder werden leben,
wenn ich längst entschwand:
Mancher wird vor ihnen beben,
der gleich mir empfand.
Ob ein andrer sie gegeben
oder meine Hand:
Sieh, die Lieder durften leben,
aber ich entschwand.

Adalbert Stifter

Adalbert Stifter stammte aus dem Böhmerwald. Dort wurde er 1805 in Oberplan geboren. Der Vater, Leineweber und Flachshändler, starb früh. Das Gymnasium der Benediktiner in Kremsmünster und die Universität Wien bildeten den aufgeschlossenen jungen Menschen zum Maler und Dichter heran. Später schlug er sich als Hauslehrer und Schriftsteller durch. Seine Bücher machten ihn früh berühmt. Er wurde Inspektor der oberösterreichischen Volksschulen in Linz, dann Schulrat. Mancherlei Schicksalsschläge trafen ihn. Eine unheilbare Krankheit lähmte seine Schaffenskraft mehr und mehr. Verzweifelt setzte er seinem Leben selbst ein Ende (1868).

Stifter war in seinen Anfängen ein vielgelesener und vielgelobter Dichter. Dagegen sagte er vom *Witiko,* seinem letzten großen Roman, selbst, die Leute würden ihn erst nach hundert Jahren verstehen. Die Voraussage ist ziemlich genau eingetroffen. Während die frühere Literaturgeschichtsschreibung den Linzer Schulrat als biederen Natur- und Heimatschriftsteller schilderte, hat man ihm um die Mitte unseres Jahrhunderts einen Platz in der Weltliteratur eingeräumt.

Hebbel hatte u. a. Stifter den Vorwurf gemacht, er könne nur deshalb so gut ,,die Käfer, die Butterblumen" beschreiben, weil er die Menschen, die Sterne und Sonnensysteme nicht sehe. In der Vorrede zu der Sammlung *Bunte Steine* legte der Angegriffene daraufhin dar, worin er seine Aufgabe als Dichter sah: ,,Kunst ist mir ... nach der Religion das Höchste auf Erden", heißt es dort. ,,Das Wehen der Luft, das Rieseln des Wassers, das Wachsen der Getreide, das Wogen des Meeres, das Grünen der Erde, das Glänzen des Himmels, das Schimmern der Gestirne halte ich für groß ... Ein ganzes Leben voll Gerechtigkeit, Einfachheit, Bezwingung seiner selbst, Verstandesgemäßheit, Wirksamkeit in seinem Kreise, Bewunderung des Schönen, verbunden mit einem heiteren, gelassenen Sterben, halte ich für groß ... Wir wollen das sanfte Gesetz zu erblicken suchen, wodurch das menschliche Geschlecht geleitet wird."

Adalbert Stifter, Zerfallene Hütte im Wald, Bleistiftzeichnung

Einem solchen dichterischen Anliegen entsprachen Stifters Novellen, die er in den Sammlungen *Studien* (1844–50) und *Bunte Steine* (1853) zusammenfaßte. Am bekanntesten sind die in Ungarn spielende Ehegeschichte *Brigitta,* die Weihnachtserzählung *Bergkristall* und die Erzählung *Der Waldsteig,* in der die Wandlung eines Sonderlings dargestellt wird.

Wie mit den Augen des reifen Goethe gesehen, erscheinen die Welt, die Dinge und Menschen in dem großen Roman *Der Nachsommer* (1857), den Nietzsche zur besten deutschen Prosa gezählt hat. Seine Sprache ist gelassen und klar wie die der Klassik.

Im Mittelpunkt stehen der alte Freiherr von Risach und der junge Heinrich. Ersterer hat sich aus dem öffentlichen Wirken in sein rosenumranktes Haus zurückgezogen und beschäftigt sich mit der Pflege seines Gartens, mit Büchern und Kunstwerken. Heinrich befaßt sich mit vielseitigen Studien, vor allem der Gesteinskunde, und erfährt im Hause des Freiherrn manches darüber, wie man mit Pflanzen, Büchern und Bildern umgehen soll. Im Rosenhaus trifft er Natalie, und sie erkennen sich als Liebende. Auch der Freiherr findet die Freundin seiner Jugend, Mathilde, von der er sich einst aus Vernunftgründen getrennt hat, wieder. Das handlungsarme Geschehen ist eingebettet in liebevoll genaue Darstellungen der Natur, der Menschen und ihrer Werke. Wie Goethes *Wilhelm Meister* ist der *Nachsommer* ein Bildungsroman.

Vergleicht man die folgende Schilderung einer Bergbesteigung mit der des Romantikers Andersen (s. S. 67f.), so zeigt sich, wie bei Stifter die Welt sachlicher, übersichtlicher, doch nicht weniger großartig erscheint – das Zeitalter des Realismus kündigt sich an:

„Ich stand auf dem Felsen, der das Eis und den Schnee überragte, an dessen Fuß sich der Firnschrund befand, den man hatte überspringen müssen, oder zu dessen Überwindung wir nicht selten Leitern verfertigten, und über das Eis trugen, ich stand auf der zuweilen ganz kleinen Fläche des letzten Steines, oberhalb dessen keiner mehr war, und sah auf das Gewimmel der Berge um mich und unter mir, die entweder noch höher mit den weißen Hörnern in den Himmel ragten, und mich besiegten, oder die meinen Stand in anderen Luftebenen fortsetzen, oder die einschrumpften, und hinab sanken, und kleine Zeichnungen zeigten, ich sah die Täler wie rauchige Falten durch die Gebilde ziehen und manchen See wie ein kleines Täfelchen unten stehen, ich sah die Länder wie eine schwache Mappe (Landkarte) vor mir liegen, ich sah in die Gegend, wo gleichsam in einen staubigen Nebel getaucht die Stadt sein mußte, in der alle lebten, die mir teuer waren, Vater, Mutter und Schwester, ich sah nach den Höhen, die von hier aus wie blauliche Lämmerwolken erschienen … Alles schwieg unter mir, als wäre die Welt ausgestorben, als wäre das, daß sich alles von Leben rege und rühre, ein Traum gewesen. Nicht einmal ein Rauch war auf die Höhe hinauf zu sehen, und da wir zu solchen Besteigungen stets schöne Tage wählten, so war auch meistens der Himmel heiter und in der dunkelblauen Finsternis hin eine endlosere Wüste, als er in der Tiefe und in den mit kleinen Gegenständen angefüllten Ländern erscheint."

Stifters *Witiko* (1865) ist ein Roman aus der Geschichte Böhmens. Ohne jedes romantische Beiwerk erzählt der Dichter das politische und kriegerische Geschehen des 12. Jahrhunderts. Er hat sich hier zu einer oft bestürzenden Sachlichkeit der Darstellung durchgerungen, die das umfangreiche Epos zu einem unvergänglichen Zeugnis nicht nur unserer Geschichte, sondern auch unserer Literatur werden ließ.

Realistische Erzählkunst des 19. Jahrhunderts

Fortschrittsgläubigkeit und Pessimismus

Die wesentlichen Werke der Dichter des Übergangs vom Idealismus zum Realismus waren vorwiegend in der ersten Hälfte des 19. Jahrhunderts erschienen; ihnen folgten in der zweiten Hälfte Romane und Erzählungen, die eine zwar nicht grundlegende, wohl aber bemerkenswerte Veränderung der Einstellung zur Lebenswirklichkeit erkennen lassen.

Ungefähr seit der Jahrhundertmitte gaben viele Menschen ihre aus der Enttäuschung über die politischen Verhältnisse erwachsene Verzichthaltung auf. Sie sahen willkommene Wirkungsmöglichkeiten auf ganz andersartigen Gebieten, nämlich in den Naturwissenschaften, in der damals rasch sich entwickelnden Technik und in der Industrie, deren Bedarf an Arbeitskräften zu jener Zeit ungewöhnlich groß war. Hier herrschten Wirklichkeitssinn und Optimismus vor, hier glaubte man wie zur Zeit der Aufklärung an den Fortschritt der Menschheit.

Aber es fehlte auch nicht an Stimmen, die vor dieser Entwicklung warnten und die kulturelle Situation negativ beurteilten. Von der Jahrhundertmitte an bestimmte Schopenhauers pessimistische Philosophie die Weltanschauung immer weiterer Kreise, und nach 1870 fand Nietzsches abwertende Kritik der Epoche lebhafte Zustimmung.

In der Dichtung der Zeit, dem Poetischen Realismus, wie sie zumeist zusammenfassend bezeichnet wird, ging es um eine vorurteilslose, von keinem bestimmten Zweck geleitete Schilderung der Gegebenheiten; sie genau zu erfassen, war das Bestreben dieser älteren Realisten. Aber sie standen zugleich noch in der Überlieferung der Klassik und Romantik, was ihren Werken den Reiz des „Poetischen" verlieh. Schließlich ahnten sie als Kinder ihrer zunehmend vom Pessimismus geprägten Zeit, daß hinter der bunten Welt der Erscheinungen vielleicht düsteres Grauen lauerte. Wenn sie die Möglichkeit einer Bedrohung des menschlichen Daseins auch nur selten klar zum Ausdruck brachten, so floß sie doch mehr oder weniger spürbar in ihre Dichtungen ein. Die Welt der Poetischen Realisten war nur noch scheinbar heil.

Gottfried Keller

Ähnlich wie Stifter wurzelt Gottfried Keller in der heimatlichen Wirklichkeit, und auch sein dichterisches Lebenswerk zählt zur Weltliteratur.

Gottfried Keller wurde 1819 als Sohn eines Drechslermeisters in Zürich geboren. Von seinen Geschwistern blieb nur die jüngere Schwester Regula am Leben, die ihm später nach dem Tode der Mutter den Haushalt führte. Nach dem Besuch der Armenschule und einer Realschule, die er wegen eines Knabenstreiches verlassen mußte, bildete er sich selbst fort. Er ging, um Maler zu werden, nach München. Dort scheiterte er. Nach Zürich zurückgekehrt, schloß er sich der demokratischen Bewegung an, schrieb Freiheitslieder und beteiligte sich an einem Freischärlerzug gegen Luzern. Nach der Veröffentlichung eines ersten Gedichtbandes erhielt Keller ein Stipendium des Kantons Zürich, das ihm ermöglichte, 1848 nach Heidelberg zu reisen. Später lebte er einige Jahre in Berlin, wo er sich vergeblich als Dramatiker versuchte. Verschuldet kehrte er in seine Heimatstadt zurück. Dort leitete er als Erster Staatsschreiber die Verwaltung des Kantons Zürich, bis es ihm der Erfolg seiner Bücher erlaubte, sich ganz seinen literarischen Arbeiten zu widmen. Keller starb 1890 in Gegenwart des mit ihm befreundeten Malers Böcklin.

Um sich von den leidvollen Eindrücken der unerfreulichen Münchner Malerjahre zu befreien, begann der Dichter seinen *Grünen Heinrich* als einen „traurigen kleinen Roman über den tragischen Abbruch einer jungen Künstlerlaufbahn". Es wurde einer der bekanntesten Erziehungs- und Bildungsromane in deutscher Sprache daraus. Dank seiner an Goethe erinnernden bildhaften Erlebnisfähigkeit gelang ihm eine Prosa von sattester Leuchtkraft und wunderbarer Farbigkeit. Die Lust zu fabulieren, die Freude am plötzlichen Übergang vom Lächerlichen zum Ergreifenden, mundartliche Einsprengsel und kurzweilige Umständlichkeiten sind weitere Besonderheiten seines Stils. In der ersten Fassung (1854/55) starb der junge Held des Romans, „rieb es ihn auf". Die verbreitete spätere Neubearbeitung (1879/80) führte Heinrich zu einem tätigen Leben im Sinne Goethes.

Auch in seinen zahlreichen Novellen erwies sich Keller als meisterhafter Erzähler. Die Geschichten der Sammlung *Die Leute von Seldwyla* (1856) spielen in einer erdachten Schweizer Kleinstadt. *Die drei gerechten Kammacher* bemühen sich um Jungfer Züs, die Tochter des Meisters. In *Kleider machen Leute* wird erzählt, wie Wenzel Strapinski, ein Hochstapler wider Willen, entlarvt wird, aber zugleich sein Glück findet. Echte Tragik liegt über den beiden jungen Menschen, die in *Romeo und Julia auf dem Dorfe* erst im Tode vereinigt werden, weil die Väter unversöhnbare Feinde sind.

Aus der Sammlung *Züricher Novellen* (1878) ist die vaterländische Erzählung *Das Fähnlein der sieben Aufrechten* am bekanntesten geworden, in der die Tugenden wehrhafter Demokraten eidgenössischer Prägung herausgestellt werden.

Kellers Humor durchleuchtet die meisten seiner Novellen. Wie jeder echte Humor hat er seine Wurzeln in schmerzvoller Entsagung, die der Dichter immer wieder, vor allem in der Liebe, üben mußte; hinzu kam seine tiefe Traurigkeit als schon früh spürbare Grundstimmung.

Aus solcher Haltung wuchsen Keller auch seine Gedichte zu. Ein bezeichnendes Selbstbekenntnis findet sich in folgenden Versen:

> Die Hoffnung, das Verlorensein
> sind gleicher Stärke in mir wach;
> die Lebenslust, die Todespein,
> sie ziehn auf meinem Herzen Schach.

Conrad Ferdinand Meyer

Ein dritter realistischer Dichter aus dem Süden des deutschen Sprachgebietes ist Conrad Ferdinand Meyer, ein Landsmann Gottfried Kellers zwar, doch von ihm grundverschieden nach Herkunft, Wesen und Werk.

C. F. Meyer entstammte dem Schweizer Großbürgertum. Er wurde 1825 als Sohn eines Regierungsrates geboren. Der Vater machte schon das Kind mit der Antike vertraut. Sie wurde des Dichters Traumwelt. Reisen nach Paris und Italien brachten ihm die Werke der hohen Kunst nahe, doch erst im reifen Alter begann er, das Grunderlebnis der klassischen Antike und der Renaissance schöpferisch zu gestalten. Er schrieb sein literarisches Lebenswerk fast ausschließlich in zwei Jahrzehnten nieder. „Im Schilfe wartet Charon[1] mein, / der pfeifend sich die Zeit vertreibt", notierte er einmal, als ahne er den raschen Verfall seiner Kräfte. Eine Geisteskrankheit verdunkelte seine letzten Jahre. Er starb 1898 in einer Heilanstalt.

Von Natur aus scheu und kränkelnd, wandte C. F. Meyer sich von der Gegenwart weg den großen, starken Gestalten der Geschichte zu, vor allem aus der Zeit der Renaissance und Reformation. Es gelang ihm, dramatisches Geschehen in meisterhaft aufgebauten Novellen darzustellen. Seine Sprache ist geschliffen und edel wie seine Helden. Dennoch ist Meyer Realist. Sein Wirklichkeitssinn wird deutlich, wenn er die historischen Motive und die Handlungsweise seiner Gestalten offen darlegt.

Huttens letzte Tage (1871), eine Novelle in Versen, erzählt von den letzten Tagen des deutschen Humanisten aus der Reformationszeit auf der Insel Ufenau im Züricher See. – *Jürg Jenatsch* (1876) ist die Titelgestalt einer großen Erzählung, in deren Mittelpunkt die kraftvolle Erscheinung des Schweizer Hauptmanns und Predigers aus dem Freiheitskampf der Graubündner im Dreißigjährigen Krieg steht, der, zum Verräter geworden, von seiner Geliebten ermordet wird. – In *Das Amulett* (1873) sind die grausamen Ereignisse der Bartholomäusnacht (1572) der Hintergrund des novellistischen Geschehens. – *Gustav Adolfs Page* (1882) ist ein Mädchen, das in liebender Verehrung dem schwedischen König als Page verkleidet dient und mit ihm in der Schlacht fällt. Meyers bedeutendste Novelle ist wohl die um den englischen Kanzler Thomas Becket, *Der Heilige* (1880), der seinem König in Treue dient, auch noch, nachdem dieser ihm die geliebte Tochter geschändet hat. Als der König ihn jedoch zum Erzbischof ernennt, wird er, in Verteidigung der Kirche, sein unerbittlicher Feind; der König läßt ihn deshalb ermorden.

In keiner Balladensammlung dürften *Die Füße im Feuer* fehlen. Zu den Meisterballaden zählt auch *Mit zwei Worten;* hier wird geschildert, wie eine Sarazenin einen Pilger, den sie einst von seinen Sklavenketten befreit hat, in der großen Stadt London sucht und findet. „Liebe wandert mit zwei Worten gläubig über Meer und Land", ist der schöne Schlußsatz des Gedichtes, das sich durch eine ungewöhnliche Knappheit des Ausdrucks auszeichnet.

C. F. Meyers Lyrik ist nicht minder formvollendet als seine Prosa und seine Balladen. Immer wieder arbeitete er an seinen Gedichten, bis sie seinen hohen Anforderungen entsprachen. So entstanden Verse, in denen kein Wort zuviel steht:

Säerspruch

Bemeßt den Schritt! Bemeßt den Schwung!
Die Erde bleibt noch lange jung!
Dort fällt ein Korn, das stirbt und ruht.
Die Ruh ist süß. Es hat es gut.
Hier eins, das durch die Scholle bricht.
Es hat es gut. Süß ist das Licht.
Und keines fällt aus dieser Welt,
und jedes fällt, wies Gott gefällt.

[1] Charon = in der griech. Sage Fährmann der Unterwelt, der die Toten über den Fluß Acheron setzt.

Theodor Storm

Zwischen Romantik und Realismus stand Theodor Storm, wie G. Keller und C. F. Meyer Lyriker und Epiker; wie Stifter der Heimat eng verbunden, ohne im Provinziellen stecken zu bleiben. Zum ersten Male meldete sich ein norddeutscher Erzähler zu Wort; zum ersten Male gelang einem Dichter die künstlerisch gültige Schilderung einer bestimmten Landschaft, die man unverwechselbar zu erkennen vermag. (Die Romantiker, aber auch noch Stifter und Keller hatten mehr oder weniger unwirkliche Gegenden beschrieben.)

Storm wurde 1817 in Husum an der Westküste Schleswigs als Sohn eines Anwalts geboren. Er ging in seiner Heimatstadt und in Lübeck zur Schule, dann studierte er die Rechte. Wie sein Vater wurde er Anwalt in Husum, doch mußte er die geliebte Heimat auf ein Dutzend Jahre verlassen. Er war den Dänen, die damals das Land regierten, aus politischen Gründen mißliebig geworden. Zunächst zog er nach Potsdam, später als Amtsrichter nach Heiligenstadt im Eichsfeld. Von 1864 an konnte er wieder in Husum wirken. Er starb 1888 in Hademarschen bei Itzehoe.

Storms Prosa war starken Wandlungen unterworfen. Er begann in einem lyrisch-romantischen Stil. Gegen Ende der Erinnerungsnovelle *Immensee* heißt es:

„Der Mond schien nicht mehr in die Fensterscheiben, es war dunkel geworden; der Alte aber saß noch immer mit gefalteten Händen in seinem Lehnstuhl und blickte vor sich hin in den Raum des Zimmers. Allmählich verzog sich vor seinen Augen die schwarze Dämmerung um ihn her zu einem dunklen See; ein schwarzes Gewässer legte sich hinter das andere, immer tiefer und ferner, und auf dem letzten, so fern, daß die Augen des Alten sie kaum erreichten, schwamm einsam zwischen breiten Blättern eine weiße Wasserlilie."

Mit der Zeit wurde Storms Aussageweise herber, wortkarger und spannungsreicher. Immer mehr vervollkommnete er die Kunst der Novelle, in der er die „Schwester des Dramas" sah. An die Stelle matter, kampfloser Entsagung setzte der Dichter nun Konflikte, die sich aus der Verschiedenheit der Charaktere entwickeln.

Viola tricolor (nach dem lateinischen Namen des Stiefmütterchens) schildert die Problematik einer zweiten Ehe und des Stiefkindes. Hier schöpfte Storm aus eigenem Erleben. Er hatte seine erste Frau Constanze früh hergeben müssen, und die zweite, Dorothea, lebte lange im Schatten der Toten. – Für eine Jugendzeitschrift schrieb der Dichter *Pole Poppenspäler*. Meisterhaft erzählt er die Geschichte einer frühen keuschen Liebe zwischen dem Drechslerjungen Paul und der Komödiantentochter Lisei, die die ganze Härte des Lebens zu spüren bekommt, ehe sich zum Schluß alles zum Guten wendet.

Mit den „Chroniknovellen" begab sich Storm ähnlich wie C. F. Meyer in vergangene Jahrhunderte, doch blieb er im heimatlichen Raum. Auf *Die Söhne des Senators*, die Geschichte eines Bruderzwistes, und „*Zur Chronik von Grieshuus*", eine balladeske Erzählung, folgte kurz vor dem Tode des Dichters *Der Schimmelreiter*. Hier durchdringen einander geschichtliche Überlieferungen und spukhafte Erscheinungen. Wie in den alten Heldenliedern waltet ein unerbittliches Schicksal, vor dem es kein Entrinnen gibt, über dem ehrgeizigen Deichgrafen Hauke Haien und seiner tapferen Frau Elke. Hart, schlicht und knapp ist der Altersstil des Dichters. So schildert er den Tod des Schimmelreiters:

„‚Das Ende!' sprach er leise vor sich hin; dann ritt er an den Abgrund, wo unter ihm die Wasser, unheimlich rauschend, sein Heimatdorf zu überfluten begannen; noch immer sah er das Licht von seinem Hause schimmern; es war ihm wie entseelt. Er richtete sich hoch auf und stieß dem Schimmel die Sporen in die Weichen; das Tier bäumte sich, es hätte sich fast überschlagen; aber die Kraft des Mannes drückte es herunter. ‚Vorwärts!' rief er noch einmal, wie er es so oft zum festen Ritt gerufen hatte: ‚Herr Gott, nimm mich; verschon die anderen!'

Noch ein Sporenstich; ein Schrei des Schimmels, der Sturm und Wellenbrausen überschrie; dann unten aus dem hinabstürzenden Strom ein dumpfer Schall, ein kurzer Kampf."

Als Lyriker forderte Storm für das Gedicht ,,höchste Gefühlserregung", zugleich aber eine Aussage von reinster Form. Wie in der Prosa, so gelangen ihm auch in seinen Versen Landschaftsbilder von überzeugender Echtheit *(Abseits, Im Walde, Meeresstrand, Die Stadt)*.

In erster Linie für Kinder schrieb Storm den *Knecht Ruprecht* und Weihnachtslieder sowie Märchen. Das bekannteste ist *Die Regentrude*.

Theodor Fontane

Ähnlich wie C. F. Meyer kam Theodor Fontane erst im Alter zur vollen Entfaltung seiner schöpferischen Kräfte, doch sind seine Dichtungen bei aller Freude an der Geschichte sehr viel wirklichkeitsnäher und gegenwartsbezogener als die des Schweizers. Sein altes Herz schlug für die Jugend. Er trug entscheidend dazu bei, der heranwachsenden naturalistischen Generation (s. S. 100ff.) zum Durchbruch zu verhelfen. Er verteidigte die ,,Schnapsbudenrhapsoden", wie man die Jungen geringschätzig nannte. Begeistert schlossen sie bei der Feier seines 70. Geburtstages ,,eine Art Blutsbrüderschaft" mit dem Jubilar. Und doch gehört Fontane, betrachtet man sein Werk, eher zu seinen Altersgenossen – G. Keller wurde im selben Jahr geboren – als zu den ,,Modernen".

Theodor Fontane wurde 1819 in Neuruppin (nordwestlich von Berlin) als Sohn einer in Preußen heimisch gewordenen französischen Hugenottenfamilie geboren. Er war zunächst als Apotheker tätig, gab diesen Beruf aber als Dreißigjähriger auf und wurde Journalist, Kriegsberichterstatter und freier Schriftsteller. Er starb 1898.

Fontane begann, angeregt durch Reiseeindrücke in England und Schottland, indem er meisterhaft anekdotische Stoffe zu Balladen verdichtete. Dabei verzichtete er weitgehend auf das mit dem Verstand nicht Faßbare, das in Bürgers *Lenore* (s. S. 50f.) einen breiten Raum einnimmt, und auf das moralisch Lehrhafte, das Schillers Balladen (s. S. 61f.) das Gepräge gibt.

In Nordamerika, auf dem Erie-See, spielt *John Maynard*, das Heldenlied des Steuermannes, der sein Leben opfert, um die Passagiere seines Schiffes zu retten. – Nach Schottland führt *Archibald Douglas*, nach Dänemark die düstere Saga von *Gorm Grymme*. – Der *Herr von Ribbeck auf Ribbeck im Havelland*, der auf ungewöhnliche Weise dafür sorgt, daß die Dorfkinder auch nach seinem Tode noch ihre ,,Beer" (Birne) bekommen, ist der Typ des gütigen, etwas schrulligen märkischen Edelmannes, wie Fontane ihn sah.

Im Alter wandte sich der Dichter von der Ballade ab (,,dat allens bumst un klappert to veel", schrieb er), um sich ganz der Prosa zu widmen. Er erwies sich als glänzender Schilderer der gesellschaftlichen Verhältnisse seiner Zeit, wobei er allerdings den Vierten Stand, die Arbeiterschaft, noch ausnahm. Mit ungewöhnlicher Schöpferkraft reihte er in den letzten beiden Jahrzehnten seines Lebens Roman an Roman, bis er über dem siebzehnten starb. Die bedeutendste dichterische Leistung ist der Eheroman *Effi Briest* (1895).

Die junge, in der Liebe noch ganz unerfahrene Landadlige heiratet auf Wunsch der Eltern den ehrgeizigen, kühlen Baron von Instetten. Sie betrügt ihren Mann mit dem unglücklichen Major Crampas, ohne auch ihn wirklich zu lieben. Nach der Trennung der beiden verlebt Effi Jahre der Angst vor der Entdeckung ihres ,,Schrittes vom Wege", bis alles herauskommt. Die junge Frau fällt dem ,,tyrannisierenden Gesellschafts-Etwas" zum Opfer: von allen verstoßen, siecht sie dahin. Ein Mensch geht zugrunde, aber die überkommene Ordnung bleibt bestehen.

Als echter Epiker erzählte Fontane dieses und andere Schicksale, ohne sich selbst wertend oder nach dem Hintergründigen fragend einzuschalten:

Halte dich still, halte dich stumm,
nur nicht forschen, warum? warum?
Nur nicht bittre Fragen tauschen,
Antwort ist doch nur wie Meeresrauschen.
Wie's dich auch aufzuhorchen treibt,
das Dunkel, das Rätsel, die Frage bleibt.

Wilhelm Raabe

Der jüngste der großen Realisten des 19. Jahrhunderts ist Wilhelm Raabe. In den letzten Jahren hat man mehrfach versucht, ihn als Vorläufer der Dichtergeneration zu sehen, die in unseren Tagen mitten in der Auseinandersetzung um die Grundlagen unserer geistigen Existenz steht. Gewiß, Raabes Leben greift mit einem vollen Jahrzehnt in das 20. Jahrhundert; er hat die Katastrophe des ersten Weltkrieges kommen sehen; in seinen Büchern gibt es Stellen, die seine Gegenwartsnähe zu bestätigen scheinen – so, wenn er von der „Angst der gejagten Menschennatur im Finstern" spricht. Betrachtet man aber das Gesamtwerk Raabes, so wird klar, daß er eindeutiger noch als Fontane in das vorige Jahrhundert gehört, dessen Fragwürdigkeit er wie kaum ein anderer nicht nur erlebt, sondern auch erlitten hat, bevor er sie in seinen Dichtungen gestaltete.

Wilhelm Raabe wurde 1831 in Eschershausen im Weserbergland geboren, wo sein Vater im Staatsdienst als Jurist tätig war. Nach des Vaters frühem Tode siedelte die Familie nach Wolfenbüttel über. Dort besuchte Raabe das Gymnasium. Anschließend trat er als Lehrling in eine Magdeburger Buchhandlung ein. Später finden wir ihn als Studenten in Berlin. Dort, in der Spreegasse 11, entstand sein erstes Buch, *Die Chronik der Sperlingsgasse* (1857), mit dem er sich einen Namen machte, so daß er künftig als freier Schriftsteller leben konnte. Wolfenbüttel, Stuttgart und – seit 1870 – Braunschweig waren die weiteren Stationen seines äußerlich wenig ereignisreichen Lebens, das 1910 endete.

Raabes Werke enthalten in zwei Dutzend Bänden fast ausschließlich Romane und Erzählungen. Der Dichter entnahm seine Stoffe ähnlich wie Fontane sowohl der Geschichte als auch der Gegenwart. Er schilderte seine Charaktere und deren Handlungsweise sachlich und kaum ichbezogen, doch oft mehrschichtig. Vielfach liegt hinter vordergründigem Geschehen eine Lebensweisheit, eine Lebenslehre. Ein behaglicher Humor, der allerdings auch recht gallig ausfallen kann, gehört zu den Eigenarten Raabes. Er überwand damit seinen Pessimismus, der sich auf eine negative Beurteilung mannigfacher Zeiterscheinungen gründete. Besonders nach 1871 litt der Dichter mit den Besten seiner Epoche unter den Anzeichen des geistigen Niederganges, den er unter der glänzenden Oberfläche des neuen Reiches der Deutschen erkannte.

Schon in seinem Roman *Der Hungerpastor* (1864) gilt es, den Hunger nach Geld und Macht, wie ihn Samuel Freudenstein verspürt, von dem Hunger als der Sehnsucht nach geistig-seelischen Werten zu unterscheiden, die der Schusterssohn Hans Unwirrsch endlich als Pfarrer in dem armseligen Fischerdorf Grunzenow nur unzulänglich erfüllt sieht.

In den Jahren nach dem letzten Kriege, als viele Menschen nach aufgezwungener langer Trennung in eine Heimat zurückkehrten, in der sie sich nicht mehr zurechtfinden konnten, las man den *Abu Telfan* (1868) mit besonderer innerer Anteilnahme.

Der Theologiestudent Hagenbucher ist in Nordafrika von Eingeborenen gefangengenommen worden und muß der Königin Kulla Gulla dienen, bis er von einem Weißen losgekauft wird. Aber zu Hause kann sich der Heimgekehrte nicht mehr einleben. Aus spießbürgerlicher Enge sehnt er sich zurück in die Wildnis. Schließlich flieht der Unglückliche in die Einsamkeit der Katzenmühle, wo ihn die gütige, geduldige Liebe der Mutter erwartet.

Im *Schüdderump* (1870) – der Roman heißt nach dem Karren für die Pesttoten – geht es dem Dichter um das tragische Geschick der Antonie Häusler, die an der Niedertracht der Menschen, an der „Kanaille" scheitert.

Neben den Romanen stehen zahlreiche Erzählungen, über die sich verhältnismäßig leicht ein Zugang zu Wilhelm Raabe finden läßt. Das gilt besonders für *Die schwarze Galeere,* die den Leser in die Zeit des Freiheitskampfes der Niederlande versetzt. Auch *Else von der Tanne, Des Reiches Krone* und *Das Odfeld* führen in die Vergangenheit. Besondere Beachtung verdient *Horacker,* die humorvolle Geschichte eines entlaufenen Fürsorgezöglings, der als vermeintlicher Räuber die ganze Gegend in Angst und Schrecken versetzt, in Wirklichkeit aber ein völlig harmloser Mensch ist.

Naturalistische Dichtung – Kritik und Anklage

Gerhart Hauptmann

Angriff auf den Staat

Als 1893 im Berliner Deutschen Theater der Vorhang nach der Aufführung der *Weber* gefallen war, erlebte die Reichshauptstadt einen ihrer heftigsten Theaterskandale. Der Kaiser kündigte seine Loge und verbot den Offizieren, das Stück anzusehen. Der Dichter war der damals einunddreißigjährige Gerhart Hauptmann, ein schlanker junger Mann mit einwandfreien Manieren, gekleidet in einen untadelig geschnittenen, hochgeschlossenen Rock, der ihm eher das Aussehen eines Geistlichen als eines revolutionären Sozialisten verlieh, den viele in ihm vermuteten. Denn schon einmal hatte eines seiner Dramen, *Vor Sonnenaufgang,* bei der Aufführung wilden Tumult ausgelöst, da es die überlieferten sittlichen Werte herabzusetzen schien.

Gerhart Hauptmann kannte den Stoff seiner *Weber* aus den Erzählungen seines Großvaters, der selbst ein schlesischer Weber gewesen war. Als Sohn eines Gastwirts wurde er 1862 in Obersalzbrunn (Schlesien) geboren. Schon als Kind schrieb er Gedichte und Erzählungen, aber er war ein schlechter Schüler und mußte schon nach der 7. Klasse das Gymnasium verlassen. Eine Lehre in der Landwirtschaft führte ihn sowenig wie die Ausbildung auf der Breslauer Akademie als Bildhauer zu einem sicheren Beruf. Er reiste nach Italien, arbeitete als Bildhauer in Rom; dann hörte er Vorlesungen an der Universität Jena. Auch aus seinem Plan, Schauspieler zu werden, wurde nichts. Er schrieb Balladen, ein dramatisches Gedicht, ohne damit zufrieden zu sein.

In Berlin geriet er in den Kreis junger Schriftsteller, die gegen die schönfärbende, hohle Literatur vieler Zeitgenossen ankämpften und sich auf die bedeutenden Vorbilder des Franzosen

Zola, des Norwegers Ibsen, der Russen Tolstoj und Dostojewskij beriefen. Hier empfing der junge Hauptmann wichtige Anregungen. Als ihm seine Frau, die Tochter eines reichen Großkaufmannes, so viel Geld mit in die Ehe brachte, daß er sorgenfrei leben konnte, widmete er sich ganz dem Schriftstellerberuf.

Der Naturalismus

Die junge literarische Bewegung, der er sich in Berlin anschloß, war der Naturalismus. Sie war zuerst in Frankreich, Norwegen und Rußland aufgekommen und setzte sich nur zögernd in Deutschland durch. Manche Punkte des naturalistischen Programms hatten schon die Schriftsteller des ,,Jungen Deutschland" (s. S. 80) in der Mitte des 19. Jahrhunderts verfolgt: in ungeschminkter Schilderung der modernen Wirklichkeit für die Freiheit des Menschen, die gesellschaftliche Gleichstellung der Frau, die Befreiung der Juden aus den Ghettos, die Verwirklichung der demokratischen Ideale zu kämpfen. Auch die Dichter des Poetischen Realismus – so Gottfried Keller – hatten sich um die Wirklichkeit, in der sie lebten, bemüht, doch ließen sie durch die Art der Darstellung das verborgene Bedeutsame der Dinge und Menschen spürbar werden. Die Naturalisten dagegen gingen darauf aus, nichts als die vorgefundene Wirklichkeit abzubilden, ihrer Ansicht nach wie auf einem Foto. Phantasie und persönlicher Stil wurden weitgehend zugunsten einer peinlich genauen Beschreibung der beobachteten Geschehnisse und Erscheinungen ausgeschaltet. Im ,,Sekundenstil" wurden auch scheinbar belanglose Vorgänge in kleinste Zeiteinheiten zerlegt und auf das gewissenhafteste beschrieben. Bisher unbeachtete Eigentümlichkeiten der Alltagssprache und der Mundart bezog man zur Charakterisierung in die Dichtung ein.

Damit wollten die Naturalisten die Blicke der Zeitgenossen auf Verhältnisse lenken, die der Kritik und der Verbesserung bedurften. Indem sie die elende Beschaffenheit der Arbeiterviertel in den Industriestädten und andere soziale Notstände wie Krankheiten, Süchte, Laster schonungslos darstellten, hofften sie, die Gewissen wachzurütteln. In der Trostlosigkeit vieler ihrer Werke lebte also der sittliche Wille zur Erneuerung der Gesellschaft.

Bei der Bestandsaufnahme und Ausdeutung der sozialen Zustände verwandten sie Gesichtspunkte und Darstellungsweisen, die sie den Naturwissenschaften abgesehen hatten. War es doch ihre Überzeugung, daß allein die Wissenschaft das Lebensschicksal des einzelnen wie den Ablauf des gesellschaftlichen Geschehens zuverlässig erfassen und erklären könne. Sie verstanden daher den Menschen als Produkt der Vererbung, der Umwelt und der Zeit, in die er mit seiner Geburt hineingestellt wurde. Gegenüber diesen Mächten und Kräften, glaubten sie, könne es keine Freiheit des Willens geben. Die Umwelt (das Milieu) spielt daher in den Theaterstücken der Naturalisten – auch denen G. Hauptmanns – eine stumme Hauptrolle, und die Dichter beschrieben das Bühnenbild, in dem die Umwelt sich zeigt, bis in alle Einzelheiten genau. Mit diesen Gedanken und Bestrebungen wurde der junge Gerhart Hauptmann im Kreis seiner Berliner Freunde bekannt, und er setzte die neuen Erkenntnisse alsbald in eine entscheidende künstlerische Tat um, das Drama *Vor Sonnenaufgang* (1889), das ihm mit einem Schlage eine allerdings heftig umstrittene Berühmtheit einbrachte. ,,Die Freie Bühne", ein nach französischem Vorbild gegründeter privater Theaterverein, der in zum Teil geschlossenen Vorstellungen seinen Mitgliedern auch verbotene naturalistische Dramen zeigte, hatte die Aufführung gewagt.

Hauptmanns Aufstieg zu literarischem Ruhm

Die Theaterskandale von 1889 und 1893 machten Gerhart Hauptmann nicht nur in Deutschland bekannt, sondern sie begründeten seine europäische Geltung und bestimmten seinen weiteren Lebensweg. Er ließ sich von seiner ersten Frau scheiden und heiratete Margarete Marschalk, deren Bruder Kritiker einer führenden Berliner Zeitung war, während eine Schwester dem jungen Autor die sehr nützliche Verbindung zu einem der bedeutendsten deutschen Verlage verschaffte.

Damit waren wichtige Voraussetzungen für einen steilen Aufstieg gegeben. 1912 erhielt Gerhart Hauptmann den Nobelpreis; er hatte die Gipfelhöhe literarischen Ruhms erreicht. Der Adlerschild des Deutschen Reiches, der ihm zehn Jahre später als erstem verliehen wurde, der Pour le mérite und die Goethe-Medaille waren dann Bestätigungen einer von allen Kulturvölkern anerkannten Bedeutung.

Die Einnahmen aus seinen Werken versetzten Hauptmann in die Lage, sich das Haus Wiesenstein in Agnetendorf und ein weiteres in Hiddensee auf Rügen zu bauen. Wenn er auch immer Widersacher und Feinde hatte, so galt er doch zu Lebzeiten als der hervorragendste und – im Alter – als der ehrwürdigste deutsche Dichter. Selbst der Nationalsozialismus wagte den Siebzigjährigen mit dem ausdrucksvollen Goethekopf nicht anzutasten. Der Greis beobachtete 1945 von ferne die grauenhafte Zerstörung Dresdens und mußte bald danach den Verlust seiner geliebten schlesischen Heimat erleben, den er nicht mehr zu verschmerzen vermochte. Er starb 1946 auf dem Wiesenstein und wurde in Hiddensee beigesetzt.

Das Werk

Im *Bahnwärter Thiel* (1892), der frühen „novellistischen Studie", griff Gerhart Hauptmann erstmalig ein Thema auf, das er später immer neu gestaltete: die nicht aus der Welt zu schaffende Tragik vieler menschlicher Beziehungen.

Thiel hat nach dem Tode seiner zarten ersten Frau, die bei der Geburt ihres ersten Kindes Tobias gestorben ist, die robuste, zänkische Kuhmagd Lene geheiratet. Sie behandelt Tobias schlecht. Infolge ihrer Unachtsamkeit wird der von seinem Vater besonders geliebte Sohn von einem Zuge überfahren. Er stirbt. Da wird Thiel unter dem Zwang dumpfer Wahnvorstellungen zum Mörder seiner zweiten Frau und des Kindes aus der zweiten Ehe.

Die Erzählung ist auch dadurch bemerkenswert, daß sich in ihr wohl zum erstenmal in der deutschen Literatur etwas von der bis dahin als unpoetisch empfundenen technischen Welt spiegelt. Mit der Genauigkeit des Sekundenstils wird z. B. die Vorbeifahrt eines Zuges beschrieben:

„Ein dunkler Punkt am Horizonte, da wo die Geleise sich trafen, vergrößerte sich. Von Sekunde zu Sekunde wachsend, schien er doch auf einer Stelle zu stehen. Plötzlich bekam er Bewegung und näherte sich. Durch die Geleise ging ein Vibrieren und Summen, ein rhythmisches Geklirr, ein dumpfes Getöse, das, lauter und lauter werdend, zuletzt den Hufschlägen eines heranbrausenden Reitergeschwaders nicht unähnlich war. Ein Keuchen und Brausen schwoll stoßweise fernher durch die Luft. Dann plötzlich zerriß die Stille. Ein rasendes Tosen und Toben erfüllte den Raum, die Geleise bogen sich, die Erde zitterte – ein starker Luftdruck – eine Wolke von Staub, Dampf und Qualm, und das schwarze, schnaubende Ungetüm war vorüber. So wie sie anwuchsen, starben nach und nach die Geräusche. Der Dunst verzog sich. Zum Punkte eingeschrumpft, schwand der Zug in der Ferne, und das alte heil'ge Schweigen schlug über dem Waldwinkel zusammen."

In Gerhart Hauptmanns erstem Drama *Vor Sonnenaufgang* (1889) sind die Bauern des oberschlesischen Steinkohlenreviers, unter deren Äckern das „schwarze Gold" liegt, über Nacht reich geworden, aber fast ausnahmslos Lastern und Ausschweifungen erlegen.

Auch Hauptmanns naturalistisches Hauptwerk, das Drama *Die Weber,* 1889 geschrieben, führt in seine schlesische Heimat. Der Großvater hatte ihm die Geschichte vom Weberaufstand im Hungerjahr 1844 erzählt.

Held des Stückes ist nicht der einzelne, sondern die von dem Unternehmer Dreißiger ausgebeutete Masse der Heimarbeiter. Ein vom Militärdienst Zurückgekehrter trägt den zündenden Gedanken, sich endlich selbst zu helfen, in die dumpf und hoffnungslos dahinlebende Masse. Es kommt zum Aufruhr. Der verhaßte Fabrikant muß fliehen, sein Haus wird gestürmt, und auch das Militär weicht zurück. Die Aufständischen kommen nach Langenbielau. Der alte Hilse warnt den jungen Gottlieb, aber die Weberfrau Luise treibt zum Kampf:

„*Gottlieb:* ... Jetzt tät a ganz andre Ding werden mit uns Webern. M'r sollten alle kommen und's mithelfen durchsetzen. Mir wollten alle jetzt o unser Halbfindl Fleesch zum Sonntage haben und an allen heiligen Tagen amal a Bluttwurscht und Kraut. Das tät jetzt alles a ganz andre Gesichte kriegen...

Der alte Hilse: ... Laß du dich nich in solche Sachen ein, Gottlieb. Da hat d'r Teifel seine Hand im Spiele. Das is a Satansarbeit, was die machen.

Luise, übermannt von leidenschaftlicher Aufregung, heftig: Ja, ja, Gottlieb, kaffer du dich hinter a Owen, in de Helle, nimm d'r an Kochleffel in de Hand und 'ne Schissel voll Puttermilch uf de Knie, zieh d'r a Reckel an und sprich Gebetl, so bist'n Vater recht. Und das will a Mann sein?

Der alte Hilse, bebend, mit unterdrückter Wut: Und du willste 'ne richtige Frau sein, hä? Da wer ich dirsch amal orntlich sagen. Du willst 'ne Mutter sein und hast so a meschantes Maulwerk dahier? Du willst dein'n Mädel Lehren geben und hetzt dein'n Mann uf zu Verbrechen und Ruchlosigkeiten?!

Luise, maßlos: Mit Euren bigotten Räden ... dad'rvon da is mir o noch nich amal a Kind satt gewor'n. Derwegen han se gelegen alle viere in Unflat und Lumpen. Da wurd ooch noch nich amal a eenzichtes Winderle trocken. Ich will 'ne Mutter sein, daß d's weeßt! und deswegen, daß d's weeßt, winsch ich a Fabrikanten de Helle und de Pest in a Rachen nein. Ich bin ebens 'ne Mutter. – Erhält ma woll so a Wirml!? Ich hab mehr geflennt wie Oden geholt von dem Augenblicke an, wo aso a Hiperle uf de Welt kam, bis d'r Tod und erbarmte sich drieber. Ihr habt Euch an Teiwel gescheert. Ihr habt gebet't und gesungen, und ich hab m'r de Fieße bluttich gelaufen nach een'n eenzichten Neegl Puttermilch. Wie viel hundert Nächte hab ich mir a Kopp zerklaubt, wie ich ock und ich kennte so a Kindl ock a eenzich Mal um a Kirchhoof rumpaschen. Was hat so a Kindl verbrochen, hä? und muß so a elendigliches Ende nehmen – und drieben bei Dittrichen, da wern se in Wein gebad't und mit Milch gewaschen. Nee, nee: wenn's hie losgeht – ni zehn Pferde soll'n mich zurickehalten. Und das sag ich: stirmen se Dittrichens Gebäude – ich bin de erschte, und Gnade jeden, der mich abhalten will. Ich hab's satt, aso viel steht feste."

Doch der Aufstand wird vom Militär unterdrückt. Hauptmann setzt am Schluß ein deutliches Fragezeichen, ob dieser Weg, die Lage zu ändern, der richtige sei. Den alten Weber Hilse, der im festen Glauben daran, daß Gott alles irdische Leid einmal vergelten werde, an seinem Webstuhl ausharrt, trifft am Schluß eine verirrte Kugel.

Lustspiele in derselben, dem Volk abgelauschten Sprechweise, die Hauptmanns naturalistischen Stil kennzeichnet, folgten auf die *Weber,* darunter der *Biberpelz* (1893), der heute zu den wenigen klassischen deutschen Komödien zählt.

In dieser „Diebskomödie" schlägt sich die Mutter Wolffen, eine warmherzige und lebenskluge Frau aus dem Volk, mehr schlecht als recht durchs Leben. Eine kleine Dieberei hin und wieder muß die kärglichen Einnahmen aufbessern. Der Amtsvorsteher Wehrhahn, dem diese Dinge angezeigt werden, ist so versessen darauf, angebliche Umtriebe gegen die Krone aufzudecken, daß er gegen diese Vorfälle aus dem täglichen Leben blind ist, ja, am Schluß bezeichnet er sogar die Mutter Wolffen, die den Biberpelz gestohlen hat, als „ehrliche Haut" und verdächtigt einen harmlosen Privatgelehrten als „lebensgefährlichen Kerl". Hauptmann kritisiert mit diesem Stück die Lebensferne der Bürokratie, die Hirngespinsten nachgeht und keine Ahnung vom tatsächlichen Leben hat.

Gerhart Hauptmann bei einer Probe
seines Dramas *Die Ratten* (Darmstadt 1931)

Ebenfalls 1893 schrieb Hauptmann die Traumdichtung *Hanneles Himmelfahrt*, die zum erstenmal wieder über den Naturalismus hinausführt und eine Welt inneren Erlebens öffnet.

Die äußere Welt des Armenhauses, in dem Hannele zwischen allerlei verkommenem Volk leben muß, zeigt er in krasser Wirklichkeitsnähe. Aus Angst vor dem trunksüchtigen Vater sucht das gequälte Hannele den Tod im Dorfteich. Der Lehrer ist der einzige, der gut zu ihr ist, und er rettet sie gerade noch. Doch Hannele verfällt in Fieberphantasien: sie erlebt ihr eigenes Begräbnis im Traum, die Gestalt der Mutter ist wieder da, und sie geht beseligt in die Ewigkeit ein. Sachlich stellt der Armenarzt den Tod fest.

Das Mitleiden mit der geschlagenen und verfolgten Menschenkreatur ist vielleicht der innerste Antrieb zu Hauptmanns Schaffen. Die stille Empörung hat ihm die Feder geführt, wenn er in dem Drama *Fuhrmann Henschel* (1898) schildert, wie ein liederliches, rohes Weib diesen beschränkten, aber anständigen Mann in den Tod treibt. Der Unglückliche begreift nicht, wie das alles gekommen ist: ,,Schlecht bin ich gewor'n, bloß ich kann nicht dafier", sagt er, ,,ich bin ebens halt 'neingetapert." Seine Umwelt hat ihn unmerklich, Schritt für Schritt ins Elend gezogen. – So ,,'neingetapert" in ihr Verderben ist auch die Kindsmörderin *Rose Bernd* in dem gleichnamigen Drama (1903), für die es ebensowenig einen Ausweg gibt. In seinem letzten naturalistischen Stück *Die Ratten, Berliner Tragikomödie* (1911) gestaltet Hauptmann Schicksale von Menschen, die in einer als Mietshaus dienenden alten Kaserne hausen. Im spannungsreichen Zusammenleben verschiedener sozialer Schichten und verschiedener Generationen wird überzeugend die Fragwürdigkeit der bürgerlichen Gesellschaftsordnung deutlich, die im ersten Weltkrieg endgültig zusammenbrechen sollte. – Mit den naturalistischen Dramen sicherte sich Gerhart Hauptmann einen unverlierbaren Platz in der Weltliteratur.

Kaum ein bedeutender Dichter hat gegen Ende eines langen, schöpferischen Lebens derart verzweifelt von dieser Erde Abschied genommen wie Gerhart Hauptmann. Fast achtzigjährig begann er sein letztes großes Werk, die Atriden-Tetralogie (Tetralogie = vier Dichtungen, die eine Einheit bilden) mit den Teilen *Iphigenie in Delphi* (1941), *Iphigenie in Aulis* (1944), *Agamemnons Tod* (1948) und *Elektra* (1948). Der Dichter verlieh dem klassischen Stoff eine bestürzende Zeitnähe. Den Fluch der Atriden spürte er auch über den Jahren des Grauens, in denen er an den Dramen arbeitete; Mord, Greuel, Irrsinn und Vernichtung, die Geißeln des sagenhaften Geschlechtes, bedrohten damals das Dasein aller. Ersetzt man ,,Hellas" oder ,,Griechenland" durch „Deutschland", so wird die Verzweiflung des Dichters erregend deutlich. Da heißt es in *Iphigenie in Aulis:* „Der Wahnsinn herrscht! Ganz Hellas ist sein fürchterlicher Herd, auf ihm verbrennt zu Asche, was den Griechen dem Unflat der Barbarenwelt enthob, und köpflings stürzt er sich in ihren Blutsumpf." In *Agamemnons Tod* stehen die beziehungsvollen Worte: „Gewöhnt Euch an das Fürchterliche – hat die Welt sich längst ja doch daran gewöhnt! Vergeblich ist's, dawider sich zu wehren."

Dichtung einer Neuen Romantik

Neuerliche Abkehr von der Wirklichkeit

Im Jahr 1893 erschien der 20. und letzte Band der Romanfolge *Die Rougon-Macquart.* Der Autor, Emile Zola, hatte sich 1869, als er mit der Reihe begann, zum Ziel gesetzt, am Beispiel einer Familie „die Ereignisse und Gefühle einer ganzen sozialen Epoche" – der Napoleons III. – unter besonderer Berücksichtigung von Milieu und Vererbung darzustellen. Das Ergebnis war eine ungewöhnliche erzählerische Leistung. Sie ging nach Umfang und Inhalt auch deshalb weit über den ursprünglichen Plan hinaus, weil der Autor gewisse trostlose soziale Verhältnisse seiner Zeit derart genau schilderte, daß das Werk zu einer leidenschaftlichen Anklage wurde. Das entsprach den literarischen Zielvorstellungen der naturalistischen Schriftsteller-Generation, deren führender Kopf Zola war.

Ebenfalls 1893 wurde im Königlichen Schauspielhaus, Berlin, Gerhart Hauptmanns *Hannele* (s. S. 104) aufgeführt, ein Stück, in dem eine „Traumdichtung" in eine naturalistische Elendsszenerie eingefügt ist.

Im selben Jahr 1893 veröffentlichte Ricarda Huch ihren *Ludolf Ursleu,* wie Hauptmanns *Hannele* eine Dichtung der Stilwende vom Naturalismus zu einer neuen Romantik. Umfangreiche Abhandlungen der Autorin über die nachklassische Romantik folgten.

1895 brachte ein damals noch ganz unbekannter vierundzwanzigjähriger Dichter namens Christian Morgenstern sein erstes Lyrikbändchen mit dem Titel *In Phantas Schloß* heraus. Im Prolog heißt es u. a.:

> Langst Gesagtes wieder sagen,
> hab ich endlich gründlich satt.
> Neue Sterne, neues Wagen!
> Fahre wohl, du alte Stadt...
> Holperpflaster, Dämmergiebel,
> Wehmutskneipen, fahret wohl!
> Hoch in einsam-heitren Stillen
> gründ ich mir ein eignes Heim,
> ganz nach eignem Witz und Willen,
> ohne Balken, Brett und Leim.

Das Gedicht klingt aus mit einem Bekenntnis zur „Kräftedreiheit" Schönheit, Freiheit, Kraft. Auch hier zeigt sich eine deutliche Absage an die Trostlosigkeit naturalistischer Umweltschilderungen und Vererbungstragödien.

Ein Jahr vor der Jahrhundertwende stellte sich ein anderer junger Lyriker, der zweiundzwanzigjährige Hermann Hesse, mit der Gedichtsammlung *Romantische Lieder* der Öffentlichkeit vor. In diesen frühen Versen geht es in der Tat „romantisch" zu. Königinnen, Prinzessinnen und Prinzen schreiten mit „Sporengeläut und Tressengold" durch Schlösser im „Heimwehland der Sehnsucht"; die erste Strophe des Gedichtes *Geständnis* lautet:

Wer meine Freunde sind? –
Zugvögel, überm Ozean verirrt,
schiffbrüchige Schiffer, Herden ohne Hirt,
die Nacht, der Traum, der heimatlose Wind.

Hier werden Saiten berührt, die Andersen auf dem mitternächtlichen Brocken angeschlagen hatte (s. S. 67f.); *Silberne Saiten* gleichsam - so der Titel des ersten Lyrik-Bandes von Stephan Zweig (1901) –, deren feines Schwingen zarter klang als der Lärm aus den „Wehmutskneipen" des Naturalismus und diesen dennoch in zunehmendem Maße übertönen sollte.

Die vier genannten Autoren – Ricarda Huch, Morgenstern, Hesse und Zweig – gingen trotz mancher Gemeinsamkeiten ihres frühen Schaffens ganz verschiedene Wege.

Ricarda Huch

In ihrem ersten Roman *Erinnerungen von Ludolf Ursleu dem Jüngeren* erzählt Ricarda Huch ohne wirklichkeitsnahe Einzelheiten den Niedergang eines alten Patriziergeschlechtes. Ihre Gestalten haben ungewöhnlich „romantische" Namen. Viele sahen in der Wahl des Stoffes und der Art seiner Gestaltung eine erste Abkehr vom Naturalismus. Die „Moderne" hatte an die Stelle der Geschichte und des Jenseitigen eine nüchterne Gegenwartskunst gesetzt, die auf die Dauer nicht befriedigen konnte. Indem sich Ricarda Huch in mehreren Werken mit Gestalten und Ideen der Romantiker befaßte, trug sie entscheidend zum Durchbruch der Neuromantik in Deutschland bei (*Blütezeit der Romantik*, 1899, *Ausbreitung und Verfall der Romantik*, 1902). Nietzsche mit seiner Philosophie und Richard Wagner mit seinen Musikdramen wirkten von verschiedenen Standorten aus im gleichen Sinne.

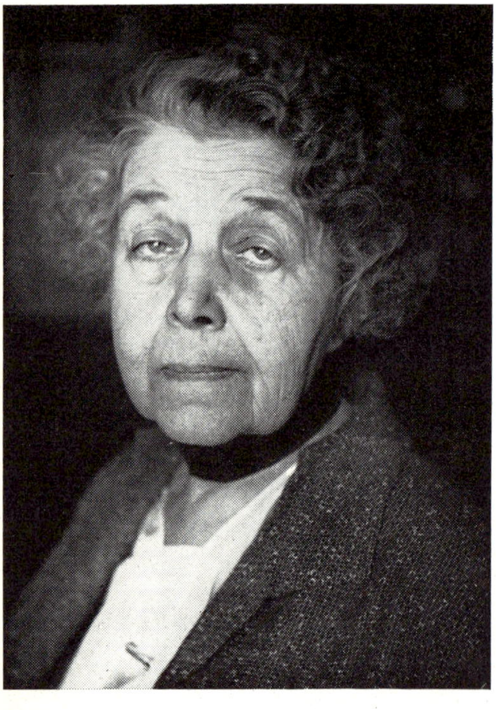

Ricarda Huch

Ricarda Huch entstammte väterlicherseits einer geistig bedeutenden Familie, die in einer Generation vier dichterisch begabte Persönlichkeiten aufweist, nämlich das Geschwisterpaar Ricarda und Rudolf Huch und beider Vettern, die Brüder Friedrich und Felix Huch. Ricarda – 1864 geboren –

wuchs in der gepflegten Umwelt des Braunschweiger Großbürgertums auf. Als eine der ersten deutschen Frauen studierte sie, und zwar, da das in Deutschland noch nicht möglich war, in Zürich. Dort begann sie auch als Sekretärin der Schweizerischen Landesbibliothek ihre berufliche Tätigkeit. Später wurde sie Lehrerin in Bremen.

1933 verließ sie aus Protest gegen die beginnende Gewaltherrschaft des Dritten Reiches die Preußische Dichterakademie. Später stand sie Kreisen der Widerstandsbewegung nahe. Als nach dem Kriege in Mitteldeutschland abermals die Freiheit des Geistes bedroht war, zog sie von Jena nach Frankfurt a. M.; 1947 starb sie in Schönberg (Taunus).

In Jahrzehnten ungebrochener Schöpferkraft schuf Ricarda Huch ihr umfangreiches Lebenswerk, das vom Kriminalroman *(Der Fall Deruga)* bis zu religionsphilosophischen Arbeiten reicht *(Der wiederkehrende Christus, Alte und neue Götter)*. Am unbefangensten sprach sie sich in ihrer Verskunst, insbesondere in ihrer Liebeslyrik aus. Hier fand ihre Leidenschaft des Empfindens Ausdruck, die sie in ihren erzählenden und wissenschaftlichen Darstellungen bewußt zu zügeln verstand.

Hermann Hesse

Hermann Hesse wurde 1877 als Sohn eines nach Deutschland zurückgekehrten Missionars im württembergischen Städtchen Calw geboren. Der Sohn rebellierte frühzeitig gegen die strenggläubigen Eltern. Schon mit dreizehn Jahren faßte er den Entschluß, „ein Dichter zu werden. Der vorherige Musterschüler Hesse wurde“, wie er später selber schrieb, „von da an ein schlechter Schüler, er wurde bestraft, er wurde hinausgeworfen, er tat nirgends gut, machte sich und seinen Eltern Sorge um Sorge – alles nur, weil er zwischen der Welt, wie sie nun einmal ist oder zu sein scheint, und der Stimme seines eigenen Herzens keine Möglichkeit der Versöhnung sah.“

Als Fünfzehnjähriger lief Hesse aus der berühmten Klosterschule Maulbronn weg, die einst Hölderlin und Mörike besucht hatten. Er scheiterte auf einer anderen höheren Schule ebenso wie in der Kaufmannslehre, war dann Lehrling in einer Fabrik für Turmuhren und ging endlich als Buchhändler nach Tübingen, später nach Basel. Der Erfolg seines ersten Romans, des *Peter Camenzind* (1904), ermöglichte es dem Dichter, fortan als freier Schriftsteller zu leben. Er siedelte nach Gaienhofen am Bodensee über, wo er seine erste Ehe einging.

Über Montagnola, gezeichnet von Hermann Hesse

1911 reiste er nach Indien; das Land enttäuschte ihn. Nach der Rückkehr folgte eine Zeit krisenhafter Erschütterungen, hervorgerufen durch den ersten Weltkrieg und Sorgen um nächste Angehörige. Hesse lebte bis 1919 in Bern. Danach zog er sich in die Abgeschiedenheit von Montagnola (Tessin) zurück. 1946 wurde ihm der Nobelpreis verliehen. In Montagnola ist er 1962 gestorben.

Hesses Leben und Schaffen führten in zunehmendem Maße in die Einsamkeit. Er ging den *Weg nach innen,* wie eines seiner Bücher heißt. Sein einziger Versuch, auf das Zeitgeschehen einzuwirken, war ein Aufruf gegen Krieg und Nationalismus (1914), der in Deutschland mißverstanden wurde und Empörung hervorrief. Sonst galt das gesamte Werk des Dichters seiner persönlichen Entwicklung und der Auseinandersetzung mit seinen zwiespältigen Anlagen, nämlich in sich selbst ruhender Geistigkeit und sinnenhafter Daseinsfreude.

Hesses Entwicklungsroman *Peter Camenzind* entsprach einer Richtung des Zeitgeschmacks, die Errungenschaften der Zivilisation abzulehnen und romantisierenden Vorstellungen vom naturverbundenen Leben nachzuhängen.

Im Roman *Der Steppenwolf* (1927) geht es darum, die zwei Seelen in uns, die menschlich-geistige und die wölfisch-triebhafte, in Einklang zu bringen.

Harry Haller, ein hochbegabter Außenseiter der bürgerlichen Gesellschaft, schwankt zwischen Güte, Menschlichkeit und ,,Selbstaufgabe in Gott" einerseits und wüstem Genießen ,,bis zur Selbstaufgabe an die Verwesung" andrerseits. Nachdem er alle Höhen und Tiefen durchmessen hat, gelingt ihm schließlich die Meisterung des Lebens, in dem er nur mehr ein Spiel sieht.

Auch das nicht leicht auszuschöpfende Alterswerk Hesses, *Das Glasperlenspiel* (1943), handelt vom Grunderlebnis des Dichters, dem Zwiespalt zwischen Geist und Leben.

Die Glasperlenspieler bilden um das Jahr 2000 n. Chr. einen geistigen Ordensstaat, die ,,kastalische Provinz", die eine weltabgeschiedene Stätte höchster geistiger Schulung ist. Dort wird unter Leitung des Spielmeisters (ludi magister) Josef Knecht das Glasperlenspiel gespielt, ein ,,Spiel mit sämtlichen Inhalten und Werten unserer Kultur", das irgendwie ,,kulturschöpfend" wirkt. Genaues ist darüber nicht gesagt. Die Einzelpersönlichkeit hat sich den Ordensregeln zu fügen. Schließlich muß Knecht erkennen, daß die lebensfremde Welt der reinen Geistigkeit erstarrt. Er verläßt darum seinen abgeschiedenen Wirkungskreis, um als Erzieher für das Leben zu wirken, doch findet er bald den Tod. – Ungelöst bleibt die Frage nach dem Sinn einer zum Selbstzweck gewordenen Kultur, doch ist es ein Verdienst des Dichters, allen Gegenkräften zum Trotz die Bedeutung geistiger Werte herausgestellt zu haben.

Wie die Fülle der Erzählungen und Romane, so ist auch Hesses umfangreiches lyrisches Schaffen in seinen besten Zeugnissen Ausdruck eines in sich gekehrten, träumerischen Einsamen.

Zahlreiche Werke Hesses wurden und werden besonders von jungen Menschen gelesen; sie erkennen in den jugendlichen Helden und ihrer inneren Entwicklung sich selbst wieder.

Christian Morgenstern

Christian Morgenstern überwand den Naturalismus in sehr eigenwilliger Weise. Der Dichter wurde 1871 in München geboren. Vorfahren väterlicher- und mütterlicherseits waren namhafte Landschaftsmaler. Die Eltern reisten viel. Nach dem frühen Tode der Mutter erhielt der Sohn seine Erziehung in verschiedenen Internaten. Auf Betreiben des Vaters wurde er zunächst Berufssoldat, doch entschloß er sich sehr bald zu studieren. Er begann als Jurist, wechselte jedoch zur Kunstgeschichte über. In Berlin gewann er, ohne seine eigentümliche Geisteshaltung aufzugeben, unter den Naturalisten Freunde. Für sie schrieb er nach wenig beachteten Gedichtbänden die lustig-grotesken *Galgenlieder* (1905). Sie machten den Autor berühmt, was er selbst am wenigsten erwartet hatte. Fünf Jahre später führte Morgenstern mit dem *Palmström* die Linie der *Galgenlieder* fort. Auch *Palmström* ist Ausdruck der grotesken Weltanschauung seines Schöpfers. Morgensterns letztes Lebensjahrzehnt – er starb bereits 1914 in Meran – stand im Zeichen mystischer Gottsuche. Das Johannes-Evangelium wurde ihm zum entscheidenden religiösen Erlebnis. Schließlich schloß er sich dem Anthroposophen Rudolf Steiner an, dessen Lehre von der geistigen Schau übersinnlicher Kräfte den Ideen des Dichters nahe verwandt war. In der Gemeinschaft Gleichgesinnter fand er 1908 die Lebensgefährtin.

Morgenstern hatte während einer langwierigen Krankheit Nietzsches Werke gelesen, und Nietzsche wurde sein „eigentlicher Bildner und die leidenschaftliche Liebe langer Jahre". Seinem Gedankengut wollte der junge Dichter zum Durchbruch verhelfen, in seinem Sinne gedachte er, „neue Mythen zu schaffen". Später wandte sich Morgenstern allerdings wieder von Nietzsche ab. Er hatte erkannt, daß dessen Weg nicht in die Morgenröte, sondern in die Abendröte und in die Nacht führe, wie er selbst es ausdrückte.

Die nach einem Galgenberg bei Potsdam benannten *Galgenlieder* und die Gedichte der Sammlung *Palmström* sollte man möglichst unbefangen und ohne den Versuch, sie unbedingt zu deuten oder nach verborgenen Geheimnissen zu durchsuchen, auf sich wirken lassen. Das hochentwickelte Sprachgefühl Morgensterns erschließt im Wort ganz neue Möglichkeiten der Sinngebung *(Der Werwolf, Die Fingur)*. Besondere Wirkungen werden durch die Verbindung entlegener Begriffe erreicht *(Der Seufzer)*. Eine Anzahl Verse sind zweifellos Zeitsatire. Sie wenden sich gegen die Entartungserscheinungen der Überzivilisation *(Der Großstadtbahnhofstauber)*.

Galgenlieder von Christian Morgenstern, Einband von Karl Walser

Die Fülle Morgensternscher Einfälle ist nahezu unerschöpflich; dazu ein Beispiel:

Die zwei Wurzeln

Zwei Tannenwurzeln groß und alt
unterhalten sich im Wald.

Was droben in den Wipfeln rauscht,
das wird hier unten ausgetauscht.

Ein altes Eichhorn sitzt dabei
und strickt wohl Strümpfe für die zwei.

Die eine sagt: knig. Die andre sagt: knag.
Das ist genug für einen Tag.

Stefan Zweig

Wie Ricarda Huch wandte sich Stefan Zweig vorwiegend geschichtlichen Gestalten und Geschehnissen zu. Er fand seine Stoffe in den Bezirken des europäischen Geisteslebens. Dabei bevorzugte er geschickt das Außerordentliche und Seltene, in dem er das Maß aller Größe sah.

Von Stefan Zweig heißt es einerseits, er sei nicht nur 1881 in Wien geboren, sondern die Residenz des greisen Kaisers Franz Joseph mache auch einen Teil seines Wesens aus; andrerseits gilt der Dichter als einer der ersten Weltbürger. Wem das Wesen der Wiener vertraut ist, weiß, daß darin kein Widerspruch liegt.

Bis zum Ende des ersten Weltkrieges kannte Zweig keine materiellen Sorgen; im Gegenteil, die geldlichen Verhältnisse der Eltern erlaubten ihm zahlreiche Europa- und Weltreisen. Schon der ungewöhnlich begabte, frühreife Knabe meisterte die Formen impressionistischer Lyrik. Führende Zeitschriften veröffentlichten Gedichte des Sechszehnjährigen. Es folgten rasch hintereinander dramatische Werke, die sich auf den Spielplänen unserer Theater nicht gehalten haben, Erzählungen und Novellen sowie Übertragungen fremdsprachiger Autoren.

Als die Donau-Mornarchie 1918 zusammenbrach, war Zweigs Welt zum ersten Male zerstört. Mutig ging er damals an den Wiederaufbau. Der Erfolg seiner Bücher, ,,ein paar kostbare Freundschaften, gute Kenntnisse der Welt, ... ein neuer harter Mut und volles Gefühl der Verantwortlichkeit nach so vielen verlorenen Jahren“ waren tragfähige Grundlagen für den neuen Anfang. Der Dichter zog nach Salzburg, heiratete und begann – ernsthafter und weniger leicht als zuvor – zu schaffen. Er schrieb hervorragende, viel gelesene Essays. Das sind kunstvolle literarische Abhandlungen in zumeist knapper, immer aber geistreicher und dabei allgemeinverständlicher Form. Zweig verstand es dabei immer, das Menschliche so nahe an das Geistige heranzurücken, daß beides sich verband. Es ist ein Genuß, die Arbeiten über Gestalten der Weltliteratur, über *Baumeister der Welt* oder *Sternstunden der Menschheit* zu lesen. Außer den Essays erschienen Novellen und Reisebücher, Gedichtausgaben, Legenden und viele andere Arbeiten, die ihrem Autor einen ständig wachsenden Leserkreis verschafften.

Da brach mit dem Nationalsozialismus neuerlich eine vernichtende Macht über Stefan Zweig herein. Er verließ 1938 Salzburg und gelangte über England und die USA schließlich nach Brasilien. Er kam als berühmter Mann dort an und hätte ohne materielle Sorgen leben können, doch verwand der Sechzigjährige den Verlust seiner österreichischen Heimat nicht mehr. Der siegreiche Vormarsch der nationalsozialistischen Armeen und ihrer Verbündeten in den ersten Kriegsjahren traf ihn tief. Das Schicksal Mitteleuropas erfüllte ihn mit größter Sorge. Er sah die freie Menschheit ,,um tausend Jahre humaner Bemühungen zurückgeworfen". Aus Verzweiflung darüber ging er 1942 freiwillig in den Tod. Über sein Leben gibt die Selbstbiographie mit dem bezeichnenden Titel *Die Welt von gestern, Erinnerungen eines Europäers* umfassende Auskunft.

Der Kult des Schönen und der Seele

Abkehr vom Häßlichen und von der Masse

Das Bestreben der Neuromantiker (s. S. 105ff.), den Naturalismus zu überwinden, blieb nicht das einzige seiner Art; es berührte sich mit ähnlichen Bemühungen einer anderen Gruppe von Dichtern. Sie fanden keinen Gefallen daran, daß vorwiegend das Häßliche einer Gestaltung für wert gehalten wurde; und sie sahen die Persönlichkeit dadurch entwertet, daß im Roman und im Drama anstelle eines einzelnen nunmehr eine anonyme Gruppe oder Masse die ,,Heldenrolle" übernahm.

Wie so oft schlug das Pendel in die entgegengesetzte Richtung. Statt der Armut und Verwahrlosung wurde das Schöne thematisch und formal zum Anliegen der Literatur. Klang und Form der Sprache, in höchster Vollendung zur Gestaltung ,,reiner Dichtkunst" angewandt, verwirklichte im Bereich des Schrifttums, was man mit dem Schlagwort ,,l'art pour l'art"[1] um die Jahrhundertwende als Sinn und Auftrag der Kunst überhaupt ansah.

Und man entdeckte, indem man sich vom ,,Heldentum" der namenlosen Masse abwandte, das eigene Ich als unerschöpflichen Stoff der Dichtung. Das geschah gleichzeitig mit einer beträchtlichen Ausweitung und Vertiefung der Psychologie durch Sigmund Freud. Sein Werk *Die Traumdeutung* erschien 1900; seine Erkenntnisse und Verfahrensweisen, besonders die Psychoanalyse[2], von ihm selbst zur Behandlung psychisch Kranker entwickelt, wurden mehr oder weniger bewußt nun auch von den zeitgenössischen Schriftstellern bei der literarischen Darstellung der menschlichen Seele angewandt. Sie erschlossen ihnen neue Möglichkeiten einer verfeinerten und den Bereich des Unterbewußten erschließenden Behandlung des Psychischen in der Dichtung.

Aber der Kult der Seele und des Schönen blieb nicht auf das Ich und das Du beschränkt. Er bezog auch die Natur mit allen ihren Erscheinungen ein und machte sie gleichsam der Seele dienstbar. ,,Der rain bereitet aus gesträuch und blüten / Den duft des abends für gedämpften schmerz", heißt es ichbezogen bei George. Damit ist die Grundrichtung aufgezeigt, die George, Hofmannsthal, Rilke und Weinheber auf voneinander abweichenden Wegen einschlugen. Sie dürften, besonders was die Musikalität anbelangt, die Grenze sprachlicher Ausdrucksmöglich-

[1] deutsch: Kunst um der Kunst willen. [2] wörtlich: Zergliederung der Seele.

keiten erreicht haben, und sie verfeinerten die Gestaltung seelischer Vorgänge in schwer zu übertreffender Weise. Zu ihrer Zeit sprachen sie einen großen Kreis Gleichgesinnter an. Heute sind viele ihrer Gedichte verklungen, jedoch nicht alle; die geblieben sind, haben im Lauf der seit ihrer Entstehung verstrichenen Jahrzehnte nichts an Aussagekraft eingebüßt.

Stefan George

Es geschah im zweiten Weltkrieg während des Rußlandfeldzuges in den Baracken des Führerhauptquartiers nahe der ukrainischen Stadt Winniza an einem Abend im Oktober 1942. Ein Kreis jüngerer Generalstabsoffiziere hatte sich mehr zufällig als absichtlich versammelt. Major Claus Schenk Graf von Stauffenberg hielt eine seiner vom Augenblick eingegebenen Ansprachen über die Pflichten des Offiziers. Angesichts der sich an der Wolga und in Ägypten ankündigenden Wende des Krieges sprach der später standrechtlich Erschossene mit Bezug auf Hitler: „Wenn einst dies Geschlecht sich gereinigt von Schande, / vom Nacken geschleudert die Fessel des Fröners ..." Die Verse waren von Stefan George. Claus von Stauffenberg und sein ebenfalls nach dem 20. Juli 1944 hingerichteter Bruder Berthold gehörten zu den letzten, die noch das einzigartige Ausstrahlungsvermögen des Dichters in persönlichen Begegnungen erfahren hatten.

Stefan George wurde 1868 als Sohn eines Gastwirtes und Weinhändlers in Büdesheim bei Bingen geboren. Er besuchte die Schule in Bingen, wohin die Eltern fünf Jahre später verzogen, dann das Gymnasium in Darmstadt, das ihn mit dem Bildungsgut der Antike bekannt machte. Nach dem Abitur begann er sein von zahlreichen Auslandsreisen unterbrochenes Studium. Überall gelang es ihm rasch, in Verbindung mit geistreichen jungen Menschen zu treten, die neue künstlerische oder weltanschauliche Ideen durchzusetzen suchten.

In Berlin geriet George 1889 in Berührung mit den Naturalisten (s. S. 100ff.), die seinen heftigsten Widerwillen hervorriefen. Seit 1892 erschienen, von George und seinen Freunden herausgegeben, die *Blätter für die Kunst.* In bewußter Gegnerschaft zum Naturalismus wurden in den für einen kleinen, auserlesenen Kreis bestimmten Folgen nur solche Beiträge veröffentlicht, von denen man sich eine geistige Wiedergeburt in der Kunst, insbesondere in der Sprachkunst erhoffte. Die neue Zeitschrift fand im Ausland mehr Anklang als in Deutschland, wo in der Kunst vorerst noch ein krasser Realismus vorherrschte.

1893 ging George nach München. Hier schuf er sich erstmalig einen Kreis fähiger junger Wissenschaftler und Literaten, die er dank seiner hohen sittlichen Zielsetzung beherrschte. Allen gemeinsam war die Ablehnung des Materialismus in seinen mannigfachen Erscheinungsformen. Man erstrebte eine Selbsterlösung aus der Idee des Schönen und neue menschliche Bindungen. In maßlosem geistigem Hochmut verachtete der Kreis der „Auserlesenen" die Masse der Uneingeweihten.

„Niemals in meinem ganzen Leben ist mir ein so merkwürdiges Gesicht begegnet", schrieb eine Zeitgenossin über den Achtundzwanzigjährigen. „Blaß, verarbeitet, mit müden, schweren Lidern, mit herbem ausdrucksvoll vibrierendem Mund. Die Backenknochen sind stark geprägt, wuchtig wölbt sich die Stirn, aus der sich schwere dunkle Haarmassen erheben. Von Gedanken und inneren Kämpfen ausgemergelte Züge, ... matte, etwas rote Lider, dunkle, starre, nicht große Augensterne."

In diesen Jahren entwickelte George seine eigene Schrift, Rechtschreibung – er schrieb die Hauptwörter klein – und Zeichensetzung. Auch bestimmte er Druckgestaltung und Einband seiner Gedichtbände.

Nach dem deutschen Zusammenbruch 1918 sahen dann viele in Georges Ideen Ansätze der Erneuerung. Der Dichter selbst verstummte früh, doch wirkte seine Ausstrahlungskraft vor allem auf Jugendliche unvermindert fort. Die Verwirklichung seiner Ideen vom „Dritten Reich“ durch den Nationalsozialismus lehnte George ab. Um sich Ehrungen anläßlich seines 65. Geburtstages zu entziehen, reiste er Ende 1933 in die Schweiz. Er starb am 4. Dezember bei Freunden in Minusio bei Locarno.

Das Jahr der Seele von Stefan George, Titelblatt von Melchior Lechter (1897)

Sieht man von seinen Übertragungen in fremde Sprachen ab, so umfaßt Georges Lebenswerk einen Band von 400 Seiten. Der Symbolismus, eine in Frankreich als Gegenrichtung zum Naturalismus entstandene literarische Richtung, wurde George zum Vorbild. Sie suchte den geheimnisvollen Sinnzusammenhang zwischen Dingen und Menschen im Gedicht zu gestalten. Die sprachliche Verschmelzung verschiedenartiger Sinneseindrücke (Synästhesie), ungewöhnliche Bilder und schwebende Musikalität der Sprache wurden neue Kunstmittel der dichterischen Aussage:

Vogelschau

Weisse schwalben sah ich fliegen.
Schwalben schnee- und silberweiss.
Sah sie sich im winde wiegen.
In dem winde hell und heiss.

Bunte häher sah ich hüpfen.
Papagei und kolibri
Durch die wunder-bäume schlüpfen
In dem wald der tusferi.

Grosse raben sah ich flattern.
Dohlen schwarz und dunkelgrau
Nah am grunde über nattern
Im verzauberten gehau.

Schwalben seh ich wieder fliegen.
Schnee- und silberweisse schar.
Wie sie sich im winde wiegen
In dem winde kalt und klar!

George zählt zu den Klassikern der Nation. Es gibt bei ihm Natur- und Liebesgedichte, die feinste Zwischentöne zum Klingen bringen. Er hat darin das Wesen der heimatlichen Landschaft erfaßt *(Urlandschaft)* oder die Stille eines herbstlichen Parks *(Komm in den totgesagten Park)*, das Verstehen zweier Liebender *(Keins wie dein feines Ohr)* oder die Trauer eines Abschieds *(Fenster wo ich einst mit dir / Abends in die landschaft sah ...)*. Diesen Versen haftet etwas Zeitloses an, das ihnen Bestand verleiht.

Hugo von Hofmannsthal

Bei aller Verschiedenartigkeit ihrer Naturen war George und Hofmannsthal die Ablehnung des Formlosen und des Häßlichen gemeinsam, wie es ihnen im Naturalismus und in manchen Äußerungen des im Kommen begriffenen Expressionismus begegnete.

Hugo von Hofmannsthal wurde 1874 in Wien als Sohn eines Bankdirektors geboren. In seinen Adern floß jüdisches, italienisches und niederösterreichisches Blut. Der frühreife, zarte und verträumte Junge veröffentlichte als Sechzehnjähriger unter dem Decknamen Loris Melnikow seine ersten Verse. Bis 1901 schrieb er einen schmalen Band Gedichte, deren jedes ein Meisterwerk impressionistischer Lyrik ist. In diese Zeit fielen Schulabschluß, Studium, Auslandsreisen und erste Bewährung als freier Schriftsteller. Um 1900 geriet er in eine schwere Schaffenskrise. Er schrieb einen Essay, den *Brief des Lord Chandos,* aus dem die Verzweiflung des Dichters an der Möglichkeit spricht, mit der Sprache die Wirklichkeit zu erfassen. Diese Erkenntnis der Unzulänglichkeit des Wortes ist bezeichnend für die Unsicherheit des modernen Bewußtseins überhaupt: Schon im Denken verändern sich die Dinge; spricht man sie aus, so sind sie nicht mehr wahr. Hofmannsthal lebte vorübergehend „ein Leben von kaum glaublicher Leere".

In der Hinwendung zu Vorbildern der griechischen Antike fand er einen neuen Anfang. Die bereits 1900 angeknüpften Beziehungen zu dem Regisseur Max Reinhardt und dem Komponisten Richard Strauss führten nun zu fruchtbarer Zusammenarbeit und regten den Dichter zu neuem Schaffen an. Gegen Ende des ersten Weltkrieges wurde Hofmannsthal zum Mitbegründer der weltberühmten Salzburger Festspiele, für die er drei volkstümliche Mysterienspiele verfaßte (siehe unten). Hofmannsthal starb 1929, als er gerade im Begriff stand, sich über die Grenzen seines Heimatlandes hinaus europäische Geltung zu schaffen.

„Ganz vergessener Völker Müdigkeiten / kann ich nicht abtun von meinen Lidern", heißt es in dem Gedicht *Manche freilich.* Tatsächlich spürt man in Hofmannsthals Lyrik nahezu in jedem Vers das Erbe der spätbürgerlichen österreichischen Kultur und immer wieder die Wehmut über die Hinfälligkeit der schönen Dinge. Er hat den Untergang der Vorkriegswelt geahnt, deren letzter und ausgeprägtester Vertreter er gewesen ist. Seine Gedichte sind formvollendeter Ausdruck einer vieldeutigen neuen Romantik. Ihr feinnerviger Impressionismus nimmt zarteste seelische Regungen an kaum wahrzunehmenden äußeren Erscheinungen auf und setzt sie meisterhaft in Bilder von leuchtender Farbigkeit um:

Die Beiden

Sie trug den Becher in der Hand
– ihr Kinn und Mund glich seinem Rand –,
so leicht und sicher war ihr Gang,
kein Tropfen aus dem Becher sprang.

So leicht und fest war seine Hand:
Er ritt auf einem jungen Pferde,
und mit nachlässiger Gebärde
erzwang er, daß es zitternd stand.

Jedoch, wenn er aus ihrer Hand
den leichten Becher nehmen sollte,
so war es beiden allzu schwer:
Denn beide bebten sie so sehr,
daß keine Hand die andre fand
und dunkler Wein am Boden rollte.

Gegenständliches und Seelisches verbinden sich in Hofmannsthals Gedichten zu einem höheren Ganzen. „Und drei sind Eins: ein Mensch, ein Ding, ein Traum", lautet die Schlußzeile einer Terzinenfolge.

Aus der Reihe früher Dramen ragt der Einakter *Der Tor und der Tod* (1893) hervor. Claudio, ein junger Edelmann, erkennt angesichts des Todes, daß er das wirkliche Leben versäumt hat.

In dem vielleicht schönsten Märchendrama der deutschen Dichtung, im *Bergwerk zu Falun* (1897), behandelt Hofmannsthal einen alten, auch von anderen Dichtern bereits gestalteten Stoff: Ein Mensch, hier der Matrose Elis Fröbom, gerät in ein Bergwerk und begegnet dort unwirklichen Wesen guter und böser Art; dabei verliert er das Zeitbewußtsein. Aus der Tiefe sehnt er sich nach oben, aber ins Freie gelangt, zieht es ihn wieder hinab. Anna, seine Braut, folgt ihm zur Hochzeit, aber Hochzeit und Tod sind eins.

Jedermann
Das Spiel vom Sterben des reichen Mannes erneuert von Hugo von Hofmannsthal
Avalun Verlag
Wien und Leipzig

Jedermann von Hugo von Hofmannsthal, Titelblatt, Holzschnitt von Erwin Lang

Am Beginn der zweiten Schaffensperiode – nach dem Chandosbrief – stehen gedankenschwere Nachdichtungen antiker Dramen. Dann fand Hofmannsthal zur Leichtigkeit einfacher Lustspiele, die nach der kongenialen Vertonung durch Richard Strauss ihren Siegeszug über die Opernbühnen der Welt antraten; allen voran *Der Rosenkavalier* (1911), eine lebensvolle Rokoko-Komödie.

Nicht minder berühmt wurde *Jedermann, das Spiel vom Sterben des reichen Mannes* (1911), die Neugestaltung des spätmittelalterlichen englischen Stückes *Jedermanns Vorladung.* Mit diesem ersten Beitrag zu den Salzburger Festspielen gelang es dem Dichter, das mittelalterliche Mysterienspiel (s. S. 26 f.) zu erneuern. Das Stück, in dem Gott, der Tod, Engel, der Reichtum, der Glaube und die guten Werke leibhaftig auftreten, wirkt durch einfache Handlungsführung und schlichte Frömmigkeit nicht nur vor dem Salzburger Dom, sondern wo immer es in Szene gesetzt wird.

Das Salzburger Große Welttheater (1922) geht auf ein geistliches Schauspiel des Spaniers Calderon (1600–1681) zurück. Hofmannsthal läßt, wie im *Jedermann,* allegorische Gestalten auf der Bühne erscheinen, die „in ihren von Gott ihnen zugeteilten Rollen das Spiel des Lebens aufführen".

Neben der Lyrik – in der zweiten Schaffensperiode entstanden noch einige mehr realistisch geprägte Gedichte *(Der Schiffskoch)* – und den dramatischen Werken sollte Hofmannsthals Prosa nicht vergessen werden. *Die Reitergeschichte* (1898) gilt als Musterbeispiel impressionistischer Epik. Das erzählende Werk des Dichters gipfelt in dem unvollendet gebliebenen Roman *Andreas oder die Vereinigten,* der erst 1932 aus dem Nachlaß veröffentlicht worden ist.

Das Buch setzt mit der Ankunft eines unerfahrenen jungen Adligen in Venedig ein. Er ist zuvor in Kärnten bei wohlhabenden Bauern der schönen Romana begegnet, einem unbefangenen Mädchen, dessen Werten er nichts entgegenzusetzen hat als Unreife. In der Lagunenstadt gerät Andreas in die ihm völlig fremde Welt des Theaters, der in den Tag hineinlebenden Künstler und der moralischen Zweideutigkeiten.

Das Werk hätte, wäre es fertig geworden, die mit dem *Parzival* einsetzende Reihe der großen deutschen Entwicklungs- und Bildungsromane fortgeführt. Die spannungsvolle und sinnenhafte Sprache lebt aus dem Erbe Goethes und Stifters.

Rainer Maria Rilke

Hofmannsthal und George sahen ihren Auftrag in der Abwehr des Häßlichen und Formlosen in der Kunst. Rilke dagegen, wie Hofmannsthal später Bürger der dem Zerfall nahen Donaumonarchie, betrachtete die Kunst als Gebilde außerhalb der Zeit, ,,in sich erfüllt, mit sich beschäftigt, ... teilnahmslos", ohne die Fähigkeit zu ändern und zu verbessern.

Rainer Maria Rilke verbrachte seine Kindheit bei der vom Vater getrennt lebenden Mutter in Prag, wo er 1875 geboren worden war. Er sollte Offizier werden, doch war ihm die harte Kadettenausbildung eine Qual. 1891 ging er auf die Handelsakademie in Linz, holte das Abitur nach und studierte kurze Zeit in Prag, München und Berlin. Dann wandte er sich jedoch ganz dem Dichterberuf zu. Schon in seiner Vaterstadt hatte er Erzählungen im Selbstverlag veröffentlicht, Gedichte und Dramen, die über eine Aufführung nicht hinauskamen, geschrieben.

1899 reiste Rilke mit einem befreundeten Ehepaar nach Rußland. Er wurde von Tolstoj empfangen. Diese erste und eine zweite Rußlandreise im nächsten Jahr gewannen entscheidende Bedeutung für seine menschliche und künstlerische Entwicklung. Er war tief beeindruckt von der Weite des Landes und der Ruhe, die es ausströmte; von der demütigen Frömmigkeit und der Schlichtheit der Menschen. ,,Mir ist, als hätte ich der Schöpfung zugesehen", schrieb er. Der rastlose Mitteleuropäer, der wie Nietzsche und Stefan Zweig, George und Hofmannsthal ruhelos umherreiste, sah in der Beharrlichkeit und Einfachheit der russischen Lebensweise die ideale Daseinsform schlechthin. Im *Stundenbuch* (1905) hat das Rußlanderlebnis seinen dichterischen Niederschlag gefunden. Die von Rilke erdachte Gestalt eines russischen Mönches müht sich in hymnischen Gebeten und inbrünstiger Gottsuche um ein Zeichen des ,,Namenlosen" und um eine Verbindung mit ihm.

In einer einzigen Herbstnacht schrieb Rilke 1899 *Die Weise von Liebe und Tod des Cornets Christoph Rilke* nieder. Das anfangs wenig beachtete Werk hat als Insel-Buch Nr. 1 bis heute eine ungewöhnlich hohe, ständig noch wachsende Auflage erreicht. Vielen war es in zwei Kriegen literarisches Marschgepäck. Der außerordentliche Erfolg liegt in Stoff und Form begründet.

In lyrischer Prosa wird geschildert, wie ein blutjunger Edelmann gegen die Türken zieht und nach einer Liebesnacht als Cornet unter der brennenden Fahne fällt. Schwermut, Müdigkeit der Seele, Weltschmerz, Sehnsucht nach der Mutter, frühe Erfüllung einer Liebe, über jedes Maß beglückend und doch schon im Schatten der Trennung und des Todes sich vollziehend – diese Wesensmerkmale und Vorgänge des *Cornets* sind zugleich Charakterzüge und Erlebnisse des jungen Rilke selbst.

1900 ging der Dichter nach Worpswede, einem Moordorf bei Bremen, das zivilisationsmüde Maler auf der Suche nach unverfälschter Natur entdeckt hatten. Hier heiratete Rilke, doch trennte sich das Ehepaar bald. Er nahm sein Reiseleben wieder auf, wir finden ihn unterwegs zwischen Schweden und Nordafrika. Er ist in verschiedenen Ländern zumeist Gast auf Schlössern und Edelsitzen wohlhabender Aristokraten, zu denen er sich zeitlebens besonders hingezogen fühlte. Rilke starb 1926 in Val Mont bei Montreux (Schweiz).

Hans Carossa hat einen Besuch bei Rilke geschildert: „Ich kam vor das Haus, als Rilke selbst gerade darauf zuging. Er sah mich an mit einem Blick, der scharf, aber völlig abwesend war. Es wollte mir nicht schicklich vorkommen, den Besuch zu verschieben; denn dies hätte ich am liebsten getan. Der gar nicht auffallende schmächtige Mann, der da im dunkelblauen Anzug, mit weichem, schwarzem Hut und grauen Gamaschen, die Hände auf dem Rücken, die Straße überquerte, schien mir nämlich in einer Verfassung, in der es nicht erlaubt sein sollte, einen Menschen anzusprechen ... Wir befanden uns gerade gegenüber; es gab kein Ausweichen mehr, und ich stellte mich ihm vor ... Seine Augen waren sehr blau in dieser Minute; ein Blick voll hellen Lichtes kam aus ihnen, ein Blick, der auf einmal knabenhaft vergnügt und unbeschreiblich sanft war. Er gab mir die Hand und sagte, ihm sei, als kenne er mich sein Leben lang."

Im reiferen Alter, ungefähr mit den seit 1907 erschienenen *Neuen Gedichten*, erweiterte sich der Stoffkreis der Rilkeschen Lyrik. Sein Dichteramt, das er dank seiner genialen sprachlichen Begabung anfangs mit spielerischer Leichtigkeit und oft sentimental romantisierend gehandhabt hatte, empfand er in zunehmendem Maße als verantwortungsvollen Beruf. Von Traumbildern wandte er sich der einfachen Gegenständlichkeit der Dinge, Tiere, Menschen und Jahreszeiten zu. Dabei ging es ihm nicht um deren realistische Wiedergabe, sondern um die anschauliche Gestaltung ihrer inneren Wirklichkeit, wie sie sich allein dem starken Gefühl des Dichters erschließt:

Der Panther

Sein Blick ist vom Vorübergehn der Stäbe
so müd geworden, daß er nichts mehr hält.
Ihm ist, als ob es tausend Stäbe gäbe
und hinter tausend Stäben keine Welt.

Der weiche Gang geschmeidig starker Schritte,
der sich im allerkleinsten Kreise dreht,
ist wie ein Tanz von Kraft um eine Mitte,
in der betäubt ein großer Wille steht.

Nur manchmal schiebt der Vorhang der Pupille
sich lautlos auf –. Dann geht ein Bild hinein,
geht durch der Glieder angespannte Stille –
und hört im Herzen auf zu sein.

Hierher gehören auch *In diesem Dorfe steht das letzte Haus, Römische Fontäne, Das Karussell, Die Flamingos, Der Goldschmied* und viele andere Gedichte. Rilke steigerte seine Ausdruckskraft schließlich in den schwer verständlichen *Duineser Elegien* (nach dem Schloß Duino bei Triest, wo sie begonnen wurden) und den *Sonetten an Orpheus* bis zum Hymnus Hölderlinscher Prägung.

Rainer Maria Rilke,
Porträt von Loulou Albert-Lasard (1916)

Im *Stundenbuch* waren die bewegenden Eindrücke der Rußlandreise dichterisch gestaltet worden. Auf das ganz andersartige Erlebnis der Weltstadt Paris gehen Rilkes *Aufzeichnungen des Malte Laurids Brigge* (1910) zurück, die selbstbiographische Züge enthalten. Diese „Krankheitsgeschichte einer modernen, tief einsamen Seele" ist Ausdruck der neuen Wirklichkeits- und Selbsterfahrung des Menschen: Ihm bedeutet Alleinsein Verlockung und Beängstigung zugleich, denn es ermöglicht dem einzelnen die ungestörte Besinnung auf sich selbst, aber es setzt ihn auch der Gefahr aus, sich zu verlieren. So betrachtet, ist Rilkes einziger Roman eines der wesentlichen literarischen Dokumente zur Selbsterkenntnis und zum Selbstverständnis des modernen Menschen.

In Rilkes späteren Gedichten wurde seine Sprache schlicht und bei aller Zartheit aussageschwer, wie sein von ihm selbst formulierter Grabspruch zeigt:

Rose, oh reiner Widerspruch, Lust,
Niemandes Schlaf zu sein unter soviel
Lidern.

Aus der Begrenztheit seiner kaum mehr als durchschnittlichen frühen Versuche führte Rilkes Weg schließlich auf die Höhen literarischen Weltruhms. Sein Leben freilich opferte er für sein Werk. Mit unerhörter Folgerichtigkeit löste er sich aus den Bindungen der Familie, der Freundschaft, des Volkes und selbst aus denen der Religion; er wurde Einzelgänger schlechthin. Eine 1976 neu aufgelegte Ausgabe der Sämtlichen Werke Rilkes in Taschenbuchform („Werkausgabe") sowie Neudrucke Rilkescher Lyrik und Prosa 1972 und 1973 lassen erkennen, daß sich dem Dichter nach Jahren abnehmender Beachtung heute wieder vermehrte Aufmerksamkeit zuwendet.

Josef Weinheber

1958, dreizehn Jahre nach Weinhebers Tod, schrieb Reinhold Schneider in seinem Tagebuch *Winter in Wien* (s. S. 149): „... auch hier, wie rings um Wien, schlägt Weinheber die Saiten singend im Untergang, im Maße der Kunst, maßlos im Leben und – im Grunde doch, wider Pathos und Ehrsucht, Abkömmling volkhafter Bescheidenheit, engen Lebens, vielhundertjähriger Tradition des Bänkelsangs ... Und doch wieder – es war dem Musikanten von Ottakring (Wiener Stadtteil) heiliger Ernst mit den Alten ..."

Der so im Reichtum seiner Möglichkeiten gezeichnete Dichter bekannte sich später zur reinen, vom Geist geprägten Form. „Gesetz ist alles", schrieb er einmal einer jungen Lyrikerin. Seine eigene Wandlung kennzeichnet der Vers:

Nur eine Tugend dem Künstler:
Er warte, bis er Mann ist.
Die Knaben spielen und lärmen.
Kunst ist schweigsam und hart.

Weinheber empfand die unüberwindliche Einsamkeit seines Künstlertums und war überzeugt vom bevorstehenden Untergang der spätbürgerlichen Epoche, in der er lebte.

Während Benn zu neuen strengen Formgesetzen fand, nahm Weinheber seine Vorbilder aus der Dichtung der Antike, der Renaissance und der Klassik. Er blieb rückwärts gewandt. Sein ungewöhnliches Einfühlungsvermögen in überlieferte Formen verband sich mit der überlegenen Beherrschung aller sprachlichen Ausdrucksmittel von der geläuterten Hochsprache im hymnischen Stil Hölderlins *(Späte Krone,* 1936) bis zum Dialekt und Jargon Wiener Arbeiterviertel *(Wien wörtlich,* 1935). Sprache, Wort und Buchstaben empfand der Dichter als mythische Urkräfte; so im *Hymnus auf die deutsche Sprache* mit den Schlußzeilen:

Sprache unser!
Die wir dich sprechen in Gnaden, dunkle Geliebte!
Die wir dich schweigen in Ehrfurcht, heilige Mutter!

oder in der *Ode an die Buchstaben,* beginnend ,,Dunkles, gruftdunkles U, samten wie Juninacht!"

Der Mannigfaltigkeit der sprachlichen Töne entspricht der weitgespannte Umkreis der Inhalte. Er reicht vom zarten, volksliedhaften Wiegenlied bis zur feierlich tragischen Prophetie. Schlichte Kalendergedichte *(O Mensch, gib acht,* 1937) über den Wechsel der Jahreszeiten und den einfachen Zubehör des bäuerlichen Lebens *(Die Truhe)* stehen in Weinhebers Lebenswerk neben Gedankenlyrik; Verse von außerordentlicher Musikalität über Blumen und Wiesen *(Im Grase)* finden sich neben solchen, die den Menschen im Spannungsfeld *Zwischen Göttern und Dämonen* (Titel eines Gedichtbandes, 1938) zeigen.

Weinhebers Leben war ein mühsamer Aufstieg aus den Tiefen der Gesellschaft und ein erbitterter Kampf gegen schicksalhafte Widerstände. Er wurde 1892 bei Wien als Sohn eines Kellners und Viehhändlers geboren, die Eltern starben ihm früh. So kam er als Zehnjähriger in ein Wiener Waisenhaus. Auf der höheren Schule scheiterte er an der Mathematik, und eine Tante nahm ihn als Lehrling in ihre Metzgerei. Als er achtzehn Jahre alt war, fand er Anstellung in einem Büro, bildete sich in Abendkursen fort und wurde schließlich Postbeamter. Er erwarb ein Haus im Wiener Wald, über das er so glücklich war wie Walther von der Vogelweide über sein Lehen. 1945 schied der Dichter auf seinem Besitztum unmittelbar vor dem Einmarsch russischer Truppen freiwillig aus dem Leben. Den katastrophalen Ausgang des Krieges hatte er lange vorausgesehen (,,Dies bei Tag..."). Mit dem Gedanken an den Tod war er längst vertraut, wie die dunkle Schwermut mancher Gedichte zeigt.

Dichtung als Ausbruch aus überkommenen Formen

Der Expressionismus als Aufbruch aus der Krise

Nach der Reichsgründung von 1871 hatte eine stürmische wissenschaftliche, technische und industrielle Entwicklung weiten Schichten des deutschen Bürgertums den Wohlstand gebracht. Zuversichtlich sahen die meisten einer Zukunft unablässigen Fortschritts entgegen. Wissenschaften wie Psychologie, Soziologie, Medizin durchleuchteten alle Bereiche des menschlichen Daseins und weckten die Hoffnung, daß mit ihrer Hilfe ein Leben in Gesundheit und Sicherheit möglich sei und die Probleme und Konflikte des einzelnen wie der Gesellschaft gelöst werden könnten. Warnende Stimmen einzelner wie die Nietzsches oder Langbehns, des „Rembrandtdeutschen", und anderer Kulturkritiker wurden wiederum nur von einzelnen oder kleinen Gruppen Gleichgesinnter ernst genommen. Unter ihnen war es ein Kreis junger Dichter und Künstler, in dem das „Unbehagen an der Kultur" rumorte. Hier spürte man den Preis des Fortschritts: die Entfernung vom elementaren Erleben der Natur infolge zivilisatorischer „Errungenschaften", die Vereinsamung des einzelnen in dem Getriebe der großen Städte, die Plattheit des bürgerlichen Geschmacks, der sich mit billiger Massenware zufriedengab, die doppelte Moral der Gesellschaft, die anders handelte, als sie vorgab, das hohle Pathos des wilhelminischen Patriotismus. Diese Dichter und Maler ahnten schon etwas von den kommenden Zusammenbrüchen des öffentlichen und privaten Lebens, die dann im ersten Weltkrieg einsetzten. Berühmt wurde ein Gedicht mit dem Titel *Weltende* von JAKOB VAN HODDIS, weil es die Unsicherheit gegenüber der Zukunft, die die Menschen beschlich, in seinen merkwürdigen Bildern ausdrückte:

> Dem Bürger fliegt vom spitzen Kopf der Hut,
> In allen Lüften hallt es wie Geschrei.
> Dachdecker stürzen ab und gehn entzwei,
> Und an den Küsten – liest man – steigt die Flut.
>
> Der Sturm ist da, die wilden Meere hupfen
> An Land, um dicke Dämme zu zerdrücken.
> Die meisten Menschen haben einen Schnupfen.
> Die Eisenbahnen fallen von den Brücken.

Die junge Generation wollte sich nicht widerstandslos dem Untergang ausliefern. Sie verlangte lange vor dem Weltkrieg schon nach einer neuen Freundschaft zwischen den Menschen, ja, zwischen allen Kreaturen. Weil der Naturalismus und der Impressionismus die Wirklichkeit nur darstellten, wie sie erschien, und nicht den Willen äußerten, sie zu verändern, wurden sie ebenso entschieden abgelehnt wie die Flucht in eine Traumwelt, die man dem George-Kreis vorwarf. Mit allen seinen Kräften und Sinnen sollte der Mensch nun die Welt in sich hineinreißen und dieses sehr weitgehend subjektive Welterlebnis gefühlsstark und eigenwillig ausdrükken. Die Möglichkeiten dazu bot die Kunst. Der Ballast überkommener Formen wurde abgeworfen; Farbe, Laut, Wort gebrauchte man statt dessen in nackter Unmittelbarkeit, leuchtend, im Schrei. Auf den Bildern sprangen die Gegenstände aus ihren gewohnten Formen; in den Gedichten sprengten die Wörter die regelrechten Sätze und fügten sich allein nach dem Ausdruckswillen des Dichters:

Titelblatt eines Heftes
der expressionistischen Zeitschrift *Die Aktion*

Wehe wühlt
Harren starrt entsetzt
Kreißen schüttert
Bären spannt die Glieder
die Stunde blutet
Frage hebt das Auge
die Zeit gebärt
Erschöpfung
jüngt
der
Tod

– so beschreibt der im ersten Weltkrieg gefallene August Stramm den *Krieg*. Der expressionistische Dichter verkürzt die Worte („schüttern" statt „erschüttern"), läßt Endungen ausfallen, verwandelt Hauptwörter in Zeitwörter („kinden" aus „Kind"), wenn es der innere Ausdruckszwang verlangt.

Erstes Zentrum dieser neuen Kunstrichtung, für die bald die Bezeichnung Expressionismus aufkam, wurde Berlin. Als Hauptstadt des Bismarckschen Reiches war die Stadt in den letzten Jahrzehnten sprunghaft zur Großstadt angewachsen und schon mit dem Naturalismus zum Mittelpunkt der modernen Literatur in Deutschland geworden. Berliner Bühnen hatten Gerhart Hauptmanns Skandale und Erfolge bewirkt. In Berlin kamen die tonangebenden neuen Zeitschriften *Der Sturm* (seit 1910 von Herwarth Walden herausgegeben) und *Die Aktion* (im selben Jahr von Franz Pfemfert begonnen) heraus, um die sich die jungen Künstler und Dichter, auch aus dem übrigen Europa, sammelten. Heym, Benn, Döblin und viele andere waren hier zu Hause.

Georg Heym

Georg Heym entstammte einer schlesischen Pastoren- und Juristenfamilie. Er wurde 1887 in Hirschberg geboren. Früh geriet er in Streit mit dem Vater, übrigens ein für die Generation des Expressionismus charakteristischer Vorgang. Er mußte mehrmals die Schule wechseln. Schließlich kam er nach Berlin. Er studierte Jura und traf in Berlin gleichgesinnte junge Dichter. Seine Gedichte erschienen 1911 unter dem Titel *Der ewige Tag*. 1912 ertrank Heym beim Eislaufen in der Havel.

Trotz seines frühen Todes zählt Georg Heym zu den bedeutendsten Lyrikern des Expressionismus. Seine ersten Gedichte geben Eindrücke aus Berlin wieder, Geräusche, Düfte, Gestalten der Großstadt. Doch zwischen den Zeilen zittert schon das Bösartige, Unheimliche nahender Katastrophen; deren dämonische Wirklichkeit beherrscht die späteren Gedichte zunehmend.

DER WINTER

Der Sturm heult immer laut in den Kaminen,
Und jede Nacht ist blutigrot und dunkel,
Die Häuser recken sich mit leeren Mienen.

Nun wohnen wir in rings umbauter Enge
Im kargen Licht und Dunkel unserer Gruben,
Wie Seiler zerrend grauer Stunden Länge.

Die Tage zwängen sich in niedre Stuben,
Wo heisres Feuer krächzt in großen Öfen.
Wir stehen an den ausgefrornen Scheiben
Und starren schräge nach den leeren Höfen.

Seite aus dem Gedichtband *Umbra Vitae* von Georg Heym, Holzschnitt von Ernst Ludwig Kirchner

Zwar schreibt er sie in bekannten Vers- und Strophenformen, doch die Bilder sind völlig ungewohnt und spiegeln eine Welt, die – für die meisten Zeitgenossen noch unbemerkt – aus den Fugen zu gehen beginnt. Da gibt es ,,purpurne Bläue" und ,,Vögel mit langem Haar", der Mond ,,watschelt wie ein Greis", da ist die Rede von ,,des Mittags rotem Schweiß", von ,,silbernen Tänzen", von Krähen ,,mit eisernem Schnabel" und ,,des fernen Abends zarter Müdigkeit".

Einer letzten Gruppe von Gedichten liegt wohl noch eine genaue Beobachtung der Wirklichkeit zugrunde, aber sie wird mit visionärer Kraft in schemenhafte Bilder nackten Grauens umgesetzt. An die Stelle der Welt des Lebens und der Lebenden tritt die des Untergangs und der Toten. So sieht Heym den *Krieg* in dem gleichnamigen Gedicht als zerstörerischen Dämon personifiziert, der plötzlich nach langem Schlaf erwacht, aufsteht und blind zupackend Städte und Wälder zermalmt. Nicht minder erbarmungslos ist die dichterische Voraussschau des Feuersturms, der, von einer willkürlich waltenden Gottheit angefacht, eine Millionenstadt in Glut und Asche untergehen läßt *(Der Gott der Stadt)*.

Franz Werfel

Werfels frühe Gedichte trugen entscheidend dazu bei, dem Expressionismus zum Durchbruch zu verhelfen. Sie wurden auch in Berlin begeistert aufgenommen. Die Zeitschrift *Die Aktion* nannte den Prager Autor eine ,,europäische Erscheinung", hatte er doch in rauschhaft verzückter Sprache das Bild des ,,neuen Menschen" geformt und die Botschaft der jungen Generation verkündet.

Franz Werfel wurde 1890, fünfzehn Jahre nach Rilke, der ihn als ,,nächste Generation" begrüßen wird, in Prag als Sohn wohlhabender jüdischer Eltern geboren. Schon der erste Gedichtband mit dem bezeichnenden Titel *Der Weltfreund* (1911) machte den Einundzwanzigjährigen berühmt. Werfel studierte, trat als Volontär in eine Hamburger Speditionsfirma ein, wandte sich dann jedoch ganz der Literatur zu, zunächst als Lektor im Kurt-Wolff-Verlag, der die junge Expressionistengeneration förderte, dann als freier Schriftsteller. Nach dem ersten Weltkrieg lebte er meist in Wien. 1938 floh er vor der deutschen Besetzung Österreichs nach Paris. Als 1940 Frankreich zusammenbrach, scheiterte sein Versuch, nach Spanien zu entkommen, und er mußte sich in Lourdes, dem berühmten Wallfahrtsort, verstecken. Er gelobte, das Leben der heiligen Bernadette Soubirous, des Bauernmädchens aus Lourdes, dem die Mutter Gottes erschienen war, zu schildern, wenn er gerettet würde. Als er über Portugal nach Amerika auswandern konnte, hat er sein Gelöbnis in dem Roman *Das Lied von Bernadette* (1941) eingelöst. Dies Buch wurde ein Welterfolg. 1945 starb Werfel in Beverley Hills (Kalifornien).

„Vorbote des Glaubens zu sein", betrachtete Werfel als seine Lebensaufgabe. Eine durch keinerlei Grenzen oder Kriege beeinträchtigte Bruderschaft aller; eine tiefe Ehrfurcht vor dem Menschen schlechthin, gleichgültig welcher Hautfarbe, Religionsgemeinschaft oder sozialen Schicht er angehört; eine grenzenlos sich verströmende, alle umfassende Liebe im Sinne des jüdischen und christlichen Glaubens – das sind die Gehalte von Werfels Gedichten, Bühnenstücken und erzählenden Werken:

Als mich dein Dasein tränenwärts entrückte
Und ich durch dich ins Unermeßne schwärmte,
Erlebten diesen Tag nicht Abgehärmte,
Mühselig Millionen Unterdrückte?
...
Ihr Keuchenden auf Straßen und auf Flüssen,
Gibt es ein Gleichgewicht in Welt und Leben,
Wie werd ich diese Schuld bezahlen müssen!?

Werfels Sprache wandelte sich im Laufe der Jahre vom leidenschaftlichen Ausdruck zu einer mehr realistischen Darstellungsweise. Nicht immer ist die sprachliche Form den hohen Werten, die mitgeteilt werden, ebenbürtig. Doch war es ein allgemeiner Zug des Expressionismus, die Form gegenüber dem bedeutenden Inhalt als zweitrangig zu betrachten und im Ausbruch des Gefühls zerbrechen zu lassen. Bei Werfel kam hinzu, daß er seine Dramen und Romane mit der Kraft echter dichterischer Eingebung beginnen konnte, seine schöpferische Kraft aber früher oder später erlahmte und schriftstellerische Routine das Begonnene vollenden mußte. Das gilt natürlich nicht für die Gedichte, die aus einem Guß sind *(Schwermut, Lied der Toten, Lächeln – Atmen – Schreiten)*.

Als Erzähler errang Werfel erstmalig mit der Novelle *Nicht der Mörder, der Ermordete ist schuldig* (1920) einen großen Erfolg. Thema ist das Generationsproblem, dargestellt an Vater und Sohn. – In dem vielgelesenen Roman *Der Abituriententag* (1928) geht es um eine ungesühnte Jugendschuld. – Dichterisch am höchsten steht wohl der Roman *Der veruntreute Himmel* (1939).

Eine einfältige Magd finanziert, um mit Sicherheit dafür als Gotteslohn die ewige Seligkeit zu erlangen, einem Neffen das Theologiestudium, muß aber am Ende ihres Lebens erfahren, daß er sie betrogen hat.

Jacobowsky und der Oberst, die „Komödie einer Tragödie", entstand 1943 in der Emigration.

Dieses letzte Bühnenstück behandelt in mehr erzählenden als dramatischen Szenen die Flucht eines polnischen Offiziers und eines gebildeten Juden vor den 1940 in Frankreich vorrückenden Deutschen. Die Tapferkeit mit dem Säbel in der Faust, wie sie der Oberst verkörpert, steht der vergeistigten Tapferkeit Jacobowskys gegenüber, der sich selbst als langjähriger politisch Verfolgter sein gütiges, bescheidenes Menschentum bewahrt hat. Diese Haltung erkennt sein aristokratischer Weggenosse schließlich auch an, indem er den Juden vor den rettenden Engländern als seinen Kriegskameraden bezeichnet, sich also mit ihm auf dieselbe Stufe stellt.

Zeichnung von Alfred Kubin
zu Georg Trakls Dichtung *Offenbarung und Untergang*

Georg Trakl

Einer der bekanntesten Vertreter des frühen Expressionismus ist Georg Trakl. Viele seiner Themen und Bilder sind mit denen Georg Heyms verwandt, obwohl er vermutlich dessen Gedichte nicht gekannt hat. 1887 in Salzburg geboren, blieb des Dichters äußere Lebensbahn ohne rechtes Ziel. Von der Schule ging er vorzeitig ab, der Apothekerberuf konnte ihn nicht ausfüllen. Seine Verse, von denen 1913 eine kleine Sammlung erschien, fanden zu seinen Lebzeiten nur wenig Beachtung. Als der Weltkrieg ausbrach, mußte er als Militärapotheker mit einer Sanitätskolonne ins Feld ziehen. Grauenhafte Erlebnisse in einem Feldlazarett verwirrten seinen Geist. Im November 1914 schied er freiwillig aus dem Leben.

Im Gegensatz zu anderen jungen Autoren der neuen Richtung gehörte er keinem größeren Kreise Gleichgesinnter an. Nur wenige Freunde waren Trakl zu seinen Lebzeiten nahe. Doch hat er großen Einfluß auf die expressionistische Dichtung und auf das lyrische Schaffen der nachfolgenden Generationen gehabt, der bis heute eher stärker als schwächer geworden ist.

Trakl begann mit schlichter jahreszeitlicher Lyrik. Er besang volksliedhaft die Einfachheit des bäuerlichen Lebens und dessen Gottbezogenheit *(Verklärter Herbst, Ein Winterabend)*. Bald verinnerlichten sich seine Gedichte; sie wurden traumhaft, trunken von Farben und Klängen, schwermütig in ihrem Ringen um Harmonie und Erlösung. Oft nur rhythmisch gebundene Verse geben Eindrücke eines überaus feinnervigen, einsamen, zu frühem Tode Bestimmten wieder. Eine tiefe Traurigkeit liegt über diesem eigenwilligen, zuweilen um symbolische Züge bereicherten Impressionismus. ,,Zitternd flattern Glockenklänge", ,,Silbern flimmern müde Lider" *(Die schöne Stadt)*.

Mehr und mehr jedoch verlagerte sich der Schwerpunkt seiner Dichtung von der impressionistischen Darstellung äußerer Dinge auf die ausdrucksstarke Gestaltung innerer Erlebnisse. Seine Bilder, seine Farben fügte er scheinbar willkürlich aneinander. Sie sind vom Gegenständlichen her nicht mehr deutbar und allein als Gleichnisse seelischer Grundstimmungen gemeint.

Trakl erhob nicht den Anspruch der Expressionisten, Verkünder einer Botschaft zu sein. Er klagte nicht an, es ging ihm nicht darum, die bestehenden Verhältnisse zu ändern. Er gestaltete eine andere, von seinem inneren Auge erschaute traumhafte Wirklichkeit, die den Gesetzen dieser Welt nicht gehorchte. Hinter den Bildern wird immer wieder die Überzeugung des Dichters spürbar, unentrinnbar körperlichem und seelischem Verfall ausgeliefert zu sein. Diese Grundstimmung kann sich bis zu lähmendem Gebanntsein durch das Entsetzliche steigern. Nur das Dasein der ,,Abgeschiedenen", des Kindes, der Hirten und Jäger, der Liebenden und Heiligen ist gegen die Vernichtung gefeit, und Trakl wird nicht müde, es in seinen Gedichten zu preisen:

Dunkle Stille der Kindheit. Unter grünenden Eschen
Weidet die Sanftmut bläulichen Blickes; goldene Ruh.
Ein Dunkles entzückt der Duft der Veilchen; schwankende Ähren
Im Abend, Samen und die goldenen Schatten der Schwermut.

In solchen und ähnlichen Dichtungen *(Abendländisches Lied, Kaspar Hauser Lied)* näherte Trakl sich – auch in der festlich-hymnischen Sprache freier Rhythmen – Hölderlin, wenn auch die Sprache des Österreichers leuchtender und weicher ist:

Er wahrlich liebte die Sonne, die purpurn den Hügel hinabstieg,
Die Wege des Walds, den singenden Schwarzvogel
Und die Freude des Grüns.

(Kaspar Hauser Lied)

Karl Kraus

Bereits 1899, mehr als ein Jahrzehnt früher als die expressionistischen Zeitschriften *Der Sturm* und *Die Aktion* in Berlin, erschien in Wien erstmalig *Die Fackel.* Gleich das erste Heft der Zeitschrift mit dem roten Umschlag erregte wegen der ungewöhnlich scharfen Gesellschaftskritik größtes Aufsehen, so daß innerhalb von wenigen Tagen Zehntausende von Exemplaren nachgedruckt werden mußten. Der Gründer und Herausgeber dieser polemischen literarischen Zeitschrift (polemisch von Polemik = literarische Streitkunst), ja seit 1911 bis zu seinem Tode (1936) ihr einziger Autor war Karl Kraus.

Kraus war 1874 in Gitschin (Böhmen) als Sohn eines reichen Fabrikanten geboren und schon als Kind mit seinen Eltern nach Wien übergesiedelt, wo er das Gymnasium und die Universität besuchte. Nach ersten Essays und politischen Artikeln schuf er sich in der *Fackel* eine eigene Zeitschrift. Schon früh erkannte er in der Sprachkritik seine eigentliche Waffe. Tageszeitungen, Verordnungen der Behörden, diplomatische Noten, aber auch Werke zeitgenössischer Autoren fand er in schludrigem Deutsch geschrieben. Er versah sie mit glossierenden Anmerkungen und schloß aus der Art der Ausdrucksfehler scharfsinnig auf den Charakter der Verfasser. Immer wieder stieß er auf Verlogenheit und bewußte Irreführung; er wertete sie als Anzeichen des kulturellen Niedergangs. Eine „papierene Schande“ verdeckte ihm die Schöpfung.

Kraus ging noch einen Schritt weiter. Über die Sprachkritik gelangte er zur Kritik der in der damaligen Gesellschaft geltenden Werte überhaupt. Aus dieser Sicht ist sein umfangreiches Lesedrama *Die letzten Tage der Menschheit* (1919) zu betrachten. Indem er Tausende von Zitaten aus Presseveröffentlichungen, Reden und anderen Verlautbarungen über den ersten Weltkrieg zusammentrug und sie Personen vom Kaiser bis zum Straßenjungen in den Mund legte, entstand eine der niederdrückendsten Tragödien der Weltliteratur. Das in fünf Akte mit Vorspiel und Epilog (Nachwort, Ausklang) gegliederte Werk umfaßt nahezu 800 Druckseiten, das Personenverzeichnis fast 50 Spalten. Der Autor selbst schrieb in einem Vorwort, es seien Jahre dargestellt, in denen Operettenfiguren die Tragödie der Menschheit spielten. „Die Handlung, in hundert Szenen und Höllen führend, ist unmöglich, zerklüftet, heldenlos wie jene.“ „Die unwahrscheinlichsten Gespräche, die hier geführt werden, sind wörtlich gesprochen worden; die grellsten Erfindungen sind Zitate... Das Dokument ist Figur.“

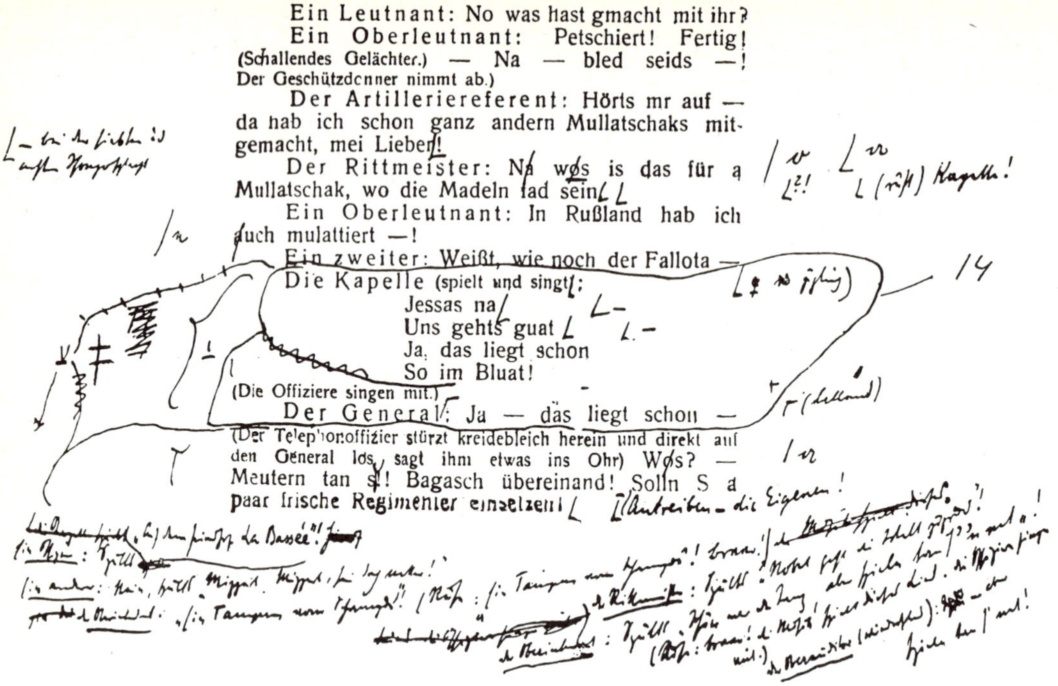
Ein Leutnant: No was hast gmacht mit ihr?

Ein Oberleutnant: Petschiert! Fertig! (Schallendes Gelächter.) — Na — bled seids —! Der Geschützdonner nimmt ab.)

Der Artilleriereferent: Hörts mr auf — da hab ich schon ganz andern Mullatschaks mitgemacht, mei Lieber!

Der Rittmeister: Na was is das für a Mullatschak, wo die Madeln fad sein!

Ein Oberleutnant: In Rußland hab ich auch mulattiert —!

Ein zweiter: Weißt, wie noch der Fallota —

Die Kapelle (spielt und singt):

Jessas na

Uns gehts guat

Ja, das liegt schon

So im Bluat!

(Die Offiziere singen mit.)

Der General: Ja — das liegt schon —

(Der Telephonoffizier stürzt kreidebleich herein und direkt auf den General los, sagt ihm etwas ins Ohr) Wos? — Meutern tan s'! Bagasch übereinand! Solln S a paar frische Regimenter einsetzen!

Eine halbe Seite aus *Die letzten Tage der Menschheit* von Karl Kraus mit handschriftlichen Korrekturen des Dichters

Kraus ging es weniger darum, den zahllosen Personen Leben einzuhauchen, sie bleiben schemenhaft und sind auch nicht Träger einer bestimmten Handlung; der Autor wollte an der phrasenhaften Art des Sprechens die Verlogenheit, Dummheit, Engstirnigkeit und Bosheit der an diesem Krieg Beteiligten und die grausame Wirklichkeit des Geschehens zeigen. Das ist ihm gelungen. *Die letzten Tage der Menschheit* sind vielleicht das ergiebigste gesellschaftsgeschichtliche Dokument aus den Jahren 1914–18.

Franz Kafka

Wie Kraus und Werfel, so stammte auch Franz Kafka aus dem wohlhabenden Judentum Böhmens, doch ist sein Werk ganz anderer Art als das des „Fackel"-Autors und bis heute im letzten noch nicht ausgedeutet.

Dem Dichter kommen wir menschlich sehr viel näher, wenn wir ihn selbst über sich und sein Amt hören. Im Gespräch mit einem jungen Freunde, G. Janouch, sagte Kafka einmal drei Jahre vor seinem frühen Tode: „In Wirklichkeit ist der Dichter immer viel kleiner und schwächer als der gesellschaftliche Durchschnitt. Er empfindet darum die Schwere des Erdendaseins viel intensiver und stärker als die anderen Menschen. Sein Gesang ist für ihn persönlich nur ein Schreien. Die Kunst ist für den Künstler ein Leid, durch das er sich durch ein neues Leid befreit. Er ist kein Riese, sondern nur ein mehr oder weniger bunter Vogel im Käfig seiner Existenz." Und nach einer Zwischenfrage fuhr er mit feinem Humor fort: „Ich bin ein ganz unmöglicher Vogel ... Ich bin eine Dohle – eine kavka ... Da meine Flügel verkümmert sind, ... gibt es für mich keine Höhen und Weiten. Verwirrt hüpfe ich zwischen den Menschen herum. Sie betrachten mich voller Mißtrauen ... Ich bin grau wie Asche. Eine Dohle, die sich danach sehnt, zwischen den Steinen zu verschwinden."

Scheu, verschlossen, einsam im dunklen Verlies seiner Persönlichkeit, dabei unglücklich und von ewiger Unruhe erfüllt; ungewöhnlich klug, doch dem Intellekt mißtrauend und in der Freizeit das Tischlerhandwerk erlernend oder im Garten tätig; in grauenvoll durchlittenen schlaflosen Nächten vergeblich darum bemüht, dichtend („durch das Gekritzel"!) sich selbst zu entrinnen; tief gläubig als Jude und von der Liebe zu seiner tschechischen Heimat durchdrungen – so haben wir uns Kafkas Wesen vorzustellen. Äußerlich wird der große, schlanke Mann so beschrieben: „Er hatte schwarzes, zurückgekämmtes Haar, eine höckrige Nase, wunderbar graublaue Augen unter einer auffallend schmalen Stirn und bittersüß lächelnde Lippen ... Er sprach mit einer schütteren, verschleierten Baritonstimme, welche bewunderungswürdig melodiös war."

Der Dichter wurde 1883 als Sohn eines Kaufmanns in Prag geboren. Der Sohn hat sich mit dem tyrannischen Vater nie verstanden. In Prag und in München studierte Kafka Rechtswissenschaften. Er wurde Rechtsbeistand einer Versicherung. Seit 1913 veröffentlichte er Erzählungen. Erst ein Jahr vor seinem Tode konnte er sich von allen beruflichen Bindungen lösen und als freier Schriftsteller nach Berlin übersiedeln. Kafka starb 1924 in einem Sanatorium bei Wien an einer Lungenkrankheit. Seine unvollendet gebliebenen Romane und die nachgelassenen Erzählungen wurden gegen den Willen des Dichters nach seinem Tode von seinem Freund Max Brod veröffentlicht.

Kafka beschreibt in seinen Erzählungen und Parabeln die „ver-rückten" Situationen, in die der moderne glaubenslose Mensch mit seinem Dasein geraten ist. Mit bohrender Eindringlichkeit verfolgt er alle Möglichkeiten, die noch offen sind. Zu dem erschreckenden Inhalt dieser Geschichten steht die sachlich berichtende Sprache in eigenartigem Gegensatz:

„Kuriere

Es wurde ihnen die Wahl gestellt, Könige oder der Könige Kuriere zu werden. Nach Art der Kinder wollten alle Kuriere sein. Deshalb gibt es lauter Kuriere, die jagen durch die Welt und rufen, da es keine Könige gibt, einander selbst die sinnlos gewordenen Meldungen zu. Gerne würden sie ihrem elenden Leben ein Ende machen, aber sie wagen es nicht wegen des Diensteides."

Ein frühes Beispiel dieser Kunstrichtung ist die Erzählung *Die Verwandlung*.

Der Gechäftsreisende Samsa bemerkt eines Morgens im Bett, daß er ein großer Käfer ist. Er bleibt es bis an sein Ende. Der Gestaltwechsel wird dargestellt, als sei er ein selbstverständlicher Vorgang. Auch Samsa empfindet so. Die Menschen seiner Umgebung sind entsetzt. Das „Tier" geht schließlich zugrunde und wird mit dem Kehrricht auf den Unrathaufen geworfen.

Auch in den Romanen finden sich Menschen in eine Welt gestellt, die verschlossen, undurchdringlich und rätselhaft ist. Es gibt keine Möglichkeit, daraus zu entfliehen. Der einzelne ist lebenslänglich Gefangener im Kerker seines Daseins.

In dem unvollendet gebliebenen Roman *Das Schloß* (1921/22), Kafkas Hauptwerk, glaubt ein Landvermesser, in ein Dorf nahe bei einem Schloß abgeordnet zu sein. Obwohl niemand etwas von ihm und seinem Auftrag wissen will, bleibt er, hartnäckig um Anerkennung bemüht, am Ort, bis er einsam stirbt. Über die Bedeutung der ganz unpersönlich dargestellten Schloßherrschaft gibt es mehrere Ansichten, die alle vertretbar sind. Die Aufklärung des Sinngehaltes bleibt daher dem Bemühen des einzelnen Lesers überlassen.

Gewissermaßen als Ergänzung dazu kann der Roman *Der Prozeß* (geschrieben im wesentlichen 1917–19) gelesen werden.

Ein Bankprokurist wird eines Tages überraschend verhaftet. Gegen ihn ist Anklage erhoben, deren Gegenstand er nie erfährt. Zwar wird er wieder freigelassen, so daß er seinem Beruf nachgehen kann, aber der Druck des nie zu Ende gehenden Verfahrens lastet weiter auf ihm. Trotz eifrigster Bemühungen gelingt es ihm nicht, bis zur obersten Gerichtsbehörde vorzudringen. Er findet sich damit ab, daß es einen Freispruch für ihn überhaupt nicht gibt, und wird schließlich vor Abschluß des Verfahrens ohne Angabe der Gründe hingerichtet. Auch hier ist es wieder die ungenannt bleibende Macht, die scheinbar blind über dem Schicksal des Einzelmenschen waltet.

In der Erzählung *Ein Hungerkünstler* wird von einem Menschen berichtet, der nie länger als vierzig Tage hungern darf; dabei wäre er in der Lage gewesen, fast unbegrenzt ohne Nahrung auszukommen. Endlich hat er Gelegenheit zu zeigen, was er kann. Er hungert länger als je zuvor und stirbt. Zuvor bittet er um Verzeihung dafür, daß er sich hat bewundern lassen. Er hat nur deshalb gehungert, weil er nicht die Speise finden konnte, die ihm schmeckte.

Diese und eine Reihe anderer Erzählungen sind wie die Romane gleichsam in mehreren Schichten angelegt. Das erschwert ihr Verständnis. Dabei sind sie in einer klaren, am Stil klassischer Erzähler geschulten Sprache geschrieben.

Hans Arp

1931 schrieb Hans Arp in dem Prosawerk *Straßburgkonfiguration*[1]:

„ich bin in straßburg geboren.

ich habe fünf gedichtbücher herausgegeben. die titel dieser Bücher sind der vogel selbdritt – die wolkenpumpe – der pyramidenrock – weißt du schwarzt du – vier knöpfe zwei löcher vier besen.

1916 habe ich in Zürich unter freuden dada geboren. dada ist für den unsinn das bedeutet nicht blödsinn. dada ist unsinnig wie die natur und das leben. dada ist für die natur und gegen die kunst. dada will wie die natur jedem ding seinen wesentlichen platz geben.

außerdem obliege ich teils sitzend teils stehend der bildhauerei. niemand kann mir nachweisen, daß ich je eine nymphe einen general oder einen adler modelliert habe."

Arp, 1887 als Sohn eines Dänen und einer Französin in Straßburg geboren, lebte vorwiegend in der Schweiz und in Frankreich. Er wurde als Maler ausgebildet und trat in Beziehung zu Kandinsky[2] und Picasso[3]. Mit Gleichgesinnten gründete er, als die Katastrophe des ersten Weltkrieges fast ganz Europa erschütterte, in der Schweiz die literar- und gesellschaftskritische Bewegung des Dadaismus. (Dada, das französische Wort für Holzpferdchen, wurde auf der Suche nach dem Künstlernamen für eine Sängerin des „Cabaret Voltaire" zufällig entdeckt). Der Züricher Kreis, der bald nach Paris und Berlin ausstrahlte, verwarf den Krieg, verhöhnte das Bürgertum, stellte dessen überlieferte Werte in Frage und setzte sich selbst über den Zwang folgerichtigen Denkens hinweg. Indem Arp und seine Freunde versuchten, so zu einer „Überwirklichkeit" vorzudringen, wurden sie zu geistigen Vätern des Surrealismus. Arp starb 1966 in Basel.

In seinen Anfängen trug der Dadaismus spielerische Züge. Das wird auch an den Arbeiten des jungen Arp spürbar, und bis ins Alter behielt er „der Sprache gegenüber die Distanz des lächelnden Jongleurs, der seine Eleganz auch beim gewitztesten Einfall nicht verliert" (Seidler). Der Dichter gewann vom Wortklang her Zugang zu den Dingen. Wahllos, oft mit verbundenen Augen in der Zeitung angestrichene Wörter bildeten die Grundlage von Gedichten, die vielfach

[1] Konfiguration = Gestalt, Gestaltung. [2] russischer Maler (1866–1944).
[3] spanischer Maler (1881–1973).

heute noch von verblüffender Wirkung sind; sie wurden „automatisch", d. h. „ohne Überlegung oder Überarbeitung" (nach den Worten des Autors) aufgezeichnet, ja, sie wurden zeitweilig bewußt undeutlich niedergeschrieben, „damit der Drucker gezwungen wurde, seine Phantasie spielen zu lassen und beim Entziffern meines Textes dichterisch mitzuwirken". Doch in die übermütigen Wortspiele mischt sich das leise Grauen über diese Zeit der großen Kriegs- und Menschheitskatastrophen. So lustig die folgende Strophe aus dem *Pyramidenrock* beginnt, so deutlich zeigt sie den blutigen Ernst, der diesen Dichtern vor Augen steht:

Mit seiner Dampfmaschine treibt
Er Hut um Hut aus seinem Hut
Und stellt sie auf in Ringelreihn
Wie man es mit Soldaten tut.
Dann füllt er jeden Hut voll Blut
Und reibt sich ein mit Fahnenfett
Sagt Kakadu zum Kakasie
Und steigt Gewehr bei Fuß ins Bett.
Er träumt im Bett von Hut und Blut
Von einem roten Einerlei.
Es wälzt es drängt sich um ihn her
Auf eine böse Melodei.

Später, nach dem Tode seiner Mutter und der geliebten Lebensgefährtin Sophie, schrieb Hans Arp durchgeistigte, schwebende Gedichte voll märchenhafter Anklänge.

Umschlag zu dem Gedichtband
Die Wolkenpumpe von H. Arp (1920)

Roman und Drama als Spiegel politischer und gesellschaftlicher Veränderungen

Jahrzehnte tiefgreifender Wandlungen

Die epischen und dramatischen Werke, die in diesem Abschnitt behandelt werden, sind in einem Zeitraum von mehr als einem halben Jahrhundert erschienen. Und was für ein halbes Jahrhundert war das!

In dem Jahr, in dem Thomas Manns erstes Buch, die Novellensammlung *Der kleine Herr Friedemann,* in den Schaufenstern der Buchhandlungen ausgelegt wurde, starb Bismarck (1898). Er hatte noch durch geschickte Bündnispolitik den großen Krieg, den mit ihm schon damals viele voraussahen, verhindern können. Das zweite Kaiserreich aber, das der Kanzler gegründet hatte, entsprach den Vorstellungen nur eines Teiles derer, die es herbeigesehnt hatten. Überraschend früh stellte sich Reichsverdrossenheit ein.

Trotz seiner vorbildlichen Sozialgesetze hatte Bismarck die zahlenmäßig schnell wachsende Arbeiterschaft nicht für den Staat gewinnen können. Sie versuchte vielmehr, ihre Lage durch internationale Zusammenschlüsse weiter zu verbessern. Auch das Bürgertum war unter der neuen Kaiserkrone nicht unbedingt glücklich. Es konnte sich allerdings seine führende Stellung in der Gesellschaft noch bis in den ersten Weltkrieg erhalten, aber die prächtige Fassade vor allem der bürgerlichen Oberschicht verbarg bereits inneren Verfall und geistige Leere. Begeisterung für das Reich zeigte durchweg das Militär, dessen Ansehen die politische Führung bewußt hob. Die Offiziere wurden zum Vorbild und die Kasernen zur Schule der Nation. ,,Des Kaisers Rock" zu tragen, galt allgemein als ehrenvoll und erstrebenswert, wie Zuckmayer in seinem Theaterstück *Der Hauptmann von Köpenick* (1931) überzeugend dargestellt hat.

Aus dem Sendungsbewußtsein europäischer, später auch außereuropäischer Großmächte, ihrem Imperialismus und Nationalismus entsprang nach Jahren eines ,,bewaffneten Friedens" ein Krieg nie zuvor dagewesenen Ausmaßes. Frühe und immer dringlichere Warnungen Verantwortungsbewußter – unter ihnen auch zahlreiche Schriftsteller und Dichter – konnten die Katastrophe dieses ersten Weltkrieges (1914–1918) nicht abwenden.

Die politische und militärische Niederlage Deutschlands und seiner Verbündeten brachte neben den bekannten schmerzlichen Folgen den Gewinn, daß nun ein den veränderten Verhältnissen entsprechender wirklichkeitsnaher Lebensstil gesucht und gefunden wurde. Die Not des gemeinsam verlorenen Krieges hatte die alten sozialen ,,Klassen", insbesondere Bürger und Arbeiter, einander näher gebracht, ohne sie freilich ganz zu verschmelzen. Gesellschaftskritik blieb auch in der Literatur der zwanziger Jahre noch bevorzugtes Thema. Thomas Mann spürte den Erscheinungen und Ursachen einer geistigen Krankheit Europas nach. Georg Kaiser erkannte schon damals die sich anbahnende Entpersönlichung des technisch hochzivilisierten Menschen. Tucholsky und viele andere entlarvten den Militarismus und setzten sich für die Ächtung des Krieges ein. Döblin schilderte als erster deutscher Autor die besondere soziologische Struktur der Großstadt. Sie alle fanden für derartige Inhalte die ihnen gemäße Form. Dem ,,Aufschrei" des Expressionismus folgte die ,,Neue Sachlichkeit".

Der Versailler Vertrag (1919), der Deutschland unmittelbar nach dem ersten Weltkrieg Reparationszahlungen in zunächst unbegrenzter Höhe auferlegte, führte zur schweren Krise, der Inflation. Viele der dadurch Geschädigten traten den radikalen Parteien bei. Kommunistische Aufstände und ein Putsch der Rechten, bei dem zum erstenmal Hitler in Erscheinung trat, gefährdeten 1923 die junge Weimarer Republik. Dennoch erholte sie sich rasch wieder, und unter Stresemann gesundete sie auf der ganzen Linie.

Da kam es 1929 in den USA zu einer weltweit sich ausbreitenden Wirtschaftskrise, die 1932 ihren Höhepunkt erreichte. Besonders Deutschland wurde davon betroffen, weil hier viel amerikanisches Kapital arbeitete, das nun plötzlich abgezogen wurde. Die Arbeitslosigkeit wuchs infolgedessen sprunghaft an und brachte Kommunisten und Nationalsozialisten ungeahnte Stimmengewinne. 1933 ernannte Reichspräsident von Hindenburg Hitler als Führer der stärksten Partei zum Reichskanzler.

Damit ging die kurze Zeitspanne einer bis dahin nicht gekannten geistigen Freiheit jäh zu Ende. Die in diesem Kapitel zusammengefaßten Autoren sind noch im 19. Jahrhundert geboren. Sie hatten den ersten Weltkrieg und seine Folgen bewußt miterlebt und schon nachdrücklich vor der Diktatur Hitlers gewarnt, bevor er die Maske fallen gelassen hatte; allein vergeblich. Dürrenmatts später formulierte These, daß eine Veränderung der Welt durch literarische Werke ausgeschlossen sei, erwies sich schon in den zwanziger Jahren als richtig. Sehr bald wurde furchtbare Wirklichkeit, daß der Staat seinen Kritikern das Leben zur Hölle machte. Die im folgenden aufgeführten Schriftsteller von Heinrich Mann bis Zuckmayer flohen sämtlich aus Hitlers Deutschland.

Heinrich Mann

Wie bei den Huchs (s. S. 106f.) traten in der Familie Mann gleichzeitig mehrere bedeutende künstlerische Begabungen hervor. Außer Heinrich und Thomas Mann war beider Bruder Victor Schriftsteller, eine Schwester der drei Schauspielerin.

Heinrich Mann wurde 1871 als Sohn eines Lübecker Patriziers geboren. Die Mutter stammte aus Südamerika. Heinrich wollte zunächst Maler werden, ging dann aber als Schriftsteller nach Italien und Frankreich. Der romanische Süden und Westen unseres Erdteils wurden die Wahlheimat dieses überzeugten Europäers. In Deutschland war er vorwiegend in Berlin und München ansässig. 1900 beginnend, veröffentlichte er in den folgenden fünf Jahrzehnten ein halbes Hundert Werke vorwiegend erzählenden Inhaltes. Politisch war Heinrich Mann zunächst Anarchist, später Sozialist – innerlich aber ist er wohl zeitlebens bürgerlicher Liberaler geblieben. Vor der Diktatur des Nationalsozialismus floh er 1933 über die Tschechoslowakei nach Paris. Er starb 1950 in Kalifornien.

In Heinrich Mann wirkte stärker als bei Thomas das südländisch-exotische Erbe der Mutter. In seinen frühen Büchern gestaltete er Liebe und Haß als beherrschende Triebkräfte der menschlichen Natur. Daneben wurde er zum leidenschaftlichen Kritiker der bürgerlichen Gesellschaft seiner Zeit. Seine grotesken Satiren treffen genau die Schwächen der Gesellschaft vor dem ersten Weltkrieg.

In dem Roman *Professor Unrat* (1905) sucht der Gymnasiallehrer Raat seine Schüler in einem zweifelhaften Lokal bei der Tingeltangel-,,Künstlerin" Fröhlich zu ertappen, verfällt ihr aber selbst und wird schließlich zum Verbrecher. Es ist dem Dichter gelungen, die Ausdrucksweise der Artisten und des Professors im Sinne des Naturalismus treffend wiederzugeben. Unrat, wie ihn seine Zöglinge nennen, hat sich den Stil der griechischen und römischen Klassiker zu eigen gemacht. ,,Ich bin der Lehrer!" sagt er einmal. ,,Dieser Schüler ist ein so beschaffener, daß er die höchsten Strafen verdient. Seien Sie eingedenk Ihrer Pflicht, damit kein Verbrecher der Gerechtigkeit entkomme!" Die angesprochene Fröhlich antwortet: ,,Liebes Gottchen! Sie wollen gewiß Wurst machen aus den Menschen..."

Der Stil des Romans wurde bei seinem Erscheinen von vielen als echt und mit Leben gesättigt empfunden. Diese Wirkung verblaßte später. Die hervorragende Verfilmung – *Der blaue Engel* – mit Emil Jannings und Marlene Dietrich vermochte dem Buch neues Leben einzuhauchen.

Als schonungsloser Kritiker feigen und rücksichtslosen Untertanengeistes erwies sich Heinrich Mann in dem Roman *Der Untertan,* der zwar 1914 abgeschlossen war, jedoch erst 1918 erscheinen konnte. 1977 gelangte eine Bühnenbearbeitung zur Aufführung.

Diederich Heßling, Sohn eines Papierfabrikanten, wächst in der preußischen Kleinstadt Netzig und in Berlin zum Typ des Staatsbürgers vor der Jahrhundertwende heran. Als scheinbar ehrenwerter Geschäftsmann und Ratsherr seines Heimatortes erweckt er nach außen den Eindruck, als sei er ein idealgesinnter, selbstloser, vaterlandsliebender Staatsbürger und treuer Diener seines Kaisers. In Wirklichkeit ist dieser Heßling ein verlogener, gewissenloser Schurke, der in jeder Lage nur seinen persönlichen Vorteil im Auge hat. Aus diesem Gegensatz zwischen Schein und Sein erwachsen dem Roman immer neue Spannungen. In zahlreichen Nebenfiguren wie Offizieren, Korpsstudenten, Fabrikanten, Verwaltungsbeamten und Pfarrern sowie ihrem Zusammenleben spiegeln sich die gesellschaftlichen Verhältnisse im Deutschen Reich Wilhelms II.

Thomas Mann

Mannigfaltig und geistig weiträumig, dabei innerlich ausgeglichen und formvollendet steht Thomas Manns Lebenswerk neben dem des älteren Bruders. Thomas Mann wurde 1875 als zweites von fünf Kindern geboren. Er besuchte noch das Gymnasium in Lübeck, als der Vater starb. Die Mutter zog mit den Kindern nach München, wo Thomas fast vierzig Jahre bleiben sollte. Er begann dort seine Berufsausbildung bei einer Versicherungsgesellschaft. Der Erfolg einer ersten Erzählung ermutigte ihn, seine bisherige Stellung aufzugeben und zu studieren. Gleich nach dem Fortzug aus Lübeck hatte er mit der Arbeit an dem Roman *Buddenbrooks* begonnen. Sechs Jahre brauchte er bis zur Vollendung. Das Buch wurde einer der meistgelesenen Romane. Der Erfolg bestimmte den weiteren Lebensweg des Autors. Er konnte sich nun ganz seinen schriftstellerischen Arbeiten widmen. 1929 wurde Thomas Mann mit dem Nobelpreis ausgezeichnet. Vier Jahre später verließ er das nationalsozialistische Deutschland. Er wanderte nach Amerika aus, kehrte nach dem Kriege nach Europa zurück und starb achtzigjährig in der Schweiz.

Schon die frühen Erzählungen Thomas Manns in den Sammlungen *Der kleine Herr Friedemann* (1898) und *Tristan* (1903) zeichnen sich durch einen gepflegten Stil aus; der junge Dichter hatte ihn an Schopenhauer, Nietzsche und den großen europäischen Erzählern des 19. Jahrhunderts geschult. Er formulierte bedächtig und jedes Wort überlegend. ,,Es handelt sich dabei weder um Ängstlichkeit noch um Trägheit, sondern um ein außerordentlich lebhaftes Verantwortlichkeitsgefühl bei der Wahl jedes Wortes, der Prägung jeder Phrase – ein Verantwortlichkeitsgefühl, das nach vollkommener Frische verlangt und mit dem man nach der zweiten Arbeitsstunde lieber keinen irgend wichtigen Satz mehr unternimmt", schreibt Thomas Mann selbst in einem Brief und fährt fort: „Was mich betrifft, so heißt es, die Zähne zusammenbeißen und langsam Fuß vor Fuß setzen – heißt es, Geduld üben, den halben Tag müßig gehen, sich schlafen legen und abwarten, ob es nicht morgen bei ausgeruhtem Kopf doch vielleicht besser wird..."

Immer wiederkehrendes Thema der ersten Arbeiten ist der Gegensatz zwischen Kunst und Leben, der Zwiespalt, den Grillparzer in *Sappho* dargestellt hatte. Aber bei Thomas Mann erhält das Problem eine neue Wendung. Er sieht im Künstlertum in erster Linie ein Anzeichen bürgerlichen Verfalls. *Tonio Kröger,* die Titelgestalt einer Novelle, empfindet die Literatur als Fluch. Er verspürt eine „verstohlene und zehrende Sehnsucht ... nach den Wonnen der Gewöhnlichkeit", und seine tiefste und verstohlene Liebe gehört den Blonden und Blauäugigen, den hellen Lebendigen, den Glücklichen, Liebenswürdigen und Gewöhnlichen.

Aus einer geplanten Novelle um Hanno, den früh verstorbenen jüngsten Buddenbrook, entstand ein großangelegter Roman vom langsamen inneren und äußeren Niedergang einer Lübecker Patrizierfamilie, die *Buddenbrooks* (1901).

Der Leser lernt vier Generationen kennen. Der alte Johann Buddenbrook, ein lebenstüchtiger Mann, geht dem feinnervigeren Konsul Johann Buddenbrook voraus. Dieser zeigt sich als schwärmerischer Anhänger des Christentums, wird allerdings gleichzeitig von einem ausgeprägten Geschäftssinn beherrscht, der ihn unbedenklich den eigenen Vorteil suchen und finden läßt. Seine Kinder sind sehr verschiedenartig. Der Älteste, Thomas, erlangt die Senatorenwürde und verschafft damit seiner Familie hohes Ansehen, aber er selbst ist ein gehetzter, schnell ermüdender Mensch. Er kann den Verfall nicht abwenden. Sein Bruder Christian entzieht sich jeder verantwortlichen Tätigkeit durch die Flucht in seine eingebildeten Krankheiten. Beider Schwester Tony, die als letzte Buddenbrook übrigbleibt, ist eine naive, herzlich unbedeutende Person. Thomas' Sohn Hanno, ein träumerisches, künstlerisch begabtes Kind, entbehrt der Lebenskraft und stirbt früh.

Unter dem Einfluß Richard Wagners verwandte Thomas Mann beim Aufbau seines Romans das Kunstprinzip des Leitmotivs. Er entwickelte die Episode von Hannos Tod nach rückwärts, indem er mehrere vorangehende Generationen darstellte. So entstand – ähnlich

Umschlag von Thomas Manns Roman *Buddenbrooks,* Ausgabe 1903

wie nach Thomas Manns Ansicht aus dem Siegfried-Motiv die Oper von Siegfrieds Tod – der zweibändige Roman vom Untergang eines ganzen Geschlechtes.

Die Einsamkeit des Künstlers, ihre Gefahr und ihre Tragik wird noch einmal in der Novelle *Der Tod in Venedig* (1912) behandelt.

,,Es ist aus mit dem Künstler, sobald er Mensch wird und zu empfinden beginnt", heißt es da. Mit grausamer Ironie zeichnet Thomas Mann den alternden Dichter Aschenbach, der an der heimlichen Liebe zu einem schönen Knaben am Strande bei Venedig zugrunde geht.

Der umfangreiche Roman *Der Zauberberg* (1924) schildert eine in sich abgeschlossene Welt: Die Patienten eines Sanatoriums führen lange Gespräche über ihren Gesundheitszustand, der zugleich die geistige Krankheit Europas vor dem ersten Weltkrieg versinnbildlicht. Die Ironie besteht darin, daß die sehr verschiedenartigen Insassen des Sanatoriums sich daran gewöhnt haben, in der Krankheit den Sinn des Lebens zu sehen.

1943 begann, 1947 beendete Thomas Mann den Roman *Doktor Faustus, das Leben des deutschen Tonsetzers Adrian Leverkühn, erzählt von einem Freunde.* Das Buch ist eine großartig angelegte Umdeutung des uralten Faust-Themas (s. S. 27f. und 59f.), eine Auseinandersetzung mit dem deutschen Schicksal, ein Ringen um Fluch und Segen des deutschen Wesens, dessen Grundzüge dem Dichter wohl erst in der Emigration, aus weitem räumlichem Abstand also, ganz deutlich wurden.

Nicht die Handlung, die an Nietzsche und Richard Wagner angelehnte Biographie des erdachten großen deutschen Musikers Leverkühn, ist hier das Entscheidende, sondern die Betrachtungen sind es, die Zeitblom, der Chronist, an die Lebensgeschichte seines verstorbenen Freundes knüpft: der Gymnasialprofessor erörtert das Zerrbild der deutschen Gesellschaft und der deutschen Kultur unter nationalsozialistischer Herrschaft. Angesichts des drohenden Untergangs wird er zum Mahner und Kläger; und natürlich ist es Thomas Mann selbst, der hier zu den makabren Vorgängen in seinem verlorenen Vaterlande Stellung nimmt: ,,O Deutschland, du gehst zugrunde, und ich gedenke deiner Hoffnungen! Die Hoffnungen meine ich, die du erregtest (vielleicht ohne sie zu teilen); die nach deinem vorigen, vergleichsweise sanften Zusammenbruch, der Abdankung des Kaiserreiches, die Welt in dich setzen wollte, und die du trotz ausgelassenem Benehmen, trotz einer völlig verrückten, wild verzweifelten und wild demonstrativen ,,Aufblähung" deines Elends, jener betrunken zum Himmel kletternden Währungsinflation, einige Jahre lang bis zu einem gewissen Grade zu rechtfertigen schienest."

Schon 1911 hatte Thomas Mann begonnen, die *Bekenntnisse des Hochstaplers Felix Krull* niederzuschreiben, und das nicht abgeschlossene Werk erstmals 1922 veröffentlicht. Im Alter griff der Dichter den Stoff erneut auf. 1954 erschien *der Memoiren erster Teil;* ein zweiter folgte nicht mehr, so daß dieser moderne Schelmenroman unvollendet blieb.

Der ,,aus feinbürgerlichem, wenn auch liederlichem Hause" stammende Krull, Sohn eines Sektfabrikanten, spielt dauernd Theater; er stellt eine Person dar, die er in Wirklichkeit nicht ist. Seine Kinder- und Jugendzeit schildert er mit viel Selbstironie, wobei komische Situationen – man denke an die Musterungsszene! – den Vorrang haben. Die Handlung bricht ziemlich unvermittelt mit einem Liebeserlebnis des Schwindlers in Portugal ab.

Thomas Mann hat außer den hier aufgeführten Werken noch zahlreiche weitere Romane, Erzählungen, Essays, politische und unpolitische Betrachtungen geschrieben. Unberührt vom Streit der Meinungen über sein Verhältnis zu Deutschland nach 1945 sollte der Umstand bleiben, daß der Dichter den realistischen deutschen Roman auf die Ebene der Weltliteratur gehoben und als Prosa-Autor Weltgeltung erlangt hat.

Mit dem Roman *Berlin Alexanderplatz* schuf der Berliner Arzt Alfred Döblin den ersten und bisher einzigen deutschen Großstadtroman von weltliterarischem Rang.

Der Dichter wurde 1878 als Sohn einer armen jüdischen Familie in Stettin geboren. Als er zehn Jahre alt war, verschwand der Vater auf Nimmerwiedersehen. Die Mutter siedelte mit ihrem Sohn in den Osten Berlins über und erzog ihn streng. Die Großstadt prägte ihn. ,,Mit fünfzehn Jahren sah ich auf einer Landpartie den ersten Kirschbaum", schrieb er einmal. Im Berliner Osten wirkte er von 1911 bis 1933 als Kassenarzt und überaus fruchtbarer Schriftsteller. Als die Nationalsozialisten an die Macht kamen, zog er nach Zürich, später nach Paris. 1940 flüchtete er nach Amerika. Nach dem zweiten Weltkrieg zog es ihn wieder nach Europa. Döblin starb 1957 in Emmendingen.

Die große Zahl seiner Werke behandelt mannigfaltige Stoffe und Probleme. Sie spielen zu allen Zeiten – die Zukunft nicht ausgenommen – und in aller Welt. Immer geht es dem Dichter darum: ,,Dicht an die Realität dringen und sie durchstoßen, um zu den einfachen großen elementaren Grundsituationen und -figuren des menschlichen Daseins zu gelangen."

Diesem hochgesteckten Ziel ist er mit dem Roman *Berlin Alexanderplatz* (1929) am nächsten gekommen.

Der Transportarbeiter Franz Biberkopf hat wegen Totschlags eine längere Strafe verbüßt. Bei der Entlassung aus der Haftanstalt nimmt er sich vor, ein anständiger Mensch zu werden. Dreimal bietet sich die Gelegenheit dazu, aber ebensooft scheitert er, weil er vom Leben etwas Außergewöhnliches verlangt. Das letzte Mal kommt er in die Irrenanstalt des Gefängnisses. Hier wandelt er sich. Nun genügt es ihm, sein Leben ohne Besonderheiten, und zwar als Fabrikarbeiter, fortsetzen zu können.

Döblin erreicht die Echtheit der Großstadtsituation durch Stilmittel, die teilweise dem späten Expressionismus, teilweise der ,,Neuen Sachlichkeit" zugerechnet werden können. Das Anliegen der ,,Neuen Sachlichkeit" war es, in der Kunst die Gefühlsbetonung durch ein Streben nach Dinglichkeit zu ersetzen. Festumrissene Inhalte sollten an die Stelle bloßer Stimmungen treten. Unvermittelt blendet Döblin daher Wetterberichte, Prozeßniederschriften, zeitgenössische Statistiken, Schlagertexte, politische Reden, wissenschaftlich-medizinische Darstellungen, Fahrpläne und vieles andere in die eigentliche Erzählung ein. Aus der Vielheit

Umschlag von A. Döblins Roman
Berlin Alexanderplatz

solcher Einzelheiten fügt sich das Gesamtbild einer Stadt, das in der Literatur kaum seinesgleichen hat. So schildert der Dichter ein „Wiedersehen mit dem Alex" (= Alexanderplatz):

„Rumm rumm wuchtet vor Aschinger auf dem Alex die Dampframme. Sie ist ein Stock hoch, und die Schienen haut sie wie nichts in den Boden.

Eisige Luft. Februar. Die Menschen gehen in Mänteln. Wer einen Pelz hat, trägt ihn, wer keinen hat, trägt keinen. Die Weiber haben dünne Strümpfe und müssen frieren, aber es sieht hübsch aus. Die Penner haben sich vor der Kälte verkrochen. Wenn es warm ist, stecken sie wieder ihre Nasen raus. Inzwischen süffeln sie doppelte Ration Schnaps, aber was für welchen, man möchte nicht als Leiche drin schwimmen.

Rumm rumm haut die Dampframme auf dem Alexanderplatz. Viele Menschen haben Zeit und gucken sich an, wie die Ramme haut. Ein Mann oben zieht immer eine Kette, dann pafft es oben, und ratz hat die Stange eins auf den Kopf. Da stehen die Männer und Frauen und besonders die Jungens und freuen sich, wie das geschmiert geht: ratz kriegt die Stange eins auf den Kopf. Nachher ist sie klein wie eine Fingerspitze, dann kriegt sie aber immer noch eins, da kann sie machen, was sie will. Zuletzt ist sie weg, Donnerwetter, die haben sie fein eingepökelt, man zieht befriedigt ab."

Kurt Tucholsky

In demselben Jahre, in dem *Berlin Alexanderplatz* erschien, verließ der Gesellschaftskritiker und Satiriker Kurt Tucholsky Berlin für immer. Wie Döblin, so hatte auch ihn diese Stadt geformt. Hier war er 1890 geboren, hier hatte er die Schule besucht und studiert, und hier hatte er unter fünf Namen als Schriftsteller gewirkt. Er kehrte Deutschland den Rücken, als er mit dem sprunghaften Erstarken rechtsradikaler Parteien die Katastrophe eines neuen Krieges kommen sah. Vor einem Krieg hatte der Pazifist und überzeugte Kommunist, der übrigens niemals Mitglied der KPD war, immer wieder gewarnt, ja, er hatte ihn verflucht wie kaum ein anderer. Verbittert lebte er noch einige Jahre in Schweden.

Tucholsky schickte 1919 seinen *Frommen Gesängen* eine Widmung voraus, mit der er sich offenbar selbst charakterisierte. An einen respektlosen Freigeist der Antike gewandt, schrieb er:

So schenk mir deinen Spöttermund!
Die Flamme gib, die sturmentfachte!
Heiß ich auch, weil ich immer lachte,
ein frecher Hund!

Nun, ganz so forsch, wie er sich gern gab, war der Autor dieser Verse nicht. Sein Wesen war zwiespältig; es vereinigte beißenden Spott mit Gefühlstiefe, verspielten Übermut mit Schwarzseherei, Schnoddrigkeit mit Selbstkritik. „Die Welt verachten", schrieb er einmal, „das ist sehr leicht und meist nur ein Zeichen schlechter Verdauung. Aber die Welt verstehen, sie lieben und dann, aber erst dann, freundlich lächeln, wenn alles vorbei ist –: das ist Humor."

Nicht in festgefahrenen Vorstellungen und Vorurteilen befangen zu bleiben, vielmehr um jeden Preis die Wahrheit aufzuspüren, davon ist dieser geistige Nachfahre Heines besessen. In Hunderten von satirischen Prosaskizzen, Gedichten und in Betrachtungen, die an eine alltägliche Beobachtung anknüpften, hat Tucholsky die herrschenden Klassen, Beamte, Offiziere, Industrielle und Funktionäre, und den kleinen Mann auf der Straße unter die Lupe genommen. Wie Karl Kraus entlarvte er sie oft genug durch ihre eigene Redeweise.

In der Skizze *Die Unpolitische* (1925) kommt ein Vereinsfunktionär mit einer Hausfrau ins Gespräch. Jener verrät durch sein gestelztes Zeitungshochdeutsch, daß er gedankenlos den politischen Parolen folgt; diese zeigt in ihrem Berliner Dialekt, daß sie unfähig ist, über ihren Kochtopf hinauszuschauen und größere, politische Zusammenhänge zu sehen.

Seine Gegner haben den oft zu Temperamentvollen bitter gehaßt. Manches von dem, was er in der Hitze des Tages geschrieben hat, ist mit seiner Zeit verweht. Doch als Meister der knappen satirischen Charakteristik und der geistvollen Skizze hat er die deutsche Literatur bereichert.

Tucholskys Romane *Rheinsberg* (1912) und *Schloß Gripsholm* (1931), die 1933 von den Nationalsozialisten verbrannt worden waren, wurden bald nach dem Krieg neu aufgelegt, dramatisiert und verfilmt.

Rheinsberg, eine „Reise-Idylle", handelt von zwei jungen Menschen, die, ohne verheiratet zu sein, als Ehepaar Gambetta von Berlin aus so etwas wie eine Hochzeitsreise ins Brandenburgische, nach Rheinsberg, unternehmen. Die Medizinstudentin Claire und ihr Freund Wolfgang genießen sorglos und unbeeinflußt von den Moralvorstellungen der bürgerlichen Gesellschaft ihr märkisches Ferienparadies und natürlich ihre Liebe. Nach drei Tagen kehren sie in den Alltag zurück. Der Autor schlägt das vorwiegend heitere, manchmal aber auch ein wenig melancholische „Bilderbuch für Verliebte", wie der Untertitel lautet, so unbefangen zu, wie er es aufgeblättert hat.

Der Roman *Schloß Gripsholm* geht auf eine Anregung des Verlegers Rowohlt zurück, der „eine kleine Liebesgeschichte..., zart im Gefühl, kartoniert, leicht ironisch und mit einem bunten Umschlag", und das heißt anspruchslose Unterhaltungsliteratur, suchte. Tucholsky schrieb eine Geschichte, die nur scheinbar den Anforderungen genügte.

Der Ton ist zwar verspielt wie in *Rheinsberg*, wieder ist es eine unbeschwerte Urlaubsgeschichte, aber auch hier nehmen erlebnisreiche Ferientage – dieses Mal mit „Prinzessin" Lydia – einmal ein Ende. Sie sind vergänglich, während die vorübergehend überspielten Probleme des Alltags ständige Begleiter bleiben. „Wenn man umzieht, ziehen die Sorgen nach", heißt es an einer Stelle.

War es eine Vorahnung des Dichters? Auch ihn verfolgten die Sorgen, bis er kurz vor Weihnachten 1935 freiwillig aus dem Leben schied. Bei Gripsholm (Schweden) liegt er begraben.

Georg Kaiser

Georg Kaiser galt lange als expressionistischer Dramatiker schlechthin. Er ist es nur in seiner mittleren Schaffensperiode gewesen, und auch da fehlt es seinen Werken an zwei für den Expressionismus charakteristischen Merkmalen: am „Aufschrei" als dichterischer Aussage und an der Auflösung der überkommenen dramatischen Form.

Als fünfter von sechs Söhnen eines Kaufmannes wurde der Dichter 1878 in Magdeburg geboren. Er war sehr leicht erregbar und litt unter epileptischen Anfällen. Nach Abschluß seiner kaufmännischen Lehre verbrachte er einige Jahre als Angestellter einer deutschen Elektrizitätsfirma in Buenos Aires. Malariakrank kehrte er zurück. Acht Jahre lang blieb er an das Krankenzimmer gefesselt. Er begann 1905 zu schreiben, doch vermochte er sich erst unmittelbar nach dem ersten Weltkrieg durchzusetzen. 1933 wurde er zum Schweigen verurteilt. Erst fünf Jahre später wanderte er in die Schweiz aus. Dort starb er 1945, vergessen und arm, in Ascona.

Kaisers Lebenswerk umfaßt mehr als 40 Dramen. Außerordentlich ist der Stoffkreis. Er bezieht die Welt der Assyrer und Griechen ebenso ein wie die Lebenswirklichkeit der Gegenwart und die Schau der Zukunft. Bei der Vielfalt der behandelten Themen bleibt der geistige Standort des Dichters unklar und widerspruchsvoll. Die Gestalten erscheinen oft schemenhaft. Sie sind vielfach nur Typen, in Figuren übergeleitetes Denken. Jemand, der Kaiser gut kannte, hat ihn einen „Denkspieler" genannt, ein anderer „den Mathematiker unter den dramatischen Autoren seiner Zeit". Der Dichter ging, wenn er seine Bühnenwerke schuf, weniger vom gefühlsstarken Erlebnis als vielmehr von gegensätzlichen geistigen Positionen aus. Daraus entwickelte er – folgerichtig bis zum Schluß – die Handlung.

Nach zahlreichen mißglückten Versuchen errang Kaiser seinen ersten großen Erfolg mit dem Bühnenstück *Die Bürger von Calais* (vollendet 1913, aufgeführt 1917). Das wahrscheinlich unter dem Eindruck der berühmten Bronzeplastik des französischen Bildhauers Rodin entstandene Werk ist ein Bekenntnis zur Erhaltung der menschlichen Gesellschaft ohne Gewaltanwendung und ein Beispiel des „neuen Menschen", der sich für die anderen opfert.

Die von den Engländern eingeschlossene Stadt Calais soll zerstört werden, wenn sich nicht sechs Bürger „barhäuptig, unbeschuht, mit dem Kittel des armen Sünders bekleidet und den Strick im Nacken" zur Sühne freiwillig dem Feind ausliefern. Es melden sich sieben. Das Los soll bestimmen, wer zurückbleibt. Da tötet sich einer selbst, um den anderen den rechten Weg zu weisen. Unerwartet werden diese vom englischen König aus Freude über die Geburt eines Sohnes begnadigt. Der Herrscher kniet an der Bahre des freiwillig aus dem Leben Geschiedenen. Die Bürger sind frei, Stadt und Hafen gerettet.

Um die Erneuerung des Menschen und seines Wertes im Zeitalter der modernen anonymen Großindustrie geht es Kaiser auch in den drei Dramen *Die Koralle* (1917), *Gas I* (1918) und *Gas II* (1920).

Im ersten Stück wird gezeigt, wie ein Milliardär nur deshalb zum Erfolg gekommen ist, weil er einen Rückfall in das soziale Elend fürchtet, aus dem er stammt. Dabei hat er sein Herz gegen menschliche Not verhärtet. Überall da, wo sie ihm begegnen könnte, vertritt ihn sein Sekretär und Doppelgänger. Nur eine Koralle an der Uhrkette unterscheidet beide. Als sich die Kinder des reichen Mannes den Armen zuwenden, sucht er Rettung in einer merkwürdigen Flucht: er tötet seinen Doppelgänger, einen Pastorensohn vom Lande, und gewinnt dadurch dessen glückliche Seele, sein Paradies. So stirbt der als Mörder Gerichtete.

Der Sohn des aus dem Leben Geschiedenen steht im Mittelpunkt von *Gas I.* Er leitet als erster Arbeiter seines Betriebes eine Gasfabrik, die die ganze Welt mit Energie versorgt. In dem vollsozialisierten Unternehmen ist die Arbeit zum Selbstzweck geworden, die alle beherrscht.

Doch eines Tages kommt

„*Meldung von Kontrollstation:* – Gas färbt mit Sekunden stärker. In Minuten – bei gleichem Fortschritt – kräftiges Rot!

Milliardärsohn: Ist etwas an Maschinen defekt?
Ingenieur: Tadelloser Gang!
Milliardärsohn: Im Material ein Ausfall?
Ingenieur: Kein Rohstoff ungeprüft vor der Vermischung!
Milliardärsohn: Wo liegt das Versehen?
Ingenieur (von Zittern gewalkt): In – – der Formel!!
Milliardärsohn: Ihre Formel – stimmt – nicht?
Ingenieur: Meine Formel – stimmt nicht!
Milliardärsohn: Wissen Sie das?
Ingenieur: Jetzt!
Milliardärsohn: Kennen Sie den Fehler?
Ingenieur: Nein!
Milliardärsohn: Finden Sie ihn nicht?
Ingenieur: Die Berechnung – ist richtig!

Milliardärsohn: Und – – das Sichtgas färbt doch?!

Ingenieur wirft sich in den Sessel am Schreibtisch: mit kurzen Schriftstößen überfährt er das Papier.

.....

Ingenieur (springt auf, in gerader Haltung vor ihm): Ich habe meine Pflicht getan. Die Formel ist klar. Ohne Bruch!

Milliardärsohn (wie betäubt): Sie finden den Fehler nicht?!

Ingenieur: Keiner entdeckt ihn. Keiner kann es. Kein Hirn rechnet straffer. Die letzte Rechnung ist gelöst!

Milliardärsohn: Und stimmt nicht?!

Ingenieur: Stimmt – und stimmt nicht! An die Grenze sind wir gestoßen. Stimmt – und stimmt nicht. Dahinter dringt kein Exempel. Stimmt – und stimmt nicht! Das rechnet sich selbst weiter und stülpt sich gegen uns. Stimmt – und stimmt nicht!

Milliardärsohn: Das Gas – –?!

Ingenieur: – blutet im Sichtglas! – flutet an der Formel vorbei rot im Sichtglas! – schwemmt aus der Rechnung in Richtung für sich! – Ich habe meine Pflicht getan. Mein Kopf ist kalt. Es kommt, was nicht kommen kann – und dennoch kommt!"

Die Explosion zerstört mit Übergewalt das Werk. – Der Milliardärsohn will es nicht wieder aufbauen, sondern seine Arbeiter zur bäuerlichen Lebensform zurückführen. Er stößt auf entschiedenen Widerstand seitens der Arbeitnehmer und der Verbraucher des Gases. Ihr Sprecher wird der Ingenieur. Er setzt sich durch. So kann ein neuer, glücklicherer Menschentyp erst in ferner Zukunft kommen.

Gas II, der letzte Teil der Trilogie, führt folgerichtig zu Selbstvernichtung und Weltuntergang. Liest man die Beschreibung des Bühnenbildes für den ersten Akt, so hat es den Anschein, als habe der Dichter eine vollautomatische Produktionsstätte unserer Tage vorausgesehen:

„Betonhalle. Stäubendes Bogenlampenlicht. Von dunsthoher Kuppel Drähte dicht senkrecht nach der eisernen Tribüne und weiter schräg verteilt an kleinere eiserne Tische – drei rechts, drei links. Rotfarbig nach links – grünfarbig nach rechts die Drähte. An jedem Tisch eine Blaufigur – in Uniform steif sitzend – starrend auf Glasscheibe im Tisch, die – rot links, grün rechts – aufleuchtend das Gesicht mitfärbt. Quervorn längerer eiserner Tisch mit schachbretteiliger Platte; darin grüne oder rote Stöpsel von der ersten Blaufigur bedient. Stille."

In seiner letzten Schaffensperiode wandte sich der Dichter antiken Stoffen zu. Ähnlich wie Gerhart Hauptmanns Atriden-Tetralogie (s. S. 104f.) ist Georg Kaisers *Floß der Medusa* eine leidenschaftliche Anklage gegen die nationalsozialistische Diktatur – das Stück entstand 1943, im Jahr der Katastrophe von Stalingrad.

Bertolt Brecht

In die Städte kam ich zur Zeit der Unordnung,
als da Hunger herrschte,
Unter die Menschen kam ich zur Zeit des Aufruhrs,
und ich empörte mich mit ihnen.
So verging meine Zeit,
die auf Erden mir gegeben war.

Das schrieb Brecht *An die Nachgeborenen.* Wie die meisten der literarisch Rebellierenden ist er selber aus dem Bürgertum hervorgegangen. Als Sohn eines Fabrikdirektors wurde er 1898 in Augsburg geboren. Er teilte mit zahlreichen Dichtern seiner Generation den Haß auf den Vater. Auch auf der Schule gab es Schwierigkeiten. Später studierte Brecht in München Medizin. Als

Sanitäter in einem Lazarett für Verkrüppelte wurde er überzeugter Kriegsgegner. Nach dem ersten Weltkrieg fand er gleichgesinnte Freunde. Bereits als Zweiundzwanzigjähriger inszenierte er in den Münchner Kammerspielen sein satirisches Heimkehrerstück *Trommeln in der Nacht,* das ihm 1922 den Kleistpreis einbrachte. Brecht war zunächst Dramaturg (literarischer Beirat des Theaterleiters) in München, später – zusammen mit Carl Zuckmayer – in der gleichen Stellung am Deutschen Theater in Berlin. Nach dem Welterfolg seiner *Dreigroschenoper* (1928), die allein in einem New Yorker Theater ununterbrochen länger als zehn Jahre gespielt wurde, bekannte sich Brecht unter dem Einfluß der Schauspielerin Helene Weigel, seiner späteren zweiten Frau, zum Kommunismus. Er schrieb zahlreiche Bühnenstücke; in vielen von ihnen werden politische Zielvorstellungen des Autors deutlich. 1933 verließ der Dichter Deutschland. Über die Schweiz, Frankreich, Dänemark und Rußland gelangte er schließlich nach Kalifornien. Dort blieb er sieben Jahre. Nach dem zweiten Weltkrieg kehrte er über die Schweiz nach Ost-Berlin zurück. Hier starb Brecht 1956.

Aus der großen Zahl seiner Dramen, Lehrstücke, Opern, Romane, Gedichte, Lieder (Songs) und theoretischen Schriften können hier nur wenige herausgegriffen werden.

Die *Dreigroschenoper,* die im 17. Jahrhundert unter Bettlern und Verbrechern in London spielt, ist eine Neubearbeitung von John Gays *Beggar's Opera.*

Brechts Fassung beginnt mit einer Moritat des Mackie Messer, eines Bandenführers, der gegen den Willen der Eltern Polly, die Tochter des „Bettlerkönigs" Peachum, heiratet. Dieser zeigt den Schwiegersohn an. Mackie wird verhaftet, bricht aus, soll neuerlich festgesetzt werden und wird schließlich – Höhepunkt der Ironie! – geadelt und Herr eines Schlosses.

Für Brecht sind nicht Mackie oder die Bettler die Verbrecher, sondern Peachum ist es. Er tut nach dem Gesetz nichts Unrechtes, steckt sogar mit dem Polizeichef unter einer Decke, betrachtet aber die Arbeitsleistung der ihm abgabepflichtigen Bettler als Ware und bereichert sich nach Kapitalistenart daran. – Einen nicht geringen Anteil am ungewöhnlichen Erfolg der *Dreigroschenoper* und der Bühnenwerke Brechts überhaupt haben die zahlreichen Lieder. Diese von Kurt Weill zündend vertonten „Songs" knüpfen an die Handlung an und enthalten gesellschaftskritische oder moralisierende Betrachtungen, die aufgrund ihrer „Verfremdungswirkung" verblüffen. Im *Lied von der Unzulänglichkeit menschlichen Strebens* lautet ein Vers:

Ja, renn nur nach dem Glück
Doch renne nicht zu sehr!
Denn alle rennen nach dem Glück
Das Glück rennt hinterher.
  Denn für dieses Leben
  Ist der Mensch nicht anspruchslos genug.
  Drum ist all sein Streben
  Nur ein Selbstbetrug.

Nach der *Dreigroschenoper* wandte sich Brecht mehr und mehr einer von ihm entwickelten Sonderform des Dramas zu, die er „episches Theater" nannte. In belehrender Absicht reiht der Dichter einzelne Szenen erzählend aneinander und verzichtet weitgehend auf dramatischen Aufbau. Um den Zuschauer aufzurütteln, nutzt er alle Möglichkeiten der Darstellung, der Musik, des Bühnenbildes und der Technik aus. Der Schauspieler soll es nicht mehr zur vollständigen Verwandlung in die darzustellende Person kommen lassen, sondern ihr Tun und Denken, mag es auch noch so selbstverständlich scheinen, als fragwürdig zeigen. Brecht nennt dies den Verfremdungs-Effekt. Damit will er bewirken, daß der Zuschauer aus der bloßen Spannung und dem unbeteiligten Genießen zur Besinnung über das Geschaute gebracht, ja vielleicht sogar zur Änderung seines eigenen Tuns und Lassens veranlaßt wird.

1938–39 entstand die Szenenfolge *Leben des Galilei.*

Angeregt durch die Nachricht von der gelungenen Spaltung des Uran-Atoms und die möglichen Folgen für die Kriegstechnik, behandelt Brecht den Konflikt des großen Forschers, der eine umstürzende Entdeckung gemacht hat: er gerät in Widerstreit mit den Inhabern der Macht in Staat und Kirche. Soll er sich ihnen fügen oder es auf eine Auseinandersetzung ankommen lassen? Er widerruft schließlich seine Lehre von der Bewegung der Erde, um ungestört sein wissenschaftliches Werk vollenden zu können. Er bedient sich damit einer List, um der Wahrheit zum Siege zu verhelfen, und meidet den Kampf.

Bert Brecht (sitzend) im Gespräch mit dem Komponisten Hanns Eisler (links) und dem Regisseur Slaban Dudow (1932)

Der gute Mensch von Sezuan entstand gleichzeitig mit dem *Galilei.*

Im Vorspiel dieses Parabelspiels (Stück, das eine verborgene Wahrheit durch ein Gleichnis veranschaulicht) suchen drei Götter in Sezuan, einem erdachten ostasiatischen Lande, nach guten Menschen, die zugleich glücklich sind. Sie finden nur einen, das Mädchen Shen Te, und belohnen es reich. Es verwendet das Geld zur Eröffnung eines Tabakladens und hilft mit seinen Einkünften den Armen, wo es nur kann. Doch der Bedürftigen sind zu viele. Sie alle wollen seine Unterstützung und nehmen, was sie kriegen können, und manchmal auch noch mehr. Shen Te weiß sich schließlich nicht anders zu helfen, als sich in ihren strengen Vetter Shui Ta zu verkleiden und nun rücksichtslos das Geschäft nach wirtschaftlichen Gesichtspunkten zu leiten. Die Bedürftigen werden als Arbeiter eingestellt und hart angetrieben. Als Shen Te schließlich nicht wieder erscheint, wird Shui Ta des Mordes verdächtigt und angeklagt. Die drei Götter treten in der Rolle der Richter auf. Ihnen klagt endlich Shui Ta – Shen Te das schmerzliche Dilemma ihres Daseins:

„Euer einstiger Befehl
Gut zu sein und doch zu leben
Zerriß mich wie ein Blitz in zwei Hälften. Ich
Weiß nicht, wie es kam: gut sein zu andern
Und zu mir konnte ich nicht zugleich.
Andern und mir zu helfen, war mir zu schwer.
Ach, eure Welt ist schwierig! Zu viel Not, zu viel Verzweiflung!
Die Hand, die dem Elenden gereicht wird
Reißt er einem gleich aus! ....

Doch die Götter wissen keinen Rat: „Sollen wir eingestehen, daß unsere Gebote tödlich sind? Sollen wir verzichten auf unsere Gebote? *(Verbissen:)* Niemals! Soll die Welt geändert werden? Wie? Von wem? Nein, es ist alles in Ordnung.“ Damit verabschieden sie sich und entschweben auf einer „rosa Wolke“. Mit einem hilflosen Aufschrei bleibt Shen Te zurück.

Brechts Meinung aber ist, daß die Verhältnisse gebessert und geändert werden können. Sein Stück soll den Zuschauer anhalten, sich darüber Gedanken zu machen und eine bessere Auskunft als die Götter zu finden.

Mutter Courage und ihre Kinder leben in dem Stück mit diesem Titel (1939) vom Kriege, zuerst gut, dann immer schlechter. Den Stoff zu dieser farbigen, lebensechten „Chronik aus dem Dreißigjährigen Krieg" nahm Brecht aus dem Werk Grimmelshausens.

Als Marketenderin folgt Mutter Courage den Soldaten, und sie verliert dabei ein Kind nach dem andern durch den Krieg. Verlassen und unbelehrt zieht sie am Schluß mit ihrem Marketenderkarren weiter, den Söldnern nach. Der Zuschauer soll erkennen, daß der Mensch die unwandelbare, die Welt aber, in der er leben muß, die zu verändernde Größe ist.

Brechts letztes großes episches Drama ist *Der kaukasische Kreidekreis* (1944–45). Der Dichter setzte die alte chinesische Fabel in eine abenteuerlich bewegte Szenenfolge um und veränderte sie entscheidend.

Das Stück spielt in einem kaukasischen Dorf kurz nach dem zweiten Weltkrieg. Während eines Aufstandes wird ein Säugling von seiner Mutter, der Gouverneursfrau, getrennt. Die Magd Grusche rettet das Kind und flieht mit ihm. Sie macht Schweres durch. Als wieder Frieden im Lande ist, fordert die richtige Mutter ihr Kind zurück, aber Grusche will es nicht hergeben. Der Dorfschreiber Azdak wird zum Richter bestimmt. Er zieht mit Kreide einen Kreis um das Kind und fordert die an dessen linker und rechter Seite stehenden Frauen auf, es zu sich herüberzuziehen. Herzlos versucht es die leibliche Mutter, aber Grusche will ihrem Zögling nicht wehtun und verzichtet. Azdak spricht ihr das Kind zu. – Nicht ohne Absicht änderte Brecht die übernommene Fabel entscheidend ab. Indem er der Gouverneurin ihr Kind fortnehmen ließ, um es der Magd zu überlassen, setzte er über das natürliche Mutterrecht das durch Fürsorge und Liebe erworbene Mutterrecht. Die Schlußworte „... daß da gehören soll, was da ist / Denen, die für es gut sind..." bestätigen diese Ordnung.

In den meisten seiner Stücke geht es Brecht darum, die Menschen in ihrer Situation in der Gesellschaft, als Ausbeuter oder als Ausgenutzte, immer aber auch als Menschen zu zeigen, die sich nicht ohnmächtig den gegebenen Verhältnissen beugen, sondern an ihrer Besserung arbeiten sollten. Brecht ist zwar bis zuletzt überzeugt, daß der Weg des Kommunismus der richtige sei, eine gerechtere Welt zu gewinnen. Doch sind vor allem die Stücke aus der Emigrationszeit sehr vielschichtig und nicht von einer politischen Lehre her bestimmt. Wie sehr er sich als Mensch auf dem Weg wußte, sagt er in einem späten Gedicht:

Der Radwechsel

Ich sitze am Straßenhang.
Der Fahrer wechselt das Rad.
Ich bin nicht gern, wo ich herkomme.
Ich bin nicht gern, wo ich hinfahre.
Warum sehe ich den Radwechsel
Mit Ungeduld?

Carl Zuckmayer

Carl Zuckmayer hatte mit Bert Brecht mancherlei gemeinsam. Er begann als Expressionist. Er lehnte das verfallende Bürgertum ab und kritisierte die bestehende Gesellschaftsordnung. Sein tiefes Mitgefühl galt den „kleinen Leuten". Aber während Brecht die Unzulänglichkeiten seiner Zeit scharf und klar erfaßte und seine literarische Begabung vielfach zur Änderung der bestehenden politischen und sozialen Verhältnisse einsetzte, verherrlicht Zuckmayers dichterisches Werk das Leben schlechthin. „Ich aber sage Ihnen, das Leben ist schön", erklärt General Harras einem jüngeren Offizier gegen Ende des ersten Aktes von *Des Teufels General.* „Die

Welt ist wunderbar. Wir Menschen tun sehr viel, um sie zu versauen, und wir haben einen gewissen Erfolg damit. Aber wir kommen nicht auf – gegen das ursprüngliche Konzept. Woher das stammt – das weiß ich nicht. Ich bin kein Denker und kein Prophet ... Aber ich weiß, das Konzept ist gut. Der Plan ist richtig. Der Entwurf ist grandios. Und der Sinn heißt ... die Schönheit. Oder – die Freude. Oder beides." Lebensfreude und Lebensgläubigkeit sprechen aus diesen Worten. Aus solcher Gesinnung schuf Zuckmayer seine volkstümlichen Gestalten: ganze Kerle, natürlich in ihren Empfindungen, heiteren Temperaments, strotzend von Kraft und selbst im Tode noch dem Leben zugewandt.

Der Dichter wurde 1896 als Sohn eines Weinhändlers in Nackenheim am Rhein geboren, besuchte das Gymnasium in Mainz, erlebte den ersten Weltkrieg an der Westfront, studierte in Heidelberg Naturwissenschaften und begann frühzeitig zu schreiben. Mit dem Lustspiel *Der fröhliche Weinberg* (1925) machte er sich einen Namen. Er ging nach Berlin und lebte dort zeitweilig als Dramaturg, vorwiegend als freier Schriftsteller. 1938 wanderte er über Österreich und die Schweiz nach Nordamerika aus, wo er vorübergehend Farmer war. Nach dem Kriege kehrte er als Zivilangestellter der amerikanischen Militärregierung nach Deutschland zurück. Von 1958 bis zu seinem Tode (1977) lebte er in Saas-Fee (Schweiz). In dem kulturgeschichtlich aufschlußreichen Erinnerungsband *Als wär's ein Stück von mir* (1966) hielt der Autor fesselnd Rückschau auf sein Leben.

Im *Schinderhannes* (1927) gestaltete Zuckmayer die alte Bänkelsänger-Moritat von Johann Bückler, dem Räuberhelden aus dem Hunsrück, der mit den Armen und Unterdrückten fühlte und für sie kämpfte, bis er wegen zahlreicher ungesetzlicher Handlungen hingerichtet wurde. Neben dem Titelhelden ist Julchen, seine Geliebte, eine wohlgelungene Gestalt mit echten seelischen Werten und – trotz ihres tragischen Schicksals – ungebrochenem Lebensmut.

Der Hauptmann von Köpenick (1931) gilt allgemein als Zuckmayers bestes Werk. Den Stoff lieferte ein wirklicher Vorfall.

Szene aus dem Schauspiel *Der Hauptmann von Köpenick* von Carl Zuckmayer – Aufführung der Städtischen Bühnen Frankfurt a. M.

1906 hatte „ein als Hauptmann verkleideter Mensch“, wie es im Polizeibericht hieß, mit einer kleinen Abteilung Soldaten das Rathaus des Städtchens Köpenick bei Berlin besetzt, den Bürgermeister verhaftet und die Gemeindekasse ausgeraubt. Zuckmayer ist es meisterhaft gelungen, den frühzeitig auf Abwege geratenen Schuster Wilhelm Voigt als Opfer des wilhelminischen Ordnungs- und Militärstaates darzustellen. Die Bürokratie vereitelte all sein Bemühen, sich wieder in die Gesellschaft einzugliedern und ein ordentlicher Mensch zu werden. Der Streich in Köpenick soll ihm den ersehnten bürgerlichen Paß einbringen – doch auch dieser äußerste Versuch scheitert. Die tiefe Tragik des Geschehens wird durch den grotesken Humor mancher Szenen nur noch eindrucksvoller.

Das 1946 in New York uraufgeführte Drama *Des Teufels General* war in den folgenden Jahren das am meisten gespielte Stück der deutschen Bühnen. Zuckmayer setzte sich darin mit dem Nationalsozialismus auseinander, ohne der Gefahr vereinfachender Schwarzweißmalerei zu unterliegen.

Harras, ein hoher Fliegeroffizier mit Zügen des Generals Udet, hat sich Hitler verschrieben, weil er nur so seiner Leidenschaft zur Fliegerei leben kann. Der politisch gleichgültige Soldat vermag sich auch dann noch nicht zu einer Tat des Widerstandes aufzuraffen, als er am Schluß klar sieht, was geschehen wird. Er weicht aus in den Tod: „Wer auf Erden des Teufels General wurde und ihm die Bahn gebombt hat – der muß ihm auch Quartier in der Hölle machen.“ Wie Udet stürzt er beim Testen eines neuen Kampfflugzeuges tödlich ab.

Außer als Dramatiker ist Zuckmayer als Erzähler hervorgetreten. Am bekanntesten wurde *Die Fastnachtsbeichte*. In der Erzählung behandelt der Dichter „die Verflechtung von Schuld und Unschuld“ am Beispiel eines während des Mainzer Karnevals geschehenen Mordes.

Literatur in finsterer Zeit: 1933–1945

Schrifttum in den Fesseln politischer Macht

Schon sehr bald nachdem Hitler die politische Macht übernommen hatte, gingen in Deutschland – freilich zunächst nur für kurze Zeit – die Lichter aus. Überall fanden „Verdunkelungsübungen“ statt. Es sollte überprüft werden, ob bei Nacht kein Lichtschein aus den Fenstern fiel, der feindlichen Flugzeugen die Orientierung hätte erleichtern können. Die Maßnahme diente nicht nur der Vorbereitung eines neuen Krieges, sondern ihr kommt auch eine – nicht beabsichtigte – sinnbildliche Bedeutung zu: Es wurde 1933 finster in Deutschland und sollte es zwölf Jahre lang bleiben.

Das galt auch für den kulturellen Bereich, aus dem hier nur die Literatur herausgegriffen werden kann. Bereits im Herbst 1933 wurde als Untergliederung der „Reichskulturkammer“, die dem Propagandaministerium unterstand, die „Reichsschrifttumskammer“ gegründet. Das entsprach der Zielsetzung des totalitären Staates, der alle Tätigkeitsbereiche der Bevölkerung, also Beruf und Freizeitbeschäftigung, fest in den Griff bekommen wollte. Deshalb war die „Reichsschrifttumskammer“ denn auch kein freiwilliger, sondern ein vom Regime befohlener Zusammenschluß aller derer, die etwas mit Literatur zu tun hatten. Nur sehr wenige, unter ihnen Ernst Jünger, blieben trotz des Zwanges fern. Außer den Autoren waren Drucker, Verleger und

Buchhändler Mitglieder. Deutsche, die nicht der „arischen Herrenrasse“ angehörten – der Nachweis mußte durch den „Ahnenpaß“ erbracht werden –, wurden nicht in die Kammer berufen. Wer in seinen Schriften oder in seinem Verhalten anzeigte, daß er den Nazistaat nicht vorbehaltlos bejahte, wurde mehr oder weniger deutlich zum Austritt aufgefordert oder ausgeschlossen; so Bergengruen. Für die meisten Betroffenen bedeutete das Berufsverbot. Viele wanderten aus; wer im Lande blieb, paßte sich den veränderten Verhältnissen in mancher Hinsicht scheinbar an, so daß er nicht als „Andersdenkender“ auffiel. Manche Autoren versuchten, durch Aufrufe und Dichtungen, die in Abschriften unter Gleichgesinnten heimlich von Hand zu Hand gingen und zum Widerstand gegen Hitler oder zum Ausharren bis zur Befreiung von der Gewaltherrschaft aufforderten, zum Zusammenbruch des Regimes beizutragen.

Werke „unerwünschter“ Autoren wurden verbrannt. Besonders jüdisches Schrifttum aus Gegenwart und Vergangenheit ging damals in Flammen auf. Das geschah im Rahmen von „Großkundgebungen“ zumeist auf Plätzen mitten in der Stadt. So wurden Brechts Bücher am 10. Mai 1933 vor der Berliner Oper verbrannt. Nationalsozialistische Kampfverbände bildeten gemeinsam mit organisierten, in braune Uniformen gesteckten „Studentenstürmen“ und Professoren ein weites Viereck, in dessen Mitte ein mächtiger Scheiterhaufen loderte. Hier hinein warfen Parteifunktionäre nach einer entsprechenden Hetzrede Bücher von Heine bis Tucholsky. Nach dem weltweites Aufsehen erregenden Reichtagsbrand im Februar 1933 zogen derartige Bücherverbrennungen erneut die Aufmerksamkeit der in- und ausländischen Gegner des nationalsozialistischen Systems auf sich. Sie schadeten dem Ansehen der Machthaber erheblich. Dennoch blieb es bis 1945 dabei: „Niemals in der Geschichte der deutschen Literatur hatte, trotz mancher Zensurkämpfe seit dem Mittelalter, das Politische als eine brutale und diktatorische Macht so in das Leben des Geistes eingegriffen, es zum Gehorsam gezwungen oder zum Schweigen verurteilt“ (Martini).

Heinrich Heines Wort „Wer Bücher verbrennt, verbrennt am Ende auch Menschen“ sollte schon sehr bald grausame Wirklichkeit werden.

Ernst Jünger

Zu den namhaftesten Vertretern des ideellen Widerstandes gegen Hitler zählte Ernst Jünger. Seine Jugend erlebte der 1895 in Heidelberg Geborene als echtes Abenteuer. 18 Jahre alt entfloh er der Schule und ging in die Fremdenlegion nach Nordafrika. Nur weil er so jung war, gelang es seinem Vater, ihn wieder frei zu bekommen. In der autobiographischen Erzählung *Afrikanische Spiele* (1936) berichtet Jünger später über den äußerlich gescheiterten, für die innere Entwicklung aber bedeutsamen Versuch, sich den überkommenen Bindungen durch den „Vorstoß in das Gesetzlose“ zu entziehen. Herbert Berger, der Held des Buches, wird durch den Fehlschlag erzogen und muß erkennen, daß „willkürlich niemand leben kann“.

1914 zog Jünger freiwillig in den Krieg, wurde Leutnant, vielfach verwundet und erhielt den Pour le mérite, die höchste preußische Tapferkeitsauszeichnung. Bis 1923 gehörte er der Reichswehr an. Dann studierte er in Leipzig und Neapel Zoologie und Philosophie. Später lebte er als Schriftsteller in Berlin. Am zweiten Weltkrieg nahm er vorwiegend in Stäben der Westfront teil. Er fand Zeit zu reger literarischer Tätigkeit.

Wegen seiner Verbindung zu Offizieren, die am Widerstand gegen Hitler beteiligt waren, wurde er 1944 wegen „Wehrunwürdigkeit" entlassen. Auch nach 1945 ist der Autor mit zahlreichen Werken hervorgetreten. Er wohnt jetzt im Württembergischen.

In mehreren Büchern schildert Jünger das furchtbare Erleben des ersten Weltkrieges als heroische Befreiung aus einer wertlos gewordenen bürgerlichen Welt. Krieg, Technik und Arbeit gelten ihm als die Mächte, die die beiden neuen Menschentypen des prophezeiten totalen Staates prägen, den Krieger und den Arbeiter (*Der Arbeiter,* 1932). Jünger fand damit starken Widerhall bei rechtsradikalen Kreisen, die die Demokratie verachteten und die auf einen Umsturz hinarbeiteten. Die Nationalsozialisten hielten ihn für einen der Ihren, doch Jünger rückte bereits 1933 deutlich von dem Regime des Dritten Reiches ab.

Er ahnte, was an Unheilvollem sich zusammenzog. Schon in der Prosasammlung *Das abenteuerliche Herz* (1929 und 1938) finden sich traumhafte Visionen des Schrecklichen, das vor der Tür stand:

„Fremder Besuch

Ich schlief in einem altertümlichen Hause und erwachte durch eine Reihe seltsamer Töne, die wie ein nasales ‚dang, dang, dang' summend erklangen und mich sofort auf das höchste beunruhigten. Ich sprang auf und lief mit gelähmtem Kopfe um einen Tisch. Als ich an der Tischdecke zog, bewegte sie sich. Da wußte ich: Es ist kein Traum, du bist wach. Meine Angst steigerte sich, während das ‚dang, dang' immer schneller und drohender klang. Es wurde durch eine schwingende, in der Mauer verborgene Warnungsplatte hervorgebracht. Ich lief an das Fenster, aus dem ich auf eine alte, ganz schmale Gasse blickte, die im tiefen Schacht der Häuser lag, während über ihr der gezackte Schweif eines Kometen funkelte. Unten stand eine Gruppe von Menschen, Männer mit hohen, spitzen Hüten, Frauen und Mädchen, altertümlich und unordentlich angetan. Sie schienen soeben aus den Häusern auf die Gasse gelaufen zu sein; ihre Stimmen schollen zu mir herauf. Ich hörte den Satz: ‚Der Fremde ist wieder in der Stadt.'

Als ich mich umwandte, saß jemand auf meinem Bett. Ich wollte aus dem Fenster springen, aber ich war an den Boden gebannt. Die Gestalt erhob sich langsam und starrte mich an. Ihre Augen waren glühend und nahmen mit der Schärfe des Anstarrens an Umfang zu, was ihnen etwas grauenhaft Drohendes verlieh. In dem Augenblick, in dem ihre Größe und ihr roter Glanz unerträglich wurden, zersprangen sie und rieselten, als ob glühende Kohlenbrocken einen Rost durchglitten, in Funken herab. Nur die schwarzen, ausgebrannten Augenhöhlen blieben zurück, als das absolute Nichts, das sich hinter dem letzten Schleier des Grauens verbirgt."

Unmittelbar vor dem Ausbruch des zweiten Weltkrieges schrieb Jünger die Erzählung *Auf den Marmorklippen* (1939). Das Buch wurde bald als geschickt verhüllte Kampfansage an das nationalsozialistische System, ja an jede Form der Barbarei verstanden.

Eine sonnenüberglänzte südliche Kulturlandschaft wird von den Horden des Oberförsters bedroht, der Züge von Göring und Stalin aufweist. Er trägt die Gewalt „wie einen guten alten Jagdrock, der stets bequemer wird, je öfter er sich mit Schlamm und Blut durchtränkt". Das Ringen zwischen den Kräften des Geistes und der Tradition und denen finsterer Gewalt endet tragisch mit dem Untergang der ersteren in Blut und Feuer.

In diesem Werk zeichnet sich bereits die Wendung Jüngers zu einer sittlich-humanitären Gegenposition zum Totalitarismus ab, wie ihn der Nationalsozialismus verkörperte. Wie genau er die Vorgänge beobachtete und wie zutreffend er sie beurteilte, legen seine Tagebücher dar. Der umfangreiche Band *Strahlungen* (1949) enthält die Aufzeichnungen aus dem zweiten Weltkrieg bis zum Einmarsch der Amerikaner im April 1945. Mit dem Titel will der Autor die Wirkung der Dinge und Menschen auf ihn, aber auch seine Ausstrahlung auf den Leser benennen. Die Aufzeichnungen berichten in einer bis zur Nüchternheit klaren Sprache vom Kriegsgeschehen, von Begegnungen, Beobachtungen und Lektüre; sie beziehen auch religiöse Betrachtungen ein. Die *Strahlungen* sind ein zeitgeschichtliches Dokument von hohem Rang.

Die Erzählung *Gläserne Bienen* (1957) wendet sich gegen den „gehobenen technischen Optimismus" unserer Zeit, der die Bedrohung des Menschen durch raffiniert ausgeklügelte Maschinen übersieht.

1973 überraschte Ernst Jünger die Öffentlichkeit mit dem Roman *Die Zwille,* der kurz nach der Jahrhundertwende in Niedersachsen spielt und vermutlich Erlebnisse der eigenen Kindheit widerspiegelt.

Jüngers stark ausgeprägte Persönlichkeit und die Besonderheit seines Stils haben schon zu seinen Lebzeiten zahlreiche Nachfolger auf den Plan gerufen. Sein Lebenswerk dürfte Bestand haben als einer der gelungenen Versuche, sich im bestürzenden Wandel der Wertordnungen geistig und sittlich zu behaupten.

Werner Bergengruen

Wie Ernst Jünger und Reinhold Schneider (s. S. 148f.) blieb auch der Balte Werner Bergengruen in den Jahren der Gewaltherrschaft in Deutschland, um mit der Kraft der dichterischen Sprache den Widerstand gegen das verhaßte Regime zu stärken. Gleich Gertrud von Le Fort trat er zum Katholizismus über. Wie Reinhold Schneider, mit dem er befreundet war, fand er in der Geschichte Charaktere und Vorgänge, an denen er beispielhaft seine eigene Lebensgrundhaltung darstellen konnte. Sie wird bestimmt von gläubigem Christentum und geläuterter Menschlichkeit.

Der Dichter wurde 1892 im damals, wie heute wieder, russischen Riga als Sohn eines Arztes geboren. Er studierte in Marburg, München und Berlin Rechtswissenschaft, Geschichte und Literatur, nahm am ersten Weltkrieg und den Baltikum-Kämpfen teil und wurde zunächst Journalist, dann Schriftsteller. Der Süden bedeutete ihm „die naturnotwendige Ergänzung zum angestammten Nordosten". Er bereiste die Alpenländer und besonders Italien, das ihm „öffnendes Erlebnis" wurde. Er ist 1964 gestorben.

Dem Erzähler Bergengruen gelang es immer von neuem, die Fülle seiner historischen Stoffe straff zu gliedern. In seinen Romanen und Novellen entwickelte er die Technik der großen Realisten des 19. Jahrhunderts (s. S. 94ff.) folgerichtig fort, indem er die Erkenntnisse der modernen Psychologie in die Dichtung einbezog.

Von dem Mißverhältnis zwischen Macht und Gerechtigkeit handelt – mit kaum verborgener Spitze gegen die Diktatur – der Roman *Der Großtyrann und das Gericht* (1935).

In Cassano, einem italienischen Stadtstaat zur Zeit der Renaissance, ist der Mönch und Diplomat Fra Agostino ermordet worden. Der Großtyrann selbst ordnet die Untersuchung des Falles an. Hochgestellte Persönlichkeiten, allen voran der Polizeichef, verlieren die Nerven und werden schuldig. Schließlich verkündet der Großtyrann dem von ihm einberufenen Gericht, er selbst habe den Mönch, einen Verräter übrigens, ermordet. Die Geladenen zieht er zur Verantwortung, weil sie so wenig Haltung bewahrt haben, erwies sich doch, „daß der Mensch nur in Versuchung geführt zu werden braucht, um in Schuld zu fallen".

Um die Lebensangst des Menschen geht es in dem Roman *Am Himmel wie auf Erden* (1940).

Der Astrologe des Kurfürsten von Brandenburg prophezeit für einen bestimmten Tag des Jahres 1524 den Nachbarstädten Berlin und Kölln eine Sintflut. An einer Fülle von Gestalten wird die bis zu Aufruhr und Totschlag sich steigernde Wirkung der nicht geheimzuhaltenden Nachricht gezeigt. Erst die zuversichtliche Haltung des Kurfürsten beruhigt das Volk.

Neben den Romanen haben Bergengruens Novellen einen großen Leserkreis gefunden. Am bekanntesten wurden *Der spanische Rosenstock, Die Feuerprobe* und *Das Tempelchen.*

Die Lyrik des Dichters kreist um Leben und Tod, Natur und Glauben. Als Meister des Wortes und des Verses gelingen ihm gültige Aussagen im eng umgrenzten Bereich *(Die Meise)* ebenso wie in metaphysischen Bezirken *(Himmlische Rechenkunst).* Siebzehn im Sommer 1944 angesichts der sich abzeichnenden Katastrophe entstandene Gedichte erschienen zwei Jahre später in dem Band *Dies irae* (lateinisch, wörtlich: „Tag des Zornes", Anfang des Textes zur Totenmesse).

Reinhold Schneider

„Er lebte in einer mönchisch anmutenden Hingabe an die erwählte und auferlegte Form, die eine Lebensform der Entsagung, der Strenge gegen sich selbst, der Milde gegen die anderen war", sagte Werner Bergengruen in seiner Grabrede auf Reinhold Schneider. Er hat damit treffend eine Persönlichkeit charakterisiert, deren umfangreiches literarisches Werk ähnlich dem der Gertrud von Le Fort unter den Themen Christentum und Geschichte stand. Darüber hinaus war Schneider einer der markantesten Vertreter des geistigen Widerstandes gegen Hitler. Seine immer wieder abgeschriebenen, zuweilen auch heimlich gedruckten Briefe, Aufsätze und Gedichte gereichten zahllosen Bedrängten und Verzweifelten zum Trost. In der Sammlung *Die Sonette von Leben und Zeit, dem Glauben und der Geschichte,* deren Titel zugleich das Lebenswerk des Autors thematisch umreißt, stehen Verse, die selbst heute, lange nach dem Zusammenbruch der Tyrannei, ihre Strahlungskraft nicht eingebüßt haben:

Allein den Betern kann es noch gelingen,
Das Schwert ob unsern Häuptern aufzuhalten
Und diese Welt den richtenden Gewalten
Durch ein geheiligt Leben abzuringen.

Denn Täter werden nie den Himmel zwingen;
Was sie vereinen wird sich wieder spalten,
Was sie erneuern über Nacht veralten,
Und was sie stiften Not und Unheil bringen.

Jetzt ist die Zeit, da sich das Heil verbirgt
Und Menschenhochmut auf dem Markte feiert,
Indes im Dom die Beter sich verhüllen.

Bis Gott aus unsern Opfern Segen wirkt
Und in den Tiefen, die kein Aug entschleiert,
Die trocknen Brunnen sich mit Leben füllen.

Auch die historische Erzählung *Las Casas vor Karl V.,* in der Schneider Macht und Gnade als wirkende Kräfte der Geschichte herausstellt und den Geist christlicher Gnade siegen läßt, war in ihrem Erscheinungsjahr 1938 von starker Gegenwartsbezogenheit.

Las Casas, ein Dominikanermönch im Gefolge der spanischen Eroberer Mexikos, tritt für die Rechte der mit brutaler Gewalt unterworfenen Indios ein und zieht sich die Feindschaft der neuen Herren zu. Erst nach Überwindung heftigster Widerstände siegt die Menschlichkeit über den Terror. Las Casas wird vom Kaiser als Bischof in Mexiko eingesetzt.

In der Erzählung *Taganrog* (1946) vollzieht sich der Kampf zwischen Macht und Gnade im Herzen eines Menschen, des Zaren Alexander I. von Rußland. Der an der Ermordung seines Vaters innerlich mitschuldige Monarch dankt freiwillig ab, um in Sibirien zu sühnen, was er anderen Menschen angetan hat. Die „Kraft der Wahrheit" ist der Macht überlegen.

Kurz vor dem Tode vollendete Schneider sein letztes Buch *Winter in Wien,* ein schwermütiges, vom nahen Tode überschattetes Tagebuch, in dem der Dichter nach dem Sinn seiner Zeit sucht. Reinhold Schneider starb Ostern 1958 und wurde in Baden-Baden beigesetzt, wo er 1903 geboren war.

Gertrud von Le Fort

Gertrud von Le Forts Vorfahren waren französische Hugenotten. Die Dichterin wurde 1876 als Tochter eines preußischen Offiziers in Minden geboren. Sie wuchs in Mecklenburg auf und studierte später Theologie und Geschichte. Durch einen ihrer akademischen Lehrer lernte sie die verinnerlichte Frömmigkeit der Mystik kennen. Diese geistige Bewegung wurde für sie zum entscheidenden Erlebnis. Weil sie von der Einheit des Glaubens durchdrungen war, wurde sie 1926 katholisch. Gertrud von Le Fort starb 1971.

Drei Themen standen für sie im Mittelpunkt: die Deutung der weiblichen Seele, das religiöse Erleben und die Auslegung der Geschichte.

Mit dem *Schweißtuch der Veronika* (1928/1946) schuf Gertrud von Le Fort einen christlichen Roman, der verschlüsselt ihr Ringen um den Glauben bekundet und hohen literarischen Ansprüchen gerecht wird.

1931 erschien *Die Letzte am Schafott.* Die Novelle in Briefform gilt als Meisterwerk der Dichterin.

Blanche de la Force, die scheue, verängstigte Tochter eines Aristokraten, tritt kurz vor Ausbruch der Französischen Revolution in ein Kloster ein. Als die älteren Nonnen ein Sühneopfer zur Rettung Frankreichs beschlossen haben, flieht Blanche zu ihrem Vater. Dieser wird bald ermordet. Ihre sechzehn frommen Schwestern werden zum Tode verurteilt. Mit einem frommen Lied auf den Lippen gehen sie zur Richtstätte. Eine nach der anderen verstummt. Da nimmt eine kindliche, aber feste Stimme aus der Menge der schweigenden Zuschauer den Gesang der letzten Klosterfrau auf. Es ist Blanche. Als sie geendet hat, wird sie von wütenden Weibern erschlagen.

Mitten in die Wirren des Dreißigjährigen Krieges führt *Die Magdeburgische Hochzeit* (1938). Unter dieser Überschrift hatten einst Flugblätter die Zerstörung der alten Bischofsstadt gemeldet. Die von der Einheit des christlichen Glaubens durchdrungene Dichterin zeigt hier die furchtbaren Folgen der Glaubensspaltung auf. Religion und Politik greifen ineinander. Neben dem jungen Protestanten Willigis Ahlemann und seiner Braut, der wohl nach den törichten Jungfrauen am Magdeburger Dom gestalteten Erdmuth Plögen, spielt der kaiserliche Feldherr Tilly eine Rolle in diesem historischen Roman.

Gertrud von Le Fort ist auch mit geistlicher und weltlicher Lyrik hervorgetreten *(Hymnen an die Kirche, Hymnen an Deutschland).* Von starker Aussagekraft ist das Gedicht *Die Heimatlosen* mit den versöhnlichen Schlußversen:

Ziel eines Hasses oder eines Spottes,
was liegt daran?
Wir sind die Heimatlosen unsres Gottes –
er nimmt uns an.

Die Schuld ist ausgeweint, wir sind entronnen
ins letzte Weh:
die ewge Gnade öffnet ihre Bronnen –
Blut wird zu Schnee.

Nelly Sachs

Nelly Sachs, 1891 in Berlin geboren, lebte lange in ihrem jüdisch-bürgerlichen Elternhause. Ihre frühen Gedichte aus der Zeit vor 1933 blieben größtenteils unveröffentlicht, viele gingen verloren, nur wenige fanden Aufnahme in Zeitschriften und Anthologien. Noch sieben Jahre blieb die Dichterin im nationalsozialistischen Deutschland, bevor sie dank der Vermittlung Selma Lagerlöfs in letzter Minute vor der Verschleppung in ein KZ nach Schweden ausreisen durfte. Von 1940 bis zu ihrem Tode (1970) wohnte sie in Stockholm. 1946 erschien ihr erster Gedichtband mit dem bezeichnenden Titel *In den Wohnungen des Todes.* Weitere Lyrikbände und das Hörspiel *Eli,* eine Totenklage für die in den Gaskammern deutscher Konzentrationslager Umgekommenen, folgten. Daneben bemühte sich Nelly Sachs um die Übertragung von Werken der schwedischen Literatur ins Deutsche.

Nelly Sachs hatte noch – in mehr als vier Jahrzehnten – ein Zusammenleben von Deutschen und Juden zu beiderseitigem Nutzen kennengelernt; so wurde sie folgerichtig zur Sängerin der Klage über die furchtbaren Leiden ihres Volkes. In freien Rhythmen gestaltete sie das Lebensgefühl der Geretteten, die von dem Grauen der Katastrophe nicht mehr loskommen. Die Bilder der Opfer verfolgen sie bis in den Schlaf und lassen sie – wie einst die Propheten ihres Volkes – in aufrüttelnden Versen beschwörend und mahnend ihre Stimme erheben:

Wenn die Stimme der Propheten
auf dem Flötengebein der ermordeten Kinder blasen würde,
die vom Märtyrergeschrei verbrannten Lüfte ausatmete –
wenn sie eine Brücke aus verendeten Greisenseufzern baute –
Ohr der Menschheit,
du mit dem kleinen Lauschen beschäftigtes,
würdest du hören? …

(Aus dem Zyklus *Sternverdunkelung*)

Naturlyrik als Zuflucht

Die Natur als stummer Partner

Naturlyrik gab es vermutlich schon in ältesten Zeiten, waren die Menschen der Frühzeit doch in weit höherem Maße als heute mit der Natur und ihren Gewalten verbunden und in ihrem Alltag von ihr abhängiger als wir. Deshalb ist gewiß auch in ihre kultischen Gesänge zu Ehren der Naturgottheiten älteste Naturlyrik eingeflossen, wie es auch in Volksliedern unbestimmbaren Alters der Fall ist.

In der ritterlich-höfischen Epoche (vgl. S. 21) fand sich erste reine Naturlyrik in jahreszeitlichen Gedichten Walthers von der Vogelweide und Neidharts von Reuental sowie ihrer weniger bedeutenden Nachfolger. Aber auch aus den eigentlichen Minneliedern ist die Einbeziehung der Natur im Wechsel der Jahreszeiten gang und gäbe.

Und grundsätzlich ist es so bis in die Gegenwart geblieben. Alle Zeiten haben – jeweils abgewandelt gemäß der weltanschaulichen Grundhaltung – ihren Beitrag zur Naturlyrik geliefert; sie haben gleichsam die Natur mit einer immer wieder andersfarbigen Brille betrachtet. Die Natur ist aber auch immer dem Einsamen stummer und dennoch niemals enttäuschender Partner gewesen, dem der Empfindsame sein Glück wie seine Verzweiflung mitteilen konnte. Dem verdanken viele Gedichte ihr Entstehen.

Auch während der Hitler-Diktatur, als zahlreiche Autoren auswanderten, sahen einige jüngere Lyriker im Naturgedicht eine Möglichkeit, sich dem Zwang der offiziell vorgeschriebenen Kulturpolitik zu entziehen. In der Sprache der Naturlyrik mit ihren oft dunklen, geheimnisvollen Bildern schufen sie ihr „inneres Reich" menschlicher Werte. Dabei gelang es ihnen zuweilen sogar, mit verschlüsselten Symbolen und scheinbar harmlosen, den Eingeweihten aber unmißverständlichen Andeutungen dem Regime Unerwünschtes und den Widerstand Stärkendes auszudrücken. Bei Peter Huchel (s. S. 155f.) werden gefrorene Schilfhalme am *Wintersee* zu abgeschossenen Pfeilen, Eicheln im herbstlichen Wald zu Patronen, und „über allen Jägern jagt / hoch im Wind ein fremder Hund", womit Hitler gemeint ist *(Späte Zeit,* 1933). Nazi-Deutschland ist ihm eine „Welt der Wölfe, Welt der Ratten. / Blut und Aas am kalten Herde" *(Deutschland III).*

Nicht alle Autoren allerdings haben dies gewagt. Die meisten begnügten sich mit der Flucht in den unpolitischen Bereich der Natur. Die Einsamkeit der Gebirge, Wald und Meer, Bauernhof und Garten boten eine Fülle von Motiven und Stoffen. Dabei darf freilich nicht übersehen werden, daß es auch eine Lyrik dieser Art gab, die bewußt im Dienst der Blut- und Boden-Ideologie des Nationalsozialismus stand oder für seine Zwecke zu verwenden war. Mancher Autor wandelte auf dem schmalen Grat zwischen Anpassung an diese Ideologie, durch die Anerkennung und Erfolg zu erlangen waren, und Rückzug vor den brutalen Gewalten, deren wahres Gesicht immer deutlicher hervortrat. Selbst Lyriker von der Qualität Brittings, Lehmanns und Weinhebers haben den Versuchungen der Zeit vorübergehend nachgegeben.

Wilhelm Lehmann

Wilhelm Lehmann wurde 1882 als Sohn eines Lübecker Kaufmanns in Venezuela geboren. Als Student der Philologie befaßte er sich aus Liebhaberei mit Pflanzenkunde. Schließlich trat er in den höheren Schuldienst ein. Seinen ersten Erfolg errang er mit dem Roman *Der Weingott*, für den er 1923 den Kleistpreis erhielt. Erst 1935 veröffentlichte er den ersten Gedichtband *Antwort des Schweigens*. 1957 konnten sieben Gedichtbände, unter dem Titel *Meine Gedichtbücher* vereinigt, erscheinen. Lehmann starb 1968. Eine ganze Generation jüngerer Lyriker hat seine Art, Gedichte zu schreiben, beeindruckt und zur Nachfolge angeregt.

In Wilhelm Lehmanns Versen wuchert die bunte Fülle der Natur, sich darstellend in Blumen, Gräsern, Gesträuch, von Vögeln und Insekten durchschwirrt. Seltene botanische Namen erinnern an die Fremdheit der Pflanzenwelt. Die Dinge erscheinen in dem leuchtenden Augenblick zwischen Werden und Sterben. Gestalten aus Mythen und Sagen – Oberon, Apoll, Magelone – geistern durch diesen Kosmos. Doch die Lebewesen sollen nicht nur im Gedicht gezeigt, sondern auch als Ausdruck der in der Natur erscheinenden Gottheit geschaut werden, wie die Antike sie schon verstanden hatte. *Der grüne Gott* heißt nicht zufällig ein Gedichtband (1942).

Sein Dichten umschrieb Lehmann selbst mit den Worten: „Der Dichter läßt nicht ab, sich der Realität mit Sprache, mit Worten als den Fühlfäden aller reinen Erkenntnis zu bemächtigen. Er stößt aus einem Scheinleben der Dinge zu ihrem eigentlichen Dasein, das will heißen, aus der Scheinsprache zu der eigentlichen Sprache vor." So kann es zu einer weitgehenden Übereinstimmung zwischen der Natur und der menschlichen Seele kommen und der Dichter den namenlosen Dingen einen Namen geben. Scheinbar Beziehungsloses – im folgenden Gedicht die Beobachtung von Naturvorgängen einerseits, Betrachtungen über den Tod andrerseits – fügt sich im Wort des Dichters zur Einheit:

An meinen ältesten Sohn

Die Winterlinde, die Sommerlinde
blühen getrennt –
in der Zwischenzeit, mein lieber Sohn,
geht der Gesang zu End.

Die Schwalbenwurz zieht den Kalk aus dem Hügel
mit weißen Zehn;
ich kann es unter der Erde
im Dunkeln sehn.

Ein Regen fleckt die grauen Steine –
der letzte Ton
fehlt dem Goldammermännchen zum Liede.
Sing du ihn, mein Sohn.

Georg Britting

Neben Lehmann gehört auch Georg Britting zu den Erneuerern des Naturgedichts. Britting jedoch verzichtete auf den mythischen Hintergrund der Naturerscheinungen; er wollte nichts als sichtbar machen und charakterisieren.

Der 1891 in Regensburg Geborene verlebte seine Kindheit an der Donau. Die düsteren Strudel, gefährlichen Stromschnellen, fischreichen Altwasser und üppig wuchernden Auwälder trugen zur Prägung seines Wesens bei; sie haben später in Erzählungen *(Die kleine Welt am Strom,* 1933) und Versen *(Raubritter)* ihren dichterischen Niederschlag gefunden. Britting begann in München zu studieren, zog 1914 in den Krieg und wurde schwer verwundet. Er kehrte nach Regensburg heim und lebte von 1920 bis zu seinem Tode (1964) in München als freier Schriftsteller.

Britting begann als Dramatiker und schrieb Ende der zwanziger Jahre einen damals vielbeachteten Hamlet-Roman im expressionistischen Stil. Erste Verse waren bereits im Kriege entstanden. Es gelang dem Autor im Laufe seines jahrzehntelangen Schaffens, sowohl seinen Prosastil als auch seine lyrische Aussageweise zur Höhe meisterhafter Form zu steigern. Gedichte und Erzählungen liegen in einer Reihe von Sammlungen und seit 1957 auch in einer sechsbändigen Gesamtausgabe vor.

Britting beschränkt sein Gedicht gern auf einen Ausschnitt der Natur *(Apfelbäume im Herbst, Krähen im Schnee, Wetterwendischer Tag* u. a.), um diesen um so plastischer zu schildern. Was die Natur dem Menschen bedeutet, wird nicht ausdrücklich gesagt – nur die Freude am Reichtum ihrer Gestalten, am Unerwarteten ihrer Gebilde schlägt sich nieder in der Lust am bildreichen, farbigen, drastischen Ausdruck der Sprache:

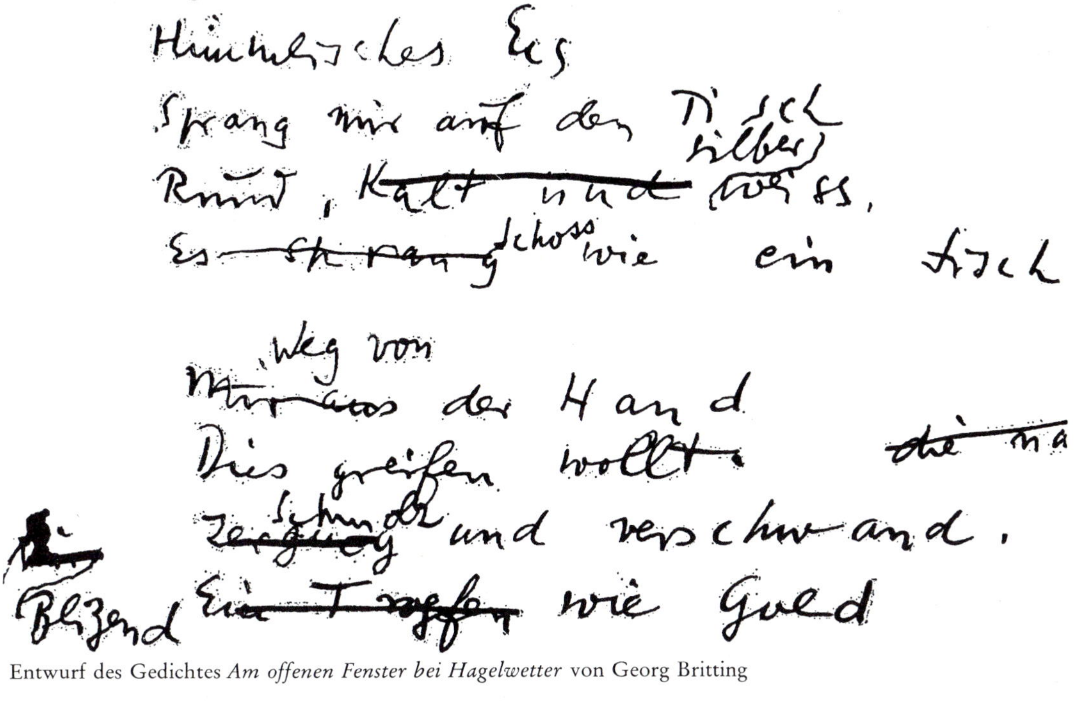
Himmlisches Eis
Sprang mir auf den Tisch
Rund, silberweiss,
Es schoss wie ein Fisch
Weg von der Hand
Die greifen wollte
Schmolz und verschwand.
Blitzend wie Gold

Entwurf des Gedichtes *Am offenen Fenster bei Hagelwetter* von Georg Britting

Der Hahn

Zornkamm, Gockel, Körnerschlinger,
Federnschwinger, roter Ritter,
blaugeschwänzter Sporenträger,
eitles, prunkendes Gewitter
steht er funkelnd auf dem Mist,
der erfahrne Würmerjäger,
sausend schneller Schnabelschläger,
königlich noch im Vergeuden,
wenn er lässig stolz verschenkt
den Wurm, den er emporgeschwenkt. *(1. Strophe)*

Auch die Erzählungen und Novellen Brittings haben meist seine bayrische Heimat zum Schauplatz und zeigen die Natur, die den Menschen umgibt, als unerreichbare, selbständige Macht. Oft genug gerät der Mensch in dieser Wirklichkeit in eine groteske Lage. So, wenn ein Schlittschuhläufer im Glauben, auf einer vereisten festen Straße zu laufen, plötzlich erkennt, daß er sich über einem zugefrorenen Fluß befindet, dessen Eisdecke höchst trügerisch ist (*Der Eisläufer*, 1941). Britting zeichnet damit das moderne, der Natur entfremdete, gefährdete Dasein des Menschen.

Elisabeth Langgässer

Eine weitere Möglichkeit, das Naturerlebnis vertiefend zu gestalten, zeigt Elisabeth Langgässer, die eigentlich Elisabeth Hoffmann hieß. Die Dichterin, die von 1899 bis 1950 lebte, stammte aus Alzey in Rheinhessen. Sie besuchte die höhere Schule in Darmstadt und wurde Lehrerin in ihrer Heimat. Später zog sie nach Berlin. 1936 erhielt sie als Halbjüdin Schreibverbot. Zwei Jahre vor ihrem Tode kehrte sie ins Rheinland zurück.

Ihr Naturerlebnis am Rhein war in vieler Hinsicht dem Brittings an der Donau ähnlich: stillgelegte Teile des Flußlaufes, vermoorte Auwälder und Sümpfe boten das wirre Bild einer schwer überschaubaren Urnatur. Frühe Gedichte und der Roman *Gang durch das Ried* (1936), in dem ähnlich wie bei Britting die Landschaft in einem mythischen Wesen von wilder Gewalt und verschwimmenden Formen Gestalt annahm, sind bleibende Zeugnisse jugendlicher Eindrücke.

Als Schülerin Wilhelm Lehmanns bemühte sich Elisabeth Langgässer später, die Fülle ihrer Wahrnehmungen zu vergeistigen und zu ordnen. Da sie die christliche Lehre als Nachfolgerin der antiken Ideenwelt ansah, wurden die Gedichte ihrer ersten Sammlung (*Der Wendekreis des Lammes*, 1924) Abwandlungen gottesdienstlicher Aussagen *(Ostermontag)*.

1935, elf Jahre nach dieser dem Lauf des Kirchenjahres folgenden Sammlung, erschienen *Die Tierkreisgedichte*. Sie wurzeln tief in der antiken Sagenwelt, doch sind sie zugleich „Mysteriengedichte, die in und mit den Bildern der Natur jene geheimnisvolle Mitte umkreisen, die das Dogma der unbefleckten Empfängnis meint: jenen unberührten Kreis, in welchem die Schöpfung noch paradiesisch ist..." Das sind eigene Worte der Dichterin. Für sie war die Natur weder Ausdruck reinen Geistes (Lehmann) noch fremdartige üppige Gestalt (Britting), sondern sie hat religiöse Bedeutung. Elisabeth Langgässer zählte sich daher, wenn sie von ihren Naturgedichten sprach, zu den religiösen Dichtern. Dabei ist der christliche Gehalt oft derart von Naturbeobachtungen, sagenhaften Bildern und heidnischen Vorstellungen überlagert, daß er kaum herauszulösen ist. Im folgenden Gedicht liegt der Schwerpunkt auf der letzten Strophe und innerhalb dieser wieder auf der letzten Zeile:

Vorfrühlingswald

Schatten wie Hunde im grauen Gewaid,
Schwarzdorn, beflockt von der Häsinnen Kleid.
Sterne, wie milchig. Von Starre erlöst.
Leben, wer lebt dich? Wer ists, der dich west?

Murmelnde Munde. Es steigt und verrinnt.
Surren und Sausen. Die Uralte spinnt.
Windgepeitscht, wirrt sich das Schlafgarn vom Strauch –
hört sie ihn ächzen? Und hört sie sich auch?

Grundwässer quillen. Geheimes Gefühl
zittert und zuckt durch der Erde Gestühl.
Yggdrasils[1] Härte, sie harzte und schmolz,
und eine Gottheit wird hangen am Holz.

Die Autorin hat neben ihrer Lyrik ausgezeichnete Kurzgeschichten (z. B. *Saisonbeginn*) und außer dem erwähnten *Gang durch das Ried* den vielbeachteten Roman *Das unauslöschliche Siegel* (1946) geschrieben. Thema des Buches ist der Kampf zwischen Gott und Satan, der sich unabhängig von Raum und Zeit vollzieht. Deshalb verschieben sich auch die Ebenen, auf denen sich der getaufte Jude Belfontaine und viele andere Gestalten bewegen, ständig. Vergangenheit, Gegenwart und Zukunft werden – wie häufig im modernen Film oder Hörspiel – beliebig vertauscht.

Auch im nachgelassenen Roman *Märkische Argonautenfahrt* (1950) entwickelt sich die Handlung aus dem Gegenspiel zwischen Gott und Teufel. Die Dichterin vollendete damit ihr tief religiöses Lebenswerk.

Peter Huchel

„Der Lyriker Huchel hat bewiesen, daß es auch in unserer Zeit noch möglich ist, das Schwierige einfach zu sagen, das Rätselhafte klar zu benennen und das Dunkel anschaulich zu machen", sagte der Schriftsteller Walter Jens 1965 in seiner Laudatio (Lobrede) anläßlich der Verleihung des „Preises der jungen Generation" an Peter Huchel. Dieser Autor, der immer ein Einzelgänger war und sich nicht von den schnell wechselnden Modeströmungen der Literatur beeinflussen ließ, hat die Aussagekraft unserer Sprache nie angezweifelt und die Sprache auch niemals als dichterisches Ausdrucksmittel in Frage gestellt, weil er sie meisterhaft beherrscht.

Huchel (geboren 1903 in Berlin) wuchs auf dem Bauernhof seines Großvaters in Alt-Langerwisch bei Potsdam auf; dort lernte er die elementare Natur, Tiere, Pflanzen, die einfachen Menschen des Dorfes kennen. Die ersten Eindrücke vertieften sich, als er nach Studienjahren in Berlin, Freiburg i. Br. und Wien nach Frankreich, auf den Balkan und in die Türkei reiste, wo er seinen Lebensunterhalt zumeist als Landarbeiter verdiente.

Nach Deutschland zurückgekehrt, begann er, schriftstellerisch tätig zu werden. Als früher Gegner des Nationalsozialismus floh er nicht, als Hitler an die Macht kam, wie einige Freunde,

[1] Weltesche, Weltbaum der nordgermanischen Götterlehre.

doch gab er aus Protest ,,das Dichten" auf, und er verhinderte die vorgesehene Veröffentlichung seines ersten Lyrik-Bandes aus demselben Grunde. 1940 wurde Huchel Soldat. Als er 1945 aus der Kriegsgefangenschaft zurückgekehrt war, übernahm er die künstlerische Leitung des Berliner Rundfunks und behielt diese Stellung drei Jahre lang. 1949 wurde er Chefredakteur der Ostberliner Literaturzeitschrift *Sinn und Form,* die er so gestaltete, daß sie auch in Westdeutschland hoch geschätzt wurde. Ein erster Band Gedichte erschien in Ost-Berlin und Westdeutschland. Das ist bezeichnend für die Situation, in der er sich befand: Er bekleidete in der DDR ein wichtiges kulturpolitisches Amt und veröffentlichte gleichzeitig im Westen ein Buch, auf Grund dessen er mit Literaturpreisen ausgezeichnet wurde. Das war für Ost-Berlin nicht länger tragbar. Huchel wurde 1962 entlassen und vereinsamte in den folgenden Jahren immer mehr.

Neun Jahre dauerte es noch, bis der Dichter, der in dieser Zeit in der Bundesrepublik *Chausseen, Chausseen* und *Die Sternenreuse* veröffentlichte, nach Westdeutschland ausreisen durfte. Seit 1971 lebt er bei Freiburg i. Br.

Huchels Gedichte spiegeln mehr oder weniger deutlich seinen Lebenslauf wider. Die frühe Lyrik kreist um das bäuerliche Anwesen des Großvaters. Ein Gedicht ist *Kindheit in Alt-Langerwisch* überschrieben, und es zeigt wie auch *Die Magd* (1926) und *Damals* in kräftig gezeichneten Bildern die ersten Abenteuer, aber auch die Geborgenheit des Knaben auf dem märkischen Hof. Alles lebt in diesen Versen, selbst die toten Dinge, und das Kind spürt auf Schritt und Tritt seine Zugehörigkeit zu diesem eng begrenzten, aber prall mit Leben gefüllten Bereich.

Das Jahr 1933 – Hitlers Machtübernahme – bedeutete einen spürbaren Einschnitt in Huchels Verskunst. Mit visionärer Kraft erkannte der Dichter frühzeitig die sich anbahnende Katastrophe und kündigte sie mehr oder weniger verschlüsselt in düsteren Bildern an:

Späte Zeit

Still das Laub am Baum verklagt.
Einsam frieren Moos und Grund.
Über allen Jägern jagt
hoch im Wind ein fremder Hund.

Überall im nassen Sand
liegt des Waldes Pulverbrand,
Eicheln wie Patronen.
Herbst schoß seine Schüsse ab,
leise Schüsse übers Grab.

Horch, es rascheln Totenkronen,
Nebel ziehen und Dämonen.

Die Wirklichkeit gab dem Autor recht. Als Soldat in Rußland erlebte er das Grauen des Krieges. In Versen wie *Der Rückzug* brachte er es in die ihm gemäße Form. Dennoch klingt die Epoche versöhnlich aus. Im Gedicht *Heimkehr* ist es eine Frau, ,,die Mutter der Völker", die, als endlich die Waffen ruhen, das verlaufene Vieh aus dem Wald holt, den Rost vom Pflug hämmert und zu ackern beginnt.

In der vorerst letzten Schaffensphase entstanden Reisebilder aus südlichen Ländern und aus England. Die Verse sind nun nicht mehr wie in den Anfängen durch Versmaß oder Reim gebunden, sondern in eigenwilligen Rhythmen geschrieben *(Venedig, Middleham Castle).* Daneben finden sich Gedichte, in denen Huchel jene Natur, die er zunächst in leuchtender Farbigkeit wiedergegeben hatte und die er später zu Symbolen des Unheils werden ließ, vergeistigt. Dabei entströmt ihr alles Leben, und sie wirkt nun erstarrt, tot. Die Natur, mit der er früher Zwiesprache gehalten hat, gibt dem einsam und schwermütig Gewordenen keine verständliche Antwort mehr *(Keine Antwort).*

Huchel ist mit nicht viel mehr als hundert, in vier Jahrzehnten entstandenen Gedichten, die in fünf Sprachen übertragen wurden, ein Lyriker von europäischem Rang geworden.

Karl Krolow

Einen Übergang von der Naturlyrik der älteren Generation zu den großen europäischen Stilen fand Karl Krolow. Er wurde 1915 in Hannover geboren, studierte Romanistik und Germanistik, entschied sich jedoch bald für den Beruf des Schriftstellers und lebt jetzt in Darmstadt.

In der Nachfolge der Droste (s. S. 89ff.), Loerkes und Wilhelm Lehmanns (s. S. 152) schrieb er seine ersten Verse, die er 1943 in dem Bändchen *Hochgelobtes gutes Leben* veröffentlichte. Aus der abseitigen, wuchernden Welt der Fische, Vögel und Pflanzen half ihm der französische Surrealismus. Er übersetzte Lyrik aus dem Französischen und Spanischen.

Seine späteren Gedichte (z. B. in der Sammlung *Fremde Körper,* 1959, und in *Landschaften für mich,* 1966) bezeugen, wie er die fremden Anregungen sich anzuverwandeln verstanden hat. Der neu gefundene Stil macht nach seinen eigenen Worten spielerische Kräfte des Dichters frei und ,,erleichtert von den Gewichten, an denen die Einzelpersönlichkeit zu tragen hat". Übernommener Ballast wird nun abgeworfen. ,,Tiefsinn verfeinerte sich hierbei zu Leichtsinn, zum Vergnügen..." Schreiben, das ist für Krolow ,,ein Sich-zur Wehr-Setzen gegen die allzu große Dichte der Stoffe, gegen die unverrückbare Dingfestigkeit, gegen die enorme Widerstandsfähigkeit der Gegenstände, gegen die Selbstverständlichkeit des Beharrungsvermögens von Tisch und Stuhl".

Nach der Phase einer sehr feinfühligen Verschmelzung seiner Naturlyrik mit dem Surrealismus – Krolow hat nie ganz auf Bilder aus der Natur verzichtet – tritt in den Gedichten der letzten Jahre immer deutlicher an die Stelle der zuvor in seiner Lyrik oftmals erkennbaren Lebensweisheit die Angst vor den Beschwerden des Alters und vor dem Tod. ,,Was schließlich bleibt, ist Verrecken", heißt es einmal sehr deutlich. Allerdings klangen bei Krolow zu allen Zeiten dunkle Töne an:

Hand vorm Gesicht...

Hand vorm Gesicht! Sie hält
Kurz nur das Sterben ab.
Grube im Nacken fällt,
Beere am Aronstab.

Rose am leichten Stock
Wird unterm Finger Staub.
Leuchtendes Kirschgeflock
Ist schon des Windes Raub.

Ratloser Mund! Er schweigt,
Ins Schwinden still gedehnt,
Wenn sich mein Schatten zeigt,
Süß an die Luft gelehnt.

Wenn träg die Pappel samt,
Löwenzahnlampe lischt,
Vieles bleibt unbenamt,
Wie sichs in Trauer mischt.

Wie es sich ungenau
Hin zum Vergehen drängt,
Faltermann, Falterfrau
Mutlos im Lichte schwenkt.

Über mir weiß ich schon
Stimmen aus schwarzem Schall,
Laubhaft gehauchten Ton,
Und spür den Stirnverfall.

Rückwärts mit leisem Schrei
Stürz ich ins Leere hin,
Hart hinterm Tod vorbei.
Fühl, daß ichs nicht mehr bin.

Ähnlich wie Gottfried Benn (s. S. 166f.) hat Karl Krolow aufschlußreiche theoretische Betrachtungen über Probleme der zeitgenössischen Literatur, insbesondere der Lyrik, veröffentlicht, und zwar in dem Essayband *Schattengefecht* (1964) sowie in dem mehr auf die Ausdeutung des eigenen Schaffens bezogenen *Poetischen Tagebuch* (1966) und in den *Minuten-Aufzeichnungen* (1968). Eine neue Auswahl seiner Lyrik ist der Band *Gesammelte Gedichte* (1975), der einen nachhaltigen Eindruck von Krolows Verskunst der Jahre 1963–1974 vermittelt.

Alles in allem ist Krolows Lebenswerk „brüchiger und miniaturhafter als das von Eich und Huchel, aber gerade in der Ungeschlossenheit und Überempfindsamkeit repräsentativ für die Überlebensmethoden des Subjekts in diesem Jahrhundert" (Jappe).

Kurzgeschichte, Hörspiel und Lyrik nach 1945

Die Kurzgeschichte

In den ersten Nachkriegsjahren fand die Form der Kurzgeschichte großen Anklang. Sie ermöglicht es, kritische Situationen des Alltags, wie sie die Menschen vor und nach 1945 mannigfach erleben mußten, in knappen Strichen wirksam zu verdeutlichen und das Abgründige, Ungesicherte unseres Daseins hervortreten zu lassen.

Als Short Story entstand die Kurzgeschichte bereits im 19. Jahrhundert in den USA in Zeitungen und Zeitschriften. Sie wurde bald auch in England heimisch.

Während die Novelle auf einen Höhepunkt zustrebt, verzichtet die Kurzgeschichte auf eine solche Steigerung. Selbst ihr Schluß läßt zumeist viele Möglichkeiten offen. „Jede Geschichte hat ihr Delta mit vielen Mündungen" (Siegfried Lenz). Damit wird die durch den Ablauf der Erzählung angeregte Phantasie des Lesers – ähnlich wie beim Hörspiel – zur Eigentätigkeit angeregt. Er wird über den „offenen Schluß" hinaus die Geschichte zu ihrem möglichen Ende fortspinnen.

Noch fördernder wirkt die Kurzgeschichte als Denkansporn, wenn sie an einem genau geschilderten Einzelfall ein zeitnahes Problem erörtert, aber das Problem selbst nicht löst und den Leser so zu einer klaren Entscheidung zwingt.

Eine besondere Art dieser Erzählform überrascht durch einen gänzlich unmotivierten Schluß und fordert so den Widerspruch des Lesers und damit auch dessen selbständiges Urteil heraus.

Als weitere Merkmale der Short Story gelten die geringe Zahl der dargestellten Charaktere – vielfach ist es nur einer – und der einfache (lineare) Handlungsverlauf. Dabei ist die Kurzgeschichte ebensowenig wie das Hörspiel ein starres Gebilde, und es gibt mannigfache Übergänge zu verwandten Kleinformen der Epik.

Das Hörspiel

Eine neue Form schöpferischer Aussage ist das Hörspiel. Es verdankt der technischen Entwicklung des Rundfunks sein Entstehen und zählt zu den „Erfindungen, die nicht bestellt sind" (Bert Brecht).

1924 schrieb der britische Autor Richard Hughes (geb. 1900) mit *Danger* (Gefahr) das erste Hörspiel. Das Stück spielt im Finstern – infolge eines Kurzschlusses fällt in einem Bergwerk das Licht aus. Diese Ausgangssituation ist bezeichnend für die frühen Hörspiele; sie sind hörbares, nicht sichtbares Theater, „Theater im Dunkeln". Sie bemühen sich, durch die bildhaften Aussagemöglichkeiten der Wörter das Unsichtbare in der Vorstellung des Hörers sichtbar zu machen.

Die ersten Hörspiele wurden mit dem Maßstab der Literatur, besonders des Theaters, gemessen. Nur sehr langsam bildet sich eine eigenständige Hörspieldramaturgie heraus. Die neue „Erfindung" entfaltete sich, bis die Politisierung der Literatur in der Hitlerzeit den vielversprechenden Bemühungen um das Hörspiel ein vorläufiges Ende setzte.

Um so beliebter wurde es nach dem Kriege bis hinein in die fünfziger Jahre. Es ersetzte vielen die zerstörten Theater, es bot auf bequeme Weise neue deutsche Gegenwartsliteratur – z. B. Borcherts *Draußen vor der Tür* (s. S. 161 f.) –, und es gab viele Stücke, die den Verzweifelten die Flucht aus der trostlosen Wirklichkeit in die Traumwelt des Dichters ermöglichten. Das Hörspiel ist seitdem nie wieder so volkstümlich gewesen wie in jenen Jahren. Eine damals junge Autorengeneration, für die hier stellvertretend Günter Eich (s. S. 163 f.) genannt sei, setzte sich mit Nachdruck für die neue, seinerzeit noch ausschließlich literarisch empfundene Form ein, doch zeigte sie zugleich die Problematik des poetischen Hörspiels auf: Die Stoffe – Kriegsverbrechen, Erlebnisse auf der Flucht und bei der Heimkehr, Wiederaufbau der Trümmerstädte – und die Tendenz, mit der diese Hörspiele gestaltet wurden, waren ungefähr von 1960 an abgenutzt.

Eine neue Hörspielgeneration, nicht nur Schriftsteller, sondern auch Dramaturgen, Regisseure, Techniker, gestaltete, 1965 beginnend, das Neue Hörspiel und siedelte es in verschiedenen Grenzgebieten der Literatur an. Wodurch es sich vom traditionellen Hörspiel unterscheidet, wird am besten in einer Gegenüberstellung deutlich:

	Traditionelles Hörspiel	Neues Hörspiel
Zielvorstellung	Unsichtbares durch Vermittlung des Gehörs dem inneren Auge sichtbar machen Sinnbildliche Darstellung von Vorgängen mit dem Ziel, Hintergründiges wie den Sinn des Lebens oder auch nur Gegenwartsprobleme zu erfassen; deshalb Hervorrufen von Illusionen. – Handlung, die gefällt, sofern sie den Erwartungen des Hörers entspricht	Unmittelbare Wirkung auf das Gehör, dessen Aufnahmefähigkeit steigerungsfähig ist Weckung von technisch bestimmtem Kunstverständnis; spielerisch; Abbau von Illusionen; Bemühen, den Hörer zur Auseinandersetzung mit kleinsten Ausschnitten der Wirklichkeit zu bringen, unter Umständen mit dem Ziel, seine Stellung in der Gesellschaft oder sein Weltbild und damit ihn selbst zu ändern; so gut wie keine Handlung

	Traditionelles Hörspiel	Neues Hörspiel
Aufgabe des Autors	Verfassen des Hörspiel-Textes, wobei ein Mißtrauen des Autors gegenüber der technischen Apparatur nicht selten ist	Entwurf ,,radiophoner Texte"; Zusammenarbeit mit dem Dramaturgen, dem Regisseur und dem technischen Personal mit zumeist nicht genau festgelegten Aufgaben. Mitwirkung an Mischpulten, Reglern, Oszillographen usw.
Szene	Handlungsräume, die sich der Hörer vorzustellen hat; die Technik leistet dabei nur Hilfsdienste; Monophonie (Tonübertragung ohne Raumwirkung) erleichtert die Konzentration; Zeit der Handlung ist festgelegt	Schallräume, durch Stereophonie (Tonübertragung mit Raumwirkung) erzielt. Zumeist zeitlose Handlung
Mittel der Darstellung	Rollenspiel: die ,,Stimme" stellt eine einzelne Person dar; Dialoge	Die ,,Stimme" steht nicht für eine einzelne Person, sondern für einen Typ; keine Dialoge
	Die Sprache beeinflußt den Hörer zwingend	Die Sprache ist nicht Darstellungsmittelpunkt, sondern Gegenstand oder Problem des Spiels; sie kann Ideologien entlarven und Manipulationen verhindern
	Das Wort hat Vorrang vor Musik und Geräuschen	Musik und Geräusche sind eigenständige Gestaltungsmittel und gleichrangig mit dem Wort, falls es überhaupt noch verwandt wird
	Montage (Zusammenfügen einzelner geschnittener Hörspielteile) zur Überbrückung von Raum und Zeit; keine Collagen (s. Anmerkung S. 161)	Häufige Verwendung von Montagen und Collagen
Hörer	Der Hörer nimmt das Gehörte nur auf, ohne selbst tätig zu werden; er ist nur ,,Empfänger"	Das Neue Hörspiel, ein ,,Sprachdenkspiel", erfordert schöpferische Mitarbeit des Hörers
	Verhältnismäßig großer Hörerkreis	Verhältnismäßig kleiner Hörerkreis
Stellung zur Literatur	Das Hörspiel ist eine Spielart der dramatischen Dichtung	Bewußter ,,Ausbruch" aus der Literatur; Ablehnung literarischer Wertmaßstäbe, ,,akustische Gattung unbestimmten Inhalts"; ein Versuch, die besonderen Einsatzmöglichkeiten des Rundfunks zwischen Information und Unterhaltung zu erkunden; vielfältige Formen, denen nur die Andersartigkeit gegenüber dem traditionellen Hörspiel gemeinsam ist.

(nach Birgit Lermen)

Das von Autoren wie Peter Handke, Jürgen Becker, Franz Mon, Wolf Wondratschek u. a. geschaffene Neue Hörspiel galt etwa zehn Jahre lang ,,innerhalb der gesamten gegenwärtigen Literatur" als ,,die fortgeschrittenste Form", als ,,eine offene Form" zudem, eine ,,Hörsensation, die allein den Hörer vom Fernsehapparat weglocken kann ... Alles ist möglich. Alles ist erlaubt" (Heißenbüttel).

Neue sprachliche Ausdrucksformen

Ungefähr um die Mitte der fünfziger Jahre unseres Jahrhunderts begann ein tiefgreifender Wandel im Bereich der Literatur, der alle einbezog, die sich in irgendeiner Form mit ihr befaßten: den Dichter oder Schriftsteller, den Leser oder Hörer, den Literaturkritiker und den Literaturwissenschaftler. Sie sprengten den bisher verhältnismäßig engen, aber klar begrenzten Bezirk des literarischen Lebens durch ideenreiches Experimentieren mit früher ungenutzten Materialien und neuartigen Arbeitsmethoden und erweiterten ihn, so daß er heute kaum noch überschaubar ist.

Das galt zunächst für die Sprache, den ,,Rohstoff" der Literatur. Viele Angehörige der damals jungen Generation waren zu der Überzeugung gelangt, daß in unserer Welt Sprache und Wirklichkeit nicht mehr übereinstimmen. Die Sprache wurde bis zu ihren kleinsten Bestandteilen, den Lauten bzw. Buchstaben, analysiert und auf ihren Bedeutungsgehalt geprüft, das Wort in seiner Beziehung zum damit Bezeichneten untersucht. Oder aber man spielte – im eigentlichen Sinn des Wortes – mit den gefundenen Wort- und Sprachelementen. Das geschah und geschieht noch im absurden Theater, im Gedicht und Roman oder im Hörspiel, das dazu über besondere technische Möglichkeiten verfügt, durch Verfremdung von Sätzen oder Satzfetzen und Collagen[1]. Man ging auch auf dem Weg des französischen Lyrikers Mallarmé (1842–1898) weiter, der Musik und Literatur als wechselnde Seiten eines einzigen Phänomens erkannt zu haben meinte, und vereinigte sämtliche Schallzeichen – Laute, Wörter, Geräusche, Klänge – grundsätzlich gleichrangig in einem ,,Hörereignis", das eine neue künstlerische Aussageform darstellt. In allen diesen Fällen war die Sprache nicht mehr wie bisher nur Mittel der literarischen Aussage, sondern ihr Inhalt, öfter sogar ihr schwer oder gar nicht erreichbares Ziel.

Wolfgang Borchert

Eines der ersten Hörspiele nach dem Krieg war Wolfgang Borcherts Heimkehrerstück *Draußen vor der Tür.* Es sprach aus, was zahllose Menschen empfanden, und fand ein großes Echo. Borchert wurde zum Sprecher einer enttäuschten, verzweifelten Generation, die das Chaos eines sinnlosen Krieges erlebt hatte. 1921 in Hamburg geboren, war er Buchhändlerlehrling und Schauspieler und seit 1941 Soldat. Nach schwerer Verwundung an der Ostfront wurde er wegen mißmutiger Äußerungen zum Tode verurteilt, aber zur ,,Bewährung" nach Rußland geschickt. Er mußte krankheitshalber vom Wehrdienst entlassen werden, trat in einem Hamburger Kabarett auf und wurde alsbald neuerlich festgesetzt. Vom Tode gezeichnet, kam er 1945 frei. Innerhalb von zwei Jahren schrieb er seine Gedichte, Erzählungen und ein Hörspiel, das er zu dem meistgespielten deutschen Heimkehrerdrama *Draußen vor der Tür* umgestaltete.

[1] Collage: In der Bildenden Kunst ganz oder teilweise aus Papier oder anderem Material (Stoffresten, Furnieren, auch zerschnittenen Bildern) zusammengeklebtes Bild; in der Literatur entsprechend aus sprachlichen und lautlichen Materialien zusammengefügter Text.

Szene aus dem Schauspiel *Draußen vor der Tür* von Wolfgang Borchert – Uraufführung in den Kammerspielen Hamburg 1947

Freunden gelang es, dem Todkranken die Aufnahme in ein Krankenhaus in der Schweiz zu ermöglichen. Dort starb er 1947 einen Tag vor der Uraufführung seines Stückes. „Seine Stirn wölbte sich klar, groß und gütig unter dem seit einiger Zeit kürzer geschnittenen dunklen Haar. Die Nase war noch schmaler und edler geworden", schrieb ein Freund von dem Aufgebahrten.

Im Mittelpunkt seines Spieles *Draußen vor der Tür* steht der Unteroffizier Beckmann stellvertretend für alle jungen Menschen, deren Jugend im Kriege sinnlos geopfert wurde.

Er kommt aus dem Krieg nach Hause, doch niemand nimmt ihn auf, niemand erleichtert sein Gewissen – er hat einmal elf Kameraden in den Tod geführt. Überall stößt er durch eine Wand von Phrasen und schönen Worten ins Leere. Auch Gott bleibt Beckmann die Antwort auf seine Fragen schuldig. Da sieht er keinen anderen Weg mehr als den Tod.

Die ganze Trostlosigkeit der Kriegs- und ersten Nachkriegsjahre spricht auch aus den meisten Kurzgeschichten des Dichters. Sie spielen nach Bombenangriffen *(Die Küchenuhr)*, im Gefängnis *(Die Hundeblume)*, auf den Schuttbergen zerstörter Städte *(Nachts schlafen die Ratten doch)*. Sie sind viel nachgeahmt worden, so daß geradezu eine „Trümmerliteratur" entstanden ist. Im Innersten war Borchert jedoch von dem Wunsch nach einer Welt, in der das Menschliche gilt, bewegt. So, wenn er schildert, wie eine Frau in der Hungerzeit des Krieges ihrem Mann verzeiht, daß er heimlich etwas vom ihnen spärlich zugeteilten Brot entwendet hat, ja ihm ihre eigene Scheibe schenkt (*Das Brot*).

Borcherts Prosa hat einen bisher unbekannten Ton in die deutsche Literatur gebracht. Sie ist knapp, oft abgehackt und überrascht immer wieder durch kühne Bilder, z. B. in der Kurzgeschichte *Mein bleicher Bruder:*

„Noch nie war etwas so weiß wie dieser Schnee. Er war beinah blau davon. Blaugrün. Fürchterlich weiß. Die Sonne wagt kaum gelb zu sein vor diesem Schnee. Kein Sonntagmorgen war jemals so sauber gewesen wie dieser. Nur hinten stand ein dunkelblauer Wald. Aber der Schnee war neu und sauber wie ein Tierauge. Kein Schnee war jemals so weiß wie dieser an diesem Sonntagmorgen. Kein Sonntagmorgen war jemals so sauber. Die Welt, diese schneeige Sonntagswelt, lachte.

Aber irgendwo gab es dann doch einen Fleck. Das war ein Mensch, der im Schnee lag, verkrümmt, bäuchlings, uniformiert. Ein Bündel Lumpen. Ein lumpiges Bündel von Häutchen und Knöchelchen und Leder und Stoff. Schwarzrot überrieselt von angetrocknetem Blut. Sehr tote Haare, perückenartig tot. Verkrümmt, den letzten Schrei in den Schnee geschrien, gebellt oder gebetet vielleicht: ein Soldat..."

Die abgrundtiefe Hoffnungslosigkeit seiner Zeit und seiner persönlichen Situation, doch auch die Sehnsucht nach einem helleren Dasein prägen die wenigen Gedichte Borcherts. Sie erschienen 1946 gesammelt unter dem bezeichnenden Titel *Laterne, Nacht und Sterne.*

Das Werk Günter Eichs (1907–1972) ist beispielhaft für die enge Beziehung zwischen Lyrik und Hörspiel. In Lebus an der Oder geboren, studierte Eich chinesische Sprache und Literatur sowie Volkswirtschaft. Deutlich spürbar ist in seinen Gedichten und Hörspielen die Ausstrahlung der ostasiatischen Geisteswelt. Schon 1929 wurde sein erstes Hörspiel gesendet. Seitdem ist Eich dieser neuen dichterischen Form treu geblieben, ja durch seine Arbeiten ist sie eigentlich erst recht zur eigenständigen poetischen Form entwickelt worden. Die Schauplätze seiner Spiele liegen im Innern des Hörers – wie Traumbilder können sie Ort und Zeit wechseln, können auch die handelnden Personen plötzlich sich wandeln, als Fremde oder gar als Tiere sprechen.

Eichs Hörspiele sind in mehreren Sammlungen im Druck erschienen *(Träume,* 1950; *Stimmen,* 1958, u. a.). Zu den bekanntesten zählt die Folge *Träume,* deren fünf Teile durch Betrachtungen in lyrisch-hymnischer Prosa verbunden sind.

Der Dichter hat in diesen Kurzszenen verschiedene Traumwelten in ergreifender Echtheit erstehen lassen. Im Verlauf einer äußerst knappen Handlung treiben schemenhafte Figuren unentrinnbar einem unwahrscheinlichen Unglück entgegen: sie rasen in einem immer schneller fahrenden Zuge dahin; ein Kind armer Leute wird verkauft und geschlachtet, damit ein wohlhabender Kranker von dem warmen Blut gesund wird; eine Flüchtlingsfamilie wird überall abgewiesen; Freunde suchen im Urwald vergeblich nach dem Glück; eine amerikanische Großstadt wird mit allen Bewohnern von Termiten zerstört. Allen fünf Hörszenen sind Verzweiflung und Ausweglosigkeit des aus seinen natürlichen Bindungen gerissenen Menschen gemeinsam.

In Eichs erschütterndstem Hörspiel, *Die Mädchen aus Viterbo,* sind zwei Geschehnisse ineinandergeflochten.

In einer Berliner Wohnung halten sich 1943 zwei Juden, Großvater und Enkelin, versteckt; die Angst, aufgespürt, die Hoffnung, befreit zu werden, füllt die Tage der Einsamen aus. Da erfahren sie eines Tages durch eine Zeitungsnotiz, daß sich eine Gruppe von Mädchen aus Viterbo

Studioaufnahmen des Hörspiels *Die Mädchen aus Viterbo* von Günter Eich.
Sendung des Hessischen Rundfunks 1959. Links: Großvater, Enkelin. Rechts: Lehrer und Schulklasse. Die Personen der beiden Handlungen werden von denselben Sprechern verkörpert.

in den Katakomben Roms verirrt hat. Traumhaft versetzt sich der Großvater in die Person des Lehrers, die Enkelin in die einer der Schülerinnen, und nun verzahnen sich die Wünsche: die Schulklasse kann nur gerettet werden, wenn man sie findet, die beiden politisch Verfolgten nur, wenn man sie nicht entdeckt. Die beiden in ihrer Wohnung Verborgenen gelangen durch die Verfremdung ihrer Existenz zur Gelassenheit und Todesbereitschaft.

Eichs Lyrik hat sich von der schwermütigen Naturversponnenheit der frühen Jahre zu einer knappen, bedeutungsvoll verschlüsselten Beschreibung der Lage, in welcher sich der moderne Mensch befindet, gewandelt. Erfahrungen des Krieges und der nachfolgenden Auflösung der überkommenen Ordnung, aber auch Traditionsgebundenheit haben sich in dem Gedichtband *Abgelegene Gehöfte* (1948) niedergeschlagen. Darin steht *Inventur,* eine Bestandsaufnahme in Versen, die aufzählt, was dem kriegsgefangenen Soldaten Eich nach der Katastrophe von 1945 geblieben ist. Der Leser spürt trotz der bewußt vordergründigen Nennung einfachster Dinge, daß sie für den neuen Anfang im ,,Jahr null" die Grundlage sein werden.

Inventur

Dies ist meine Mütze,
dies ist mein Mantel,
hier mein Rasierzeug
im Beutel aus Leinen.

Konservenbüchse:
Mein Teller, mein Becher,
ich hab in das Weißblech
den Namen geritzt.

Geritzt hier mit diesem
kostbaren Nagel,
den vor begehrlichen
Augen ich berge.

Im Brotbeutel sind
ein Paar wollene Socken
und einiges, was ich
niemand verrate,

so dient er als Kissen
nachts meinem Kopf.
Die Pappe hier liegt
zwischen mir und der Erde.

Die Bleistiftmine
lieb ich am meisten:
Tags schreibt sie mir Verse,
die nachts ich erdacht.

Dies ist mein Notizbuch,
dies meine Zeltbahn,
dies ist mein Handtuch,
dies ist mein Zwirn.

Marie Luise Kaschnitz

Eine Autorin, die sich der neuen Formen Hörspiel und Kurzgeschichte besonders annahm, war Marie Luise Kaschnitz. Sie wurde 1901 als Tochter eines Offiziers in Karlsruhe geboren und verbrachte ihre Jugend in Potsdam und Berlin; dann wurde sie Buchhändlerin in Weimar und München. Nachdem sie den Wiener Archäologen Kaschnitz von Weinberg geheiratet hatte, lebte sie mit ihm u. a. jahrelang in Rom. Diese Stadt beeindruckte sie nachhaltig. Nach Aufenthalten in Königsberg, Marburg und Frankfurt starb sie 1974 in Rom.

Marie Luise Kaschnitz vereinigte in sich eine tiefe Verbundenheit sowohl mit ihrer süddeutschen Heimat als auch mit dem kulturellen Erbe der Antike, von dem sie sich in Italien unmittelbar angesprochen fühlte. So erklärt es sich vielleicht auch, daß sie, obwohl sie die kritische Auseinandersetzung mit zeitgenössischen Problemen nicht scheute, immer wieder ,,nach Ausgleich, nach Versöhnung und Harmonie" suchte.

Wenn auch die Dichterin schon in den dreißiger Jahren zwei Romane veröffentlicht hatte, füllte ihr literarisches Schaffen auf den von ihr schließlich bevorzugten Gebieten wie Lyrik, Kurzprosa und Hörspiel erst das letzte Drittel ihres Lebens aus.

Sechsundvierzigjährig brachte M. L. Kaschnitz zwei Gedichtbände heraus, denen weitere folgen sollten. Ihre Verse sind zumeist Ausdruck sinnender Betrachtung und behandeln die Fragwürdigkeit des Menschseins, Schuld und Sühne, die Schönheit alltäglicher Dinge, aber auch die Abgrundnähe, Lebensangst und Todgeweihtheit der Kreatur. So steht in dem Gedicht *Vater Feuerwerker* die in nur drei Verszeilen farbig geschilderte friedliche Welt eines Kindes dem nächtlichen, unheilumwitterten Treiben des Vaters gegenüber:

Zucker und Honig in Deinen Brei
Die Erde Dein Gärtchen Levkoi und Salbei
Deine Wangen Milch Deine Lippen Blut
Frag nicht, was Dein Vater tut
Nachts wenn Du schläfst.

Er rührt im Tiegel
Hinter Schloß und Riegel
Aus Pulver und Blei
Einen anderen Brei.

Er sät im Dorn
Ein anderes Korn
Das wühlt und bebt
Und schießt gen Himmel in Garben.

Wohl denen die gelebt
Ehe sie starben.

Marie Luise Kaschnitz hatte mit Natur- und jahreszeitlicher Lyrik begonnen. In späteren Jahren wurde ihre Aussage formal immer freier; dabei blieb sie äußerst knapp und konzentriert. Die Rom-Gedichte im Band *Ewige Stadt* sind meisterhaft in der Gestaltung des Wesentlichen. Schließlich wandte sich die Autorin in ihren Versen der Gegenwart zu, indem sie den Menschen in der Gemeinschaft – als *Zoon politikon* (geselliges Wesen), so der Name einer Gedicht-Folge – darstellte.

Als Erzählerin behandelte M. L. Kaschnitz im wesentlichen denselben Themenkreis wie in der Lyrik. Auch das Verhältnis zwischen Kindern und Jugendlichen einerseits und Erwachsenen andrerseits ist häufiges Thema.

In *Popp und Mingel* geht es um die seelische Einsamkeit eines Schlüsselkindes, dem es äußerlich an nichts fehlt, das aber die innere Beziehung zu den berufstätigen Eltern verloren hat. Deshalb hat sich der Erzähler, ein Junge, aus einem alten Fußball, der den Vater Popp, und einer Puppe ohne Beine, die Mutter Mingel bedeutet, sowie aus zwei ,,Geschwistern" ähnlicher Beschaffenheit eine ,,Ersatzfamilie" geschaffen. Mit ihr führt er Gespräche, wie er sie sich in einer heilen Welt vorstellt; hier fühlt sich der vereinsamte Junge wohl, weil er im Spiel mit den personifizierten Gegenständen jene Nestwärme findet, die ihm seine in erster Linie für die vermeintlichen Errungenschaften der Wohlstandsgesellschaft arbeitenden Eltern nicht bieten können. Als die Mutter nichtsahnend die Spielzeug-Familie fortgeworfen hat, gerät ihr Sohn derart außer sich, daß er fahrlässig die Wohnung in Brand steckt.

Im Hörspiel verband sich für M. L. Kaschnitz Lyrisches und Episches, und sie faßte es als Vorzug auf, daß es ,,nur auf das Wort gestellt" sei. Das gilt besonders für *Gespräche im All:* Sie werden von einem verstorbenen Ehepaar im unendlichen Raum geführt, aber die Partner werden immer wieder voneinander getrennt und dadurch in ihrer Unterhaltung unterbrochen. Allmählich fällt alles Menschliche von ihnen ab, und sie werden in der Liebe Gottes vereinigt.

Gottfried Benn

Der junge Benn begann in der Nachbarschaft der frühen Berliner Expressionisten (s. S. 120ff.) zu schreiben. Er ist jedoch der einzige Lyriker dieser an Begabungen so reichen Dichtergeneration, der bis in unsere Gegenwart hinein sein Werk fortführen konnte – die andern alle sind gestorben oder verstummt. Der reife Benn hat auf eine Generation junger Lyriker nach dem zweiten Weltkrieg einen nachhaltigen Einfluß gewonnen und in dieser Hinsicht Rilke abgelöst.

Gottfried Benn wurde 1886 als Sohn eines Pfarrers in Mansfeld (Prignitz) geboren und ist in Sellin (Neumark) aufgewachsen. „Ein Dorf mit 700 Einwohnern in der norddeutschen Ebene, großes Pfarrhaus, großer Garten, drei Stunden östlich der Oder. Das ist auch heute noch meine Heimat, obgleich ich niemanden mehr dort kenne, Kindheitserde, unendlich geliebtes Land", schrieb der Dichter gegen Ende seines Lebens über die Szenerie seiner Kindheit. Er studierte zuerst auf Wunsch des Vaters Sprachwissenschaft und Theologie, wandte sich dann aber der Medizin zu und wurde Militärarzt. Diesen Beruf mußte er aus gesundheitlichen Gründen zunächst aufgeben; er hat ihn in beiden Weltkriegen wieder ausgeübt. In den Jahren des Friedens war er Hautarzt in Berlin. Benn bekannte sich anfangs zum Nationalsozialismus, bemerkte aber bald seinen Irrtum und zog sich aus dem literarischen Leben zurück. Er „emigrierte in die Armee" – als Truppenarzt im Stabsoffiziersrang war er einigermaßen vor Verfolgungen geschützt, doch erhielt er kurz nach seinem 50. Geburtstag völliges Schreibverbot. Als seine Werke nach 1945 wieder erscheinen durften und in rascher Folge neue hinzukamen, fand er bald über die Grenzen Deutschlands und Europas hinaus Beachtung. Nach zahlreichen Ehrungen starb der Dichter 1956 siebzigjährig in Berlin.

Die Bilder von Zerfall und Verwesung, die dem Medizinstudenten täglich vor Augen standen, prägten die frühen Gedichte, die 1912 in der Sammlung *Morgue* veröffentlicht wurden. Der die Illusionen des menschlichen Lebens kühl durchdringende Blick wird auch später nicht mehr verlorengehen. Ihm entging auch nicht der Abbau der überlieferten Werte und der drohende Zusammenbruch des abendländischen Erbes, Abläufe, die Nietzsche – den Benn sehr schätzte – vorausgesehen hatte und die in den Schrecken des ersten Weltkrieges offenbar geworden waren.

Als Gegenkraft sah Benn die in sich ruhende Form des reinen Kunstwerks an, die jenseits der Geschichte besteht und von ihren Katastrophen nicht berührt wird. Abseits des hinfälligen Daseins führt der Künstler eine Existenz im Traum, in der Ekstase, in den Bildern ferner Zeiten, südlicher Länder und Meere, oder besser: im Wort, das diese Bereiche beschwört und erschließt.

So ist Benns Dichtung spannungsgeladen. „Jeder seiner Verse ein Leopardenbiß, ein Wildtiersprung", hat man von seiner Lyrik gesagt. Er selbst hat sich genau Rechenschaft darüber gegeben, wie heute ein Gedicht zu schreiben sei. Sein Vortrag *Probleme der Lyrik* (1951) ist zum Programm einer ganzen Generation junger Lyriker geworden: „Ein Gedicht entsteht überhaupt sehr selten – ein Gedicht wird gemacht." Bei diesem Vorgang „beobachtet man nicht nur das Gedicht, sondern auch sich selber". Aus dem Erlebnis des eigenen Ich bildet sich der neue Stil, den Benn als Artistik bezeichnet. Von einem „dumpfen schöpferischen Keim" nimmt das Gedicht seinen Ausgang. Es entwickelt sich weiter an Worten, die dem Autor besonders liegen, an „seinen" Worten. Verse Benns zeigen, welche Bedeutung derartige Worte für ihn haben können:

Ein Wort, ein Satz –: aus Chiffren steigen
erkanntes Leben, jäher Sinn,
die Sonne steht, die Sphären schweigen,
und alles ballt sich zu ihm hin.

Ein Wort – ein Glanz, ein Flug, ein Feuer,
ein Flammenwurf, ein Sternenstrich –
und wieder Dunkel, ungeheuer,
im leeren Raum um Welt und Ich.

Das Wort kann – und darin liegt sein letztes Geheimnis – „auf entsprechend Eingestellte als Zauber" wirken und sie befähigen, „diesen Zauber weiterzugeben". – Benn untersucht auch die Lyriker. Sie sind für ihn keine Träumer, sondern „Kleinbürger", „sie brauchen ein hartes, massives Gehirn". Sie müssen warten können, bis ihre Schöpfung ausgereift ist. Benn selbst fand einmal zur ersten Strophe eines seiner Gedichte die zweite erst nach zwanzig Jahren. Der Lyriker ist ein stiller Mensch. Er „kann gar nicht genug wissen, er kann gar nicht genug arbeiten", denn: „Unsere Ordnung ist der Geist, sein Gesetz heißt Ausdruck, Prägung, Stil". So kommt ein Gedicht ohne Glauben, ohne Hoffnung zustande, das nur vom Dichter selbst und der Leere um ihn handelt:

Durch soviel Formen geschritten,
durch Ich und Wir und Du,
doch alles blieb erlitten
durch die ewige Frage: wozu?

Das ist eine Kinderfrage.
Dir wurde erst spät bewußt,
es gibt nur eines: ertrage
– ob Sinn, ob Sucht, ob Sage –
dein fernbestimmtes: Du mußt.

Ob Rosen, ob Schnee, ob Meere,
was alles erblühte, verblich,
es gibt nur zwei Dinge: die Leere
und das gezeichnete Ich.

Paul Celan

Gottfried Benn schrieb über seine bewußte Selbstisolierung: „Du willst ein Ich sein, gut, aber das heißt, du bist ummauert, eingemauert, die Gitter zu." Für Paul Celan ist das Abgesondertsein eines der Grunderlebnisse, die seine Lyrik geprägt haben. Auch bei ihm findet sich in diesem Zusammenhang das Bild des Gitters.

Die Bukowina, in deren Hauptstadt Czernowitz der Autor 1920 geboren wurde, ist altes deutsches Siedlungsgebiet, sie ist aber auch nach Osten, nach Rußland geöffnet. Hier entfalteten sich, solange das Land österreichisch und rumänisch war – seit 1940 gehört es zur UdSSR – aber auch ungestört traditionsgebundene, schöpferische Kräfte des Judentums.

Paul Celans Eltern waren Juden. Sie sprachen deutsch, in der Schule aber wurde rumänisch gesprochen. Daneben beherrschte der Heranwachsende bald auch das Hebräische. Nach der Besetzung von Czernowitz durch deutsche und rumänische Truppen im zweiten Weltkrieg fanden die Eltern in einem Vernichtungslager den Tod, der Sohn kam in ein Arbeitslager. Zuvor hatte er ein Medizinstudium begonnen, das er aber, nachdem er wieder frei geworden war, nicht fortsetzte. Er wandte sich der Romanistik[1] zu. Nach der Rückkehr der Russen in die Bukowina wanderte er 1945 nach Rumänien aus. In Bukarest war er zwei Jahre lang als Verlagslektor tätig. Nun war es ihm möglich, Übersetzungen neuer russischer Literatur zu veröffentlichen, die ihm

[1] Wissenschaft von den romanischen Sprachen.

ebenso vertraut war wie die deutsche und französische Moderne mit ihren mannigfaltigen Strömungen. Außerdem erschienen in Zeitungen und Zeitschriften seit 1947 erste eigene Gedichte unter dem Decknamen Celan, den er aus den Buchstaben der rumänischen Form Ancel seines deutschen Namens Antschel gebildet hatte.

Ein Jahr später verbrachte der Autor einige Zeit in Wien, wo auch sein erster Lyrikband *Der Sand aus den Urnen* einen Verleger fand. Dann zog es Celan nach Paris. Hier entfaltete er als Sprachlehrer bis zu seinem Freitod (1970) eine rege Übersetzertätigkeit, wobei sich seine ungewöhnliche Sprachbegabung bewährte. Gleichzeitig entstanden sieben weitere Bände eigener Lyrik, denen ein Band mit nachgelassenen Texten folgte.

Erstaunlich ist, daß Celan auch in seiner Wahlheimat Frankreich, wo er fast die Hälfte seines Lebens verbrachte, alle seine Gedichte deutsch schrieb; und das, obwohl die Deutschen seine Eltern ermordet hatten. Er selbst hat es einmal damit erklärt, daß das Deutsche seinem Streben nach Wahrheit am nächsten komme. Auch liebte er den „grauen", „düsteren" Charakter des Deutschen, der den Aussagen seiner Gedichte am besten entsprach.

In den frühen Versen, die in dem erwähnten Wiener Band und in *Mohn und Gedächtnis* (1952) erschienen, finden sich Anklänge an die kurz nach der Mitte des vorigen Jahrhunderts einsetzende französische Moderne und an die von ihr beeinflußten neuen literarischen Strömungen in Deutschland, Österreich und Rußland bis hin zum Spätsurrealismus; mit allen war Celan schon früh vertraut geworden.

Was hier angesprochen ist, wird in dem folgenden Gedicht deutlich:

Umsonst malst du Herzen ans Fenster:
der Herzog der Stille
wirbt unten im Schloßhof Soldaten.
Sein Banner hißt er im Baum – ein Blatt, das ihm blaut, wenn es herbstet;
die Halme der Schwermut verteilt er im Heer und die Blumen der Zeit;
mit Vögeln im Haar geht er hin zu versenken die Schwerter...

Umsonst malst du Herzen ans Fenster: ein Gott ist unter den Scharen,
gehüllt in den Mantel, der einst von den Schultern dir sank auf der Treppe, zur Nachtzeit,
einst, als in Flammen das Schloß stand, als du sprachst wie die Menschen: Geliebte...
Er kennt nicht den Mantel und rief nicht den Stern an und folgt jenem Blatt, das vorausschwebt.
‚O Halm', vermeint er zu hören, ‚o Blume der Zeit'.

Aufschlußreich sind hier die auch in zahlreichen anderen Gedichten vorkommenden Genitiv-Verbindungen von Konkretem und Abstraktem wie „Herzog der Stille", „Halme der Schwermut" oder „Blume der Zeit", die an Baudelaires „fleurs du mal" denken lassen. Die Bilder der zweiten Strophe finden sich ähnlich am Schluß von Rilkes *Cornet.*

Im Band *Mohn und Gedächtnis* ist auch die *Todesfuge* mit dem düsteren Thema „Schwarze Milch der Frühe wir trinken sie abends" enthalten, gewiß Celans bekanntestes Gedicht. Es ist ein erschütterndes literarisches Denkmal für seine Eltern, wie es der *Espenbaum* für seine Mutter ist.

Zeigten sich schon im Band *Von Schwelle zu Schwelle* (1955) Anfänge einer Wandlung in Celans Lyrik, so wird diese im *Sprachgitter* (1959) noch deutlicher. Schon auf den ersten Blick fällt auf, daß die Verse kürzer geworden sind und oft nur ein einziges Wort oder sogar nur eine Silbe enthalten. Der Autor ersetzt damit bewußt den Wohlklang seiner frühen Gedichte durch eine knappe, herbe Aussage, die keine Zugeständnisse an das Schöne um seiner selbst willen kennt. Im Titelgedicht *Sprachgitter* stellt Celan dar, wie Beziehungen von Mensch zu Mensch möglich und zugleich unmöglich sind:

Augenrund zwischen den Stäben.

Flimmertier Lid
rudert nach oben,
gibt einen Blick frei.

Iris, Schwimmerin, traumlos und trüb:
der Himmel, herzgrau, muß nah sein.

Schräg, in der eisernen Tülle,
der blakende Span.
Am Lichtsinn
errätst du die Seele.

(Wär ich wie du. Wärst du wie ich.
Standen wir nicht
unter *einem* Passat?
Wir sind Fremde.)

Die Fliesen. Darauf,
dicht beieinander, die beiden
herzgrauen Lachen:
zwei
Mundvoll Schweigen.

Sprachgitter gab und gibt es wohl auch noch in Nonnenklöstern, damit die Nonne mit Außenstehenden sprechen kann, ohne gegen die Ordensregel zu verstoßen. Bei Celan wird dieses Gitter zum Bild der letztlich unüberwindlichen Vereinzelung zweier innerlich verbundener Menschen, was vor allem die eingeklammerte Strophe aussagt.

Die Auflösung der Alltagssprache in kleinste Bestandteile mit dem Ziel, diese zu neuer überraschender Wirkung zu bringen, kennzeichnet eine neue Schaffensperiode, in der scheinbar spielerisch veränderte Wörter zu neuer Bedeutung gelangen. So wird ,,schmückendes Beikraut ... als Beiwort, als Beilwort" lebensbedrohend *(Huhediblu).* Hier wirkt offenbar der Buchstabenzauber der jüdischen Mystik nach, mit dem der Dichter schon aus der Vorstellungswelt der Kindheit vertraut war.

Derartige Wortverwandlungen gibt es auch in den letzten Gedichten Celans. Neu sind in *Atemwende* (1967) überraschend zusammengesetzte dreiteilige Substantive und Adjektive. Sie werden sich auch in den noch folgenden Gedichten bis hin zu den letzten finden, z. B. ,,Liebeslautbojen", ,,Weißkiesstotterer", ,,aschenbildwahr", ,,wortblutgeboren". Ihre Wirkung beruht auf dem Klangwert der Wortverbindungen und von ihnen beim Lesen oder Hören ausgelösten unwillkürlichen Verknüpfungen von Vorstellungen (Assoziationen).

Vielfältig wie die Quellen, die sich im Strom Celanscher Dichtung vereinten, waren und sind seine Wirkungen, war und ist seine Ausstrahlungskraft auf seine und nachfolgende Generationen. Seine Auffassung, das Gedicht sei nichts Gewordenes, sondern etwas Werdendes; sein Kampf gegen den gedankenlosen Mißbrauch des Wortes in unserer Alltagssprache; die Suche nach einer wahrhaften Sprache und die Forderung, sie ins Magische zu steigern – dies alles ließ den früh Vollendeten zum bedeutendsten Lyriker deutscher Sprache in den sechziger Jahren werden.

Ingeborg Bachmann

In den zwei Jahrzehnten, die zwischen dem Erscheinen ihres ersten Gedichtbandes *Die gestundete Zeit* (1953) und ihrem frühen Tode liegen, hat Ingeborg Bachmann immer wieder eine neue, ursprünglich ,,wahre" Sprache gefordert, die unsere im Alltag nichtssagend, abgenutzt und unaufrichtig gewordene Sprache ersetzen müsse. Neben theoretischen Ausführungen, die sie vor allem als Dozentin für Poetik an der Universität Frankfurt machte, führte sie – und das ist bezeichnend für ihre Generation – in der Lyrik und im Hörspiel praktisch vor, wie sie sich das Verhältnis der Sprache zur Wirklichkeit und Wahrheit vorstellte.

Die Gedichte der ersten beiden Bände – neben dem genannten noch *Anrufung des Großen Bären* (1956) – stehen vorwiegend im Zeichen menschlicher Existenzangst, wie sie sich in den Jahren nach dem Einsatz der Atombombe bei Hiroshima als Furcht vor einer alles vernichtenden Weltkatastrophe verbreitete. Die uns bis dahin noch verbleibende ,,Endzeit" gilt es nach Ingeborg Bachmann vorbereitend zu nutzen, um sie zu meistern. In immer neuen Verschlüsselungen wird dies gefordert. Auf den ersten Blick scheint es sich oft um gegenständliche Lyrik herkömmlicher Art zu handeln, aber hintergründig wird die Absicht der Dichterin deutlich, uns Hilfen zu geben, vor Illusionen zu warnen, in der Verzweiflung Mut und Hoffnung zu haben:

> Einsam sind alle Brücken,
> und der Ruhm ist ihnen gefährlich
> wie uns, vermeinen wir doch,
> die Schritte der Sterne
> auf unserer Schulter zu spüren.
> Doch übers Gefälle des Vergänglichen
> wölbt uns kein Traum. *(Die Brücken)*

Mit den Jahren wird die Sprache für Ingeborg Bachmann immer bedeutsamer: ,,Eine neue Sprache muß eine neue Gangart haben, und diese Gangart hat sie nur, wenn ein neuer Geist sie bewohnt", heißt es in einem 1964 erschienenen Band *Gedichte, Erzählungen, Hörspiel, Essays;* darin an anderer Stelle: ,,Hätten wir das Wort, hätten wir die Sprache, wir bräuchten die Waffen nicht." Schließlich greift die Aussage in dem Künstlerroman *Malina* (1971) in den Bereich des Mythischen über: ,,In sie (die Sprache) müssen alle Dinge eingehen und in ihr müssen sie wieder vergehen nach ihrer Schuld."

Wie Günter Eich erkannte Ingeborg Bachmann die Möglichkeit, die Sprache im Hörspiel zu größtmöglicher Wirkung zu bringen; so in *Der gute Gott von Manhattan* (1958).

Jennifer und Jan steigern ihre als Reisebekanntschaft beginnende Liebe bis zur Maßlosigkeit ,,auf der Nachtseite der Welt", wo die Liebenden, damit die ewige Ordnung gegenüber der ,,Trunkenheit" Liebender erhalten bleibt, durch das Eingreifen des ,,guten Gottes" ,,gerechterweise in die Luft fliegen". Jennifer endet so, während Jan diesem Schicksal entgeht, weil er sich im letzten Augenblick gewünscht hat, noch einmal für kurze Zeit allein zu sein; damit hat er bewiesen, daß seine Liebe nicht stark genug ist.

Ingeborg Bachmann wurde 1926 in Klagenfurt geboren und studierte vor allem Philosophie. Als Funkredakteurin in Wien las sie erste Arbeiten in der Gruppe 47[1] vor, die sie schon früh mit einem Preis auszeichnete. Außer in den genannten literarischen Sparten schrieb sie Opern- und Liedertexte für den Komponisten Hans Werner Henze, mit dem sie befreundet war. Sie starb 1973 in Rom.

[1] 1947 gegründete Gruppe vorwiegend junger Autoren, die etwa 20 Jahre lang tonangebend im literarischen Leben Deutschlands war.

Helmut Heißenbüttel

Obwohl Heißenbüttel mit bildhaften Gedichten von unüberhörbarer sprachlicher Musikalität begonnen hat, reiht ihn eine Darstellung der deutschen Gegenwartsliteratur bezeichnenderweise nicht unter die Lyriker ein. Das ist verständlich. Der Autor hat sich im Laufe einer mehr als zwei Jahrzehnte währenden Entwicklung zielstrebig von überkommenen Gedichtformen mit Versen, Strophen und Reimen sowie von gebräuchlichen lyrischen Stoffen abgewandt und an ihre Stelle neuartige Sprachgebilde gesetzt, die er als *Kombinationen* (1954), *Topographien* (1956) und ganz einfach nur als Texte (in den *Textbüchern 1–6,* veröffentlicht 1960–1967) bezeichnete.

Heißenbüttels Wandlung erklärt sich daraus, daß er entschiedener noch als Ingeborg Bachmann oder Celan die Sprache auf ihren Aussagewert untersuchte; er tat dies nicht nur als schöpferischer Autor, sondern auch als forschender Wissenschaftler. Das Ergebnis, eine Reihe von Essays und die *Frankfurter Vorlesungen über Poetik* (1963), veröffentlichte er in dem Sammelband *Über Literatur* (1966). Hier können nur wenige Leitsätze Heißenbüttels herausgestellt werden, die dem Verständnis seiner Arbeiten förderlich sind.

In *13 Hypothesen*[1] *über Literatur und Wissenschaft als vergleichbarer Tätigkeiten* stellt er als beiden gemeinsam ihre Erkenntnisfunktion heraus: die Wissenschaft versuche, Welt und Menschen systematisch zu beschreiben, die Literatur erschaffe in den herkömmlichen Dichtungsgattungen Epik, Dramatik und Lyrik ,,eine vorgestellte Welt, an deren Formulierungen sie die Erkenntnis der realen, sinnlich wahrgenommenen durchprobiert".

Um die Durchdringung von Sprache und Literatur sowie ihr Verhältnis zueinander geht es in dem Essay *Voraussetzungen.* Hier wird der Unterschied zwischen der Umgangssprache als der niedrigsten Sprachstufe, die ,,von praktischen Bedürfnissen, vom Zwang, sich möglichst rasch und reibungslos zu verständigen", bestimmt sei, und der ,,Literatur, gekennzeichnet durch auswählende und formierende Prinzipien", herausgearbeitet. Die Sprache habe auch den Auftrag, ,,was zum Vorschein und zum Bewußtsein kommen will", zu vermitteln. Das falle der Sprache schwerer als der Musik und der Malerei, da Wörter – im Gegensatz zu Tönen und Farben – ,,nicht zeichenhaft eindeutig" seien, sondern ,,gleichsam einen Hof um sich" hätten. Außerdem sei ,,das alte Grundmodell der Sprache von Subjekt – Objekt – Prädikat" nicht mehr brauchbar, da ,,das seiner selbst bewußte punktuelle Ich" sich auflöse ,,in ein Feld von Bezugspunkten".

Aus diesen theoretischen Überlegungen ergeben sich für Heißenbüttel praktische Folgerungen für seine literarischen Arbeiten. Herkömmliche Erzählkerne und Bilder gibt es nun nicht mehr. An ihre Stelle tritt ein Satz der Umgangssprache, beispielsweise ,,er hatte es mit ihr", als Material für ein Denkspiel. In dessen Verlauf wird dieser Satz immer wieder geringfügig abgewandelt, wobei sich Bedeutung und Sinn ändern. Die ersten acht von 19 Zeilen des *Short Story* überschriebenen Textes lauten so:

[1] wissenschaftliche Annahme.

er hatte es mit ihr sie hatte es mit ihm
was hatte er mit ihr was hatte sie mit ihm
er hatte es auch mit dem da sie hatte es auch mit der da
was hatte er auch mit dem da was hatte sie auch mit der da
er hatte es mit ihr und auch mit dem da
was hatte er mit ihr und auch mit dem da
sie hatte es mit ihm und auch mit der da
was hatte sie mit ihm und auch mit der da

Groß- und Kleinschreibung wie auch Zeichensetzung sind fortgefallen. Nur die persönlichen Fürwörter werden ausgewechselt und ein paar belanglose Wörtchen (Partikel) hinzugefügt oder wieder fortgenommen. Heißenbüttel will deutlich machen, wie abgedroschen und nichtssagend alltägliches Gerede, wie man es in Arbeitspausen oder bei vergleichbaren Anlässen häufig hören kann, doch ist. Damit prangert er wiederum die seelische Verödung vieler derart oder ähnlich daherredender Menschen an. So werden Sprache und Gehalt des Textes eins.

Heißenbüttel hat selbst festgestellt, daß er literarisch einen Standort an der Grenze einnimmt. Dieser wird nicht von allen gutgeheißen. Ein ,,Sandkastenspiel mit einer kleinen Sprachwüste" nennt Karl Krolow (s. S. 157f.) Heißenbüttels Bemühen um neue literarische Ausdrucksformen. Leonhard, der recht kritisch mit dem Autor der *Texte* umgeht, kommt zu dem Schluß: ,,Immer wieder legt er den Hauptakzent ... auf die heute möglichen Methoden von Ausdruck und Erkenntnis an den Grenzen des noch Unausdrückbaren und Unerkennbaren."

Heißenbüttel wurde 1921 in Rüstringen bei Wilhelmshaven geboren. Im Kriege wurde er schwer verwundet. Nach dem Studium arbeitete er in einem Hamburger Verlag, später beim Rundfunk in Stuttgart, wo er auch heute noch als Redakteur tätig ist.

Ernst Jandl

manche meinen
lechts und rinks
kann man nicht
velwechsern.
werch ein illtum!

Diese wenigen kurzen Zeilen von Ernst Jandl charakterisieren eine weitere Spielart der experimentellen Literatur. Der Autor hat hier geläufige Wortgebilde zerlegt und die dadurch gewonnenen Bestandteile verlagert. Das dabei neu Entstandene wirkt belustigend durch die Ironie der Aussagen auf zwei Ebenen: Die trotz – scheinbarer! – Textfehler noch verständliche Feststellung, daß rechts mit links nicht zu verwechseln sei, wird durch die Verstellung einzelner Wortelemente in das Gegenteil verkehrt, denn im Text ist an Stellen, auf die es ankommt, alles Vertauschbare vertauscht.

,,Kaum ein Band Gedichte ist so witzig wie dieser", schrieb Heißenbüttel im Nachwort zu Jandls Buch *Laut und Luise* (1971). Von Witzigkeit kann man hier in der Tat sprechen, besonders wenn ,,Witz" nicht nur in seiner heutigen, sondern zugleich auch in seiner früheren Bedeutung als ,,Verstandesschärfe" begriffen wird. Gedichte dieser Art sind nämlich, wie bereits in der Vorbemerkung zu diesem Kapitel ausgeführt, auf eine neue, besondere Weise entstanden. Wie tiefgreifend der Unterschied zwischen konventionellem und modernem Schaffen ist, mag eine Gegenüberstellung von Selbstzeugnissen erhellen. Mörike schreibt über die Entstehung seiner Lyrik: ,,Die Seele fängt von selber zu tönen an, wie jene Harfen, auf denen der Wind spielt" (s. S. 87). Jandl dagegen formuliert so: „Schreiben, als eine Möglichkeit der Produktion von Kunst, ist die Erzeugung von Objekten aus einem bestimmten Material – Objekten, die es nicht gibt, außer als Ergebnis eines solchen Machens." Das Machen aber – die Übereinstimmung mit Benn („...ein Gedicht wird gemacht", s. S. 166) überrascht nicht – erfolgt mit den Kräften des Verstandes. „Emotionales und Psychologisches wird abgelöst durch eine Phantasie des Intellekts, eine Offenheit zum Assoziations- und Meditationsstrom" (Martini).

Liest man die Titel der einzelnen Gedichtgruppen in Jandls Buch *Laut und Luise,* so stellt man fest: Sie unterscheiden sich nur teilweise in der Formulierung, kaum jedoch inhaltlich von den gewohnten zusammenfassenden Überschriften lyrischer Werke. Ganz vertraut klingen *Abendgedichte, Jahreszeiten, Epigramme. Krieg und so* meint politische Gedichte, *Volkes Stimme* mundartliche Verse und *Mit Musik* Lieder. Eine Verbundenheit mit der Überlieferung ist hier unverkennbar.

Aber die Gedichte selbst? Nun gilt es, die Bestimmung des Begriffs „Gedicht" nicht zu eng zu fassen. Überraschende Formen und Inhalte der Texte Jandls sollten als der Gegenwart gemäß hingenommen werden. Sie sind Gedichte, denn auch bei ihnen hat der Geist der Zeit entscheidend zur Prägung von Gehalt und Gestalt beigetragen. Wie Verse von Gryphius anders aussehen als die Eichendorffs, so sind die aus dem 20. Jahrhundert stammenden Jandls wieder unverwechselbar neuartig.

Da ahmt er beispielsweise mit Hilfe des Schriftbildes und der akustischen Aussagequalität von Vokalen und Konsonanten Tierstimmen auf dem Lande nach:

auf dem land

rininininininininDER
brüllüllüllüllüllüllüllEN

schweineineineineineineinE
grununununununununZEN

hunununununununDE
bellellellellellellellEN

katatatatatatatatZEN
miauiauiauiauiauiauiauEN

katatatatatatatatER
schnurrurrurrurrurrurrurrEN

gänänänänänänänSE
schnattattattattattattattERN

ziegiegiegiegiegiegiegEN
meckeckeckeckeckeckeckERN

bienienienienienienienEN
summummummummummummummEN

grillillillillillillillEN
zirirririririririrPEN

fröschöschöschöschöschöschöschE
quakakakakakakakakEN

hummummummummummummummELN
brummummummummummummummEN

vögögögögögögögEL
zwitschitschitschitschitschitschitschERN

Solche Verse sollte man allerdings nicht nur lesen, sondern auch hören. Das ist aufs beste möglich, denn der Autor selbst hat eine Anzahl seiner Texte auf Schallplatten gesprochen.

Ernst Jandl wurde 1925 in Wien geboren, studierte dort nach Militärdienst und Kriegsgefangenschaft Sprachen und wirkt seit 1949 als Gymnasialprofessor (Studienrat) in seiner Heimatstadt. Das Verzeichnis seiner Werke enthält neben Gedichtbänden Hörspiele, Bühnenstücke und Übersetzungen.

Wolf Biermann

1953 verließ der 1936 in Hamburg geborene Wolf Biermann die Bundesrepublik und zog nach Ost-Berlin. Der damals siebzehnjährige Schüler, Sohn eines im KZ umgekommenen Altkommunisten, studierte Philosophie und war dann als Regieassistent tätig. Ein Jahrzehnt nach dem Umzug in den anderen Teil Deutschlands wurde Biermann aus der SED ausgeschlossen; 1965 folgte das Verbot, aus der DDR auszureisen. Auch durfte er dort nichts mehr veröffentlichen. In West-Berlin erschienen in teilweise hohen Auflagen mehrere Bände Gedichte, Balladen und „Hetzlieder", z. T. mit Noten: *Die Drahtharfe* (1965), *Mit Marx- und Engelszungen* (1968), *Für meine Genossen* (1972) und im selben Jahr ein Buch mit dem Heinrich-Heine-Titel *Deutschland. Ein Wintermärchen.* 1976 erhielt Biermann die Genehmigung zu einer Gastspielreise in die Bundesrepublik, doch verbot man ihm, als er bereits unterwegs war, die Rückkehr in die DDR; er wurde ausgebürgert.

Wie kam es zu derart harten Maßnahmen? Wolf Biermann hatte mit scharfen Satiren in Balladen- und Liedform, die er mit Gitarrenbegleitung vortrug, die DDR und ihre Staatspartei angegriffen; und er hatte es nicht nur dort, sondern anfangs auch in Westdeutschland getan, wobei der Bundesbürger keineswegs besser davonkam.

In seinen Dichtungen verlangt der Autor unermüdlich, seine Persönlichkeit frei entfalten zu können: „Das Kollektiv liegt schief / Ich bin der einzelne", heißt es in dem Gedicht *Rücksichtslose Schimpferei.* Und dieser einzelne möchte „hinabtauchen in immer tiefere Stille / und von neuem erfinden: / Den Schrei" – und mit diesem Schrei ist ja nichts anderes gemeint als seine ausdrucksstarke Dichtung. Mit ihr will er nicht nur Schändliches anprangern, sondern wie sein Freund Reiner Kunze (s. S. 175f.) auch Niedergeschlagene aufrichten. Peter Huchel (s. S. 155ff.) hat er deshalb das Gedicht *Ermutigung* gewidmet.

Es gibt unter den Lyrikern unserer Tage wohl kaum einen leidenschaftlicheren Kriegsgegner als Wolf Biermann. *Hetzlieder gegen den Krieg und Lobpreisung des Friedens* hat er eine Folge von zwölf Liedern in dem Band *Mit Marx- und Engelszungen* überschrieben. Leitgedanke ist, daß der Mensch es sei, der den Menschen bedroht:

Größe des Menschen

Nimm nur die Berge, die abträgt der Regen
und schwemmt sie flußwärts ins Meer wie nichts

Oder das Meer selber, das schiffemordende
in der Sturmflut, wie es die Inseln wegleckt

Oder wenn aufbrechen die Wunden der Erde
in Vulkanen, städtebegrabenden Massen

Oder auch, von denen wir wieder hörten:
den länderzertrümmernden Erdbeben

– sie alle übertrifft der Mensch in seiner Zerstörungskraft

Es fehlt nicht an Versuchen, für Biermanns Persönlichkeit und Schaffen Vorläufer und Vorbilder zu finden. Er selbst hat den Franzosen François Villon (1431? bis nach 1463), einen verbummelten Studenten, genialen Bänkelsänger und Verbrecher, als seinen „großen Bruder" bezeichnet und diesen wiederum mit Bert Brecht in Beziehung gesetzt. Andere haben Heine (s. S. 79f.) und Tucholsky (s. S. 136f.) zum Vergleich herangezogen. Schließlich wird auf den amerikanischen Folksong hingewiesen, der auf alte Neger-, Strafgefangenen-, Sklaven- und Kirchenlieder aus dem Süden der USA zurückgeht und um 1960 in „Protest-Songs" amerikanischer Studenten neu belebt wurde. Diese Lieder strahlten nach Europa und damit auch nach Deutschland aus. Nicht nur das Gemüt, sondern auch der kritische Verstand gelangt darin zu balladeskem Ausdruck; sie werden mit der Gitarre begleitet, der „Drahtharfe" Biermanns, der sich selbst einmal als „staatlich anerkannten Staatsfeind" bezeichnete.

Reiner Kunze

Das bescheidene Bauernhaus, in dessen Dachstübchen sich Reiner Kunze zum Schreiben zurückzog, solange er in Thüringen – in der DDR – lebte, liegt mit Stall und Scheune am Rande einer viele Morgen großen Wiese, rings umgeben von Wäldern, in denen der politische und literarische Einzelgänger gern stundenlang wanderte. In der kleinen Wohnung im nahen Greiz, wo er mit Frau und Tochter zu Hause war, fand er zuletzt keine Ruhe mehr vor zahlreichen Besuchern, die oft sogar mit Schlafsäcken anrückten, um mit ihm bis in die Nacht hinein über seine Bücher zu diskutieren und sich bei ihm Rat zu holen.

Nach seiner Weltanschauung befragt, beruft sich Kunze auf Albert Camus (s. S. 216) und begründet das so: „Auge in Auge mit dem Nichts zu leben und im Bewußtsein der Absurdität dieses Daseins Mensch sein zu wollen, sich als Mensch zu erweisen – das ist es ..." Wie Camus ist er hilfsbereit und stets entschlossen, dem Unrecht, wo immer es ihm begegnet, die Stirn zu bieten. Diese Haltung bestimmt seine literarische Arbeit ebenso wie sein tägliches Leben. In der DDR riet er Verzagten und Verbitterten, tätig zu werden, „anderen von der eigenen Wärme abzugeben, anderen Menschen zu helfen ..." „Es ist für mich ein großes Glück, für andere da sein zu dürfen", sagte er noch kurz vor seinem Umzug in den Westen.

Aber Kunze schreibt auch, weil er nur so mit dem Erleben fertig wird, das ihn immer von neuem bedrängt. In der DDR beeindruckten ihn besonders die Probleme junger Menschen in ihrem Alltag. Er schrieb sie in knappen Gedichten und kurzen Erzählungen nieder. So entstanden der Gedichtband *Zimmerlautstärke* (1977) und der Kurzprosa-Band *Die wunderbaren Jahre* (1976). Diesen beiden Büchern sind die folgenden Textproben entnommen:

Auf einen Vertreter der Macht
oder
Gespräch über das Gedichtschreiben

Sie vergessen, sagte er,
wir haben
den längeren arm

Dabei ging es
um den kopf

Ordnung

Die Mädchen und Jungen, die sich auf die Eckbank der leeren Bahnhofshalle setzten, kamen aus einem Jazz-Konzert. Ihr Gespräch verstummte rasch. Einer nach dem anderen legten sie den Kopf auf die Schulter ihres Nebenmannes. Der erste Zug fuhr 4.46 Uhr.

Zwei Transportpolizisten, einen Schäferhund an der Leine, erschienen in der Tür, wandten sich der Bank zu und zupften die Schlafenden am Ärmel.

„Entweder Sie setzen sich gerade hin, oder Sie verlassen den Bahnhof, Ordnung muß sein!"

„Wieso Ordnung?" fragte einer der Jungen, nachdem er sich aufgerichtet hatte. „Sie sehen doch, daß jeder seinen Kopf gleich wiedergefunden hat."

„Wenn Sie frech werden, verschwinden Sie sofort, verstanden?"

Die Polizisten gingen weiter.

Die jungen Leute lehnten sich nach der anderen Seite. Zehn Minuten später kehrte die Streife zurück und verwies sie des Bahnhofs.

Draußen ging ein feiner Regen nieder. Der Zeiger der großen Uhr wippte auf die Eins wie ein Gummiknüppel.

Verse und Prosastück wirken durch geschickt angewendete Stilmittel wie Auslassungen und Andeutungen sowie durch eine Aussage, in der es kein überflüssiges Wort gibt. Ihr Inhalt wendet sich nicht unmittelbar gegen die DDR, sondern gibt nur allgemein bekannte Zustände und Erscheinungen wieder. So sind Gedicht und Erzählung zunächst nur zwei unauffällige Mosaiksteinchen, scheinbar belanglos, aber mit weiteren vereinigt, ergeben sie ein einprägsames Bild vom Leben in dem anderen deutschen Staat.

Gegen den Autor wurden wegen des großen Erfolges dieser Veröffentlichungen seitens des Staates, in dem er lebte, Maßnahmen wirksam, die einem totalen Berufsverbot gleichkamen. Er reiste deshalb 1977 mit seiner Familie aus, um, wie er sagte, noch einmal einen neuen Anfang zu wagen.

Auch Kunzes frühere Bücher, Gedichtbände und das beliebte Kinderbuch *Der Löwe Leopold* (1970) sowie Übertragungen tschechischer Dichtung ins Deutsche, insgesamt mehr als 20 Titel, fanden überall einen großen Leserkreis; sie wurden in mindestens zehn Sprachen übersetzt.

Reiner Kunze wurde 1933 in Oelsnitz/Erzgebirge geboren und studierte Philosophie und Journalistik. 1959 wurde für ihn „die Stunde null", d. h. er sagte sich von der politischen Ideologie der DDR los und wurde Hilfsschlosser. Er heiratete eine tschechische Ärztin, lebte in ihrem Lande und kehrte 1962 mit ihr in die DDR zurück. Seitdem arbeitet Reiner Kunze als Schriftsteller.

Romanautoren der Nachkriegszeit

Heinrich Böll

Heinrich Böll, geboren 1917 in Köln, kennzeichnet ein tiefes Mitgefühl mit den Stiefkindern der Gesellschaft. Seine Gestalten gehören dem Kleinbürgertum an, dem Böll als Sohn eines Tischlers selbst entstammt; und sie sind weder ungestüme Revolutionäre noch zielstrebige Tatmenschen, sondern in den frühen Werken „beklagenswerte Opfer der historischen Verhältnisse, hilflose Durchschnittsmenschen, herumirrende Individuen, die nicht einmal die Möglichkeit erwägen, für etwas oder gegen etwas zu kämpfen. Sie versuchen auch nicht, sich zu wehren. Sie ertragen ihr Schicksal"; in den späteren Büchern sind es „unglückliche Sonderlinge und bedauernswerte Außenseiter, hilflos passive und doch protestierende, naive und unentwegt räsonierende (nörgelnde) Menschen" (Reich-Ranicki).

Die Ausgangssituation als Schriftsteller war bei Böll ähnlich wie bei Borchert (s. S. 161f.): Beider Jugendjahre waren überschattet vom nationalsozialistischen Regime und vom Krieg, und das Erleben dieser Zeit wurde für beide das erste große Thema ihrer Dichtungen. Allerdings besteht ein entscheidender Unterschied darin, daß Böll nach seiner Rückkehr aus der Kriegsgefangenschaft in der Tischlerwerkstatt seines Bruders und danach als Behördenangestellter Arbeit fand, bis er als freier Schriftsteller in Köln leben konnte. So brauchte er niemals „draußen vor der Tür" zu stehen wie Borcherts Unteroffizier Beckmann.

Bölls erste Prosawerke handeln denn auch nicht von der Heimkehr, sondern vom Krieg. Sein Roman *Wo warst du, Adam?* (1951) ist eine düstere Szenenfolge der Katastrophe. Überlieferte Werte wie Ehre, Vaterland und Bildung gelten nichts mehr, es zählt nur noch, inwieweit der einzelne angesichts der ihn unmittelbar bedrohenden physischen Vernichtung innere Haltung im Sinne wahrer Humanität bewahrt. Schon 1950 erschien die Kurzgeschichte *Wanderer, kommst du nach Spa...*

Böll erzählt mit erbarmungsloser Härte von einem Soldaten, der nach schwerster Verwundung in einem Notlazarett erwacht. Es ist in seiner alten Schule eingerichtet, die er erst vor einem Vierteljahr verlassen hat. An der Tafel steht noch der Anfang des Grabspruches für den spartanischen König Leonidas: „Wanderer, kommst du nach Sparta, verkünde dorten, du habest uns hier liegen geseh'n, wie das Gesetz es befahl." Nun muß der zum Krüppel Geschossene erkennen, daß er das Opfer jener spartanisch kriegerischen Ideale geworden ist, die die Erziehung in dieser und anderen Schulen beherrschten.

Heinrich Böll

Mit derart angelegten Erzählungen will Böll das Gewissen der Zeitgenossen wachrütteln, will er erzieherisch wirken und die Welt verbessern; damit ist er auf seine Weise leidenschaftlicher Moralist. Er hat einmal gesagt: ,,Daß der Autor engagiert sein sollte, halte ich für selbstverständlich. Für mich ist das Engagement die Voraussetzung, es ist sozusagen die Grundierung, und was ich auf dieser Grundierung anstelle, ist das, was ich unter Kunst verstehe."

Um den Übelständen der Zeit auf den Leib zu rücken, schreibt Böll auch Satiren: In *Es wird etwas geschehen* wird der Manager des Wirtschaftswunders und in *Doktor Murkes gesammeltes Schweigen* der Kulturbetrieb des Rundfunks und die verbreitete Praxis, sein Mäntelchen nach dem Winde zu hängen, um erfolgreich zu sein, karikiert.

Bölls erste Romane sind nicht sehr umfangreich und zeigen im Aufbau, daß es dem Autor noch nicht gelungen war, sich von der vertrauten Kurzgeschichte zu lösen. Erst mit *Billard um halb zehn* (1959) gelang ihm ein kunstvoll gebauter Roman, in dem ihm moderne Erzählformen wie Rückblende, innerer Monolog, das Nebeneinander mehrerer Bewußtseinsebenen und – statt der bisher nur bewältigten einen Zeitebene – eine Handlung über drei Generationen gelingt.

Das Geschehen eines halben Jahrhunderts wird in den Ablauf eines Tages, des 80. Geburtstages des Architekten Heinrich Fähmel, einbezogen. Er hat 1907 die rheinische Abtei St. Anton errichtet, die sein Sohn als Offizier des zweiten Weltkrieges sprengt. Dessen Sohn baut das Kloster wieder auf. Zum Fest erscheint auch die Frau des alten Fähmel, die in einer Heilanstalt lebt, weil sie auf eigenwillige Weise gegen die gar zu schnelle ,,Bewältigung der Vergangenheit" protestiert; sie schießt denn auch während der Feier auf einen Minister, der die Aussöhnung mit den Machthabern von gestern gar zu leichtfertig betreibt.

Billard um halb zehn gilt als der bisher ausgereifteste Roman Bölls.

Der Dichter, den man mit Auszeichnungen überhäufte, wurde 1972 durch die Verleihung des Nobelpreises international geehrt. Immer wieder greift er heftig kritisierend in Romanen, Erzählungen, polemischen Schriften und Reden in das zeitgenössische kulturelle und kulturpolitische Geschehen ein, und man hört nicht nur in Deutschland auf ihn. (*Die verlorene Ehre der Katharina Blum*, 1974 *Fürsorgliche Belagerung*, 1979).

Siegfried Lenz

Siegfried Lenz, 1926 in Lyck (Ostpreußen) geboren, machte sich mit Erzählungen aus seiner masurischen Heimat einen Namen. Sie sind in dem Buch *So zärtlich war Suleyken* (1955) zusammengefaßt. Es handelt sich um Schelmengeschichten, die auf des Autors ungewöhnliche Begabung zum Fabulieren schließen lassen. Die Sprache ist kraftvoll, farbig und reich an ungewöhnlichen Wendungen von starker Bildkraft. *Geschichten aus Bollerup* in dem Band *Der Geist der Mirabelle* (1975) setzen diese Linie fort, freilich nicht im Ostpreußischen, sondern in einem Dorf, das in Süddänemark oder Nordschleswig liegen könnte.

Doch meist sind es weniger kauzige Menschen, die Lenz uns vorstellt, als vielmehr solche, die im Kampf um selbstgesetzte Lebensziele mannigfachen Gefahren ausgeliefert sind und, obwohl sie sich ihre materielle Existenz, ihre Sicherheit und sogar das nackte Leben tatkräftig zu erhalten trachten, am Ende scheitern. Sie werden das Opfer mißbrauchter Macht, unglücklicher Zufälle oder unverschuldeten Unglücks. Anders als Böll sieht Lenz indessen seine Aufgabe als Schriftsteller nicht darin, die Menschheit zu verbessern; dazu ist er viel zu sehr von der Freude am Erzählen erfüllt. ,,Ich schätze nun einmal die Kunst, herauszufordern, nicht so hoch ein wie die Kunst, einen wirkungsvollen Pakt mit dem Leser herzustellen, um die bestehenden Übel zu verringern", hat er einmal gesagt.

Ein Beispiel menschlichen Mißgeschicks findet sich in der Erzählung *Jäger des Spotts* (1958).

Ein Eskimo, der unter seinesgleichen als besonders untüchtig gilt, macht sich heimlich auf, um seinen Ruf durch einen aufsehenerregenden Jagderfolg zu verbessern. Tatsächlich schießt er einen mächtigen Moschusochsen, aber während er in einer Hütte übernachtet, fressen Eisbären die Beute.

Ein überzeugendes Bild vom Sportbetrieb unserer Tage liefert Lenz in dem Roman *Brot und Spiele* (1959).

Siegfried Lenz

Bert Buchner, vielfacher Sieger im Langstreckenlauf, ist noch einmal zur Europa-Meisterschaft angetreten und hat sich unmittelbar nach dem Start an die Spitze des Feldes gesetzt. Sein Kriegskamerad, Freund und Förderer, ein Sportjournalist, ist als Zuschauer dabei. Während er den Lauf über 25 Runden beobachtet, erinnert er sich an gemeinsame Erlebnisse und all das, was Bert ihm von sich erzählt hat: an die Flucht aus der Gefangenschaft, an erste Erfolge, aber auch an die vergebliche Hoffnung des Sportlers, seine von den Zuschauern im Stadion viel bewunderten, aber auch rasch wieder vergessenen Siege auf der Aschenbahn könnten ihm auch beruflich, gesellschaftlich und menschlich förderlich sein. Buchner stürzt kurz vor dem Ziel. Helfer tragen ihn fort. Die letzten Worte des Romans lauten: ,,Wohin bringen sie ihn? Wohin?"

Im dauernden Wechsel der Zeitebenen wird der Zehntausendmeterlauf mit Berts Lebenslauf parallel geschaltet, und dieser wiederum kann als typisch für unsere Zeit angesehen werden. Der Schluß bleibt offen.

In seinem Roman *Deutschstunde* (1968) hat Lenz den alten Konflikt zwischen politischer Macht und künstlerischer Freiheit überzeugend neu gestaltet.

Der Fürsorgezögling Siggi Jepsen bekommt in der Deutschstunde das Aufsatzthema ,,Die Freuden der Pflicht". Da überwältigen ihn die Erinnerungen an seinen Vater, der an der Pflichterfüllung eine grausame Freude gehabt hat, und der Junge findet vor innerer Erregung nicht den Anfang zu der geforderten Niederschrift. Er gibt ein leeres Heft ab. Zur Strafe kommt er in Einzelhaft, wo er in aller Ausführlichkeit ein entscheidendes Kindheitserlebnis beschreibt: Der alte Jepsen, ,,der nördlichste Polizeiposten Deutschlands", hatte 1943 den dienstlichen Befehl erhalten, einen in seinem Bezirk wohnenden berühmten Expressionisten zu überwachen, dem vom Naziregime das Malen verboten worden war. Die Romangestalt hat viele gemeinsame Züge mit Emil Nolde (1867–1956). Der übereifrige Beamte, dessen Leben der Künstler einst gerettet hat, erledigt seine Aufgabe allzu gewissenhaft, während Siggi auf der Seite des Meisters steht und schließlich dessen Werke versteckt. Er meint, dies auch nach 1945 noch tun zu müssen, als der Maler seine Bilder wieder öffentlich ausstellen darf. Der Junge wird ertappt, wie er Gemälde aus einer Galerie entfernt, und in eine Jugendstrafanstalt eingewiesen, die er nicht zuletzt wegen seiner überzeugend niedergeschriebenen Erlebnisse – der Strafarbeit – vorzeitig verlassen darf.

Über erfolgreiche Hörspiele fand Lenz den Weg zum Drama. Aus zwei Stücken für den Funk, *Zeit der Schuldlosen* und *Zeit der Schuldigen,* entstand *Zeit der Schuldlosen* (1962) als das erste von bis jetzt drei Bühnenwerken. Gemeinsames Thema ist der Mißbrauch der Macht infolge der Verderbtheit derer, die sie ausüben.

Durch einen Willkürakt des Gouverneurs werden neun unbescholtene Männer in einer Zelle gefangengesetzt. Zu ihnen wird Sason gebracht, der gestanden hat, ein Attentat auf den Gouverneur versucht zu haben, aber seine Mithelfer nicht nennen will. Die neun Schuldlosen wissen, daß sie erst wieder freigelassen werden, wenn sie Sason getötet oder die Namen der Mittäter erfahren haben. Sason wird schließlich ermordet, doch niemand weiß, wer es getan hat. Da wechselt die politische Macht im Staat. Nun müssen sich die anfangs Schuldlosen als Angeklagte verantworten. Mitschuldig ist jeder der neun, da keiner das Verbrechen an Sason verhindert hat. Einer begeht Selbstmord – der Täter? Der Fall wird nie geklärt werden. ,,Die Tat ist gebüßt, aber die Schuld wird unter uns bleiben."

Siegfried Lenz, der sich seit 1951 in Hamburg, wo er zuvor Journalist gewesen war, ganz seiner schriftstellerischen Arbeit widmet, hat zahlreiche weitere Romane und Erzählungen geschrieben.

Günter Grass

Umschlag des Romans *Die Blechtrommel* von Günter Grass

Siegfried Lenz' skurriles Erzählertalent findet sich gesteigert bei Günter Grass, einem ,,Kraftmeier des Fabulierens" *(Der Spiegel).* Der nach der Veröffentlichung seines ersten Romans *Die Blechtrommel* (1959) rasch in der literarischen Welt bekannt gewordene Autor wurde 1927 als Sohn eines deutschen Kolonialwarenhändlers und einer kaschubischen[1] Mutter in Danzig geboren. Nach dem Kriege war er als Landarbeiter, Bergmann, Steinmetz und Bildhauer in Westdeutschland tätig. 1953 ging er nach Berlin, wo er sich mehr als bisher schriftstellerischen Aufgaben zuwandte. Als Preisträger eines Lyrik-Wettbewerbs wurde er von der einflußreichen ,,Gruppe 47" gefördert.

In Paris, wo er einige Jahre lebte, entstand *Die Blechtrommel.* Das seit dem Erscheinen im Widerstreit der Meinungen stehende Buch wurde wie der 1963 folgende, nicht minder unterschiedlich aufgenommene Roman *Hundejahre* ein Bestseller[2], der Grass Ehrungen und Auszeichnungen, aber auch Prozesse einbrachte. Grass lebt heute in Berlin.

[1] Kaschuben = westslawischer Volksstamm.
[2] Buch mit dem größten Absatz.

Die Blechtrommel ist ein moderner Schelmenroman, in dessen Mittelpunkt die bucklige Zwergengestalt des Oskar Matzerath steht; der Dreißigjährige schreibt in einer Heil- und Pflegeanstalt mit drastischer Rücksichtslosigkeit seine Erinnerungen nieder. Darin spiegelt sich klar und unverfälscht das Zeitgeschehen vom Ende der Freien Stadt Danzig über das Naziregime und den Russeneinmarsch bis zum ersten Nachkriegsjahrzehnt, ein Vorzug dieser Aufzeichnungen, die ein Zeitdokument von Rang sind. Oskar Matzerath, infolge eines Sturzes seit dem dritten Lebensjahr in seinem körperlichen Wachstum gehemmt, wächst in Langfuhr, der Arbeiter- und Kleinbürgervorstadt Danzigs, in der engen Welt feuchter Keller, ungelüfteter Stuben und muffiger Betten auf. Eine kleine Blechtrommel, anfangs harmloses Kinderspielzeug, begleitet ihn in allen Lebenslagen und wird schließlich zu einem unentbehrlichen Requisit von magisch-phantastischer Wirkung. Die Trommel und die grotesk-märchenhafte Fähigkeit, durch eine besondere Art lauter Schreie Glas zum Bersten zu bringen, tragen dazu bei, daß Oskar trotz seiner Körperbehinderung recht gut mit dem Leben fertig wird.

Die *Hundejahre* nehmen das Thema der *Blechtrommel* wieder auf und setzen es bis in die Gegenwart fort. Der Roman, in dem eine Reihe namhafter Persönlichkeiten unserer Zeit als handelnde Figuren auftreten, entbehrt einer tragenden Gestalt, die den Zusammenhang des Ganzen wahrt.

Immerhin, solange der Müllerssohn Walter Matern und Eduard Amsel, der gewandte Hersteller scheußlicher Vogelscheuchen, in Grass' verlorener Heimat an der Weichsel bleiben, bewährt sich die Gabe des Autors, „jedes Ding mit unfehlbarem Griff zu packen, es nicht zu beschreiben, sondern es schattenwerfend vor uns hinzustellen" (Blöcker). Das gilt besonders für den „Führer"-Hund Prinz, an dessen Schicksal der Leser die Epoche des nationalsozialistischen Regimes, die „Hundejahre" im doppelten Sinn, erlebt. Später, im dritten Teil, der in den verschiedensten Gegenden spielt, trägt Grass unermüdlich eine barocke Stoffmenge zusammen, „aber die Fülle der Einfälle verweigert sich weithin der poetischen Vergegenwärtigung" (Neumann).

14 Jahre nach den *Hundejahren*, 1977, setzte Günter Grass mit dem Roman *Der Butt* die mit der *Blechtrommel* begonnene Reihe seiner umfangreichen Schelmenromane fort. Wieder ist der Raum um Danzig der bevorzugte Schauplatz des Geschehens. Erneut wird der Leser mit einer nur schwer überschaubaren Vielfalt teils absurder, teils komischer Ideen konfrontiert, denen die Gestaltungskraft des Autors nicht immer gewachsen ist. Abermals beherrscht und begrenzt das Triebhafte den Erlebnisbereich der Personen, von denen erzählt wird.

Dem Roman liegt das pommersche Märchen *Von dem Fischer un sine Fru* zugrunde. Die Brüder Grimm verbreiteten es nach einer nicht erhaltenen ersten Aufzeichnung des Malers Philipp Otto Runge. Dieser hatte noch eine zweite, ebenfalls verlorengegangene, nie veröffentlichte Fassung aufgeschrieben, die von der ersten vermutlich entscheidend abwich: War in dieser die Frau unersättlich in ihren Wünschen, so mag es – nach der Vermutung von Grass – in jener der Mann gewesen sein, dessen Ehrgeiz keine Grenzen kannte. Diese Lesart aber habe Runge selbst – so Grass in dem *Butt*-Kapitel *Die andere Wahrheit* – verbrannt, um nicht das Ansehen der Männer zu gefährden. Grass will nun offenbar mit seinem Roman die vom Feuer vernichtete zweite Fassung ersetzen, um damit die durch das maßlose Verhalten der Ilsebill verunglimpfte Ehre der Frauen wiederherzustellen: Er läßt den unsterblichen Fischer Edek seiner Frau erzählen, wie er im Lauf der Jahrtausende trotz der Ratschläge des von ihm gefangenen Butts, sich vom Einfluß des weiblichen Geschlechts zu befreien, immer wieder in dessen Obhut zurückgekehrt sei. Daß es zu allen Zeiten Köchinnen sind, an deren Beispiel die Herrschaft der Frauen und damit ihr Anteil an der Menschheitsgeschichte aufgezeigt wird, ist einer der possenhaften Einfälle, mit denen Grass seine Leser immer wieder verblüfft.

Sieht man von einer Literatur ab, die vordergründig und leicht durchschaubar politischen Zwecken westlicher oder östlicher Orientierung dient, dann kann Uwe Johnsons Buch *Mutmaßungen über Jakob* (1959) als der erste ernstzunehmende Versuch gelten, die Teilung Deutschlands im Roman zu gestalten.

Im Mittelpunkt einer aus mancherlei „Mutmaßungen" nur schwer erkennbaren Handlung steht Jakob Abs, der 1945 siebzehnjährig mit seiner Mutter in einem Treck aus Pommern in die mitteldeutsche Ostseestadt Jerichow kam und später Bahnbeamter wurde. Im Befehlsturm eines großen Bahnhofes an der Elbe tut er, von zeitnahen politischen Problemen vorerst unberührt, gewissenhaft seinen technischen Dienst. Da fordert ihn ein Hauptmann des Staatssicherheitsdienstes auf, Gesine, die als NATO-Angestellte im Westen tätige Tochter seines ehemaligen Jerichower Hauswirtes, für die sowjetische Spionageabwehr zu gewinnen. Jetzt begreift Jakob die furchtbare Macht des Kollektivs über den einzelnen. Er lehnt das Ansinnen des Offiziers ab. Am ersten Tage des ungarischen Aufstandes von 1956 kommt Gesine ohne Paß in die DDR, um ihren Vater und auch Jakob zu besuchen. Sie gelangt ohne Schwierigkeiten in den Westen zurück, und nun fährt Jakob zu ihr, aber der Aufenthalt in der Bundesrepublik mißfällt ihm. Auf die Nachricht von der Bombardierung Ägyptens durch britische und französische Flugzeuge hin kehrt Jakob freiwillig auf seinen Arbeitsplatz in der DDR zurück. Kurz darauf findet er beim Überschreiten der Gleise den Tod. Ob er verunglückt ist oder Selbstmord begangen hat, bleibt ungewiß.

Nur selten stellt Johnson Wirklichkeit und Geschehen seines Romans so klar dar wie an der zitierten Stelle, im Gegenteil: „Das Feld der Erzählung gleicht einer von Nebel und Dunkelheit verhangenen Landschaft, in der es keine gangbaren Pfade, keine Markierungen und keinen hilfreichen Führer gibt. Mühsam muß sich der Leser am Faden seiner Mutmaßungen vorantasten..." (W. Orth). Eigenwillige Rechtschreibung, Zeichensetzung, Wortwahl und Wortstellung erschweren das Verständnis der Zusammenhänge. Vielfach hat es den Anschein, als sollten die politisch verwickelten Verhältnisse der deutschen Teilung durch eine entsprechend verworrene sprachliche Gestaltung symbolisiert werden. Wirkliches und Gedankliches sind kaum zu unterscheiden, ungesicherte Tatbestände werden vorsichtig „mutmaßend" umschrieben. Der zeitliche Ablauf ist häufig unterbrochen, doch gelingt es dem Autor, „die Unvergleichbarkeit der beiden Teile Deutschlands im Ästhetischen vorzuführen" (Jens Hoffmann).

Johnsons zweiter Roman *Das Dritte Buch über Achim* (1961) greift das Thema des ersten erneut auf.

Der westdeutsche Journalist Karsch versucht vergeblich, in Gesprächen mit Deutschen aus der DDR ein zutreffendes Bild vom Leben des Radrennfahrers Achim zu gewinnen, der von der Einheitspartei gefördert wird. Karsch soll nämlich im Auftrag der DDR ein Buch über den „Sportler des Volkes" schreiben, aber er scheitert an dieser Aufgabe.

Der Autor hat auch formal die in seinem ersten Buch eingeschlagene Richtung beibehalten. Wieder verwischen sich die Begriffe, fließen Vorstellungen ineinander, wird eigentlich Unvergleichbares verglichen und das Ganze zum Sinnbild des Unverständnisses, das die beiden Teile Deutschlands einander in zunehmendem Maße entgegenbringen.

Von 1970 bis 1974 erschien der vierteilige Roman *Jahrestage.* Im Mittelpunkt steht jene Gesine, die erstmalig in den *Mutmaßungen* auftaucht; der Leser kann sie nun auf ihrem weiteren Lebensweg begleiten. Tagebuchaufzeichnungen Gesines, ihre Erinnerungen aus den dreißiger Jahren, die sie der Tochter mitteilt, Zwiegespräche, innere Monologe und immer wieder Rückblenden auf die mecklenburgische Heimat, dazu Kritik der politischen und gesellschaftlichen

Verhältnisse in Deutschland und den USA ergeben ein buntes, wenn auch nicht immer leicht überschaubares Mosaik einer Frauengestalt, die Johnson erstmals als Zweiundzwanzigjähriger – bei der Arbeit an den *Mutmaßungen* – beschrieben hatte und der er fast 20 Schaffensjahre lang über rund 2000 Romanseiten treu geblieben ist.

Uwe Johnson wurde 1934 in Cammin (Pommern) geboren, studierte in Rostock und Leipzig Germanistik und verließ 1959 die DDR; er legt bezeichnenderweise Wert auf die Feststellung, daß er nach West-Berlin umgezogen, nicht geflohen sei.

Anna Seghers

Unter den Schriftstellern der DDR ist Anna Seghers (Pseudonym für Netty Radvanyi, geb. Reiling) die bedeutendste. Als Tochter eines Kunsthändlers wurde sie 1900 in Mainz geboren. Sie studierte Geschichte, Kunstgeschichte sowie Sinologie (chinesische Sprach- und Literaturwissenschaft) und erwarb in Heidelberg den Doktortitel. Sie heiratete einen ungarischen Schriftsteller und begann selbst zu schreiben. 1928, im Jahr ihres ersten schriftstellerischen Erfolges, trat sie wie zuvor schon ihr Mann der Kommunistischen Partei Deutschlands bei. 1933 wurde sie verhaftet, konnte aber nach Frankreich entkommen. Dort und im spanischen Bürgerkrieg trat sie als Rednerin auf. Während des Frankreich-Feldzuges 1940 floh sie zunächst in den unbesetzten Teil des Landes, wo sie von ihrem Mann getrennt wurde, und von dort mit ihren Kindern nach Mexiko. 1947 kehrte sie nach Deutschland zurück, und zwar nach Ost-Berlin, wo sie erste Präsidentin des sowjetzonalen Schriftstellerverbandes wurde. Durch zahlreiche Auszeichnungen, Titel und Ehrenämter würdigte das andere Deutschland ihre literarische Leistung und Gesinnungstreue.

Anna Seghers' frühes dichterisches Schaffen wird ebenso wie ihre politische Einstellung – beides hängt auf das engste zusammen – verständlich, wenn man sich vergegenwärtigt, daß viele junge Menschen ihrer Generation Überdruß am Lebensstil des wohlhabenden Bürgertums empfanden, dem sie selbst entstammten; auch Anna Seghers wuchs in dieser Gesellschaftsschicht auf. Um so aufgeschlossener spürte sie die Sehnsüchte und Stimmungen der sozial Schwachen auf, wobei sie sich mehr vom Mitgefühl als von verstandesmäßigen Erwägungen leiten ließ.

Anna Seghers

Schon ihre erste Erzählung *Der Aufstand der Fischer von St. Barbara* (1928), die ihr den Kleist-Preis einbrachte, bezieht ihre Spannung aus der Darstellung einer zum Ausbruch drängenden revolutionären Kraft Ausgebeuteter.

Hull, Revolutionär aus Leidenschaft, setzt seine schon vorher auf einer Insel begonnene aufrührerische Tätigkeit in dem Fischerdorf St. Barbara fort, wo es infolge anhaltend schlechter Fangergebnisse wie überall auf diesem Küstenstrich zu einem Notstand gekommen ist. Hull organisiert die unzufriedenen Fischer und erreicht einen Streikbeschluß; doch als es zur Gewaltanwendung gegen die Reeder kommt, wird auf deren Veranlassung Militär in den Ort verlegt. Es gibt Tote. Die Fischer fahren später als sonst aus, ihre Tarife bleiben unverändert schlecht.

Die knappe, herb und balladenhaft allein aus der Sicht der Fischer im Stil der „Neuen Sachlichkeit" (s. S. 135) erzählte Geschichte klagt niemand an, sondern überläßt die Entscheidung über Schuld und Unschuld der handelnden Personen dem Leser.

Anna Seghers' wohl erfolgreichster und wichtigster Roman ist *Das Siebte Kreuz.* Er entstand in Frankreich. Es gelang einem französischen Lehrer, das Manuskript vor der Beschlagnahme durch Hitlers Gestapo zu retten, so daß es 1942 in Mexiko als Buch erscheinen konnte. Es wurde bald international bekannt und gehört zu einer Folge von Romanen, die sich mit dem inneren Widerstand gegen Hitler befassen.

Von sieben ausgebrochenen Häftlingen eines in Deutschland gelegenen Konzentrationslagers gelingt nur einem, Georg Heisler, die Flucht über die Reichsgrenze in die Freiheit. Daher bleibt eines der sieben Kreuze leer, die der Kommandant hat errichten lassen, um die Wiederaufgegriffenen zu Tode zu quälen; es wird für die Lagerinsassen, aber auch für die Bewachungsmannschaften zum Sinnbild dafür, daß es einen geheimen Widerstand gegen das Terror-Regime gibt. Deshalb verschwinden die Kreuze wieder.

Da nicht einzelne, sondern viele Menschen Heislers Entkommen ermöglicht haben, und zwar vorwiegend aus freiwilliger Hilfsbereitschaft und nicht unter dem Zwang einer politischen Ideologie, stärkte der Roman während der größten Machtentfaltung der Hitler-Diktatur und ihrer noch zunehmenden Unmenschlichkeit die Hoffnung auf die guten Kräfte im Menschen. *Das Siebte Kreuz* ist ein unverfälschtes und bleibendes Zeugnis der grauenhaften Zustände in den Konzentrationslagern des Nationalsozialismus.

1967 erschien die Erzählung *Das wirkliche Blau.* Sie spielt in Mexiko in der Zeit, als Anna Seghers dort im Exil lebte, und verbindet geschickt das persönliche Erleben eines armen Handwerkers mit den globalen wirtschaftlichen Auswirkungen des zweiten Weltkrieges.

Christa Wolf

1963, vier Jahre nach Uwe Johnsons *Mutmaßungen über Jakob,* erschien in der DDR *Der geteilte Himmel* von Christa Wolf. Auch dieser Roman setzt sich mit der Spaltung Deutschlands auseinander; sie bestimmt das tragische Schicksal zweier junger Menschen, die einander lieben, aber sich trennen müssen, weil sie nur so den Weg zu sich selbst finden können.

Im August 1961, ein halbes Jahr nach der „Republikflucht" ihres Verlobten Manfred, erwacht die Studentin Rita im Krankenhaus. Sie hatte in der Montagehalle des Werkes, in dem sie ihr Betriebspraktikum ableistete, einen Unfall erlitten – oder war es ein Selbstmordversuch gewesen? Während sie das kommunistische System bejahte, zählte Manfred zu den „vom Leben abgekapselten, in bürgerlichen Irrmeinungen befangenen Intellektuellen". Auseinandersetzungen zwischen beiden blieben nicht aus. Folgerichtig floh er nach West-Berlin. Dort besuchte ihn

Rita noch einmal, aber es gelang ihm nicht, sie für ein Leben im Westen zu gewinnen. Sie entsagte ihrer Liebe und kehrte – wie Johnsons Jakob – freiwillig in die DDR zurück, wo sie dann freilich bei der Arbeit im Werk zusammenbrach. So aber war das letzte Gespräch der Verlobten verlaufen:

,,,Früher suchten sich Liebespaare vor der Trennung einen Stern, an dem sich abends ihre Blicke treffen konnten. Was sollen wir uns suchen?'

,Den Himmel wenigstens können wir nicht zerteilen', sagte Manfred spöttisch.

,Den Himmel? Dieses ganze Gewölbe von Hoffnung und Sehnsucht, von Liebe und Trauer? Doch', sagte sie leise. ,Der Himmel teilt sich zuallererst.'"

Der geteilte Himmel ist eine Darstellung der Generation in der DDR, die die Gegebenheiten ihres Daseins entweder vorbehaltlos bejaht, sie kritisiert oder sich ihrem Zwang entzieht. Die Autorin bemüht sich, den ,,sozialistischen Realismus" zu überwinden und Anschluß an westliche Stilformen zu finden. Das zeigen häufiger Szenenwechsel, Zeitsprünge und Rückblenden. So kam das Buch in beiden Teilen Deutschlands ins Gespräch.

Fünf Jahre nach dem *Geteilten Himmel* erschien *Nachdenken über Christa T.* Christa Wolf versichert, die Titelgestalt ihres zweiten Romans, der im Jahrzehnt zwischen 1953 und 1963 spielt, habe wirklich gelebt; Christa sei ihre Freundin gewesen und früh an einer Blutkrankheit gestorben. Sie, die Autorin, habe Briefe, Tagebuchnotizen und sonstige hinterlassene Aufzeichnungen gesammelt und als Ich-Erzählung aufgeschrieben, damit der Leser darüber nachdenke.

Diese Christa T., eine junge Lehrerin, die einen Tierarzt heiratet, bemüht sich mit Erfolg, in einer sich als Kollektiv verstehenden Gesellschaft ihre eigenwillige Persönlichkeit zu behaupten und durchzusetzen. Sie läßt sich nicht das Recht nehmen, nach ihren eigenen Gesetzen zu leben. Sie wird deshalb von der Autorin weder verteidigt noch angeklagt.

In diesem neuen Werk hat Christa Wolf die Stilmittel des Erzählens gegenüber dem ersten verfeinert und mehr Gewicht auf das außergewöhnliche seelische Gefüge der jungen Frau gelegt. Freilich nimmt auch in diesem Buch die Gegenüberstellung von West- und Ost-Berlin in der Zeit vor der Errichtung der Mauer beträchtlichen Raum ein.

Christa Wolf, Jahrgang 1929, wurde in Landsberg/Warthe geboren, lebte später in Mecklenburg und Thüringen, studierte in Jena und Leipzig Germanistik und wurde Mitarbeiterin von Zeitungen und Verlagen. Seit 1959 lebt sie als freie Schriftstellerin in Kleinmachnow, einem Ostberliner Vorort. 1972 erhielt sie Braunschweigs Raabe-Preis.

Ihr jüngstes Buch *Kindheitsmuster* (1977) erreicht nicht die Aussagekraft der früheren Romane.

Gabriele Wohmann

Vier Romane, Erzählungen und vor allem Kurzgeschichten, ein gutes Dutzend Hör- und Fernsehspiele, Essays und einen Gedichtband veröffentlichte Gabriele Wohmann in zwei Jahrzehnten. Sie wurde 1932 in Darmstadt, wo sie heute wieder als Schriftstellerin lebt, geboren. In Frankfurt/M. studierte sie neue Sprachen und Musik. Bevor sie freie Schriftstellerin wurde, war sie Lehrerin an einem Internat.

,,Wenn ich mich nicht betroffen, beunruhigt, erschreckt fühlte, wenn ich einfach heillos vergnügt wäre, hätte ich gar keinen Schreibanstoß", hat die Autorin einmal in einem Interview gesagt. In der Tat, „heillos vergnügt" sind ihre Geschichten nicht; vielmehr spürt man deutlich, daß ihre Anteilnahme den vom Leben Betrogenen, den Enttäuschten, den Kontaktarmen und daher Einsamen, ja, Verbitterten oder Ängstlichen gilt und daß sie deren seelische Not aus eigenem Erleben kennt. Deshalb gibt es nach ihrer eigenen Aussage auch einen Personenkreis, der ihr immer wieder in Zuschriften versichert, daß er von der Lektüre ihrer Bücher „betroffen" sei. Es kommt hinzu, daß es Gabriele Wohmann versteht, mit ganz alltäglichen Mitteln, mit scheinbar belanglosen, zuweilen ironischen Wendungen die besondere Atmosphäre zu schaffen, in der Menschen leben, die fast ausnahmslos unter ihrem „absatzlosen Liebesvorrat" leiden, ohne aufzubegehren oder zu hassen.

Seit einiger Zeit erscheint – und das ist neu – neben der Darstellung des Trostlosen häufiger das Wort Trost. Die Autorin erklärt das so: „Ich glaube, daß ich es früher zu einseitig gemacht habe, indem ich bloß das Schäbige und Miese beschrieben habe, weil da etwas gefehlt hat, weil das Schreckliche mehr Dimensionen, mehr Schrecken bekommt, wenn man auch das Schöne, das mögliche Schöne, wenn auch vergängliche Schöne, nicht unterschlägt... Das Schreckliche und Schöne ... gehören zusammen."

Unter den frühen Kurzgeschichten ist *Die Klavierstunde* bezeichnend dafür, wie geschickt G. Wohmann eine solche Erzählung aufzubauen weiß und welche Stilmittel sie einsetzt. Die kleine Erzählung beruht auf persönlich Erlebtem. Wir wissen aus einem Brief, daß die Verfasserin als Kind einmal wöchentlich zur Klavierstunde ging und nur selten ausreichend geübt hatte. In die Seele der Klavierlehrerin konnte sie sich später versetzen, als sie selbst Lehrerin war.

Die Klavierstunde besteht aus je sieben Absätzen, die gegen Ende der Erzählung immer kürzer werden; in ihnen werden aus der Sicht des Schülers und der Lehrerin die Minuten vor Beginn des Unterrichts geschildert. Der 15. Abschnitt vereinigt beide Erzählstränge. Der Junge nähert sich in ermüdender Hitze der Wohnung seiner Klavierlehrerin, einer ältlichen, unter heftigen Kopfschmerzen und Schwindel leidenden Dame. Während er erwägt umzukehren, überlegt sie, ob sie ihn wegschicken soll, aber keiner von beiden bringt es fertig, so zu handeln, wie er möchte. Obwohl einer den andern „widerlich" findet, tun sie unter dem Zwang der Gewohnheit, nicht der Pflicht, was sie im Grunde gar nicht wollen. Die Klavierstunde findet statt: „Das Metronom tickte laut und humorlos."

Die Autorin schildert Handlung und Schauplatz der Erzählung knapp und anschaulich; der besondere Reiz liegt in den psychologisch überzeugend echten inneren Monologen und dem Wechselspiel von Handlung und Gegenhandlung, die auf einen gemeinsamen Schluß zulaufen.

Offenbar geht auch der Roman *Paulinchen war allein zu Haus* (1974) – den Titel bildet ein Vers aus dem bekannten Kinderbuch *Der Struwwelpeter* – von persönlichen Erfahrungen und beruflichen Erlebnissen während G. Wohmanns Tätigkeit im Internat aus.

Kurt und Christa, zwei mit Kinderpsychologie und modernsten Erziehungsmethoden bestens vertraute Pädagogen, haben ein Waisenkind, die achtjährige Pauline, zu sich genommen, um auszuprobieren, ob sich ihre Theorien – Partnerschaft statt Autorität – in der Praxis bewähren werden. Da Paulinchen bei den Adoptiveltern nichts verboten wird, findet sie die Veränderung zunächst erfreulich, dann aber vermißt sie die Geborgenheit und Liebe, die ihr zuvor bei den Großeltern zuteil geworden sind. Sie protestiert auf ihre Art dagegen, Experimentierobjekt zu werden, indem sie allerlei Unfug treibt und ein Problemkind wird. Schließlich bemüht sich die Dreizehnjährige um einen Internatsplatz.

G. Wohmann will nachweisen, daß bei der Erziehung Wissen nicht Güte, Geist nicht Seele ersetzen kann und die Liebe zum Kind Vorrang vor Experimenten und Programmen haben sollte. Damit geht sie über die bloße Zustandsschilderung hinaus und stellt Forderungen mit dem Ziel, bestehende Mißstände zu beseitigen.

Max von der Grün

Wie Gabriele Wohmann verfolgt auch Max von der Grün als Schriftsteller das Ziel, Mißstände nicht nur zu schildern, sondern nach Möglichkeit zu beseitigen, freilich auf einem ganz anderen Gebiet. Ihm geht es um den körperlich arbeitenden Menschen unserer Zeit. „Ich will erst einmal, daß der Arbeiter nicht so trübe und träge dahinlebt", äußerte er einmal in einem Interview. Dies und Probleme der Arbeitswelt besonders in Großbetrieben mit den daraus erwachsenden menschlichen Konflikten liegen ihm am Herzen, seit er zu schreiben begonnen hat; und es ist nicht wenig, was bis jetzt zu diesem Thema entstanden ist: vier Romane, zahlreiche Erzählungen, Berichte, Hör- und Fernsehspiele und eine Revue.

Max von der Grün wurde 1926 als „Arbeiterkind" in Bayreuth geboren. Eine kaufmännische Lehre unterbrach der Kriegsdienst. In der Kriegsgefangenschaft lernte er den Bergmannsberuf. Nach seiner Entlassung arbeitete er im Büro, dann im Baugewerbe und schließlich zwölf Jahre im Ruhrbergbau unter Tage. Er war zweimal verschüttet und erlitt einen schweren Unfall. Nach dem Erscheinen seines Romans *Irrlicht und Feuer* (1963) wurde er fristlos entlassen, doch erlaubte ihm der weltweite Erfolg dieses Buches – sowohl Adenauer wie Ulbricht haben es interessiert gelesen, es wurde in mindestens 22 Sprachen übersetzt –, auf neue berufliche Bindungen zu verzichten und sich ganz dem Schreiben zu widmen. Der Autor lebt seit Jahren in einer Dortmunder Arbeitersiedlung.

„Ich kann mit dem Wort Arbeiterdichtung nichts anfangen", schrieb von der Grün 1974, und als ihn ein Journalist einmal nach der Bedeutung dieses Wortes fragte, erhielt er zur Antwort: „Alles Quatsch mit Soße!" Diese krasse Ablehnung des Begriffes Arbeiterdichtung mag ihren Grund darin haben, daß die von ihm und dem Dortmunder Stadtbüchereileiter Hüser gegründete „Dortmunder Gruppe 61 für künstlerische Auseinandersetzung mit der industriellen Arbeitswelt" über Anfangserfolge nicht hinausgekommen ist und nicht entfernt die Wirkung erzielt hat wie die Gruppe 47. Dabei hatte die Dortmunder Gruppe durch eine Folge von Veröffentlichungen bewußt die Verbindung mit den „klassischen" Arbeiterdichtern Heinrich Lersch, Karl Bröger, Gerrit Engelke u. a. herauszustellen versucht. Die Ursache des Mißlingens hat von der Grün selbst zehn Jahre nach der Gründung der Gruppe 61 klar erkannt: „Arbeiterschaft ist Bürgertum geworden als Folge materiellen Denkens. Wenn ich ... Arbeiterschaft gezielt erreichen will, dann kann ich sie nicht als Proletariat, sondern muß sie als Bürgertum ansprechen."

Den Durchbruch zum literarischen Erfolg erzielte von der Grün mit *Irrlicht und Feuer*.

Der Roman schildert in schlichter, wirklichkeitsgetreuer Sprache ungefähr ein Jahr aus dem Leben des Bergmannes und späteren Arbeiters Jürgen Fohrmann. Autobiographische Züge sind unverkennbar. Der erste Teil handelt von der Arbeit unter Tage in einer Kohlengrube, wo sich kurz vor der Stillegung noch ein schweres Unglück ereignet, als eine neue Abbaumaschine erprobt wird. Fohrmann arbeitet später in verschiedenen Betrieben, doch ist er immer unbefriedigt von seiner Tätigkeit. Die Darstellung der Arbeitswelt wird ergänzt durch das Aufgreifen von Problemen des privaten Bereichs wie Folgen der Arbeitslosigkeit, Berufstätigkeit der Frau, Geldknappheit, Unzufriedenheit mit den Arbeitsbedingungen und Einstellung zur Lohnarbeit überhaupt, die Fohrmann als sinnlos empfindet.

Zu dem aufsehenerregenden Erfolg des Romans trug entscheidend bei, daß Unternehmer und Gewerkschaften in aller Öffentlichkeit mit Empörung reagierten, ein sicheres Zeichen dafür, daß der Autor die Blößen der großen und mächtigen Interessengruppen unserer Wirtschaft getroffen hatte.

Dramatiker der Nachkriegszeit

Max Frisch

Weit über die Grenzen des deutschen Sprachraumes hinaus werden die Werke des Schweizers Max Frisch geschätzt. 1911 in Zürich geboren, schrieb er schon als Sechzehnjähriger sein erstes Drama. Als der Vater starb, mußte er das Literaturstudium abbrechen und als Journalist sein Brot verdienen. Freundschaftliche Hilfe ermöglichte ihm das Architekturstudium, doch auch als Architekt blieb er der Literatur verbunden. Seit 1955 lebt Frisch als Schriftsteller in Bellinzona (Tessin).

Frisch drängt es, wie Böll, Wohmann u. a., mit dem, was er schreibt, die Menschen zur bessernden Tat anzuregen. Voraussetzung ist die vorurteilsfreie Einschätzung der sozialen und politischen Lage. „... überhaupt bleibt es fraglich, ob sich die künstlerische und menschliche Aufgabe trennen lassen. Zeichen eines Geistes, wie wir ihn brauchen, ist nicht in erster Linie irgendein Talent, ... sondern die Verantwortung", heißt es im *Tagebuch;* an anderer Stelle führt er dort aus, welches Ziel er sich als Dramatiker gesetzt hat: „Als Stückeschreiber hielte ich meine Aufgabe durchaus für erfüllt, wenn es einem Stück jemals gelänge, eine Frage dermaßen zu stellen, daß die Zuschauer von dieser Stunde an ohne eine Antwort nicht mehr leben können – ohne ihre Antwort, ihre eigene, die sie nur mit dem Leben selber geben können."

Wie unheilvoll festgelegte Vorstellungen und Begriffe sich auswirken können, zeigt das Schauspiel *Andorra* (1961) am Beispiel des Antisemitismus.

Szene aus Max Frischs Drama *Andorra*, Aufführung der Städtischen Bühnen Frankfurt a. M. 1962

Ein Vater gibt seinen unehelichen Sohn Andri als jüdisches Findelkind aus, und die Leute glauben nun tatsächlich, die schlechten Eigenschaften, die das Vorurteil den Juden zuschreibt, auch in Andri zu finden. Andri selbst lebt sich in seine Rolle ein und will, auch als er die Wahrheit erfährt, ein Jude sein.

Für die Anlage seiner Stücke hat Frisch viel von Brecht gelernt. So wird in *Andorra* das Ende durch Sprecher, die aus dem Stück heraustreten, vorweggenommen und die Spannung gelöst, so daß der Zuschauer sich ganz auf die Problematik des Geschehens konzentrieren kann. Das ist episches Theater ebenso wie die Gerichtsverhandlung gegen den fahrlässigen Bürger Biedermann in dem Stück *Biedermann und die Brandstifter* (1958), das aus einem Hörspiel hervorgegangen ist. Frisch nennt es – mit Anklang an Brecht – „ein Lehrstück ohne Lehre".

Biedermann beherbergt aus Dummheit und Feigheit zwei Strolche in seinem Hause. Obwohl die beiden nicht verhehlen, daß sie aufs Brandstiften aus sind, unternimmt er nichts gegen sie, sondern beschwichtigt seine Angst dadurch, daß er ihnen bedenkenlos Vertrauen schenken will. Am Ende brennt es an allen Ecken. Der Chor der Feuerwehrleute, mit dem der Dichter den Chor der griechischen Tragödie parodiert, glossiert den Ablauf der Ereignisse.

Infolge der Vertrauensseligkeit des Bürgers, der vor der Verworfenheit verbrecherischer Menschen aus Bequemlichkeit und Feigheit die Augen verschließt, bricht die Katastrophe über die Stadt herein. Wer das Stück sieht, soll selbst Parallelen zu den grauenhaften Vorgängen im Hitler-Deutschland oder auf der Anarchisten-Szene ziehen.

Während einer mehrjährigen Unterbrechung seines dramatischen Schaffens schrieb Frisch *Stiller* (1954) und *Homo Faber* (1957), zwei Romane, die thematisch zusammengehören. „Wenn man sich einmal von außen sehen, kennenlernen könnte!", heißt es an einer Stelle, womit das Thema dieser beiden Romane umrissen ist.

Sowohl der Bildhauer Stiller, der vor sich selbst flieht, als auch der Ingenieur Faber, der meint, seine Zukunft mit Hilfe der Wahrscheinlichkeitsrechnung vorausbestimmen zu können, stehen zeitweilig außerhalb ihrer selbst und erkennen, daß der Mensch trotz aller Wandlungen, die er durchmacht, letztlich so gut wie unveränderlich ist.

Um das Ich in mehreren Personifikationen geht es auch in dem Roman *Mein Name sei Gantenbein* (1964) und in dem „Spiel" *Biografie* (1967), in dem der Verhaltensforscher[1] Kürmann Gelegenheit erhält, sein bisher gelebtes Leben noch einmal neu zu beginnen und, wenn er will, zu ändern.

Friedrich Dürrenmatt

Verglichen mit Frisch ist Dürrenmatt genialischer in seinem Wesen und in seinem Schaffen einfallsreicher. Auch er ist Schweizer – als Pfarrerssohn 1921 in der Gegend von Bern geboren – und Verfasser von Bühnenwerken, Romanen und Hörspielen. Er lebt in Neuchâtel.

Der Dramatiker Dürrenmatt nennt Aristophanes (um 445 bis um 385 v. Chr.), den Schöpfer der altgriechischen Komödie, sein „größtes literarisches Erlebnis", weil dieser seine Stoffe der Zeit entnahm, in der er selbst lebte, und sie grotesk gestaltete. Auf Gemeinsamkeiten Dürrenmatts mit Brecht ist immer wieder hingewiesen worden, aber beide trennt auch viel Widersprüchliches; insbesondere unterscheiden sie sich in ihrer Zielsetzung. Wollte Brecht die Menschen zur Besserung ihrer selbst und ihrer Lebensverhältnisse veranlassen, so traut Dürrenmatt

[1] Verhaltensforschung: Zweig der Psychologie.

Szene aus dem Schauspiel *Der Besuch der alten Dame* von Friedrich Dürrenmatt – Aufführung der Städtischen Bühnen Frankfurt a. M. 1962

seinen ,,nichtsnutzigen Komödien" eine derart weitgehende Wirkung nicht zu; vielmehr hält er mehr davon, dem Theaterpublikum ,,scheinbar" nachzugeben, um es gelegentlich allenfalls zu ,,beunruhigen". Eine Beeinflussung hält er nur ,,im seltensten Falle" für möglich, eine Veränderung der Welt durch das literarische Werk für ausgeschlossen. Dennoch will er sein Publikum ,,stören", ja, ,,quälen", und es gibt kaum grausamere Komödien als die Dürrenmatts.

Ein Musterbeispiel dafür ist des Dichters bekanntestes Bühnenwerk *Der Besuch der alten Dame* (1956).

In der verarmten Kleinstadt Güllen taucht Klara Wäscher, die ihre Heimat früh verlassen hat, als Milliardärin Claire Zachanassian auf. Sie verspricht dem heruntergekommenen Ort eine Stiftung von einer Milliarde unter der Bedingung, daß man ihr den in Güllen ansässigen Kaufmann Ill als Leiche übergibt; er hat sie nämlich in der Jugend verführt und sitzen gelassen. Der Bürgermeister lehnt zwar das Ansinnen ab, doch hat sich schnell herumgesprochen, um was es geht. Alle leben, als seien sie bereits rechtmäßige Besitzer des Geldes. Ill wird immer unsicherer; außerdem quält ihn sein schlechtes Gewissen. Zermürbt von der Doppelzüngigkeit der Nachbarn, der gedankenlosen Gier nach Geld, die ihm selbst die Familie entfremdet, stellt er sich schließlich dem Gericht der Mitbürger und wird in der Menge von einem Unbekannten getötet. Claire läßt den ehemaligen Geliebten in einen in ihrem Reisegepäck mitgeführten Sarg legen. Der Bürgermeister erhält einen Scheck in der versprochenen Höhe.

Die Tragikomödie, die in der Gegenwart spielt, enthält in schärfster Form Kritik an der Zeit, am Bürgertum und an der Masse, die in ihrer Gier den einzelnen zugrunde richten kann. Mag das Recht unantastbar sein, die Gerechtigkeit ist käuflich.

Eine Groteske von der Ohnmacht menschlichen Planens und Handelns und von der Unaufhaltsamkeit des Verhängnisses, das über der modernen Welt schwebt, ist Dürrenmatts Komödie *Die Physiker* (1962).

Der Physiker Möbius gibt sich als wahnsinnig aus, um seine die Menschheit bedrohenden wissenschaftlichen Entdeckungen im Irrenhaus verbergen zu können. Zwei weitere Physiker dringen jedoch zu ihm vor; sie sind Agenten östlicher und westlicher Großmächte, die ihm sein Geheimnis entreißen sollen. Möbius gelingt es, sie zu überzeugen, daß die entdeckten Formeln am besten unbekannt blieben. Aber die Irrenärztin selbst ist in dem Wahn befangen, die Welt beherrschen zu wollen, und hat sich längst des Materials bemächtigt, um es für ihre Zwecke auszubeuten. Die drei Physiker sind ihr gegenüber ohnmächtig und verfallen nun tatsächlich dem Wahnsinn.

Als sich am 29. April 1964 im Schiller-Theater, Berlin, der Vorhang nach der Uraufführung eines Dramas, dessen Titel kaum jemand behalten konnte, senkte und der Beifallssturm abebbte, hatte der bis dahin noch wenig bekannte Autor Peter Weiss einen Triumph errungen, den man mit dem Schillers bei der Uraufführung seiner *Räuber* (s. S. 62) vergleichen kann. Beide Stücke hatten vor allem deshalb einen so aufsehenerregenden Erfolg, weil sie bei den Zuschauern eine ungewöhnlich starke Gemütsbewegung auslösten.

Bei Weiss geschah das dadurch, daß er als überlegener Könner auf dem Gebiet der Film- und Theaterregie, ferner als mit Collagen vertrauter bildender Künstler und schließlich als guter Kenner der Theatergeschichte von der Antike bis zum Dokumentartheater der Gegenwart alle Möglichkeiten des Theaterapparates beherrscht. Deshalb vermochte er das dichterische Wort des zunächst nur auf dem Papier stehenden Bühnenwerks mit allen Sinnen wahrnehmbar in Szene zu setzen.

Weiss verwendet in seinem Stück, das er *Die Verfolgung und Ermordung Jean Paul Marats, dargestellt durch die Schauspielgruppe des Hospizes zu Charenton unter Anleitung des Herrn de Sade* nennt, neben dem gesprochenen Wort in rhythmischer Prosa und in Knittelversen auch musikalische Formen des Musiktheaters; Bänkelgesang wechselt mit Pantomimen, und es gibt Szenen von ekstatischer Ausgelassenheit, in denen die Bühne zum Hexenkessel wird. Vor so viel Anschaulichkeit verblaßt die im Stück enthaltene politisch-ideologische Aussage; sie hat sich ohnehin in den vorliegenden sieben Fassungen ständig geändert.

Abgesehen von der Ermordung Marats hat das zweiaktige Stück keine Handlung im üblichen Sinn. Es spielt auf verschiedenen Zeitebenen. Im Baderaum einer Heilanstalt wird den „Irren“ – viele von ihnen sind in Wirklichkeit politische Gefangene – im Jahr 1808 unter Leitung des enttäuschten, zynischen Marquis de Sade, der zu den Insassen zählt, die 1793 erfolgte Ermordung des Revolutionärs Marat vorgeführt.

Der *Marat/Sade* (gebräuchliche Kurzform des Titels) wurde alsbald in fast alle Kultursprachen übersetzt und eroberte die Bühnen des In- und Auslandes.

Szene aus *Die Verfolgung und Ermordung Jean Paul Marats, dargestellt durch die Schauspielgruppe des Hospizes zu Charenton unter Anleitung des Herrn de Sade* von Peter Weiss. Uraufführung im Schiller-Theater Berlin 1964

Solche weltweite Wirkung erreichten frühere und spätere Werke von Peter Weiss nicht. Das gilt für den biographischen Roman *Fluchtpunkt* (1962), in dem der Vater-Sohn-Konflikt und Erlebnisse des Autors in der Emigration eigenwillig geschildert werden. Dem „Oratorium in elf Gesängen" *Die Ermittlung* (1965) liegen die Akten des Prozesses gegen Bewachungs- und Verwaltungspersonal des Konzentrationslagers Auschwitz zugrunde. Dieses und einige weitere Stücke verschwanden nach anfänglichen Erfolgen bald wieder von den Spielplänen der Theater.

In Jugendgruppen und Schulen wird gelegentlich *Wie dem Herrn Mockinpott das Leiden ausgetrieben wird* (1968) gespielt. Mit typischen Figuren ähnlich denen des Puppen- und Kasperltheaters wird das Schicksal eines Pechvogels in Knittelversen bühnenwirksam veranschaulicht.

Peter Weiss, der in Stockholm lebt, wurde 1916 in Nowawes bei Potsdam als Sohn eines mit einer früheren Schauspielerin verheirateten jüdischen Kaufmanns geboren. Bis zur Auswanderung 1934 nach London und weiter über Prag nach Schweden verlebte der Autor seine Jugend in Bremen und Berlin.

Peter Hacks

„An der Münchner Universität fiel er gelegentlich durch eine gewisse Arroganz auf, die dem blondgelockten Kindergesicht nicht einmal stand, weil Trotz und Unsicherheit zu deutlich durchschimmerten", schrieb einmal ein ungenannter Autor über den Studenten Peter Hacks, der in beiden deutschen Staaten als Dramatiker bedeutende Erfolge errang, literarische Preise erhielt und zu den meistgespielten Bühnenautoren der Gegenwart zählt. Seinen Wohnsitz hat er in Ost-Berlin.

Peter Hacks wurde 1928 in Breslau als Sohn eines Rechtsanwalts geboren, wohnte von 1946 an in Dachau und studierte in München vorwiegend Theaterwissenschaft. Ein paar Jahre später, 1955, hatte er in der bayerischen Hauptstadt mit dem Schauspiel *Die Eröffnung des indischen Zeitalters* einen ermutigenden Start als Bühnendichter.

Im Mittelpunkt des Stückes steht Columbus, ähnlich wie Galilei in Brechts *Leben des Galilei* ein Repräsentant der Wende zwischen Mittelalter und Neuzeit, der die Bedeutung des beginnenden wissenschaftlichen Zeitalters erkannt hat und eine erste geographisch-mathematische Erkenntnis – die Kugelgestalt der Erde – auf einer kühnen Seereise in der Wirklichkeit nachprüfen will. Aber der Genuese muß einsehen, daß eine solche Expedition erst durchführbar wird, wenn der spanische Hof die machtpolitischen und wirtschaftlichen Chancen des geplanten Unternehmens erkannt hat. Das geschieht. Doch der Gelehrte Columbus erhält in Madrid mit der Bewilligung der Gelder keinen Forschungsauftrag, sondern einen kolonisatorischen, bei dessen Ausführung es darauf ankommt, das neu zu entdeckende Land unter brutaler Gewaltanwendung auszubeuten. Resigniert stellt der Seeheld am Ende fest: „Ich preise die Gelehrten einer späteren Zeit, die nichts als vernünftig zu sein brauchen, sie, die gelassen des Neuen pflegen um der Lebendigkeit und des Wahren, um des Entzückens der Wißbegierde willen."

Dieses erste Stück Hacks' zeigt deutlich den Einfluß Brechts, und zu ihm zog es den begabten jungen Autor hin, der schon damals überzeugter Marxist war. 1955, ein Jahr vor Brechts Tod, „floh" er nach Ost-Berlin, woran ihn niemand hinderte, und wurde Mitarbeiter von Brechts Ensemble am Schiffbauerdamm, nachdem er bereits drei historische Stücke in der Bundesrepublik geschrieben hatte.

Als Bürger der DDR versuchte Hacks vergeblich, mit zwei Gegenwartsstücken, nämlich dem Schauspiel *Die Sorgen und die Macht* (1960/62) und *Moritz Tassow* (1965), einer Komödie in Blankversen, auf die dort festgelegte kulturpolitische Linie einzuschwenken; beide Stücke wurden vom Spielplan abgesetzt. Die SED vermißte in ihnen „Personen, die Eigenschaften von neuen Menschen haben", und „schöpferische Aktionen" der sozialistischen Gesellschaft; Hacks hatte der Arbeiterklasse von oben herab „auf die Schulter geklopft", sie aber nicht, wie man in Ost-Berlin erwartete, ins Heldenhafte verklärt.

Seit diesen Mißerfolgen bevorzugt der Autor wieder historische Stoffe für seine Stücke, wobei er ähnlich wie Brecht häufig nur geschickte Nachdichtungen älterer vorhandener Werke schuf.

Eine reizvolle Neuschöpfung besonders für literarisch interessierte Zuschauer ist Hacks' Einpersonenstück *Ein Gespräch im Hause Stein über den abwesenden Herrn von Goethe* (1976).

Charlotte von Stein (s. S. 56) redet, während sie auf einen Brief Goethes aus Italien wartet, fünf Akte lang über den fernen Freund mit ihrem Mann, dem Stallmeister, der anfangs im Lehnsessel sitzt, später auf dem Sofa liegt und – schweigt. Er wird durch eine Puppe dargestellt!

Hacks ist auch mit Gedichten, lustigen Kinderbüchern, Theaterstücken für Kinder sowie Fernseh- und Hörspielen hervorgetreten.

Peter Handke

„Das Kleine Haus des Staatstheaters in Braunschweig war bis auf den letzten Platz gefüllt. Viele Zuschauer mußten vor der Kasse umkehren. Ein hochgespanntes Publikum erwartete vor der offenen Bühne, während sich aus Lautsprechern gleichbleibende geleckte Beredsamkeit über den Raum ergoß, die Premiere von Peter Handkes *Kaspar.* Wenige Minuten nach Beginn der Aufführung erhoben sich ostentativ (herausfordernd) zwei ältere Zuschauer und verließen den Saal. Niemand folgte ihnen. Am Ende der pausenlosen Aufführung dröhnte der Beifall wie selten in diesem Hause und steigerte sich zeitweise zu rhythmischem Klatschen eines mitgerissenen Publikums."

Wer ist dieser Peter Handke? Der in jungen Jahren ungewöhnlich erfolgreiche Autor, der in Paris lebt, wurde 1942 in Griffen (Kärnten) geboren. Nach dem Besuch des Gymnasiums und eines jesuitischen Knabenseminars studierte er in Graz Rechtswissenschaften. Er trat der „Grazer Gruppe" bei, einem Kreis fortschrittlicher junger Literaten, aus dem eine Anzahl erfolgreicher Schriftsteller hervorgegangen ist.

Handke wurde über Deutschlands Grenzen hinaus bekannt, als er vierundzwanzigjährig die damals noch einflußreiche „Gruppe 47" heftig angriff. Im selben Jahr erregte seine *Publikumsbeschimpfung,* ein Sprechstück für vier Personen, Aufsehen. In beiden Fällen ging es dem unbequemen Autor um die kritische Durchleuchtung unserer Gebrauchssprache auf ihren Wahrheitsgehalt hin; in der *Publikumsbeschimpfung* überdies um das Theater herkömmlicher Art, in dem die Zuschauer nach Handkes Ansicht durch Bühnenbild, Handlung und Dialog dazu verleitet werden, sich einer durch Wunschdenken beeinflußten Sinnestäuschung hinzugeben. Um das Publikum zur Wirklichkeit zurückzuführen, ernüchtert er es durch pausenloses Bombardieren mit Schimpfwörtern.

Szene aus *Kaspar* von Peter Handke. Aufführung des Theaters am Turm, Frankfurt a. M. 1969

Nach weniger erfolgreichen Sprechstücken und erzählenden Werken gelang Handke 1967 mit dem *Kaspar* sein bisher größter Wurf.

Das Stück geht aus von der Geschichte Kaspar Hausers (um 1812–1833), der als Findelkind bis zu seinem 16. Geburtstag allein im Verborgenen aufwuchs und, als er endlich frei kam, nur diesen Satz sprechen konnte: „A söchener Reiter möcht i wärn, wie mein Vater aner gwen ist." Auch Handkes Kaspar tritt mit einem ähnlichen Satz in Erscheinung: „Ich möcht ein solcher werden, wie einmal ein anderer gewesen ist." Damit endet freilich auch schon die Übereinstimmung von historischer und erdachter Person. Kaspar, der bald lernt, richtig zu gehen, sich anzuziehen, die wenigen Möbelstücke seiner Umwelt richtig zu benutzen und mit seinem einzigen Satz durch verschiedenartige Betonung alles, was er will, auszusagen, wird durch die „geleckte Beredsamkeit" unsichtbarer „Einsager" allmählich zum Sprechen weiterer Sätze gebracht; er wird von ihnen erzogen, gerät unter ihren Zwang und wird schließlich von den Unbekannten, die die überkommene gesellschaftliche Ordnung darstellen, durch „Sprachfolterung" zugrunde gerichtet. – Handke will zeigen, wie ein „reiner Tor" durch die leeren, zu nichts verpflichtenden Phrasen einer selbstzufriedenen Wohlstandsgesellschaft zur Selbstaufgabe seiner Persönlichkeit gebracht werden kann. „Ich bin nur zufällig ich", sind Kaspars letzte Worte, während sich der Vorhang schließt.

Handkes spätere Bühnenwerke und seine erzählende Prosa, seine Gedichte, Essays, Polemiken, alles in allem zwei Dutzend Titel seit 1966, haben bisher kein so lebhaftes Echo gefunden wie der *Kaspar.* Ist Peter Handke ein Außenseiter geworden? Tatsache ist, daß sein besonderes Verhältnis zur Sprache das Verständnis seiner Veröffentlichungen erschwert: „Sprache ... signalisiert" bei ihm „Zustände und Vorgänge, Haltungen und Beziehungen. Sie ist nicht identisch mit der Wirklichkeit, und Literatur soll gleichermaßen den Signalcharakter der Sprache und den Bruch in ihrem Verhältnis zur Wirklichkeit sichtbar machen ... Wer Wörter und Sätze so verwendet, geht das Risiko des Mißverständnisses ein. Oder er sucht es." (Schafroth). In einem Interview der *Zeit* sagte Handke 1976: „Meine Bücher sind Daten meiner eigenen Existenz, mit denen ich mich schreibend auf eine Art Reise begebe, von der ich nicht weiß, wo sie hinführen wird."

GESTALTEN WESTEUROPÄISCHER DICHTUNG

Einleitung

Deutschlands mehr als tausendjährige Geschichte wurde entscheidend von seiner geographischen Lage in der Mitte Europas bestimmt. Auf den alten Völkerwegen, die den Norden mit dem Süden, den Westen mit dem Osten unseres Erdteils verbanden, vollzog sich in friedlichen Zeiten ein reger Warenaustausch, in kriegerischen Epochen der Aufmarsch feindlicher Heere. So war Deutschland der große Umschlagplatz für die Wirtschaftsgüter, aber auch immer von neuem das Schlachtfeld des Kontinents. Diese friedliche oder kriegerische Begegnung der Völker in unserem Land wirkte sich auf das kulturelle Leben aller Beteiligten aus. Es erfolgte ein ständiges wechselseitiges Geben und Nehmen geistiger und künstlerischer Schöpfungen. Aus der realen Mittellage erwuchs uns die ideelle Vermittlerrolle. Wir genossen und genießen so den Vorzug mannigfacher fördernder Anregungen seitens unserer zahlreichen Nachbarn, aber unsere Geschichte kennt auch Beispiele bedenklicher Überfremdung.

Die aus der Mittellage erwachsene Verflechtung unserer Kultur mit den Kulturen der angrenzenden Völker wird besonders im Bereich der Dichtung deutlich. Wie alle europäischen Literaturen zehrt auch die deutsche vom unermeßlichen Erbe der Antike; es wurde ihr im frühen und hohen Mittelalter durch das Christentum, zu Beginn der Neuzeit durch Renaissance und Humanismus zugänglich. Mit den Kreuzzügen, der ersten gesamteuropäischen Bewegung der Geschichte, setzte ein überaus fruchtbarer geistiger Austausch der Völker ein, der um 1200 in der ersten Blütezeit der deutschen Dichtung vollendeten Ausdruck fand. Ein Jahrhundert später strahlte DANTE über die Grenzen Italiens hinaus seinen fördernden Einfluß auf die Literaturen des Abendlandes aus. Das Zeitalter des Barocks war auch literarisch eine den ganzen Kontinent bestimmende Epoche; die im 16. Jahrhundert darniederliegende deutsche Dichtung erhielt von den benachbarten Literaturen – der italienischen, spanischen, französischen und englischen – entscheidende Anstöße in stofflicher und formaler Hinsicht und verarbeitete sie im 17. Jahrhundert so nachhaltig, daß sich eine neue Blütezeit ankündigte. Ebenso war die Aufklärung des 18. Jahrhunderts eine europäische Bewegung. Anschließend lösten Werke der deutschen Klassik und Romantik in allen bedeutenden Ländern des Kontinents die europäische Romantik aus.

Seit der Mitte des 19. Jahrhunderts beteiligte sich auch Amerika an der Weltliteratur. In WALT WHITMAN (1819–1892) fand es den begeisterten, naturhaften Sänger seines jungen aufstrebenden Lebens und seiner grandiosen Landschaft. Als die USA durch ihr politisch-militärisches Eingreifen in den ersten Weltkrieg sich der Weltpolitik zugewandt hatten, begann alsbald auch der Einfluß amerikanischer Schriftsteller auf die europäischen Literaturen, vor allem auf dem Gebiet des gesellschaftskritischen Romans. Vielen europäischen Schriftstellern, Künstlern und Gelehrten, die in den folgenden Jahrzehnten aus politischen Gründen ihr Vaterland verlassen mußten, bot Amerika – ähnlich wie die Schweiz – Asyl, und so wurde die Verflechtung der europäischen mit der amerikanischen Literatur seitdem noch dichter.

Zugleich mit der amerikanischen entstand eine russische Literatur von europäischem Rang. Graf LEO TOLSTOJ (1828–1910) schrieb mit *Krieg und Frieden* ein in die Weltliteratur eingegangenes Epos von den Leiden des napoleonischen Krieges und der Suche nach dem Sinn des Lebens. Fedor Dostojewskij (1821–1881) bemühte sich in seinen Romanen, die brennenden Probleme der Zeit, das Verhältnis von Glauben und Unglauben, von Gottlosigkeit und Hoffnung auf das Reich Gottes zu durchdringen. Auch die großen russischen Dichter wirkten mächtig über ihren eigenen Sprachraum hinaus, vor allem auf die Strömungen des Naturalismus und des Expressionismus.

Im selben Jahr wie Tolstoj wurde in Norwegen Henrik Ibsen geboren († 1906). Er sollte mit seinen gesellschaftskritischen Bühnenwerken Weltgeltung erlangen und zum Lehrmeister nahezu aller nachfolgenden Dramatiker werden.

Auf den folgenden Seiten werden – stellvertretend für die anderen – drei der wichtigsten außerdeutschen Literaturen in einigen bedeutenden Dichterpersönlichkeiten vorgestellt, nämlich die Spaniens, Englands und Frankreichs.

Gestalten spanischer Dichtung

Cervantes

Wenige Jahrzehnte nachdem mit der Wiederentdeckung Amerikas das Abendland um die Neue Welt erweitert worden und die Pyrenäenhalbinsel in den Brennpunkt des Zeitgeschehens gerückt war, wurde Cervantes geboren; er sollte gegen Ende seines Lebens mit dem *Don Quichotte* den ,,Erzroman des Abendlandes" schreiben und mit dem tragikomischen Titelhelden eine dem Faust und dem Hamlet ebenbürtige Gestalt schaffen, an der die Menschheit stets weiterdeutet und weiterdichtet.

Miguel de Cervantes Saavedra, der dem niederen Adel entstammte, wurde 1547 in Alcalá geboren und starb am selben Tag wie Shakespeare, am 23. April 1616, in Madrid. Der junge Spanier erhielt eine gute Schulbildung und lebte dann längere Zeit in Italien, wo er wesentliche literarische Anregungen erhielt. Er trat in den diplomatischen Dienst, doch wechselte er später zur spanischen Kriegsmarine über. Er verlor in der Seeschlacht von Lepanto die linke Hand, verbrachte fünf Jahre in algerischer Gefangenschaft und wurde schließlich Verwaltungsbeamter. In dieser Stellung begann er, erzählende und dramatische Dichtungen zu schreiben. Erst 1602 nahm er die Arbeit am *Don Quichotte* auf, vermutlich während einer Kerkerhaft. Wenige Wochen nachdem Cervantes in den Franziskanerorden eingetreten war, starb er in Madrid.

Der Dichter hat sich selbst als einen Mann mit Adlergesicht, kastanienbraunem Haar, freier, heiterer Stirn, fröhlichen Augen, gebogener, aber wohlgestalteter Nase, mit zunächst blondem, später silbergrauem Bart, kleinem Munde und schlechten Zähnen geschildert, von mittelgroßem Wuchs, mit etwas eingebogenen Schultern und nicht sehr rasch auf den Füßen. Er vereinte in seiner Persönlichkeit den Idealismus des gebildeten Aristokraten mit volkstümlich heiterem Wirklichkeitssinn; er wußte von der Vielschichtigkeit der menschlichen Seele. Das läßt sein episches Hauptwerk erkennen, denn Don Quichotte, der ,,Ritter von der traurigen Gestalt", und sein Knappe Sancho Pansa verkörpern den ewigen Streit zwischen Idealismus und Realismus, zwischen Seelenadel und derber Gemeinheit.

Don Quichotte und Sancho Pansa, Zeichnung von Alfred Kubin

Don Quichotte de la Mancha, ein gealterter, hagerer Edelmann, lebt abseits der großen Welt verarmt, aber noch ganz im Stil der alten spanischen Ritterromantik. Sein Geist verwirrt sich. Eines Tages besteigt er Rosinante, seinen hinfälligen Gaul, um in einer Welt, die die alten Ideale verloren hat, für Ehre und Gerechtigkeit zu kämpfen; sein Knappe Sancho Pansa begleitet ihn auf einem Esel. Don Quichottes überspannte Phantasie erblickt überall vermeintliche Feinde: eine Windmühle erscheint ihm als böswilliger Riese, eine Schafherde als feindliches Heer. Man nutzt seine Torheit aus; er wird betrogen und verprügelt; er selbst richtet in seiner Einfalt mancherlei Schaden an, indem er einem Barbier sein Becken fortnimmt, das er für einen goldenen Helm hält, oder einem Puppenspieler seine Puppen zerschlägt. In einen Käfig gesperrt, wird Don Quichotte endlich auf einem Ochsenwagen wieder in die Heimat gebracht. Dort tritt Sancho Pansa mit seiner Bauernschläue mehr in Erscheinung. Durch ihn wird die Bauernmagd Dulcinea die platonische Geliebte seines verschrobenen Herren. Erst auf dem Totenbett gelangt Don Quichotte zur Einsicht.

Der satirische Roman, der durch die eingestreuten Novellen ungewöhnlich farbig wirkt – mehr als 600 Personen treten auf –, wurde in seiner weltliterarischen Bedeutung erst von der Romantik erkannt. Namhafte Künstler wie Richard Strauss, Daumier und Kubin vertonten beziehungsweise illustrierten ihn. Er wurde in 31 Sprachen übersetzt.

Lope de Vega

Wie viele große Erzähler hatte Cervantes den Ehrgeiz, ein bedeutender Dramatiker zu werden. Nach anfänglichen Erfolgen mußte er jedoch das Feld einem jüngeren Zeitgenossen räumen, den er selbst als ein „Wunder der Natur" bezeichnete: Lope de Vega. Dieser fruchtbarste Bühnenschriftsteller der Weltliteratur hat mehr als 1500 Stücke geschrieben, von denen 468 überliefert sind. Hinzu kommen zahllose kleinere dramatische, epische und lyrische Werke.

Lope Félix de Vega Carpio wurde 1562 als Sohn eines einfachen Kaufmannes in Madrid geboren. Er erhielt einen guten Unterricht und galt schon früh als Wunderkind. Er erwarb einen akademischen Grad, mußte aber wegen ehrenrühriger Liebeshändel seine Heimatstadt verlassen. Wie Cervantes trat er in die spanische Kriegsmarine ein; er überlebte auf einem Admiralsschiff den Untergang der Großen Armada 1588. Nun wurde Lope de Vega Sekretär des Herzogs von Alba, der die spanischen Niederlande unterwarf, und des Herzogs von Sessa. 1613 empfing er die Priesterweihe, später wurde ihm vom Papst der Grad eines Doktors der Theologie verliehen.

Als der hochangesehene Dichter 1635 in Madrid gestorben war, zelebrierten drei Bischöfe das Totenamt, und die Trauerfeierlichkeiten dauerten neun Tage.

Lope de Vega vermittelte eine in der Überwirklichkeit des Glaubens sicher ruhende ganzheitliche Welt. Er war keine problematische Natur, seine Dichterkraft hatte ihren nahezu unerschöpflichen Ursprung in übersprudelnder Phantasie und dem Vermögen, sich ganz in die Seele des einfachen Volkes zu versetzen, dem er entstammte und das ihn als seinen Liebling vergötterte. Überschäumende Lebensfreude und Daseinsbejahung kennzeichnen seine Werke, das Tragische tritt zurück. Kunstvolle Klügelei liegt dem Autor fern; kein Wunder, denn er will an manchem Stück nicht länger als einen Tag gearbeitet haben. Seine Gestalten verkörpern überzeitliche Werte, ihr pralles Leben wird von überwirklichen Mächten gelenkt. Auf der Bühne zeigt er Sinnbilder des Daseins, wie der Spanier seiner Zeit es erlebt: als ein flüchtiges Vorüberschweifen im Grunde nichtiger Vorgänge, die von Gottes Allmacht beherrscht werden.

Dieses Theater erfordert nur eine geringe Ausstattung; um das Publikum mitzureißen, genügen nach Lope de Vegas Worten ,,vier Böcke, zwei Bretter, zwei Schauspieler und eine Leidenschaft". Das mag überspitzt ausgedrückt sein, erklärt aber die kaum überschaubare Fülle der Stoffe, die der Dichter ohne Rücksicht auf ihre szenische Darstellbarkeit herausgreift, um seine Zuschauer zu fesseln. Liebe und Eifersucht, Ehre und Schmach, Verkleidung, Verwechslung und Enthüllung schaffen dramatische Spannungen und lösen sie, ganz gleich, zu welcher Zeit und auf welcher gesellschaftlichen Ebene sich das Geschehen auf der Bühne vollzieht.

Grillparzer (s. S. 81ff.) hat den großen Spanier, den seine eigene Zeit rasch vergessen hatte, besonders geschätzt und sich von ihm anregen lassen, aber erst die vertiefende wissenschaftliche Auseinandersetzung mit der spanischen Kultur in unserer Zeit hat zu modernen Übersetzungen einer großen Zahl von Lope de Vegas Werken geführt, die sich im neuen Gewande auf den Spielplänen unserer Theater behaupten.

Calderón

In jungen Jahren schon erwarb Calderón Lob und Freundschaft des alten Lope de Vega; man hat den um eine Generation Jüngeren den größten weltlichen Dichter des Barocks genannt.

Im Unterschied zu Lope de Vega, mit dem sein Lebensweg in mancher Hinsicht übereinstimmt, entstammte Pedro Calderón de la Barca, der 1600 in Madrid geboren wurde, einer vornehmen Adelsfamilie. Die Jesuiten erzogen ihn. Er studierte und erwarb schon zwanzigjährig ersten Dichterruhm als Dramatiker. Trotzdem wurde er vorübergehend Soldat; er kämpfte in Italien und Flandern. Nach dem Tode Lope de Vegas trat er an dessen Stelle als königlicher Theaterleiter und Festspieldichter. Später wurde er Priester und königlicher Hofkaplan. Calderón starb 1681 in Madrid.

Cervantes berichtet, er erinnere sich an Aufführungen, deren ganzes Zubehör sich in einen Sack packen ließ, weil es nur aus vier Schäferkostümen, vier Bärten und Perücken bestanden habe. Wenige Jahrzehnte später hatte das Drama einen gewaltigen Aufschwung genommen, und die Inszenierungen wurden immer kostspieliger. Dieses äußerlich prächtige Theater in der Blütezeit des Barocks erfüllte Calderón nun mit einem vom Katholizismus geprägten geistigen Gehalt, so daß der Dichter wie keiner vor ihm zu einer geläuterten Ausbildung des spanischen Dramas gelangte; dazu trug entscheidend seine gepflegte Sprache bei. Calderón stehe ,,an der

Schwelle zur Überkultur", schrieb Goethe einmal, der bei dem Spanier auch die „eigentliche Naturanschauung" vermißte.

Auch Calderóns Lebenswerk umfaßt eine große Anzahl von Stücken – es sollen über 400 gewesen sein; überliefert sind 108 Schauspiele und 73 geistliche Festspiele. Wie bei Lope de Vega ist auch bei ihm der Bogen in formaler und stofflicher Hinsicht weit gespannt: der schrieb Mantel- und Degenkomödien (so benannt nach Kleidung und Ausrüstung der Hauptperson), in denen er das „verwegene Liebestreiben" in Madrid darstellte.

Ein Stück dieser Art, *Dame Kobold* (Uraufführung etwa 1629), ist bis heute auf den Bühnen lebendig geblieben. Dona Angela, eine junge Witwe, wird ihres guten Rufes wegen von ihren Brüdern zu Hause verborgen gehalten, aber sie und ihr Liebhaber Don Manuel finden nach vielerlei ergötzlichen Verwirrungen schließlich doch zueinander. Die Sicherheit der Handlungsführung und der Charakterzeichnung erklären die zeitlose Bühnenwirksamkeit dieses Stückes.

Mitten in das Zeitgeschehen der kriegerischen Epoche führt das Schauspiel *Der Richter von Zalamea* (Uraufführung etwa 1643). Eine Abteilung spanischer Soldaten wird auf dem Marsch nach Portugal in einem Dorf einquartiert. Der Hauptmann Don Alvaro begehrt Isabel, die Tochter des reichen Bauern Pedro Crespo, bei dem er untergekommen ist, und entführt sie schließlich mit Gewalt. Aber er wird vom Bruder des Mädchens verwundet, ins Dorf zurückgebracht und dort von Crespo, der inzwischen zum Dorfrichter ernannt ist, abgeurteilt und hingerichtet. Der König billigt das Urteil und ehrt Crespo. – Auch dieses Stück Calderóns hat sich bis heute auf den Spielplänen gehalten. Das hat seinen Grund in der von Auftritt zu Auftritt sich steigernden Spannung und in der vollendeten Charakterisierung aller Personen. Das Schauspiel ist zudem sozialgeschichtlich bedeutsam, weil hier zum ersten Male der Bauer als ebenbürtiger Partner neben dem Adligen erscheint und diesem menschlich überlegen ist.

In die Grenzgebiete zwischen Traum und Leben führt das Schauspiel *Das Leben ein Traum* (Uraufführung 1635), das Grillparzer (s. S. 82) nachdichtete *(Der Traum ein Leben)*. Im Stück des Spaniers wird Prinz Sigismund von Polen mit einem Schlaftrunk betäubt und so probeweise als Herrscher eingesetzt; sein Vater, König Basilius, möchte nämlich auf diese Weise in Erfahrung bringen, ob der Prinz sich später auf dem Thron bewähren wird. Sigismund gebärdet sich zunächst wild und unbeherrscht, wird in Schlaf versenkt und gelangt endlich zu weiser königlicher Gelassenheit:

...in den Räumen
Dieser Wunderwelt ist eben
Nur ein Traum das ganze Leben;
Und der Mensch – das seh ich nun –
Träumt sein ganzes Sein und Tun,
Bis zuletzt die Träum' entschweben.
König sei er, träumt der König;
Und, in diesen Wahn versenkt,
Herrscht, gebietet er und lenkt...
Auch der Reiche träumt; ihm zeigen
Schätze sich, doch ohne Frieden.

Auch der Arme träumt hienieden,
Er sei elend und leibeigen.
Träumet, wer beginnt zu steigen;
Träumet, wer da sorgt und rennt;
Träumet, wer von Haß entbrennt;
Kurz, auf diesem Erdenballe
Träumen, was sie leben, alle,
Ob es keiner gleich erkennt...
Was ist Leben? Raserei!
Was ist Leben? Hohler Schaum,
Ein Gedicht, ein Schatten kaum!

Wenig kann das Glück uns geben;
Denn ein Traum ist alles Leben,
Und die Träume selbst ein Traum.

Das Stück zeigt deutlich das Anliegen des Dichters, die Nichtigkeit des irdischen Lebens vor Gott, aber auch die Notwendigkeit der sittlichen Bewährung des Menschen darzustellen.

Die Bezirke des Wirklichen und des Geistigen, des Natürlichen und des Übernatürlichen durchdringen einander auch in dem geistlichen Festspiel *Das große Welttheater* (Uraufführung 1675), das Hugo von Hofmannsthal als *Salzburger Großes Welttheater* in unserer Zeit zu neuer eindringlicher Wirkung gebracht hat (s. S. 115).

Wie Lope de Vega wurde Calderón nach seinem Tode zunächst fast vergessen. Erst die deutsche Romantik entdeckte ihn wieder und stellt ihn Shakespeare gleich.

García Lorca

Drei Jahrhunderte sollten verstreichen, bis die dichterische Kraft Spaniens wieder weltliterarischen Rang gewann in einer Reihe moderner Dichter, deren bedeutendster wohl García Lorca ist.

1899 wurde Lorca in einem Dorf bei Granada als Sohn eines Großbauern und einer Lehrerin geboren. An spanischen Universitäten und in New York studierte er Philosophie, Rechtswissenschaft und Literatur. Freundschaften mit Malern, Komponisten und Schauspielern gaben ihm wesentliche Anregungen für seine vielseitige künstlerische Tätigkeit – er illustrierte seine Bücher selbst und schrieb die Musik zu seinen Bühnenstücken, er leitete frühzeitig eine Studentenbühne, die mit klassischen Werken und seinen eigenen Stücken durch die Lande zog. Seine schriftstellerische Laufbahn begann er mit Prosa und Gedichten: er erneuerte die Zigeuner-Romanzen seiner andalusischen Heimat und gewann damit ersten Dichterruhm.

Der Himmel ist Asche.
Die Bäume sind weiß,
die brandigen Stoppeln
sind tiefschwarze Kohlen.
Das Blut in der Wunde
der Dämmrung vertrocknet,
das Papier ohne Farbe
des Berges zerknittert.
Der Staub auf dem Wege
versteckt sich in Schluchten,
die Quellen sind unklar,
die Staue sind still.
Ins Graurote klingen
die Glocken der Herden,
das mütterlich' Schöpfwerk
beschließt Paternoster.

Der Himmel ist Asche.
Die Bäume sind weiß.

(dt. von Enrique Beck)

Der Landschaft und dem einfachen Volk verbunden war er auch in seinen frühen dramatischen Arbeiten; daher finden sich manche folkloristische[1] Züge darin. Mit einem feinsinnigen Kammerspiel knüpfte er an die Überlieferung der „Mantel- und Degenkomödien" an. Erst wenige Jahre vor seinem gewaltsamen Tode fand er in großen balladesken Tragödien die ihm ganz gemäße dichterische Aussage. Einen Monat nach der Vollendung des Trauerspiels *Bernarda Albas Haus* wurde der Dichter siebenunddreißigjährig bei Granada das Opfer faschistischer Mörder; er hatte keiner Partei angehört und nichts gegen die Diktatur unternommen, war aber bekannt durch Freiheitsliebe und Gerechtigkeitssinn.

Obwohl García Lorca auch in seinen bedeutendsten Bühnenwerken Charaktere und Probleme gestaltet, die nur in seinem Vaterlande vorstellbar und denkbar sind, haben die Stücke weit über Spaniens und Europas Grenzen hinaus Bedeutung und Anerkennung erlangt. Das hat seine Gründe in der Eindringlichkeit seiner Aussage, in der sicheren Beherrschung selbst feinster Darstellungsmittel und darin, daß er am Beispiel urtümlicher bäuerlicher Lebensform die unheimliche Fragwürdigkeit des menschlichen Daseins schlechthin aufzeigt.

In der *Bluthochzeit* (1933), einer „lyrischen Tragödie", entwickelt sich die dramatische Spannung aus dem Konflikt zwischen althergebrachten Sitten- und Ehrbegriffen und dem Recht des einzelnen auf freie Entfaltung seiner Persönlichkeit. Der Sohn eines Bauern, der in einer seit Generationen andauernden Sippenfehde umgekommen ist, hat eine schöne Braut, die als Fünfzehnjährige mit Leonardo – aus der feindlichen Familie – verlobt gewesen war. Diese Verbindung hatte wegen der Armut des Bräutigams wieder gelöst werden müssen. Leonardo war mit einer anderen verheiratet, doch am Hochzeitstage seiner Jugendliebe erscheint er und flieht mit ihr in die Nacht, in der Mond und Tod als sprechende Personen auftreten. Der Bräutigam verfolgt seine Braut; es kommt zum Zweikampf mit Leonardo; beide fallen. Die Totenklage der

[1] von Folklore = Volkskunst.

Frauen füllt den letzten Aufzug; in ihm verschmelzen dichterische Sprache, Musik, Gesang und Tanz unter Einbeziehung folkloristischer Elemente zu einem „Gesamtkunstwerk" von eindringlicher Wirkung.

Auch *Bernarda Albas Haus* (1936), eine „Frauentragödie in spanischen Dörfern", bezieht die ungeheure Spannung des seelischen Geschehens aus dem sinnenhaft leidenschaftlichen Aufbegehren der fünf unverheirateten Töchter gegen ihre Mutter als Hüterin einer veräußerlichten Standesmoral. „Ich habe mit den Herzen nichts zu tun, aber ich will eine schöne Fassade und Einigkeit in der Familie", sagt Bernarda Alba. Sie ändert ihre Haltung auch nicht, als sich ihre jüngste Tochter Adela erhängt.

Gestalten englischer Dichtung

Shakespeare

Mit Shakespeare tritt die englische Dichtung in die Weltliteratur ein. Seine alle nationalen Grenzen überschreitende Wirkung läßt sich kaum abschätzen. An Spannung und tiefer Bedeutung haben seine Dramen bis heute nichts eingebüßt.

Kaum ein anderer fremder Dichter hat so eindringlich auf die deutsche Dichtung eingewirkt wie Shakespeare. Goethe ist von Shakespeares Werk entscheidend beeinflußt worden (s. S. 53). Er hat einmal geschrieben, daß „Shakespeare, wie das Universum, immer neue Seiten bietet und am Ende doch unerforschlich bleibt". Die deutschen Romantiker Tieck (s. S. 74) und A. W. Schlegel (s. S. 74) haben Shakespeares Dramen genial übersetzt und sie damit für uns gewonnen. So mag ein Ausspruch gelten, der besagt, daß der große Brite durch eine Art geistiger Aneignung seitens der Deutschen geradezu ein deutscher Dichter geworden sei, der bei uns häufiger aufgeführt und besser verstanden werde als in England.

Shakespeares Lebenslauf ist uns nur lückenhaft bekannt. William Shakespeare wurde 1564 in Stratford-on-Avon, einer Kleinstadt südlich von Birmingham, geboren. Sein Vater war ein angesehener Handwerker, der verschiedene öffentliche Ämter bekleidete. Die Mutter entstammte wahrscheinlich dem niederen Adel. William, der sieben Geschwister hatte, besuchte die Lateinschule. Wohl schon in jungen Jahren kam er mit durchziehenden Schauspielern in Berührung. Er heiratete, kaum neunzehnjährig, die acht Jahre ältere Tochter eines Nachbarn; aus der Ehe gingen zwei Töchter und ein Sohn hervor. Vermutlich von 1586 an lebte der Dichter in London, wo er anfangs als Pferdehalter, dann als Schauspieler seinen Lebensunterhalt verdiente. Er begann, zunächst nach fremden Vorlagen und wohl als Mitglied einer Autorengruppe, Theaterstücke zu schreiben. Aber sehr bald scheint er diese Bindungen gelöst und selbständig gearbeitet zu haben, denn schon 1598 nannte ihn ein Kritiker den größten Dramatiker Englands. Auch gibt es ein Verzeichnis seiner Werke aus diesem Jahr. Als Mitbegründer des bekannten Globe-Theaters gelangte Shakespeare zu Wohlstand und hohem Ansehen. Trotzdem verließ er 1610 die Hauptstadt. Er kehrte nach Stratford zurück und hat sich bis zu seinem Tode 1616 wohl nur noch mit der Verwaltung seiner Besitzungen und mit Geldgeschäften befaßt.

Inneres des „Globe Theatre" in London aus der Zeit Shakespeares

Ob die überlieferten Bildnisse Shakespeares seinem wirklichen Aussehen entsprechen, ist ungewiß, doch heben Zeitgenossen seine aufrechte, edle Körperhaltung hervor, so daß man ihm auf der Bühne gern die Rolle des Königs oder anderer Würdenträger übertrug.

Das Lebensgefühl der Epoche formte Persönlichkeit und Werk des Dichters. Die Menschen, die sich im Mittelalter als fromme Christen dem Jenseits zugewandt hatten, entdeckten in der Renaissance, wie diesseitsfreudige Griechen und Römer im Altertum gelebt hatten; indem sie die Antike zum Vorbild wählten, gelangten sie zu einem neuen Lebensgefühl. Sie bemühten sich, alle Anlagen des Geistes, der Seele und des Körpers gleichmäßig auszubilden. Das Ideal war, als Gelehrter und Künstler ebenso bestehen zu können wie als Politiker, Diplomat oder Truppenführer. Ein derart vielseitig erzogener Mensch lernte bisher unbekannte Höhen, aber auch ungeahnte Tiefen des Daseins kennen und erschrak vor dessen Fragwürdigkeit. Diese krisenhafte Grundstimmung fand in zahlreichen Dramen Shakespeares ihren dichterischen Ausdruck.

Schließlich beeinflußten die Eigenart der elisabethanischen Bühne und kaufmännische Erwägungen Shakespeares Schaffen. Mit dem Beginn der Neuzeit streifte auch das Volkstheater seine religiös-kirchlichen Bindungen ab (s. S. 24). Wandernde Schauspielertruppen, die oft vom hohen Adel und der königlichen Hofhaltung gefördert wurden, führten die verschiedenartigsten Stücke auf – von kurzen Zwischenspielen bei Festmählern über Komödien bis zu Tragödien nach antiken Vorbildern. Man spielte ähnlich wie anfangs in Spanien (s. S. 198) ohne Dekoration auf der „Dreifelderbühne", nämlich Auftritte mit zahlreichen Personen auf einer in den Zuschauerraum ragenden rechteckigen Fläche, Szenen mit weniger Darstellern auf dem überdachten rückwärtigen Teil dieser Fläche oder erhöht hinter einer Reihe unverglaster Fenster oder auf

Balkonen. Pausen wurden durch derbe Späße überbrückt, die Shakespeare als erster verfeinerte und als lustige Nebenhandlung der Haupthandlung sinnvoll eingliederte. Da jede Ausstattung fehlte, bezeichnete ein Schild die Szene; so ließ sich ein Szenenwechsel schnell und mühelos bewerkstelligen. Daß mitten im Zuschauerraum ein Bottich für die Notdurft stand, möge das äußere Bild des elisabethanischen Theaters vervollständigen.

Zu einer Truppe gehörten zehn bis zwölf Schauspieler – sämtlich Männer –, die den Gewinn unter sich teilten; außerdem waren jugendliche „Lehrlinge" eingestellt, die vor allem die weiblichen Rollen übernehmen mußten. Da die Einnahmen dem Stamm der Darsteller unmittelbar zuflossen, sorgten sie für ein vielseitiges Programm fesselnder Stücke, und Shakespeare war nicht der einzige Schauspieler, der neue, zugkräftige Bühnenwerke schrieb, um das Publikum anzulocken und die Kasse zu füllen.

In seinen frühen Werken stand der Dichter noch spürbar unter dem Einfluß seiner Vorgänger, von denen der gleichaltrige J. Ch. Marlowe († 1593) der bekannteste ist; diese ersten Stücke kamen dem Zeitgeschmack am weitesten entgegen.

Eine der ersten Komödien, *Ein Sommernachtstraum* (1595), zählt zu den genialsten Lustspielen der Weltliteratur. Ein fürstliches Hochzeitspaar aus Athen, einfältige Handwerker, die den antiken Stoff von Pyramus und Thisbe als Rüpelspiel aufführen, und Naturgeister, unter ihnen Oberon und Titania, König und Königin der Elfen, sind Träger einer verwickelten Handlung, die schließlich allen düsteren Aussichten zum Trotz zu einem guten Ende führt. – Das Stück hat später durch die romantische Bühnenmusik von Mendelssohn noch an Wirkung gewonnen.

Im selben Jahr wie *Ein Sommernachtstraum* entstand das Trauerspiel *Romeo und Julia.* In Verona leben die Adelsfamilien Montague und Capulet in unversöhnlichem Haß; doch die Kinder der Todfeinde, Romeo und Julia, sind einander in leidenschaftlicher Liebe verbunden. Sie wissen, daß sie zu ihrer Heirat niemals die Zustimmung der Eltern erlangen würden; dennoch nimmt ein Franziskanerpater die Trauung vor. Aber nach der Hochzeitsnacht finden Romeo und Julia infolge einer tragischen Verkettung widriger Umstände den Tod. Die Väter versöhnen sich endlich. – Die Titelgestalten sind zum klassischen Liebespaar schlechthin geworden, die Gestaltung ihres Schicksals gilt stellvertretend für die im Leben immer wiederkehrende Tragödie einer jedes Maß sprengenden irdischen Liebesleidenschaft.

Wahrscheinlich unter dem Einfluß von Marlowes Bühnenstück *Der Jude von Malta* und beeindruckt von dem Prozeß gegen den jüdischen Leibarzt der Königin Elisabeth, schrieb Shakespeare das Schauspiel *Der Kaufmann von Venedig* (1595). Der Kaufmann Antonio will seinem Freunde Bassanio, dessen Hochzeit bevorsteht, mit Geld aushelfen, das er freilich zuvor von dem Juden Shylock leihen muß. Es werden zwar keine Zinsen vereinbart, doch darf der Jude ein Pfund Fleisch aus dem Körper des Kaufmanns schneiden, wenn dieser das Geld nicht rechtzeitig zurückzahlt. Der Fall tritt ein, da Antonios Schiffe gesunken sind und sein Reichtum plötzlich dahin ist. Nun besteht Shylock auf seinem Schuldschein. Der Fall kommt vor Gericht. Die als junger Rechtsgelehrter verkleidete Porzia, Bassanios Braut, übernimmt die Prozeßführung, und es gelingt ihr, den Juden ins Unrecht zu setzen; alle anderen haben den Nutzen davon. Das Stück, das orientalische und märchenhafte Züge enthält, kommt zu einem heiter gelösten Schluß. – Die Rolle des Shylock kann märtyrerhaft aufgefaßt werden, doch nähert sich die komödiantische Deutung – der Jude als geprellter Teufel – dem Geist des Stückes mehr.

Im zweiten Schaffensabschnitt nahm Shakespeare seine Stoffe aus der englischen Geschichte. Die „Königsdramen" – unter ihnen *Heinrich IV.* (2 Teile, 1597/98) und *Richard III.* (1593?) – behandeln Herrschergestalten aus dem Zeitraum von 1399 bis 1485. In *Heinrich IV.* findet sich die vortrefflich charakterisierte Komödiengestalt des Sir John Falstaff, eines trinkfesten Ritters, der noch einmal in dem Lustspiel *Die lustigen Weiber von Windsor* (1600?) erscheint.

Zu völliger Freiheit des Gestaltens gelangte Shakespeare in seiner dritten Schaffensperiode. Die hervorragend gezeichneten Charaktere der großen Trauerspiele sind von zeitloser Bedeutung, obwohl ihnen geschichtliche Vorbilder zugrunde liegen, und von weltweiter Gültigkeit, obwohl sie im Römischen Reich (*Julius Cäsar,* 1601, *Antonius und Kleopatra,* 1607), in Dänemark (*Hamlet,* 1602), in Schottland (*Macbeth,* 1605) oder in Britannien (*König Lear,* 1606) beheimatet sind. Die dichterischen Gestaltungen ihrer zwischen abgründiger Dämonie und höchster Vergeistigung sich folgerichtig vollziehenden tragischen Schicksale gehören zu den Meisterwerken der Weltliteratur, die jede Generation aus ihrer Situation heraus neu deutet.

Am dänischen Hofe spielt das Trauerspiel *Hamlet, Prinz von Dänemark.* Dem klugen Prinzen erscheint der Geist seines Vaters, was ihn in seiner Vermutung bestärkt, daß dieser von seinem Onkel, dem jetzigen König, ermordet worden ist. Hamlet soll, so verlangt der Geist, dieses Verbrechen sühnen, ohne etwas gegen die mitschuldige Mutter zu unternehmen. Hamlet zögert; er prüft noch einmal die Richtigkeit des Verdachtes: eine Schauspielertruppe läßt er vor dem Königspaar die Ermordung seines Vaters spielen; die Schuldigen verlassen entsetzt den Saal. Nun hat der Prinz Gewißheit, doch noch immer kann er sich nicht zur Tat entschließen. Der verbrecherische König schöpft Verdacht und will Hamlet beseitigen; ein erster Versuch mißlingt, und der zweite endet – nach mancherlei Verwicklungen – mit dem Tode der ganzen königlichen Familie. – *Hamlet* gilt als Shakespeares tiefgründigstes Werk, an dem die bedeutendsten Bühnendichter die Kunst der dramatischen Dichtung studiert haben.

Von den späten Dramen seien hier noch *Othello* (1604), die weltberühmte Tragödie der Eifersucht, und das romantische Schauspiel *Der Sturm* (1611?) genannt, das auf einen tatsächlich erfolgten Schiffsuntergang zurückgeht und das Othello-Motiv grundloser Eifersucht noch einmal aufgreift, nun aber versöhnlich löst.

Shakespeare wird in seiner Beliebtheit als Bühnenautor von keinem anderen Dramatiker übertroffen. Der Grund dafür ist wohl darin zu sehen, daß es seine Stücke jedem Jahrhundert erlauben, neben allgemein menschlichen Problemen Bezüge zu zeitnahen Fragen zu entdecken. Die Dramen wurden häufig dem jeweils herrschenden Zeitgeschmack angepaßt: So verhalf man im 18. Jahrhundert der Tragödie *König Lear* zu einem versöhnlichen Ende. Die Komödien erschienen im 18. und 19. Jahrhundert als Schauspiele, Sittenkomödien oder Possen. Das Interesse an den Königsdramen erwachte neu im zweiten Weltkrieg, als man das politisch Gleichnishafte in ihnen erkannte. Seit dem Beginn unseres Jahrhunderts versuchte man, Form und Ausstattung der Aufführungen wieder dem Stil der elisabethanischen Epoche anzupassen. Dabei liegen heute den deutschsprachigen Inszenierungen neben den Schlegel-Tieckschen Übersetzungen vor allem zeitgenössische Übertragungen von Hans Rothe, Erich Fried oder Rudolf Schaller zugrunde.

Dickens

Noch einmal, im 19. Jahrhundert, ging ein entscheidender literarischer Einfluß von der britischen Insel aus. In der Zeit der ersten Industrialisierung, als sich alle Lebensverhältnisse zu revolutionieren begannen, schuf der Erzähler Dickens aus der Sicht der sozial Schwachen den gesellschaftskritischen realistischen Roman.

Sein Lebensweg brachte den Dichter von frühester Jugend an in engste Beziehung zu den Kreisen, aus denen die nur schwer übersehbare Fülle seiner Gestalten stammt: selbst ein Kind armer Leute, wurde er zum Anwalt schuldlos in Not geratener Menschen. Ihnen wandte sich sein Mitleid zu; sie schilderte er in naiver Schwarz-Weiß-Malerei als gut, ihre Widersacher – Adel, Großbürgertum und Behörden – als schlecht. Nicht in umstürzlerischer Absicht, sondern allein aus menschlicher Güte und oft mit frisch zupackendem Humor prangerte er vorhandene Mißstände im Schulwesen, in der Justiz und im Strafvollzug sowie die Ausnutzung der Kinder und Jugendlichen in den neuen Fabriken an. Es gelang ihm durch seine dichterische Aussage, zur Beseitigung der Mängel beizutragen.

Charles Dickens wurde 1812 in Landport bei Portsmouth als Sohn eines Schreibers geboren. Der Vater geriet in Schuldhaft, die damals mit unmenschlicher Härte vollstreckt wurde. Dikkens mußte schon als Dreizehnjähriger in einer Fabrik arbeiten; später wurde er Büroangestellter eines Rechtsanwalts und Berichterstatter einer Zeitung. Seine *Londoner Skizzen* (1836) und besonders sein erster Roman *Die Pickwickier* brachten ihm entscheidende Erfolge.

Die nachgelassenen Papiere des Pickwick Clubs – so heißt der genaue Titel des 1836/37 in Fortsetzungen erschienenen Romans – schildern die seltsamen Abenteuer der Clubmitglieder während einer Reise in die weitere Umgebung von London. Herr Pickwick, ein wohlbeleibter Herr mit Brille und Stulpenstiefeln, stellt als ritterlicher, auf Ehre und Recht bedachter, temperamentvoller, dabei zäher Herr das zeitgenössische Ideal dar. Ausgerechnet dieser tadellose Mann gerät infolge von Verwicklungen ins Gefängnis und muß dort das Elend der Inhaftierten erleben. – In diesem Werk durchdringen einander Wirklichkeitsnähe und Phantasie.

Nach diesem Buch blieben Dickens Volkstümlichkeit und Ruhm treu. Seine Werke eroberten Europa und brachten ihm eine Einladung nach Amerika ein.

Großes Aufsehen erregte der Roman *Oliver Twist* (1838), weil sich der Dichter hier satirisch mit der Betreuung und Erziehung elternloser Kinder armer Leute auseinandersetzt. „Oliver schrie durchdringend", heißt es von dem Neugeborenen. „Hätte er gewußt, daß er ein Waisenkind und der zärtlichen Obhut von Kirchenvorstehern und Aufsehern anheimgegeben war, er hätte gewiß noch viel lauter geschrien." Wider Willen gerät der Junge in schlechte Gesellschaft, wird straffällig, kommt ins Arbeitshaus, flieht nach London, schließt sich einem Einbrecher an und gelangt endlich – innerlich rein geblieben – in geordnete Verhältnisse.

David Copperfield (1850), das Lieblingswerk des Dichters, schildert ein Menschenschicksal von der Geburt bis zur Verheiratung. Mehr als in anderen Büchern hat Dickens hier eigene Charakterzüge und Erlebnisse mit denen seines Titelhelden verwoben. Eine Fülle von lustigen, komischen, versponnenen, braven, unheimlichen und schlechten Personen beeinflußt den Lebensweg Davids.

Dickens starb 1870, von zahllosen Freunden und Verehrern in aller Welt betrauert. Sein Werk hat nachhaltig auf den Realismus in der zweiten Hälfte des 19. Jahrhunderts eingewirkt.

Shaw

Dickens' mehr vom Herzen als vom Verstand bestimmtes Eintreten für die „kleinen Leute" war noch von einer schwärmerischen sozialen Gesinnung bestimmt. Seitdem ist die soziale Frage in der Literatur nicht mehr verstummt. Realistischer als Dickens, wenn auch nicht weniger eigenwillig, und in der Hoffnung auf die wachsende menschliche Einsicht und Vernunft schrieb Bernard Shaw sein umfangreiches Werk. Bewußt stellte er es in den Dienst der sozialistischen Bewegung; er hat einmal bekannt, „um der reinen Kunst willen keinen einzigen Satz zu schreiben der Mühe für wert gefunden" zu haben.

George Bernard Shaw, im Alter als „G. B. S." weltbekannt, wurde 1856 in Dublin (Irland) geboren. Als kaufmännischer Angestellter kam er nach London. Er trat dort einer Gruppe bei, die das mittelalterliche Zunftwesen im Sinne moderner sozialistischer Bestrebungen zu erneuern trachtete. Erst verhältnismäßig spät, in den neunziger Jahren, begann er mit Bühnenwerken, die Welterfolge wurden und ihm – außer dem Nobelpreis (1925) – ein Millionenvermögen einbrachten. Shaw, nach seinen eigenen Worten davon überzeugt, daß man mindestens 300 Jahre brauche, „um alle Möglichkeiten des menschlichen Daseins voll ausschöpfen zu können", starb vierundneunzigjährig in Ayot St. Lawrence bei London.

Als Bühnenautor lernte der Dichter vor allem von dem Norweger Ibsen, von dem er den klar durchdachten Aufbau der Stücke und – zunächst – die unbarmherzige Kritik der zeitgenössischen bürgerlichen Gesellschaft übernahm; er übertraf sein Vorbild indessen durch Humor und zupackende Lebendigkeit.

Zu den meistgespielten Stücken Shaws gehört *Pygmalion* (1913). Titel und Stoff der Komödie gehen auf die antike Sage vom gleichnamigen König von Zypern zurück, der sich in eine Elfenbeinstatue verliebte und die zum Leben Erweckte zur Frau nahm. Der römische Dichter Ovid (43 v. Chr. – 18 n. Chr.) wandelte die Geschichte insofern ab, als er den König durch einen Bildhauer ersetzte. Dieser verliebt sich in eine von ihm selbst geschaffene Statue, die auf sein Flehen hin in ihr Menschendasein tritt. Shaw überträgt die Grundidee in die Lebenswirklichkeit der Gegenwart: Der Sprachforscher Professor Higgins nimmt das Blumenmädchen Eliza, Tochter des Londoner Müllkutschers Doolittle, zu sich, um sie einwandfreies Englisch zu lehren. Er glaubt, sie sei damit ganz sein Geschöpf, und übersieht, daß das gescheite, gefühlssichere Mädchen mit zunehmender geistiger Bildung die charakterlichen Mängel ihres Lehrers erkennt. Während das Stück selbst alle Möglichkeiten offenläßt, erklärt Shaw in einem Nachwort, daß Eliza den Heiratsantrag des selbstsüchtigen, von sich eingenommenen Professors ablehnen wird. Er weist damit auf den gesellschaftskritischen Sinn hin, der sich hinter dem geistreichen Witz der beliebten Komödie verbirgt. Sie ist als Musical *My Fair Lady,* das auch verfilmt wurde, zum zweiten Male ein Welterfolg geworden. In der vertonten Fassung heiratet Eliza übrigens den Professor.

Eine Sonderstellung im dramatischen Schaffen Shaws nimmt *Die heilige Johanna* (1923) ein. Mit diesem Bühnenwerk gelang es Shaw, die von Schiller verklärte Gestalt (s. S. 66) ohne Pathos in das Spannungsfeld des Konfliktes zu stellen, der immer dann entsteht, wenn ein außergewöhnlicher Mensch in den Bereich des Gewöhnlichen und Geordneten dringt. Johannas Tragik entwickelt sich aus dem schicksalhaften Zwang, gegen die Autorität von Staat und Kirche handeln zu müssen.

Eliot

Gesellschaftskritik scheint auch die Absicht einiger Bühnenwerke zu sein, mit denen ein anderer britischer Nobelpreisträger, Eliot, Aufsehen erregte, am ausgeprägtesten in *Ein verdienter Staatsmann* (1959). Bei gründlicher Betrachtung ergibt sich indessen, daß diese Stücke, obwohl sie in der Gegenwart spielen, weit über die Durchleuchtung zeitgenössischer sozialer Verhältnisse hinausgreifen: Es geht dem Dichter um die schicksalhafte Verflochtenheit des Einzelmenschen mit anderen und um die Sühne einer spät aufgedeckten Schuld, die aus einer derartigen Verwicklung entsteht. Dieses Grundmotiv entnahm Eliot altgriechischen Mythen und Dramen, deren Personenkreis und Handlungsablauf er seinen Stücken gleichsam unsichtbar zugrunde legte.

Thomas Stearns Eliot – Stearns ist der Familienname der Mutter, von der er seine dichterische Begabung ererbt zu haben glaubte – wurde 1888 in St. Louis (USA) als Nachkomme englischer Einwanderer geboren. Nach seinem Studium wurde er zunächst Dozent für Philosophie, später

Verleger in London. 1927 erhielt er die britische Staatsbürgerschaft; gleichzeitig trat er zur anglikanischen Kirche über. Eliot starb 1965.

Der Autor war durch Gedichtsammlungen, besonders durch seine lyrische Großstadtschilderung *Das wüste Land* (1922), schon berühmt, als er, ähnlich wie Shaw, über die Theaterkritik Zugang zur Bühnendichtung fand. Er blieb trotzdem auch weiterhin Essayist und Lyriker und schuf 1944 sein lyrisches Hauptwerk, die *Vier Quartette,* eine mannigfach verschlüsselte Betrachtung über die Beziehung des modernen Menschen zu Zeit und Ewigkeit.

Eliot erlebte die Öde der menschlichen Zivilisation und empfand nachhaltig die Leere des bei aller Betriebsamkeit in trostlose Einsamkeit verstoßenen Menschen unserer Tage:

Wir sind die hohlen Männer
die Ausgestopften
aufeinandergestützt
Stroh im Schädel. Ach,
unsre dürren Stimmen,
still und sinnlos
wispern sie miteinander
wie Wind im trockenen Gras
oder Rattenfüße über den Scherben
in unserm trockenen Keller

Gestalt formlos, Schatten farblos,
gelähmte Kraft, reglose Geste;

die hinüber sind, sehenden Auges,
ins andere, in des Todes Reich,
wenn sie an uns denken, denken sie nicht
an wilde verlorene Seelen,
sondern an hohle Männer,
an Ausgestopfte.

(dt. von H. M. Enzensberger)

Aus der düsteren Verlorenheit seines Daseins stieß der Dichter in ,,die Dunkelheit Gottes" vor, fand er zu seinem mythischen Christentum.

So nimmt es nicht wunder, daß Eliots erstes und erfolgreichstes Drama, *Mord im Dom* (1935), ein kirchliches Weihespiel in Versen ist. Der Autor schrieb es für Canterbury, in dessen Dom 1170 Thomas Becket, der Erzbischof und spätere Nationalheilige Englands, ermordet worden war. Dieses Ereignis, eine Folge des mittelalterlichen Machtkampfes zwischen Staat und Kirche, ist Höhepunkt einer Handlung, die formal als eine Art Fortführung des frühen christlichen Mysterienspiels gestaltet ist; doch enthält das Werk auch antike und moderne Züge, nämlich einerseits den Chor der Frauen von Canterbury, andrerseits die Verteidigung der Mörder in der Sprache und mit den Beweisgründen der Gegenwart.

Eliot hatte mit diesem kultischen Drama noch nicht das moderne Bühnenstück eigener Prägung gefunden. Ihm schwebte ein poetisches Versdrama vor, das zugleich ein zeitnahes Gesellschaftsstück war. Das erforderte seiner Ansicht nach eine zwar gebundene, aber so natürlich wie Prosa klingende Rede. Der Dichter bediente sich eines freien, gelösten Verses, der für belanglose Unterhaltungen ebenso wie für dramatische Höhepunkte geeignet ist und dem Zuhörer gar nicht als Vers bewußt wird.

Der Familientag (1939) und *Die Cocktail-Party* (1949) sind eigenwillig verschlüsselte Bühnenwerke: Während vordergründig ein modernes Gesellschaftsstück abläuft, werden in der Tiefenschicht antike Elemente und Grundsätze der christlichen Sittenlehre erkennbar; dabei bleibt die künstlerische Einheit des Ganzen erhalten.

Gestalten französischer Dichtung

Corneille

Nach dem Zerfall des römischen Imperiums trat vor allem die französische Kultur das Erbe Roms an. Das geschah zeitweilig mit einem ausgeprägten Sendungsbewußtsein, und es gibt unübersehbare Zeugnisse für die besondere Ausstrahlungskraft der französischen Kultur. Das gilt vornehmlich für die mannigfaltigen Anregungen, die Frankreich im 17., seinem „großen" Jahrhundert, den Völkern der Welt gab. Der Kardinal Richelieu, seit 1624 leitender Minister des Landes, begründete die politische Vormachtstellung Frankreichs in Europa, setzte gegen die Bestrebungen des Adels den Absolutismus durch und schuf mit der Académie Française (1635) eine Einrichtung, die wie nirgends sonst die Stellung und das Ansehen des Dichters und Schriftstellers in der Nation festigen sollte.

Das Lebensgefühl der Epoche fand in der französischen Literatur dieses 17. Jahrhunderts seinen vollendeten Ausdruck; doch wandte sich die Dichtung nicht wie in Spanien und England an die Masse des Volkes, sondern nur an eine zahlenmäßig kleine geistige Oberschicht. Während in Deutschland der Dreißigjährige Krieg das kulturelle Leben lähmte (s. S. 34f.), entstanden im westlichen Nachbarland die ersten literarischen Zirkel und Salons.

Auf diesem geistigen Boden wuchs die klassische französische Tragödie. Pierre Corneille war ihr Schöpfer und – in vieler Hinsicht – schon ihr Vollender. Der Dichter wurde 1606 als Sohn eines Rechtsanwalts in Rouen geboren und dort von den Jesuiten erzogen. Er ergriff zunächst den Beruf des Vaters, machte sich aber sehr bald als Lustspielautor einen Namen. Große Tragödien festigten seinen Ruhm. Richelieu berief ihn in die Académie Française und verschaffte ihm einen Ehrensold des Königs. Im Alter erlosch sein Stern. Arm und fast vergessen starb der Dichter 1684 in Paris. Seine weltliterarische Bedeutung sollte erst nach seinem Tode offenkundig werden. „Nicht mehr Menschen von Fleisch und Blut scheinen auf dieser weltgeschichtlichen Bühne einander zu begegnen und zu bekämpfen, ... es sind Menschenbilder, die weltpolitische Kräfte verkörpern ..., der eigentliche, ihnen angemessene Bezirk des Daseins ist der Raum der großen Pflichten, der einander bedrängenden geschichtlichen Mächte." (Reinhold Schneider; s. S. 148f.) Losgelöst vom Alltag, geraten sie in Widerstreit zwischen Liebe und Ehre, göttlicher Ordnung und Leidenschaft. Rede und Gegenrede vollziehen sich in gepflegter, geistvoller Sprache; sie ist im Versmaß des gereimten Alexandriners gebunden und wie die begleitende Gebärde des Schauspielers vom Pathos erfüllt.

Die klar aufgebaute Handlung verläuft nach logischen Gesetzen. Die Dichter dieser Epoche, die sich nachhaltig mit dem Gedankengut der Antike auseinandersetzten, glaubten, aus der Poetik des Aristoteles[1] die Forderung der drei Einheiten des Dramas herauslesen zu können: die Einheit der Zeit bedeutet, daß sich die Handlung nur über einen Tag erstrecken darf; die Einheit des Raumes verlangt einen während des ganzen Stückes gleichbleibenden Schauplatz; die Einheit der Handlung schließlich besagt, daß in einem Bühnenwerk nur *ein* dramatischer Konflikt dargestellt werden darf. Diese von allen Dichtern der französischen Klassik anerkannten forma-

[1] Griechischer Philosoph, 384–322 v. Chr.

len Grundregeln sollten später von Gottsched (s. S. 41) für Deutschland übernommen, von Lessing (s. S. 44 ff.) sowie dem Sturm und Drang (s. S. 48 f.) aber bis zur Ablehnung kritisiert werden.

Obwohl der Stoff von Corneilles Trauerspiel *Cid* auf eine spanische Nationalsage zurückgeht und das Stück nicht Richelieus Beifall fand, gilt 1636, das Jahr der Uraufführung, als der Beginn der französischen Klassik. Der spannend und mit zwingender Notwendigkeit dargestellte Konflikt der Liebenden und die noch unerschütterte Ordnung der Werte, an deren Spitze – und damit noch über persönlicher Ehre und Liebe – der Staat steht, haben die Tragödie bis in die Gegenwart lebendig erhalten.

Ximene, die Tochter des Grafen Gomez, liebt Don Rodrigo, den „Cid"[1], Sohn Don Diegos. Die Väter geraten in Streit. Um den gedemütigten Don Diego zu rächen, tötet Rodrigo den Vater Ximenes im Zweikampf; nun muß diese nach der Ehrauffassung der Zeit den Kopf des Geliebten fordern. Sie läßt sich auch nicht durch Rodrigos Sieg über die Araber umstimmen. Es kommt zum Zweikampf zwischen Don Sancho, der Ximene ebenfalls liebt, und dem Cid. Don Rodrigo siegt und bittet den König um eine endgültige Entscheidung. Der Herrscher stimmt der Vermählung Ximenes und Rodrigos unter der Bedingung zu, daß dieser auf ein Jahr gegen die Mauren zieht.

Mit weiteren Tragödien und Komödien, insgesamt mehr als 30 Bühnenwerken, prägte Corneille das klassische französische Drama.

Racine

Racine, um eine Generation jünger als Corneille, verschmolz Christentum und Humanismus zu einer unlöslichen Einheit: aus dem Nebeneinander beider ist ein Ineinander geworden.

Jean Racine wurde 1639 in La Ferté-Milon geboren. Während des Studiums wandte er sich besonders der altgriechischen Literatur zu. In elf Jahren, von 1666 bis 1677, schrieb er seine Meisterwerke. Er wurde in die Académie Française aufgenommen und war mit den bekanntesten Dichtern und Gelehrten seiner Zeit befreundet. Eines Tages aber zog sich der so schnell berühmt gewordene Dramatiker zurück, sei es, daß ihn seine unbeirrbare Gläubigkeit zwang, mit dem Verzicht auf die öffentliche Anerkennung ein Opfer zu bringen, sei es, daß er gekränkt war, weil seine Tragödie *Phädra* infolge von Quertreibereien nicht aufgeführt wurde. Der Dichter betätigte sich nun als Geschichtsschreiber des Königs – seine Aufzeichnungen sollten später einem Schadenfeuer zum Opfer fallen – und als Vorleser bei Hofe, bis er in Ungnade fiel. Zwei religiöse Schauspiele, für eine Heimschule geschrieben, und geistliche Lyrik beschlossen Racines Lebenswerk. Er starb 1699 in Paris.

Der Dichter hatte anfangs Corneille nachgeahmt, doch fand er bald seinen eigenen Stil, ohne jedoch den von seinem Vorgänger geschaffenen Rahmen der klassischen französischen Tragödie zu durchbrechen. Racine bevorzugte Stoffe aus der griechischen Antike. Im Mittelpunkt seiner Bühnenwerke stehen Frauen, die durch leidenschaftliche Liebe in schicksalhafte Konflikte mit den überkommenen Satzungen der Gemeinschaft geraten, wie sie ihnen in der Familie und im Staat begegnen. Da solche Ordnungen nach der Auffassung der damaligen Zeit festgefügt und unantastbar sind, bleibt den Betroffenen nur der Verzicht. Nicht um Leidenschaft oder Ehre

[1] Das Wort ist maurischen Ursprungs und bedeutet „Herr".

wie bei Corneille, sondern um Leidenschaft oder Entsagung geht es Racine. Dabei bemüht er sich um Beseelung seiner Gestalten und psychologische Durchdringung ihres Verhaltens.

Auch Racine baut die Handlung klar unter strenger Beachtung der drei Einheiten des Aristoteles auf. Seine gereimten Alexandriner sind in einer bis zum letzten geläuterten, oft lyrischen Sprache abgefaßt. Bei Racine wird das „ätherleicht gewordene, aller Erdenschwere entkleidete Wort ... auf einer sehr hohen Ebene zur Gemeinsprache nicht nur Frankreichs, sondern einer ganzen Welt.“ (R. A. Schröder)

Von den neun Tragödien des Dichters verdient *Phädra* (Uraufführung 1677) besondere Aufmerksamkeit. Das in unserer Zeit u. a. von R. A. Schröder übertragene Bühnenwerk war schon von Schiller übersetzt worden. Hippolyt, der Sohn des Königs Theseus von Athen und seiner ersten Gemahlin Antiope, liebt Aricia, die Gefangene seines Vaters aus einem königlichen Geschlecht Athens. Aber Phädra, die Stiefmutter Hippolyts, liebt ihren Stiefsohn, und auf die Nachricht von Theseus' Tod gesteht sie ihm ihre Liebe. Der entrüstete Hippolyt will mit Aricia fliehen, doch da kehrt sein Vater überraschend zurück. Phädra duldet, daß Hippolyt vor Theseus der sündigen Liebe zu ihr bezichtigt wird, und verflucht den Sohn, der das Land verlassen muß. Der Jüngling endet furchtbar durch den Hauch eines Meerungeheuers. Phädra vergiftet sich. Der erschütterte Theseus nimmt Aricia an Kindes Statt an.

Molière

Dem Geist des vom Humanismus geprägten „großen Jahrhunderts“ der Franzosen entsprach die möglichst vielseitige Entfaltung der menschlichen Persönlichkeit, der freilich die noch unangetastete Autorität der Kirche gewisse Grenzen setzte. Molières „hohe Komödie“ ergänzt das Bild der Epoche um wesentliche Züge; seine Bühnenwerke gehören wie die von Corneille und Racine zum anerkannten Bestand der französischen Klassik.

Molière ist der Künstlername von Jean Baptiste Poquelin, der 1622 als ältester Sohn eines wohlhabenden, am königlichen Hof tätigen Tapezierers in Paris geboren und von den Jesuiten erzogen wurde. Er begann zu studieren, doch entschloß er sich als Zwanzigjähriger, Schauspieler zu werden; er blieb es bis zu seinem Tode. Zwölf Jahre zog er durch die französische Provinz, wertvolle Erfahrungen für seine spätere Tätigkeit als Bühnendichter sammelnd, bis er endlich die Leitung des „Königlichen Palasttheaters“ erhielt – aus ihm sollte 1680 die heute noch bestehende „Comédie Française“, ein Pariser Staatstheater, hervorgehen. Molière, der mit einer zwanzig Jahre jüngeren Schauspielerin unglücklich verheiratet war und sich mit seinen Komödien den Haß bürgerlicher und kirchlicher Kreise zugezogen hatte, brach bei einer Aufführung in der Hauptrolle seines Stückes *Der eingebildete Kranke* zusammen und starb noch am selben Abend (1673).

Zeitgenossen erkannten in dem Dichter das einzige unter ihnen lebende Genie und schilderten ihn als ernste Persönlichkeit mit sanftem, edlem Charakter; hinter der Maske des gefeierten Komödianten verbarg sich ein in sich gekehrter Mensch, dessen natürliche Lebensfreude mit den Jahren von körperlichem und seelischem Schmerz aufgezehrt wurde.

Als Bühnendichter begann Molière mit Stücken nach dem Vorbild der italienischen Stegreifkomödie[1]. Später setzten sich seine Charakterkomödien, die zeitlose menschliche Schwächen

[1] Commedia dell'arte; anfangs Stegreifspiele, in denen immer wiederkehrende typische Personen auftraten; später anerkannte literarische Form der Komödie.

aufzeigen, gegenüber den aus dem französischen Mittelalter überlieferten Possen und Volksstücken durch. Mit seinen Werken, von denen – abgesehen von Gelegenheitsdichtungen für Hoffeste – 32 erhalten sind, beabsichtigte Molière, „sich mit den lächerlichen Zügen der Menschheit zu befassen und die Gebrechen, die alle Welt hat, auf dem Theater angenehm zu machen", wie er selbst es einmal ausdrückte. In jedem seiner Stücke stellte er ein menschliches Laster dar. Die mit einer solchen Schwäche behaftete Einzelpersönlichkeit gerät in Widerstreit mit der Umwelt, was an und für sich auch tragisch ausgehen könnte. Doch indem Molière das kauzige Individuum dem Durchschnittsbürger mit dem „gesunden Menschenverstand" gegenüberstellt, erhält der Konflikt seine komische Note. „Er rechnete mit dem Laster ab, aber seine glühendste Entrüstung endete im Lachen."

Szene (Harpagon und Valère) aus dem Schauspiel *Der Geizige* von Molière

Zum *Menschenfeind* (1667) wird Alceste, ein mit der Welt zerfallener Edelmann, weil er als einzelner nichts gegen Spottlust und Schmeichelei seiner Standesgenossen erreichen kann und obendrein den Reizen der jungen Witwe Célimène nicht zu widerstehen vermag, die in ihrem Wesen jene Schwächen der Zeit vereinigt. *Der Geizige* (1668) wird von seinen eigenen Kindern gründlich an der Nase herumgeführt. Als Betrüger kommt der scheinheilige Herr *Tartuffe* (1669) am Ende des gleichnamigen Stückes ins Gefängnis. Die im Auftrag Ludwigs XIV. geschriebene Komödie mit Balletteinlagen *Der Bürger als Edelmann* (1670) verspottet in Herrn Jourdain einen Bürger, der um jeden Preis einen Adligen darstellen möchte. Das Stück wurde von Hugo von Hofmannsthal (s. S. 115) bearbeitet; diese Fassung legte Richard Strauss seiner Oper *Ariadne auf Naxos* zugrunde. In seiner letzten Komödie setzte sich Molière mit der Schwäche vieler Menschen auseinander, sich übertriebene Sorgen um ihre eigene Gesundheit zu machen. Herr Argan, *Der eingebildete Kranke* (1673), erkennt den wahren Charakter seiner Verwandten und Bekannten erst, als er sich eines Tages tot stellt.

Molière hat seine Komödien teils in Alexandrinern, teils in Prosa abgefaßt. Sein unbestechlicher Wirklichkeitssinn, sein sicherer Instinkt für Bühnenwirkung und seine geniale dichterische Gestaltungskraft haben Werke entstehen lassen, die heute auf den Theaterspielplänen aller Kulturvölker erscheinen.

Das Ende des 17. Jahrhunderts brachte den Ausklang des Barocks, dessen klarste literarische Ausprägung sich in der klassischen dramatischen Dichtung Frankreichs findet. Der Stil dieser großen Epoche strahlte – wie der Absolutismus Ludwigs XIV. – auf die Völker Europas aus, doch ergab sich mit der Zeit eine Unstimmigkeit zwischen übernommenen Formen und erlebten seelischen Gehalten. Da führte im 18. Jahrhundert JEAN JACQUES ROUSSEAU (1712–1778) eine grundlegende Wende herbei. Als Philosoph zählt er zu den Überwindern der Aufklärung (s. S. 41), die an die Stelle der noch im Barock anerkannten Autorität der Kirche die der Vernunft gesetzt hatte; als Staatsdenker war er einer der Wegbereiter der Französischen Revolution, die den Absolutismus stürzte; in der Literatur gilt er als der erste Schriftsteller, der – in seinen *Bekenntnissen* – Wert und Bedeutung des Menschen als eines denkenden und empfindenden Einzelwesens sowie die Einmaligkeit seiner Erscheinung herausstellte; das ließ ihn zu einem der geistigen Väter des Sturms und Drangs (s. S. 48 f.), der Romantik (s. S. 67 f.) und des modernen Romans werden.

Das Beispiel einer in der Nachfolge Rousseaus mit urtümlicher Kraft frei sich entfaltenden Einzelpersönlichkeit ist Balzac. Eine Fotografie zeigt ihn uns als untersetzten Südfranzosen mit dunklen, zur Schau des Wesentlichen geschaffenen Augen. „Die Beobachtung war bei mir schon intuitiv geworden", sagte er einmal. „Sie drang bis zur Seele vor, ohne den Körper außer acht zu lassen ... Sie gab mir die Fähigkeit, das Leben des einzelnen zu leben, den sie ins Auge faßte, indem sie mir erlaubte, mich in ihn zu verwandeln." Tatsächlich waren Balzac die Gestalten seiner dichterischen Einbildungskraft vertrauter als die ihn umgebenden Menschen aus Fleisch und Blut, von denen er oft hintergangen wurde.

Die Französische Revolution, Napoleons Kaiserreich und die konstitutionelle Monarchie bis zur Revolution von 1848 bilden den zeitlichen Hintergrund für die mehr als 40 Bände umfassende Romanfolge, die als *Menschliche Komödie* [1] 1829 bis 1854 erschien. In ihr finden sich nahezu alle Stände der Zeit und die wesentlichen menschlichen Charaktertypen. Die Handlung spielt in der Großstadt, in der Kleinstadt und auf dem Lande.

In dem Roman *Verlorene Illusionen* (1837) und in der Fortsetzung *Ruhm und Elend* (1839) wurde zum ersten Male die verderbliche Wirkung einer Weltstadt zum literarischen Thema. Andrerseits schrieb Balzac mit dem Roman *Die Bauern* (1855 unvollendet aus dem Nachlaß veröffentlicht) eine auch heute noch wesentliche Darstellung des französischen Bauerntums. Der künstlerische Wert mancher seiner Romane wird durch zu stark herausgearbeitete Gesellschaftskritik und Betrachtungen über die Macht des Geldes beeinträchtigt. Als dichterisches Meisterwerk gilt *Die Frau von dreißig Jahren* (1832), in dem das Schicksal einer an der Seite ihres gleichgültigen Mannes verzweifelnden Frau geschildert und die nur um ihrer leeren Form willen fortgeführte Ehe angeprangert wird. Auch *Eugénie Grandet,* die Titelheldin des 1833 erschienenen Romans, muß nach sieben Jahren aufopferungsvoller Liebe zu Charles, einem gekkenhaften, charakterlosen Vetter, erkennen, daß sie sich in ihm getäuscht hat; er heiratet eine andere.

Honoré de Balzac wurde 1799 in Tours geboren. Auf Wunsch der Eltern sollte er in Paris Rechtsanwalt werden, doch wandte er sich der Schriftstellerei zu. In jungen Jahren erwarb er eine Druckerei, die bald pleite ging. Um die entstandenen hohen Schulden abzutragen, schrieb er mit unwahrscheinlicher Arbeitskraft einen Roman nach dem anderen. Er saß meistens von Mitternacht bis zum anderen Abend am Schreibtisch und brachte es auf 2000 Druckseiten jähr-

[1] Titel im Anklang an die *Göttliche Komödie* des italienischen Dichters *Dante* (1265–1321).

lich. Daß sein unter so ungünstigen Bedingungen entstandenes Lebenswerk in die Weltliteratur eingehen konnte, beweist die geniale Begabung Balzacs. Er starb – wahrscheinlich infolge geistiger Überanstrengung – bereits 1850 in Paris.

Flaubert

Sieben Jahre nach Balzacs Tod erschien ein epochemachender Roman: *Madame Bovary.* Flaubert, sein Autor, war damals sechsunddreißig Jahre alt; er unterschied sich grundlegend vom Schöpfer der *Menschlichen Komödie:* während es diesem vor allem darum zu tun war, die Fülle der ihn bedrängenden Stoffe einzufangen, was ihm formal durchaus nicht immer gelang, rang jener lange und oft selbstquälerisch um eine künstlerisch vollendete Prosa – mehrere Jahre hatte er am sprachlichen Ausdruck der *Madame Bovary* gefeilt!

Gustave Flaubert zeigte schon auf dem Gymnasium eine besondere Sprachbegabung. Er war 1821 in Rouen als Sohn eines Chirurgen geboren worden und studierte Rechtswissenschaften in Paris. Dort lebte er auch später, wenn er nicht auf längeren Reisen im Orient, in Tunesien oder Italien weilte. Oft zog sich der unverheiratete, zum Menschenhaß neigende Dichter auf seinen Landsitz Croisset bei Rouen zurück, wo er 1880 starb. Ein unheilbares Nervenleiden (Epilepsie) mag zur Prägung seines schwermütigen Wesens beigetragen haben. Kleinbürgertum und Provinz verabscheute er, weil er in diesen Bereichen die Dummheit mehr als anderswo beheimatet glaubte.

In dem Roman *Madame Bovary* (1857) ist die schwärmerische Titelheldin an den Wundarzt Charles Bovary gebunden, den im Beruf und in der Ehe enttäuschenden Kleinstadtspießer. Er verkörpert die unverschuldete menschliche Beschränktheit, die hier in Verbindung mit der unerschütterlichen Treue zu seiner ehebrecherischen Frau geradezu tragisch wirkt. Der Handlung liegt eine wahre Begebenheit, ein kleinstädtischer Gesellschaftsskandal, zugrunde. Emma Bovary flieht aus ihrer einförmigen Ehe in die Arme des Gutsbesitzers Boulanger und wird seine Geliebte. Später setzt sie ihr zügelloses Leben an der Seite eines anderen Liebhabers fort, bis dieser sie verläßt und sie sich vergiftet. – Das Buch wurde nicht zuletzt dadurch bekannt, daß es bei seinem Erscheinen zu einem Skandal und zu einem Prozeß wegen Verbreitung anstößigen Schrifttums kam, der jedoch mit einem Freispruch für Autor und Verleger endete.

Nach dieser großen realistischen Dichtung überraschte Flaubert die Öffentlichkeit mit dem künstlerisch auf gleicher Höhe stehenden Roman *Salambo* (1863). Der Dichter hatte Nordafrika, wo sich Morgenland und Abendland durchdringen, auf mehreren längeren Reisen genau kennengelernt und war durch gründliche geschichtliche Studien mit allen für sein Werk notwendigen Gegebenheiten vertraut. So konnte er die längst versunkene Welt des karthagischen Reiches bis in realistische Einzelheiten schildern.

Claudel

Paul Claudel, Sohn eines Juristen, wurde 1868 in Villeneuve-sur-Fère (Departement Aisne) geboren. Er studierte Rechtswissenschaft und trat in den diplomatischen Dienst seines Landes. Wie er Dichtung um ihrer selbst willen ablehnte, so verzichtete er auch darauf, sich ihr ganz zu widmen; er übte seinen Beruf bis zum 66. Lebensjahr in zahlreichen Ländern – auch in Deutschland – aus. 1955 starb er in Paris.

,,Mit den Schlägen der Monstranz verwüstet er unsere Literatur", urteilte Gide[1] über Claudel. Dessen Unduldsamkeit gegenüber allem, was nicht mit der neukatholischen Bewegung in Frankreich in Einklang zu bringen war, erklärt sich aus einem entscheidenden religiösen Erlebnis des jungen Dichters und den Folgen, die sich daraus für ihn ergaben. Er stand zunächst ganz unter dem Einfluß des zeitgenössischen materialistisch-naturwissenschaftlichen Weltbildes seiner Zeit. Da brachte der Weihnachtsgottesdienst in Notre Dame, der berühmten Kathedrale von Paris, für den Achtzehnjährigen die große Lebenswende. Als Chorknaben das Magnifikat[2] anstimmten, war es ihm, als habe ihn der Blitz getroffen. ,,In einem Nu wurde mein Herz ergriffen, und ich glaubte", schrieb er später über diesen Augenblick. ,,Ich glaubte mit einer so mächtigen und inneren Zustimmung, mit einem so gewaltsamen Emporgerissenwerden meines ganzen Seins, mit einer so starken Überzeugung, mit solch unerschütterlicher Gewißheit, daß keinerlei Platz auch nur für den leisesten Zweifel offen blieb, daß von diesem Tage an alle Bücher, alles Klügeln, alle Zufälle eines bewegten Lebens meinen Glauben nicht zu erschüttern, ja auch nur anzutasten vermochten." Seitdem betrachtete der Dichter es als seine Lebensaufgabe, die katholische Lehre zu erfassen, sie in seinen Werken zu verkünden, durch sie die Welt mit dem Himmel zu verknüpfen. Nur aus dieser Sicht wollte er seine Dichtungen gewertet wissen.

Neben kritischen und betrachtenden Büchern sowie den *Fünf großen Oden* (1910), diese in einer Versform nach der Bibel, stehen seine Dramen. Sie unterscheiden sich in ihrem Stil grundlegend von den herkömmlichen französischen Bühnenstücken. Claudels nahezu unbegrenzte Gestalten- und Handlungsfülle ist der Klarheit, die das klassische Theater Frankreichs kennzeichnet, geradezu entgegengesetzt. Indem er epische, lyrische und pantomimische[3] Elemente einbezog und den Bogen von tiefem, pathetischem Ernst bis zur Komik und Groteske spannte, bereicherte er die dramatische Dichtung beträchtlich.

Mit dem Schauspiel *Mariä Verkündigung* (1912) erneuerte Claudel das mittelalterliche Mysterienspiel. Im Mittelpunkt steht Violaine, die gläubige, reine und schöne Tochter eines Gutsherrn; sie überwindet die irdische Liebe und weiht ihr Leben der himmlischen. Sie stirbt, selig erfüllt von der Herrlichkeit Gottes.

Das Hauptwerk des Dichters, das oft neben Goethes *Faust* und Dantes *Göttlicher Komödie* zu den bedeutendsten Werken der Weltliteratur gezählt wird, ist *Der seidene Schuh* (1930), eine weltumspannende dramatische Mysterienerzählung. Im Mittelpunkt der vielfach verschlüsselten Handlung, die vorwiegend in Spanien an der Wende vom 16. zum 17. Jahrhundert spielt, steht eine unerfüllte, tragische Liebe: der spanische Feldherr Rodrigo liebt Doña Proëza, doch diese ist mit Don Pelayo, einem greisen Richter, verheiratet. Als die junge Frau spürt, daß die Leidenschaft sie zu überwältigen droht, streift sie einen ihrer seidenen Schuhe ab und legt ihn einem steinernen Bild der Maria in die Hände; im Gebet gelobt sie, der körperlichen Liebe zu Rodrigo zu entsagen. Mannigfachen Anfechtungen zum Trotz hält sie ihr Gelübde und erfährt am Ende die göttliche Gnade. – Der Komponist Arthur Honegger (1892–1955) schuf eine Bühnenmusik zu Claudels dramatischer Dichtung.

[1] André Gide (1869–1951), französischer Dichter, der mit Claudel jahrzehntelang im Briefwechsel über Fragen des Glaubens stand; Gide war Protestant.
[2] Name und Anfang des Lobgesangs Mariens (,,Hochpreiset meine Seele den Herrn", Luk. 1,46–55).
[3] von Pantomime = Gebärdenspiel.

Saint-Exupéry

Am 31. Juli 1944 kehrte Major Antoine Marie Roger Comte de Saint-Exupéry, Flugzeugführer eines unbewaffneten amerikanischen Fernaufklärers, vom Feindflug nicht zurück. Der Pilot entstammte einer alten, aber unbegüterten Familie; er war 1900 in Lyon geboren und in katholischen Internaten erzogen worden. Im Lauf seines Lebens war er Militär-, Post- und Verkehrsflieger, Handelsvertreter, Berichterstatter, Drehbuchautor, Zeichner und einer der erfolgreichsten Schriftsteller des 20. Jahrhunderts.

Saint-Exupéry hat es abgelehnt, als „Fliegerdichter" bezeichnet zu werden. Obwohl er mehrere flugtechnische Erfindungen patentieren lassen konnte und Erlebnisse aus der Frühzeit der Fliegerei in seinen Büchern einen breiten Raum einnehmen, ging es dem Autor um mehr, nämlich um das Verhältnis des Menschen zur Technik. Nicht nur die Schriftstellerei, die seinem Freunde Gide zur Erforschung der eigenen Persönlichkeit gedient hatte, verhalf dem Jüngeren zur Selbsterkenntnis, auch das Flugzeug diente ihm auf besondere Weise dazu. „Die Erde schenkt uns mehr Selbsterkenntnis als alle Bücher, weil sie uns Widerstand leistet. Und nur im Kampf findet der Mensch zu sich selber. Aber er braucht dazu ein Werkzeug, einen Hobel, einen Pflug. Der Bauer ringt in zäher Arbeit der Erde immer wieder eines ihrer Geheimnisse ab, und die Wahrheiten, die er ausgräbt, sind allgültig. So stellt auch das Flugzeug, das Werkzeug des Luftverkehrs, den Menschen allen alten Welträtseln gegenüber und wird uns zum Werkzeug der Erkenntnis und Selbsterkenntnis" (aus *Wind, Sand und Sterne*).

Die Erfahrungen seines Fliegerlebens führten Saint-Exupéry zu der Überzeugung, „daß das Glück des Menschen nicht in der Freiheit besteht, sondern in der Hingabe an eine Pflicht", wie es Gide im Vorwort zum Roman *Nachtflug* formuliert hat. Dort heißt es auch: „Die Schwächen, die Hilflosigkeit, das Versagen des Menschen sind uns genugsam bekannt, und die Literatur von heute versteht sich nur allzu gut darauf, sie bloßzustellen; aber die Selbstüberwindung kraft eigener Willensanspannung, die tut uns besonders not, die soll man uns schildern."

Die Erlebnisse eines Kurierfliegers vorwiegend über und in der Sahara schildert Exupérys erster Roman *Südkurier* (1929). Das Buch entstand, während der Autor als Pilot und Leiter eines kleinen Flugstützpunktes in Nordwestafrika tätig war. Als die Luftpostgesellschaft ihr Streckennetz auf Südamerika erweiterte, flogen Exupéry und seine Freunde im Gebiet der Anden. Die letzten Stunden des Piloten Fabian, dem zwischen Patagonien und Buenos Aires der Betriebsstoff ausgeht, erzählt der Roman *Nachtflug* (1931). Ein großer Erfolg wurde das 1942 in Amerika erschienene Kriegsbuch *Flug nach Arras,* das einen Ausschnitt aus dem Frankreichfeldzug aus der Sicht eines französischen Aufklärungsfliegers darstellt. Eine Sammlung von Erlebnissen und Betrachtungen ohne durchgehende Handlung enthält das Buch *Wind, Sand und Sterne* 1939), das Exupéry nach seinem fünften Absturz über Guatemala schrieb. – Das liebenswerte Märchenbuch *Der kleine Prinz* (1943) mit Zeichnungen des Verfassers ist nicht nur für Kinder gedacht, heißt es doch darin über die Menschen tief bedeutsam: „Der Wind verweht sie. Es fehlen ihnen die Wurzeln, das ist sehr übel für sie."

Camus

Als Camus 1960 in der Nähe von Paris bei einem Autounfall ums Leben kam, verlor unsere Epoche nicht nur einen großen Dichter – Camus war 1957 mit dem Nobelpreis ausgezeichnet worden –, sondern auch eine Persönlichkeit, die nach dem Verlust der überkommenen Wertordnung neue sittliche Maßstäbe setzte.

Albert Camus wurde 1913 in Mondovi (Algerien) als Sohn eines elsässischen Arbeiters und einer Spanierin geboren. Er wuchs in ärmlichen Verhältnissen auf und besuchte die Universitäten in Algier und Paris als Werkstudent. In seiner nordafrikanischen Heimat gründete er eine Theatergruppe, in der er als Schauspieler mitwirkte. Nach der Niederlage Frankreichs 1940 war Camus Lehrer und aktives Mitglied der Widerstandsbewegung. Mit zeitkritischen Betrachtungen stand er zunächst der Philosophie von JEAN PAUL SARTRE nahe; dieser hatte mit der Leugnung Gottes und eines Daseinssinnes den französischen Existentialismus begründet. Auch Camus vertrat die Auffassung, der moderne Mensch sei in das Nichts, in eine absurde (widersinnige) Welt gestellt, doch bemühte er sich andrerseits, die Lehre Sartres zu überwinden. Schon 1943 schrieb er in dem Essay *Der Mythos von Sisyphos,* der auf sich selbst zurückgeworfene Mensch müsse „dennoch durchhalten". Daraus entwickelte der Autor mit den Jahren vor allem in seinen dramatischen und epischen Werken die Forderung an den Menschen unserer Zeit, Mut und Verantwortungsbewußtsein zu zeigen, womit er in scharfen Gegensatz zu Sartre geriet.

Diese sittliche Haltung Camus' tritt wohl am ausgeprägtesten in dem Schauspiel *Der Belagerungszustand* (1948) hervor. Der Dichter selbst hat geschrieben, das bei der Uraufführung in Paris einstimmig verrissene Werk sei „trotz all seiner Unzulänglichkeiten" dasjenige, das ihm am meisten gleiche; es knüpfe an mittelalterliche allegorische Schauspiele an. „Ich habe", so heißt es, „das als Mittelpunkt gewählt, was mir in unserem Jahrhundert der Tyrannen und der Sklaven die einzige lebendige Religion zu sein scheint, nämlich die Freiheit."

Obwohl der Dichter ausdrücklich erklärt, *Der Belagerungszustand* sei „in keiner Weise eine Bearbeitung des Romans *Die Pest*" (1947), tritt im Drama die Pest als handelnde Person, nämlich als uniformierter Mann auf; er ist Symbol für die Zwangsherrschaft unseres Jahrhunderts. Seine Sekretärin ist der Tod. Beide erscheinen, von einem unheilkündenden Kometen angezeigt, in einer spanischen Stadt, lösen den Gouverneur ab und errichten eine Diktatur; alle Niedertracht der Menschen entfaltet sich. Als einzige widersteht Victoria, die Tochter des Richters, der Gewalt; die Liebe zu dem anfangs noch ängstlichen Diego gibt ihr die Kraft zum inneren Widerstand. Als der Wankelmütige Mut faßt und durch die Tat beweist, daß er die Pest nicht fürchtet, ist die Macht der Krankheit gebrochen. Die Bevölkerung nimmt den Kampf gegen die Seuche auf und wird von ihr befreit, während Diego stirbt.

Auch in dem erfolgreichen Roman *Die Pest* versinnbildlicht die durch Ratten sich ankündigende Epidemie die ständige Bedrohung der Menschen durch immer neue Katastrophen. „Was heißt das schon, die Pest?" fragt der Arzt Rieux. „Sie ist das Leben, sonst nichts." Pflicht des Menschen ist es, allen beängstigenden und verwirrenden Erscheinungsformen des Daseins Charakterstärke entgegenzusetzen.

Schon mit der Erzählung *Der Fremde* (1942) hatte Camus ein erlesenes Sprachkunstwerk geschaffen. Ein gleichgültig und ohne jede Bindung in Algerien dahinlebender Franzose begeht, von der gnadenlos brennenden Sonne Afrikas verwirrt, einen völlig sinnlosen Mord. Um den lästigen Vernehmungen vor Gericht zu entgehen, gibt er die Tat zu und wird zum Tode verurteilt. Erst unmittelbar vor der Hinrichtung empfindet er glücklich, daß er der Welt brüderlich verbunden ist.

Ohne jedes Zugeständnis an das Überkommene gestaltet Samuel Beckett das Lebensgefühl einer durch zwei Weltkriege völlig ernüchterten, von der Sinnlosigkeit des Daseins überzeugten Generation. Bei ihm ist das Absurde nicht nur Gegenstand, sondern auch Formprinzip seiner Dichtung. Handlung und Inhalt, zuweilen auch die Sprache befinden sich im Stadium der Auflösung. „Wir werden alle verrückt geboren", heißt es in dem Bühnenstück *Warten auf Godot*, und an anderer Stelle: „... gestern abend haben wir dummes Zeug gequatscht. Das tun wir ja schon ein Leben lang." Dennoch ist auch bei Beckett, freilich vom Absurden überlagert, eine religiöse Grundhaltung unverkennbar, und seine Menschen sind ohne Hoffnung.

Samuel Beckett, 1906 in einem Vorort von Dublin geboren, ging nach Abschluß seiner Studien von Irland nach Paris, wo er zunächst Lektor war. Seit 1938 lebt er in der französischen Hauptstadt als Schriftsteller. Er hatte in seiner Muttersprache zu schreiben begonnen; spätere Werke, die ihn rasch berühmt machten, erschienen in französischer Sprache.

In einer zeitlos mythischen Landschaft spielt der Roman *Molloy* (1951). Die Titelgestalt und Jacques Moran versinnbildlichen die Fragwürdigkeit des menschlichen Daseins in unserer Zeit. Das Buch gliedert sich in zwei Teile. Im ersten gibt sich Molloy, ein verkrüppelter, zerlumpter Vagabund, Rechenschaft über sein Leben: „In der Stille, in der mein langsamer Verfall sich vollzieht, schaue ich zurück auf die lange, wilde Erregung, aus der mein Leben bestanden hat, und halte Gericht darüber, so wie es geschrieben steht, daß Gott über uns Gericht halten wird." Der alte Landstreicher, der seinen Namen und den seiner Heimat vergessen hat, ist auf der Suche nach seiner Mutter. Die Stationen dieser Reise sind Spiegelungen aus mythischen Bereichen; sie endet in einem Graben am Rande eines seltsam unwirklichen Waldes. Dort wartet der Hilflose darauf, aus dem morschen „Kasten" seines hinfälligen Körpers, seines sinnlosen Daseins befreit zu werden. Im zweiten Teil, einer Art Spiegelung des ersten, erhält Jacques Moran von einer „höheren Macht" den Auftrag, den „Fall Molloy" aufzuklären. Auch Moran geht auf die Wanderschaft. Als er nach langer, vergeblicher Suche endlich heimkehrt, ist er selbst Molloy geworden – oder hat er sich alles nur ausgedacht, nur niedergeschrieben, um auch seinerseits aus dem „Kasten" herauszukommen?

Thema und Aufbau des Romans *Molloy* ähneln Becketts Bühnenstück *Warten auf Godot* (1953), das ein Welterfolg wurde. Wieder sind alte, zerlumpte Landstreicher die Hauptpersonen, wieder ist der zweite Akt kaum mehr als eine Spiegelung des ersten. Es gibt weder eine Handlung noch eine Entwicklung der Charaktere. Die Vagabunden warten – wiederum in einer zeitlosen Landschaft – auf Godot, doch er kommt weder am ersten noch am folgenden Abend. Trotzdem müssen die beiden weiter warten, denn wenn sie ihn fallen ließen, würde er sie bestrafen, kommt er aber, so sind sie „gerettet". – Dem nie erscheinenden Godot, der meistens als Gott gedeutet wird, stehen stellvertretend für die ganze Menschheit die Landstreicher Estragon und Wladimir gegenüber, während Pozzo wohl die vollkommene Gemeinheit und sein Weggenosse Lucky das vollkommene Elend verkörpern könnten. Nicht zufällig treten Becketts Gestalten paarweise auf; aber obwohl sie sich jahrzehntelang kennen, sind sie einander fremd geblieben. Der Autor will damit offenbar die tragische Vereinzelung der Menschen unserer Zeit aufzeigen. Ihr Dialog steckt voller Fragen, Ungewißheiten und Verneinungen:

ESTRAGON *mit vollem Mund, zerstreut:* Wir sind nicht gebunden?
WLADIMIR: Ich verstehe nichts.
ESTRAGON *kaut und schluckt:* Ich frage, ob wir gebunden sind.
WLADIMIR: Gebunden?
ESTRAGON: Gebunden.
WLADIMIR: Wie gebunden?
ESTRAGON: An Händen und Füßen.
WLADIMIR: Aber an wen? Durch wen?
ESTRAGON: An deinen guten Mann.

WLADIMIR: An Godot? Gebunden an Godot? Wie kommst du darauf? Nie im Leben! *Pause.* Noch – nicht. *Er betont „noch".*

ESTRAGON: Heißt er Godot?

WLADIMIR: Ich glaube.

ESTRAGON: Du! *Er hält den Rest der gelben Rübe an dem kurzen Strunk fest und schwenkt ihn vor seinen Augen.* Es ist eigenartig, je weiter man kommt, um so schlechter schmeckt's.

WLADIMIR: Bei mir ist das Gegenteil der Fall.

ESTRAGON: Das heißt?

WLADIMIR: Ich gewöhne mich nach und nach an den Geschmack.

ESTRAGON *nachdem er lange überlegt hat:* Ist es das Gegenteil?

WLADIMIR: Eine Frage des Temperaments.

ESTRAGON: Des Charakters.

WLADIMIR: Man kann nichts dafür.

ESTRAGON: Man kann machen, was man will.

WLADIMIR: Man bleibt, was man ist.

ESTRAGON: Man kann sich winden, wie man will.

WLADIMIR: Im Grunde ändert sich nichts.

ESTRAGON: Nichts zu machen.

Er hält den Rest der gelben Rübe Wladimir hin. Willst du sie aufessen?

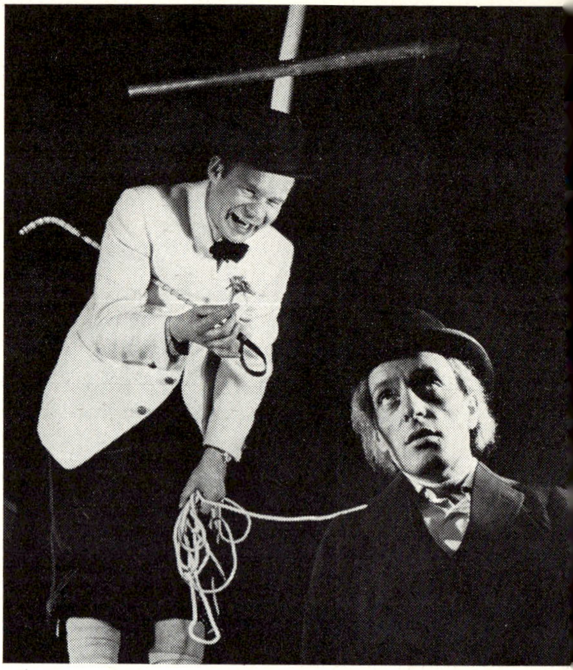

Szene mit Pozzo und Lucky aus *Warten auf Godot* von Samuel Beckett

Ebenfalls zwei Figurenpaare treten in Becketts nächstem Stück, *Endspiel* (1957), auf. In einem kahlen Raum läßt sich der blinde alte Hamm von seinem Diener Clov, der nicht mehr sitzen kann, im Rollstuhl herumfahren. Er tyrannisiert Clov, der ihn haßt. Hamms beinlose Eltern stecken in Mülltonnen. In der Außenwelt ist alles Leben durch eine Katastrophe vernichtet worden. Einmal jedoch bemerkt Clov, der hin und wieder aus dem Fenster sieht, einen Jungen und beschließt, seinen Herrn zu verlassen. Als er reisefertig vor dem ausdruckslos auf ihn einredenden Hamm steht, fällt der Vorhang.

Erschütternd und komisch zugleich wirkt die lebensfrohe Matrone Winnie in dem Stück *Happy Days* (1961). Sie steckt im ersten Akt bis zur Brust, im zweiten bis zum Hals in einem Hügel, führt lange Selbstgespräche und versucht, eine Verbindung zu ihrem Mann herzustellen, der sich meist hinter ihr versteckt hält, gelegentlich aber auf allen vieren hervorkriecht.

Wichtige literarische Begriffe – Sachregister

Abenteuerroman, Erzählung eines erlebnisreichen, wagemutigen Lebenslaufes, z. B. Grimmelshausen, *Simplizissimus.* S. 39.

Akrostichon, die Anfangsbuchstaben oder -wörter der Zeilen-, Vers- oder Strophenanfänge bilden einen Namen oder Satz.

Akt, auch Aufzug, Gliederung der Handlung im Drama.

Alexandriner, S. 37, 208, 210f.

Allegorie, allegorisch, verlebendigende Darstellung abstrakter (nur gedachter) Begriffe in der Kunst, S. 115.

Alliteration, dichterische Bindung von Wörtern mit gleichem Anlaut; in Redewendungen wie *mit Kind und Kegel* und im Stabreimvers angewandt. S. 10f., 13.

Almanach, ursprünglich Kalender, heute Jahrbuch mit schöngeistigen, wissenschaftlichen oder statistischen Beiträgen; auch Verlagsverzeichnis mit Leseproben.

Althochdeutsch, älteste Stufe des Hochdeutschen, in Mundarten aufgespalten, vom 6. Jh. bis um 1100, S. 9ff.

Anachronismus, falsche zeitliche Einordnung; bewußter Anachronismus ist ein modernes literarisches Stilmittel.

Anakreontiker, S. 42.

Anekdote, knappe Erzählung mit überraschendem oder witzigem Schluß; auch frühe Form der Kurzgeschichte.

anonym, ohne Namen; zahlreiche Werke der Literatur wurden und werden vorübergehend oder ständig anonym, d. h. ohne Angabe des Autors, veröffentlicht.

Anthologie, Sammlung von Gedichten oder Prosastücken nach bestimmten Gesichtspunkten.

Aphorismus, kurzer, zugespitzt formulierter Ausspruch meist philosophischer Art, Lebensweisheiten ausdrückend.

Ästhetik, Lehre vom Schönen.

Aufklärung, S. 41ff., 195, 212.

Ballade, meist in Strophen gegliederte und gereimte dichterische Form; zugleich episch, lyrisch und dramatisch. Der Inhalt ist ungewöhnlich, geheimnisvoll, tragisch. Das Geschehen vollzieht sich oft unabhängig von Ursache und Wirkung. S. 23, 50f., 57, 63, 85, 89, 91, 96, 98, 174f.

Barock, europäische Kulturepoche etwa 1600–1750, geprägt von einem starken Spannungsverhältnis zwischen Diesseits und Jenseits, Lebensfreude und Todesangst, trügerischem Schein und gültiger Wahrheit. Bildende Kunst, Musik und Literatur stehen zumeist im Dienst gehobener gesellschaftlicher Schichten, deren Ruhm sie zu verkünden oder zu deren Unterhaltung sie beizutragen haben. In der Dichtung verschiedene Richtungen, Gehalte und Formen vom schlichten Volkslied bis zum Abenteuerroman. S. 34ff., 195, 212.

Belletristik (französisch *belles lettres* = schöne Wissenschaften), Bezeichnung für schöngeistige Literatur, d. h. Dichtung und Unterhaltungsliteratur.

Bestseller, aus den USA stammende Bezeichnung für ein Buch mit sehr großem Verkaufserfolg.

Bibel, S. 12ff., 33f., 49f., 214.

Biedermeier, Lebensstil der Jahre 1815–1848; ausgesprochen bürgerlich; treuherzig, geruhsam, aufgeschlossen für Kunst und Geistesleben, jedoch bewußt unpolitisch und beschränkt auf den engen Bereich von Familie und Heim. S. 81.

Bildungsroman, auch Entwicklungsroman; schildert die Entwicklung eines Menschen auf ein bestimmtes Ziel hin, wobei die Auseinandersetzung mit der Umwelt und der Einfluß der Erziehung besonders herausgestellt werden. S. 16f., 39f., 57f., 95.

Biographie, (griechisch *bios* = Leben, *graphein* = schreiben), Aufzeichnung des Lebenslaufes, der inneren Entwicklung und der Werke einer Persönlichkeit; die Autobiographie ist eine Selbstdarstellung der genannten Gegebenheiten.

Blankvers, reimloser jambischer Vers aus fünf Versfüßen; der beherrschende englische und deutsche Dramenvers; s. Lessing, *Nathan der Weise,* S. 46ff.

Briefroman, besteht ganz oder vorwiegend aus Briefen des Romanhelden, oft auch aus Antworten auf diese Briefe (z. B. Goethe, *Die Leiden des jungen Werthers,* S. 55).

Charakterkomödie, s. Komödie.

Chor, im Drama Zusammenfassung mehrerer Personen zu einer Art Überpersönlichkeit, die in die Handlung eingreift oder sie betrachtend begleitet. S. 38, 189.

Commedia dell'arte, s. Komödie.

Dadaismus, S. 128.

Dialekt, Mundart, Sprache einer Landschaft. Vor der Einführung einer verbindlichen Hoch- und Schriftsprache gab es nur Dichtung in der Sprache der Landschaft. Heute ist die Verbreitung einer Dialektdichtung an das Sprachgebiet der betreffenden Mundart gebunden, das sie nur selten überschreitet. S. 28, 52.

Dialog, Wechsel- oder Zwiegespräch. 1. Im Drama Mittel zur Handlungsführung, Zeichnung der Charaktere, Herausarbeitung gedanklicher Gegensätze. – 2. Selbständige literarische Form, besonders angewandt zur Darstellung widerstreitender weltanschaulicher oder religiöser Meinungen. S. 31.

Distichon, Doppelvers, bestehend aus einem Hexameter und einem Pentameter. S. 57.

Drama. Das dargestellte dichterische Geschehen wird von handelnden Personen getragen, die in einem begrenzten Raum sichtbar auftreten. Aus der Verschiedenartigkeit ihrer geistigen Standorte, die durch das gesprochene Wort und die Gebärde deutlich werden, ergibt sich die dramatische Spannung. Sie löst sich erst am Schluß. Das Drama gliedert sich in Aufzüge (Akte) und Auftritte (Szenen).

Dramaturgie, Wissenschaft vom Drama und seiner Bühnenwirksamkeit. S. 46.

Dreifelderbühne, S. 202f.

Elegie, schwermütig klagendes Gedicht.

Empfindsamkeit, S. 43.

Endreim, Gleichklang zweier Verse vom letzten betonten Vokal an (z. B. indessen – gemessen). S. 14, 17, 21, 23 u. a.

Entwicklungsroman, s. Bildungsroman.

Epigramm, ursprünglich Inschrift auf einem Denkmal; in der Literatur kurzer, sorgfältig formulierter Sinnspruch; s. Angelus Silesius, S. 37.

Epik, erzählende Dichtung in Versen oder Prosa.

Epilog, Nachwort, Nachspiel, Ausklang.

Episches Theater, S. 140, 189.

Epos, aus Mythen und Heldenliedern geformte große Verserzählung. Der Epiker schildert aus geistigem und zeitlichem Abstand eine in sich geschlossene Welt. Das Gleichmaß der Verse und häufig wiederkehrende sprachliche Wendungen versinnbildlichen den unter allem Geschehen gleichmäßigen Strom des Lebens. Beispiele: *Nibelungenlied,* S. 18f.; Klopstock, *Messias,* S. 43; Goethe, *Reineke Fuchs,* S. 57.

Erlebnislyrik, S. 54 u. a.

Erzählung, epische Kurzform ohne besonders kunstvollen Aufbau und die Gestaltenfülle des Romans; schlichte Darstellung äußerer und innerer Erlebnisse, zumeist ohne Steigerung und Höhepunkte.

Essay, S. 110, 207, 216.

Existentialismus, nach dem 1. Weltkrieg von Jaspers und Heidegger entwickelte, nach dem 2. Weltkrieg von Sartre weitergeführte Philosophie, die im Gegensatz zum Idealismus nach dem Wesen des menschlichen Seins fragt und die Weltanschauung der Kriegs- und Nachkriegsgeneration weitgehend prägte. Menschliche Grunderfahrungen wie Angst, Langeweile, Verzweiflung, Einsamkeit traten an die Stelle überkommener Ideen und Ideale. Die Dichtung der letzten Jahrzehnte wurde entscheidend vom Existentialismus beeinflußt.

Exposition, Einführung in die Vorgeschichte einer Dramenhandlung; im klassischen Drama zumeist im I. Akt enthalten.

Expressionismus, S. 85, 114, 120ff., 137ff., 166, 196.

Fabel, 1. kurze, meist als Tiergeschichte eingekleidete Dichtung belehrenden Inhalts. Die Tiere haben darin menschliche Eigenschaften und verhalten sich wie Menschen; S. 25. – 2. Handlung eines Dramas, eines Romans oder einer Erzählung in knappester Form.

Fastnachtsspiel, S. 24ff.

Feuilleton, kurze, meist unterhaltende, jedoch selten gründliche literarische Behandlung eines Gegenstandes. – Auch Kultur- und Unterhaltungsteil einer Zeitung.

Folklore, Volkskunst, S. 200.

Fragment, nicht vollendetes oder unvollständig überliefertes Werk. S. 71.

Freie Rhythmen, Verse, die weder durch Reim noch durch Versmaß oder gleichartige Strophenform gebunden sind. Von der Prosa unterscheiden sich Freie Rhythmen durch eine gewisse Gleichförmigkeit der Hebungen. S. 44, 72, 125, 156.

Gattung, Grundform der Dichtung. Man unterscheidet drei Grundformen: Epik, Lyrik und Drama.

Gedankenlyrik. Das Erlebnis geistig-weltanschaulicher Zusammenhänge wird in Gedichtform gestaltet (z. B. Angelus Silesius, S. 37f.).

Geflügelte Worte, ursprünglich häufige Redewendung des griechischen Dichters Homer, später oft verwendete Zitate aus literarischen Werken oder Aussprüche berühmter Persönlichkeiten.

Gegenspieler, ursprünglich Gestalt des

Dramas, später auch der erzählenden Dichtung, die durch ihr Wirken die Hauptgestalt ständig herausfordert und damit Spannung in die Handlung bringt (z. B. Faust – Mephisto, S. 59f.).

Geistliches Spiel, s. *Mysterienspiel.*

Gelegenheitsdichtung, Dichtungen, die ihr Entstehen äußeren Anlässen wie Ereignissen des Familienlebens, Jubiläen, Fürstenempfängen usw. verdanken. Gelegenheitsdichtung ist nur dann von literarischem Wert wenn sie auf ein wirkliches inneres Erlebnis zurückgeht und dem einmaligen Anlaß Sinn verleiht.

Geniebewegung, gleichbedeutend mit *Sturm und Drang,* S. 48.

Glosse, 1. ursprünglich Erklärung eines schwer zu übersetzenden Ausdrucks, wie sie in frühen Übertragungen lateinischer Texte gegeben wurde; s. S. 12. – 2. kurze, meist ironische oder satirische Betrachtungen zeitnaher Geschehnisse.

Groteske, literarische Kurzform, in der Gegensätzliches (z. B. Grausames und Komisches) dargestellt wird. S. 190.

Hanswurst, possenhafte Figur in Fastnachts- und Stegreifspielen ähnlich dem *Pikkelhering* der englischen Komödien und dem *Harlekin* der Commedia dell'arte; durch Gottsched vom Theater verbannt (s. S. 41), lebt der *Hanswurst* im Puppenspiel fort.

Happening, moderne Form des Gesamtkunstwerks, in dem Dichtung, Musik, Tanz und Bildende Kunst aus dem Stegreif zur Wirkung gebracht werden; dabei ist entscheidend wichtig, daß etwas geschieht *(to happen,* engl. = sich ereignen), also eine packende Handlung abläuft.

Hebung, betonte Silbe eines Verses. S. 10.

Heldenepos, aus dem Heldenlied hervorgegangene, episch breit ausgestaltete umfangreiche Versdichtung, z. B. *Nibelungenlied.* S. 18f.

Heldenlied, ältere, kürzere Form des Heldenepos von balladenhaft-dramatischem Charakter, z. B. *Hildebrandlied.* S. 9ff.

Hexameter, sechshebiger Vers der antiken Dichtung; durch Klopstock in die deutsche Literatur eingeführt. S. 43, 58.

Höfische Dichtung, mittelhochdeutsche Dichtung (Epik und Minnesang) zwischen 1170 und 1250; Ausdruck einer ritterlichen Kultur, die von Frankreich ausging. S. 15ff.

Hörspiel, S. 159f.

Humanismus, geistige Bewegung während der Renaissance und Reformationszeit, die die Wiederbelebung der antiken, vor allem der griechischen Sprache, Wissenschaft und Literatur anstrebte und das Ideal edler, allseitig ausgebildeter Menschlichkeit, wie man es in der klassischen Antike verwirklicht sah, aufstellte; s. auch *Renaissance,* S. 195, 209f.

Humor, Einstellung zur Lebenswirklichkeit, die den Unzulänglichkeiten des Weltlaufs aus einem gewissen Abstand mit gütigem Lächeln begegnet; in der deutschen Dichtung lassen sich hintergründiger Humor (Raabe, Busch) und vordergründiger Humor (Keller, L. Thoma) unterscheiden; die Verschiedenartigkeit dürfte auf Stammesunterschiede zurückgehen.

Hymne, ursprünglich feierliches Loblied zu Ehren eines Gottes oder Helden; in der deutschen Literatur seit Klopstock eine freie, der Ode verwandte Form der Dichtung, meist in Freien Rhythmen. S. 26, 54ff., 70, 72, 118, 149.

Idealismus, Streben nach der Verwirklichung sittlicher und ästhetischer Zielvorstellungen; das menschliche Sein wird nicht gesehen, wie es ist (s. *Existentialismus*), sondern wie es sein sollte. In der Literaturgeschichte geistige Strömung der Goethezeit. S. 53ff.

Idylle, episch-lyrische Dichtung mit beschaulich-heiterer Grundstimmung, die die Vorzüge des einfachen ländlichen Lebens herausstellt. S. 52 (J. P. Hebel).

Impressionismus, von *Impression* = Eindruck, in der Literatur Stilrichtung um die Jahrhundertwende. Der Dichter stellt feinnervig und ohne bestimmte Absicht (Tendenz) Sinneseindrücke, flüchtige Augenblickserscheinungen und momentane Empfindungen dar; dies geschieht vorwiegend in der Lyrik, aber auch in Prosastücken und Einaktern. S. 114ff.

Innerer Monolog, Stilmittel moderner Epik; menschliche Bewußtseinsströme – Gedanken, Ahnungen, Gefühle – werden in Romanen und Erzählungen mehr oder weniger geordnet aufgezeichnet, um den Eindruck der Unmittelbarkeit geistig-seelischer Abläufe zu erzielen (s. Thomas Mann, S. 132ff., Döblin, S. 135ff. u. a.).

Interlinearversion, S. 12.

Interpretation, deutende Erklärung von Kunstwerken mit dem Ziel, deren volles Verständnis zu bewirken.

Ironie, ursprünglich Verstellung: das Gesagte soll das Gegenteil bedeuten. „Das ist mir ja ein schönes Zeugnis", sagt der Vater, wenn die Zensuren schlecht ausgefallen sind. Aus Tonfall und Mimik geht hervor, daß er das Gegenteil ausdrücken will. – Oft feiner Spott überhaupt. – 1. Romantische Ironie s. S. 79. – 2. Tragische Ironie oft im Drama: der Zuschauer weiß mehr als die handelnde Person und erkennt deren Irrtum. In *Wallensteins Tod* von Schiller (s. S. 65) verabschiedet sich Wallenstein mit den Worten: „Ich denke einen langen Schlaf zu tun..." (V. Aufzug, 5. Auftritt). Der Zuschauer weiß bereits, daß der Feldherr, wenn er eingeschlafen ist, ermordet wird.

Jambus, nach der antiken Metrik benannter Versfuß, bei dem unbetonte und betonte Silben wechseln wie z. B. in dem vierfüßigen (d. h. vierhebigen) Jambus „Es schlug mein Herz, geschwind zu Pferde!" – Fünf jambische Versfüße ergeben ungereimt den *Blankvers,* gereimt den *Vers commun* (aus dem Französischen: allgemeiner Vers). Sechs jambische Versfüße bilden den *Alexandriner* S. 37.

Junges Deutschland, S. 80.

Kammerspiel, Bühnenstück mit wenigen Personen, das vorwiegend durch die Kunst der Dialoge, nicht so sehr durch die äußere Handlung wirkt; auch kleines Theater für solche Werke.

Kehrreim, auch Refrain; Worte oder Verse, die zumeist am Strophenende, seltener an anderer Stelle regelmäßig wiederkehren; vorwiegend in der Volksdichtung verwendet.

Klassik, 1. Wertbegriff: Bezeichnung für eine harmonische (ebenmäßige), vorbildliche Leistung von zeitloser Gültigkeit. – 2. Epochenbegriff: Bezeichnung für Zeitalter, die sich weitgehend der antiken Kultur angeglichen haben. Klassische Dichtung gestaltet das Erhabene, Heldenhafte, Tragische, aber auch das Grauenhafte im menschlichen Dasein unter dem Gesichtspunkt, Gegensätze auszugleichen und den Zustand harmonischer Vollendung herbeizuführen. Der deutschen Klassik ging es um den Einklang von Kunst und sittlichen Forderungen sowie um die Harmonie von Natur und Geist. S. 53ff., 195, 208ff.

Klassizismus, Stilrichtung, die eine klassische Epoche nachahmt, ohne zu einer selbständigen schöpferischen Auseinandersetzung mit dem übernommenen Kulturgut zu gelangen.

Knittelvers, vierhebiger, paarweis gereimter Vers mit einer unregelmäßigen Zahl von Senkungen.

Komödie, Form des Dramas, die in spöttischer Weise Schwächen der Menschen sowie menschliche Verwicklungen und deren glückliche Lösung gestaltet. – Das Lustspiel wirkt vorwiegend durch Humor. – Schwank und Posse sind vergröbernde, derb-volkstümliche Formen der Komödie. – Commedia dell'arte: anfangs Stegreifspiele *(s. Stegreifspiel),* in denen immer wiederkehrende typische Personen auftraten; später anerkannte literarische Form der Komödie. – In der Charakterkomödie liegt der Schwerpunkt auf der Sichtbarmachung zeitloser menschlicher Schwächen und Charaktereigenschaften. – Die Mantel- und Degenkomödie ist eine nach der Kleidung und Ausrüstung der Hauptperson benannte Komödienform der spanischen Barockdichtung. S. 45, 73, 83, 104, 198, 203, 205, 210f.

Kurzgeschichte, S. 158.

Lautmalerei, Versuch, mit Lauten und Worten Klänge und Geräusche nachzuahmen. S. 50, 91.

Legende, der Erbauung dienende, wunderbare Erzählung aus dem Leben eines Heiligen.

Lied, S. 14, 20ff., 23f., 33, 35ff., 72ff., 174.

Literatur, im weiteren Sinn Gesamtbestand schriftlich niedergelegter Werke, im engeren Sinn das schöngeistige Schrifttum (Dichtung und Unterhaltungsliteratur).

Lustspiel, s. *Komödie.*

Lyrik, von griech. *lyra,* einem Saiteninstrument. Dichtungsgattung, die das von einem inneren Erlebnis ausgelöste dichterische Fühlen unmittelbar und weitgehend ichbezogen wiedergibt. Das Erlebnis kann derart erregend sein, daß über das Persönliche hinaus auch Gegenständliches von der seelischen Durchdringung erfaßt und lyrisch gestaltet wird.

Märchen, Form ältester epischer Dichtung; phantastische Erzählung, in der Wirkliches und Wunderbares einander durchdringen. 1. Volksmärchen: von einem unbekannten Dichter geschaffen oder durch häufige Wiedergabe unbekannter Erzähler in seine letzte Form gebracht. – 2. Kunstmärchen: Dichtungen namentlich bekannter Autoren, die vom Stoff her oft an Volksmärchen anklingen, diese aber stilistisch verfeinern. S. 76ff., 215.

Memoiren, (franz. *mémoires* = Denkwürdigkeiten), Lebenserinnerungen in freier, gelegentlich dichterischer Darstellung; zumeist weniger genau als die Biographie. S. 143.

Metapher, dichterisches Stilmittel; ein Wort oder eine Wortgruppe wird im gegebenen Zusammenhang nicht in der eigentlichen Bedeutung, sondern im „übertragenen Sinn" oder „bildlich" gebraucht (z. B. die *Krone* des Baumes).

Metrik, Lehre vom Bau der Verse und Strophen.

Minnesang, S. 20ff.

Mittelhochdeutsch, zweite Stufe des Hochdeutschen, Sprache u. a. der Höfischen Dichtung; uneinheitlich; 1100–1350. S. 15ff.

Monolog, Selbstgespräch einer Person im Drama; s. auch *Innerer Monolog.*

Motiv, eine sich wiederholende, menschlich bedeutsame Situation. Am Motiv entfaltet sich die dichterische Darstellung. Es kann immer wieder neu gestaltet werden, ohne daß die Neufassung von geringerem Wert sein müßte.

Mysterienspiel, geistliches Laienspiel des Mittelalters. S. 24, 26f., 115, 214.

Mystik, S. 14, 29f., 43.

Mythos, Sage von den Göttern und Heroen der Frühzeit. S. 78, 152, 170, 216.

Naturalismus, S. 100ff.

Neue Sachlichkeit, S. 135.

Neuromantik, literarische Richtung, die sich auf mannigfache Weise gegen den krassen Wirklichkeitssinn des Naturalismus wandte und die ästhetisch reine Form um ihrer selbst willen pflegte. S. 105ff.

Nibelungenstrophe, S. 19.

Nihilismus, philosophische Richtung, die das Leben für sinnlos hält und überkommene Werte, Glaubenssätze usw. bedingungslos ablehnt.

Novelle, S. 58, 74, 90, 95ff., 147.

Ode, ursprünglich sangbares Strophengedicht der griechischen Tragödie; später als selbständige lyrische Form Ausdrucksmittel des Erhabenen, Religiösen, Vaterländischen. Klopstock ist bedeutendster deutscher Odendichter. Übergangsformen zu Hymne und Freien Rhythmen. S. 38, 44, 118, 214.

Pamphlet, Schmäh- oder Streitschrift vor allem politischen, seltener literarischen Inhalts.

Pantomime, Gebärdenspiel, S. 214.

Parabel, Gleichnis zur Veranschaulichung eines Gedankens. S. 46f.

Parodie, komische oder spöttische Nachbildung einer meist ernsten Dichtung unter Beibehaltung ihrer Form.

Pentameter, nach griechischer Messung Vers mit fünf Längen, nach deutscher Messung Vers mit sechs Hebungen; im Gegensatz zum Hexameter besteht der dritte und sechste Versfuß aus nur je einer Hebung.

Pietismus, S. 42f., 53.

Poesie, Dichtkunst; im engeren Sinn in Versen geschriebene Dichtung im Gegensatz zur Prosa.

Poetik, Lehre vom Wesen und den Formen der Dichtkunst. S. 35, 41, 208.

Poetischer Realismus, S. 94ff.

Posse, s. *Komödie.*

Prolog, Vorrede; bis zum 19. Jh. und auch in der modernen Literatur wieder Einleitungsrede zum Drama, die u. a. der Begrüßung des Publikums oder der Erläuterung des Stückes dient, aber auch als in sich abgeschlossene Szene schon Bestandteil der Handlung ist (z. B. der Prolog im Himmel in Goethes *Faust*).

Prosa, nicht durch Versmaß oder Reim gebundene Sprachform; Gegensatz: Poesie. S. 30.

Pseudonym, Deckname, angenommener „Künstlername".

Puppenspiel, Theaterspiel mit Puppen, die mit Fäden, Drähten, Stäben oder mit der Hand geführt werden; seit ältesten Zeiten bei zahlreichen Völkern verbreitet; in Deutschland seit dem 12. Jh. nachweisbar; in späterer Zeit häufig auf Jahrmärkten mit der komischen Figur des *Kasperle;* Goethe bekam als Vierjähriger ein Puppentheater geschenkt; heute häufig von umherziehenden Puppenspielern in Schulen oder festen Puppentheatern (z. B. in Salzburg) vorgeführt.

Rahmenerzählung. Die Handlung einer oder mehrerer Erzählungen wird in eine andere Erzählung eingebaut; Autor und Leser gewinnen dadurch Abstand vom Geschehen (z. B. Storm, *Der Schimmelreiter, Pole Poppenspäler).*

Realismus, in der Literatur eine Richtung, in der der Dichter die Wirklichkeit unbefangen und sachlich so schildert, wie er sie mit seinen Sinnen aufgenommen hat. S. 94ff., 177ff., 204, 213.

Refrain, s. *Kehrreim.*

Reim, Form der gebundenen Rede; gleichklingender Ausklang von Versen (vgl. auch *Endreim*).

Renaissance, allg.: Wiederbelebung vergangener Kulturen. Im engeren Sinn: europäische Epoche (1350–1600) die, ausgehend vom antiken Kulturerbe, mit der Entdeckung der diesseitigen Welt und des Menschen die Wende vom Mittelalter zur Neuzeit herbeiführte. S. 195, 202. Vgl. *Humanismus.*

Rezension, kritische Besprechung literarischer Werke.

Rhythmus, von griech. *fließen,* meint das Zeitmaß, das eine Dichtung gliedert. Dem Rhythmus liegt das Versmaß zugrunde, das er je nach Sinn und Stimmung der Dichtung akzentuiert. Dichtungen mit gleichem Versmaß können daher ganz verschiedenen Rhythmus haben. Auch die Prosa hat einen Rhythmus, obwohl er hier nicht durch den Takt eines Versmaßes unterstützt wird. S. 10.

Robinsonade, Sonderform des Abenteuerromans, benannt nach Defoes Roman *Robinson Crusoe* (1719). Der Held einer Robinsonade lebt in inselhafter Abgeschiedenheit und kann seinen Aufenthaltsort nicht verlassen. Romane mit beiden Merkmalen gab es schon vor dem *Robinson Crusoe.*

Rokoko, zunächst Verfeinerung des Barock in der Baukunst und Malerei; auf die Dichtung übertragen: leichte, heitere Poesie. S. 42, 48, 53.

Roman, ursprünglich in der *lingua romana,* der (französischen) Volkssprache geschriebene Schriften, im Gegensatz zu den lateinischen Büchern der Geistlichen und Gelehrten. In der Dichtung epische Großform, die den einzelnen in den vielfältigen Beziehungen zu seiner Umwelt zeigt.

Romantik, S. 67ff. 195, 212.

Romanze, in Spanien entstanden; farbige, phantasievolle epische Kurzform, die von historischen, sagenhaften oder legendären Gestalten erzählt; oft der Ballade nahestehend.

Sage, zunächst auf mündliche Überlieferung zurückgehende Erzählung, die meist an landschaftl. oder geschichtl. Gegebenheiten anknüpft und diese phantasievoll ausschmückt. S. 18, 78f., 209.

Satire, literarische Form, die spöttisch oder höhnisch, dabei jedoch geistreich Mängel und Fehler von Zuständen und Personen kritisiert. S. 33, 109, 179ff.

Schäferdichtung, eine im 17. und 18. Jh. in der höfischen Gesellschaft gepflegte Art zu dichten. Unter Anspielung auf höhergestellte Personen, die als Schäfer auftraten, pries man in allen Dichtungsgattungen das einfache ländliche Hirtenleben, das man verspielt und mit einem Übermaß an Gefühlen unter Ausschaltung der Wirklichkeit darstellte.

Schauspiel, allgemein: gleichbedeutend mit Drama; im engeren Sinn ein Drama, das zwischen Tragödie und Komödie steht, d. h. in dem eine ernste, spannungsgeladene Handlung durch Überwindung der Gegensätze zu einem versöhnlichen Ausgang gelangt. Anfänge des Schauspiels S. 20.

Schelmenroman, besonders im 16. Jh. beliebte Art des Abenteuerromans; der Schelm schlägt sich ohne Rücksicht auf geltende Gesetze mehr oder weniger mühsam durchs Leben; oft tritt er als Wohltäter der Armen auf. Ein moderner Schelmenroman ist z. B. Thomas Manns *Felix Krull* (s. S. 134).

Schlüsselroman, Roman, der wirkliche Personen und Umstände unter Verwendung von Decknamen *verschlüsselt* darstellt, so daß nur Eingeweihte den wirklichen Sachverhalt verstehen können.

Schwank, leichte epische oder dramatische Form, deren harmlose Heiterkeit der Unterhaltung dient. S. 24.

Sekundenstil, Versuch des Naturalismus, das äußere und innere Geschehen eines Vorgangs in allen Einzelheiten und in genauer zeitlicher Reihenfolge wiederzugeben. Der Dichter zeichnet seine Wahrnehmungen ohne Rücksicht auf literarische Formen auf. S. 101.

Senkung, unbetonte Silbe eines Verses. S. 10

Sinngedicht, gleichbedeutend mit Epigramm.

Sketch, dramatische, ironisch-witzige Kurzform, meist auf die Gegenwart bezogen.

Skope, S. 10.

Sonett, Gedichtform italienischer Herkunft. Ein Sonett besteht aus zwei vierzeiligen Strophen (Quartetten) und zwei dreizeiligen Strophen (Terzetten), sämtlich durch Reim gebunden. Wegen seiner strengen Form und klaren Gliederung wird das Sonett von der Gedankendichtung bevorzugt. Es erschien in Deutschland erstmalig in der Dichtung des Barock. S. 38.

Stabreim, s. *Alliteration.*

Stanze, achtzeilige Strophe italienischer Herkunft mit dem Reimschema a b a b a b c c.

Stegreifspiel, dramatische Form, bei der der Wortlaut des Stückes nicht genau festliegt. Im Rahmen eines in großen Zügen festgelegten Handlungsablaufs sprechen („improvisieren“) die Schauspieler bei der Aufführung, was ihnen der Augenblick eingibt. S. 210.

Stil, das einheitliche innere Gestaltungsprinzip eines Kunstwerks.

Strophe, bestimmte Verbindung mehrerer Verse. Die Strophen eines Gedichtes oder Liedes können den gleichen Bau haben, jedoch auch verschieden angelegt sein.

Sturm und Drang, S. 48.

Surrealismus, S. 78, 128, 168.

Symbol, Sinnbild, anschauliches Zeichen für etwas Unanschauliches.

Symbolismus, S. 113.

Synästhesie, S. 113.

Szene, als Unterabteilung des Aktes kleinste Einheit des Dramas; auch Schauplatz einer Theaterhandlung oder einer Handlung überhaupt; im weitesten Sinn Bezeichnung für einen Vorgang.

Tendenz, Streben nach einem Zweck. Tendenzdichtung verkündet eine Idee, die einem Bereich außerhalb der Kunst angehört (Politik, Religion, soziale Fragen usw.).

Terzine, Strophe aus drei Versen, deren Reimschema a b a / b c b / c d c usw. abwechselt, so daß eine „Kette" entsteht.

Totentanz, S. 29.

Tragik. Tragisch ist das Schicksal eines Menschen, der unlösbar an gegeneinander wirkende überpersönliche Mächte gebunden ist. Wer in einem solchen Spannungsfeld bis zum letzten um einen festen Standort ringt und dabei untergeht, wird zum tragischen Helden, dem unser Mitgefühl gilt. Tragische Spannungsfelder ergeben sich z. B. zwischen Freiheit und Notwendigkeit, Gesetz und Liebe. Beispiel: Hildebrand im *Hildebrandlied.* S. 9, 64ff., 81ff., u. a.

Tragikomödie, Drama, das Tragisches und Komödienhaftes verbindet, meist ohne tragischen Schluß. S. 104, 190.

Tragödie, Drama mit einer aus innerer Notwendigkeit erwachsenden tragischen Handlung *(s. Tragik).*

Trauerspiel, heute gleichbedeutend mit Tragödie.

Trilogie, aus drei Teilen bestehendes literarisches Werk.

Utopie, literarische Gestaltung unwirklicher, als zukünftig vorgestellter sozialer Verhältnisse, meist in Romanform.

Verfremdung, S. 140.

Vers, im Gedicht, Epos oder Drama rhythmische Einheit der gebundenen (d. h. nicht wie in der Prosa freien) Sprachform. Verse können in Versfüße unterteilt, durch Endreim abgeschlossen und durch Alliteration gebunden sein; Zäsuren können sie gliedern.

Versfuß, Grundeinheit eines Verses, bestehend aus 1–2 betonten und 1–2 unbetonten Silben; dabei sind verschiedene Anordnungen möglich.

Versmaß, der einen Vers bestimmende Wechsel von Hebungen und Senkungen, die sich nach einer bestimmten Regel wiederholen *(s. Versfuß).* Der mechanische Takt des Versmaßes wird von der sinnbezogenen Betonung des Rhythmus überlagert.

Volksbuch, S. 27f.

Volkslied, S. 23f., 49f., 51f., 53f., 74f.

Weltliteratur, 1. allgemein: die gesamte Literatur aller Zeiten und Völker. – 2. im engeren Sinn: Auswahl von Werken übernationaler und überzeitlicher Bedeutung.

Zäsur, Einschnitt, Sprechpause, meist in sechshebigen Versen.

Zauberverse, S. 10.

Zyklus, ursprünglich Kreis, in der Literatur Bezeichnung für formal zusammengehörige Werke, die erst in ihrem Zusammenhang ein übergeordnetes Thema oder Motiv vollständig darstellen.

Namenverzeichnis

(Halbfette Seitenzahlen kennzeichnen das Kapitel über den Autor)